Die Medienprivilegien im Strafprozess

Frankfurter kriminalwissenschaftliche Studien

Bd./Vol. 112

PETER LANG
Frankfurt am Main · Berlin · Bern · Bruxelles · New York · Oxford · Wien

Christina Bott

Die Medienprivilegien im Strafprozess

Zeugnisverweigerungsrecht und Beschlagnahmeverbot zum Schutz der Medien im Strafverfahren

PETER LANG
Internationaler Verlag der Wissenschaften

Bibliografische Information der Deutschen Nationalbibliothek
Die Deutsche Nationalbibliothek verzeichnet diese Publikation in der Deutschen Nationalbibliografie; detaillierte bibliografische Daten sind im Internet über <http://www.d-nb.de> abrufbar.

Zugl.: Frankfurt (Main), Univ., Diss., 2008

D 30
ISSN 0170-6918
ISBN 978-3-631-58379-1

www.peterlang.de

Meinen Eltern

Vorwort

Die vorliegende Arbeit wurde im Jahr 2007 / 2008 von der Juristischen Fakultät der Johann Wolfgang Goethe Universität in Frankfurt am Main als Dissertation angenommen. Rechtsprechung und Literatur sind bis Anfang 2008 berücksichtigt.

Mein besonderer Dank gilt Herrn Prof. Dr. Ulfried Neumann, der die Arbeit betreute und mir stets mit Interesse, Rat und Hilfe zur Seite stand. Herrn Prof. Dr. Walter Kargl danke ich für die äußerst zügige Erstellung des Zweitgutachtens.
Dem Deutschen Journalistenverband danke ich für die Vermittlung der Kontakte zu investigativ arbeitenden Journalisten. Herrn Drewes, Herrn Lilienthal, Herrn Schirra und Herrn Wels bin ich sehr dankbar für die interessanten Gespräche, die mir neue Einblicke in die Welt des Journalismus verschafft und meine Arbeit dadurch bereichert haben.

Für die anregenden Diskussionen und vielen Ermutigungen danke ich insbesondere Dr. Martin Bartlik, Christoph Platt und Martin Kaufhold.

Meinen Eltern bin ich ganz besonders dankbar für ihr Verständnis und ihre geduldige private Unterstützung sowie meinem Vater für seine unermüdliche Hilfe bei Fragen zur sprachlichen Ausgestaltung und Formatierung der Arbeit.

Frankfurt am Main im Juli 2008

Inhaltsverzeichnis

Einleitung

„Das Risiko der demokratischen Staatsform, die alle Bürger mit gleichem Stimmrecht an der politischen Willensbildung teilnehmen lässt, ist nur tragbar, wenn die Staatsbürger durch eine freie Presse ausreichend und zuverlässig über das Geschehen im Land und in der Welt informiert werden."[1]

Diese Aussage *Löfflers* bringt die fundamentale Bedeutung einer freien Presse für den demokratischen Staat treffend zum Ausdruck. Die Medien haben die öffentliche Aufgabe, die Bevölkerung über alle Geschehnisse zu informieren, an denen ein öffentliches Interesse besteht. Sie sind der entscheidende Faktor für die politische Willensbildung[2]. Nur auf der Grundlage einer umfassenden Information kann das Volk die ihm im demokratischen System verliehene Macht ausüben.

Um die Freiheit der Medien zur Erfüllung dieser öffentlichen Aufgabe zu gewährleisten, muss ihnen ein gewisser Schutz vor staatlichen Übergriffen eingeräumt werden. Investigativ arbeitende Journalisten decken Misstände in Regierung und Verwaltung auf, sie bringen Korruptionsfälle in die Öffentlichkeit und informieren die Bevölkerung über das Handeln und Unterlassen der politischen und wirtschaftlichen Kräfte im Land. Dabei benötigen die Journalisten für ihre Recherchen viele Informationen und Personen, die über Informationen zu den entsprechenden Themen verfügen und bereit sind, diese den Medien mitzuteilen. Da es bei solchen Medienbeiträgen aber regelmäßig auch Personen oder eine öffentliche Stelle gibt, die kein Interesse an einer Veröffentlichung hat, bedürfen die Informationen der Journalisten und ihre Informanten eines Schutzes vor staatlichen Übergriffen, die eine effektive Recherchearbeit oder die Veröffentlichung verhindern könnten. Das Pressegeheimnis ist also wesentliche Voraussetzung einer von staatlichen Einflüssen unabhängigen und somit effektiven Medienarbeit.

---

1 Löffler / Ricker, Handbuch des Presserechts, S. 37, Rdnr. 1.

2 Fechner, Medienrecht, S. 29, Rdnr. 26.

Diesem Bedürfnis der Wahrung einer journalistischen Geheimnissphäre steht auf der anderen Seite in vielen Fällen das Interesse an einer effektiven Strafverfolgung gegenüber. Denn die Ermittler der Strafverfolgungsbehörden haben oftmals ein Interesse an den Informationen, über die die Medien aufgrund ihrer Recherchetätigkeiten verfügen. Das Interesse an einer funktionierenden Strafrechtspflege entspringt dem Rechtsstaatsprinzip, ist für dieses unabdingbar und genießt daher ebenfalls Verfassungsrang[3]. Wollen die Strafverfolgungsbehörden im Rahmen ihrer Ermittlungen auf Medienangehörige als Zeugen oder auf Unterlagen der Medien als Beweisgegenstände zugreifen, dann stehen sich das Informationsinteresse der Strafverfolgungsbehörden und das Geheimhaltungsinteresse der Medien diametral gegenüber. Es entsteht ein Spannungsverhältnis zwischen dem Interesse an einer effektiven Strafverfolgung (Art. 20 III GG) und dem Grundrecht der Medienfreiheit (Art 5 I GG), das es durch klare gesetzliche Regelungen aufzulösen gilt.

Seit dem Spiegel-Urteil des Bundesverfassungsgerichts aus dem Jahr 1966 zu der Frage der Verfassungsmäßigkeit von Durchsuchungen in Presseräumen[4] ist das Verhältnis zwischen der grundgesetzlich garantierten Pressefreiheit und dem staatlichen Strafverfolgungsinteresse in der juristischen Diskussion durchgehend präsent.

Dabei liegt der Schwerpunkt des Interesses der Medienangehörigen darin, ihre Informanten zu schützen. Journalisten sind auf Informanten als Informationsquellen angewiesen. Der Schutz des Informanten ist eine Grundbedingung der Pressefreiheit[5], da die Medien nur so lange Informationen erhalten, wie die Informanten sich sicher sein können, dass ihre Informationen vertraulich behandelt werden und sie nicht von staatlichen oder privaten Mächten zur Rechenschaft gezogen werden können[6]. Ohne diesen Informantenschutz würden die Quellen versiegen und die Presse würde faktisch ausgetrocknet[7].

---

3 BVerfGE 77, 65 (76).
4 BVerfGE 20, 162 ff.
5 EGMR öJZ 1996, 795 (796).
6 Achenbach, in: Löffler, Presserecht, §23, Rdnr. 1.
7 Der Investigativjournalist Dr. Volker Lilienthal im Rahmen eines persönlichen Gesprächs am 10.10.2007.

Der Schwerpunkt des Strafverfolgungsinteresses ist berührt, wenn es um schwere Straftaten, organisierte Kriminalität und konkrete Gefahren für andere Menschen geht. Je schwer wiegender die das Ermittlungsverfahren begründende Straftat ist, desto höher ist auch das öffentliche Interesse an einer effektiven Strafverfolgung. Die Schwere der Straftat muss daher bei der Abwägung zwischen den Geheimhaltungsinteressen der Medien und den Strafverfolgungsinteressen eine wesentliche Rolle spielen.

Unter diesen Gesichtspunkten untersucht die vorliegende Arbeit die bestehenden gesetzlichen Regelungen zum Zeugnisverweigerungsrecht der Medienangehörigen gem. §53 I Nr. 5, II StPO und zum damit korrespondierenden Beschlagnahmeverbot gem. §97 V StPO. Dabei wird überprüft, inwieweit die derzeitigen Regelungen geeignet sind, den beiden sich gegenüber stehenden Rechtsgütern entsprechend ihrer verfassungsrechtlichen Bedeutung zu einer möglichst weitgehenden Geltung zu verhelfen. Das Ziel der Arbeit besteht darin, angesichts der bestehenden Schwächen der zur Zeit geltenden Regelungen einen Gesetzesvorschlag zu entwickeln, der den Erfordernissen der praktischen Konkordanz, wie sie sich aus den dargestellten Erkenntnissen ergeben, möglichst optimal gerecht wird.

Neben der wissenschaftlichen Untersuchung der derzeitigen Gesetzeslage dürfen dabei auch die Gesichtspunkte der journalistischen und der strafgerichtlichen Praxis nicht unberücksichtigt bleiben. Viele Vorgänge in der Praxis, z.B. eine von der Gesetzeslage abweichende Rechtsprechungspraxis oder ein von einem verantwortungsbewussten, journalistischen Umgang mit wichtigen Informationen abweichendes Verhalten der Journalisten, machen deutlich, an welchen Stellen die geltende Rechtslage einer Veränderung bedarf, um praktische Probleme zu lösen und auszuräumen.

Die Arbeit unterteilt sich in drei große Abschnitte.

Der erste Abschnitt beschäftigt sich mit dem Zeugnisverweigerungsrecht gem §53 I Nr. 5, II StPO. Dabei wird zunächst der Normzweck des Zeugnisverweigerungsrechts untersucht. Neben der Darlegung der praktischen Bedeutung des

Zeugnisverweigerungsrechts für die journalistische Praxis werden die sich gegenüber stehenden verfassungsrechtlich geschützten Rechtsgüter näher betrachtet und das Erfordernis der praktischen Konkordanz zwischen beiden aufgezeigt. Das folgende Kapitel beschäftigt sich mit der Entwicklung des Zeugnisverweigerungsrechts von 2002 aus der Regelung von 1975, indem es die vorgenommenen Änderungen aufzeigt und deutlich macht, welche Verbesserungen eingetreten sind und welche Schwachstellen verbleiben oder gar hinzu getreten sind. Danach werden die praktischen Probleme im Hinblick auf die teilweise Ausübung des Zeugnisverweigerungsrechts sowie im Hinblick auf die Verwertbarkeit von Aussagen der Medienangehörigen im Prozess untersucht.

Der zweite Abschnitt beschäftigt sich mit der Durchsuchung und Beschlagnahme bei gem. §53 I Nr. 5 StPO zeugnisverweigerungsberechtigten Personen und entsprechenden Unternehmen.

Dabei setzen sich die ersten beiden Kapitel mit den Voraussetzungen des Beschlagnahmeverbots gem. §97 V StPO auseinander und zeigen, wie Zeugnisverweigerungsrecht und Beschlagnahmeverbot miteinander verknüpft sind und welche Gefahren der Umgehung dieser Privilegien nach der derzeitigen Praxis bestehen. Eines der Hauptprobleme liegt darin, dass die Privilegien entfallen, wenn die Medienangehörigen selbst zu Beschuldigten werden. Mit dieser Problematik und insbesondere der stark umstrittenen Frage einer Strafbarkeit der Journalisten wegen Beihilfe zum Dienstgeheimnisverrat gem. §§353 b, 27 StGB setzt sich das dritte Kapitel auseinander. Zum Schluss dieses Abschnitts wird der Sonderfall der terroristischen Bekennerschreiben und die Frage der Anwendbarkeit des Beschlagnahmeverbots auf solche Bekenntnisse beleuchtet.

Im dritten Abschnitt geht es um die aktuelle Diskussion. Dabei steht die Entscheidung des Bundesverfassungsgerichts vom 27.02.2007 zur Frage der Zulässigkeit einer Durchsuchung in der Redaktion des Politmagazins *Cicero* im Mittelpunkt des ersten Kapitels.

Danach setzt sich die Arbeit mit den Gesetzesentwürfen der Fraktion *Bündnis 90 / Die Grünen* und der Fraktion der *FDP* auseinander. Dabei werden die Stärken und Schwächen dieser Vorschläge unter Berücksichtigung der Ergebnisse der ersten beiden Abschnitte herausgearbeitet und letztlich ein eigener Gesetzesentwurf präsentiert.

Erster Abschnitt: Zeugnisverweigerungsrecht

Den Medienangehörigen steht im Strafprozess ein Zeugnisverweigerungsrecht zu. Dadurch unterliegen sie unter bestimmten Voraussetzungen nicht der Zeugnispflicht, die als staatsbürgerliche Pflicht sonst grundsätzlich jeden trifft. Damit wird den Medien ein Freiraum vor dem staatlichen Informationsbedürfnis eingeräumt, dessen Bedeutung, Entwicklung und Voraussetzungen es näher zu betrachten gilt.

Erstes Kapitel: Normzweck des §53 I Nr. 5 StPO

Durch das Zeugnisverweigerungsrecht wird den Medienangehörigen eine Freiheit vor dem staatlichen Zeugniszwang eingeräumt. Diese Freiheit stellt das Ergebnis der vom Gesetzgeber vorzunehmenden Abwägung zwischen der Medienfreiheit aus Art 5 I GG und dem staatlichen Strafverfolgungsinteresse, das aus dem Rechtsstaatsprinzip folgt, dar. Um die Regelung des Zeugnisverweigerungsrechts bewerten zu können, muss daher die Rolle der Medien und die Bedeutung der Medienfreiheit näher betrachtet und dem Interesse an einer effektiven Strafverfolgung gegenübergestellt werden.

A. Die Massenmedien und ihre Bedeutung

Alle drei Medien Presse, Rundfunk und Film, haben gemeinsam, dass es sich um Massenmedien handelt. Der Begriff der Massenmedien besagt zunächst nur, dass die betreffenden Medien die technischen Mittel der Massenvervielfältigung nutzen und sich an einen gemeinsamen Adressaten nämlich die anonyme Masse richten[8]. Obwohl die Presse selbst nur eine von drei Medienarten ist, wird i.d.R. von der „Pressefreiheit" als einem Synonym für die Medienfreiheit gesprochen, weil die Presse das ursprüngliche Massenmedium ist und daher stellvertretend für die anderen steht. Darüber hinaus entspricht in Anbetracht der technischen Entwicklungen die herkömmliche strikte Trennung zwischen Presse, Rundfunk und Film immer weniger der Realität[9]. Die neuen Medien bedienen sich oft formaler Mittel, die sich nicht mehr in die herkömmlichen Kategorien fassen lassen. Darüber hinaus kommt es zu

[8] Bullinger, in: Löffler, Presserecht, Einl. Rdnr. 11.
[9] Fechner, Medienrecht, S. 48, Rdnr. 155.

Überschneidungen, weil sich die klassischen Medien zusätzlich neuer Formen der Informationsvermittlung aus verschiedenen Bereichen bedienen[10], um möglichst viele Menschen mit ihren Beiträgen zu erreichen. So verfügen z.B. Fernsehsender über eigene Internetpräsentationen, SMS-Dienste oder Videotextnachrichten.
Im weiteren Verlauf der Arbeit wird der Begriff „Pressefreiheit“ so verwendet, dass die Freiheit der Berichterstattung durch Rundfunk und Film ebenfalls gemeint sind.

Durch die technischen Möglichkeiten der Massenvervielfältigung ist es möglich geworden, dass die Presse einen hohen Stellenwert in der heutigen demokratischen Gesellschaft einnimmt, weil sie gleichzeitig eine große Anzahl von Menschen erreichen kann. Sie trägt durch Information und Kritik zur individuellen und öffentlichen Meinungsbildung aller gesellschaftlichen Schichten bei[11].

Die freie Presse ist daher wesentliche Voraussetzung für eine freie politische Willensbildung des Volkes und unentbehrlich für die moderne Demokratie. Das demokratische System ist darauf angewiesen, dass dem Volk viele Informationen aus unterschiedlichen Quellen und aus unterschiedlichen politischen Richtungen zur Verfügung stehen, damit eine Kontrolle der staatlichen Organe durch die Öffentlichkeit gewährleistet ist und sichergestellt wird, dass sich die Öffentlichkeit eine Meinung bilden kann, die dann in freien Wahlen zum Ausdruck kommt. Umfassende Informationen gewährleisten die Machtausübung des Volkes, die das wesentlichste Element der Demokratie darstellt. Nur der freie Zugang zu und eine breite Quelle von Informationen, Meinungen und Wirklichkeitsdeutungen liefern Privaten und Staatsorganen jene Impulse, die das Gemeinwesen als offene und demokratische Gesellschaft ermöglichen[12]. Deshalb ist unsere Gesellschaft auf die freien Medien in besonderem Maße angewiesen.

---

[10] BR-Drucksache 441/00, S.8.
[11] BVerfG, NJW 1999, 2880 (2880).
[12] Tinnefeld, Medienfreiheit im Spannungsdreieck, MMR 5 / 2004, XXVII (XXVII).

In Anbetracht dieser Bedeutung der Medien ergeben sich Fragen hinsichtlich der Notwendigkeit ihres Schutzes vor staatlichen Übergriffen.

B. Der Zeugniszwang und die Privilegierung

Die Strafverfolgungsbehörden sind zur Verfolgung von Straftaten auf Beweise angewiesen. Nur mit Hilfe der in der StPO genannten Strengbeweise kann dem Angeklagten in rechtsstaatlich nicht zu beanstandender Weise eine Straftat, derer er verdächtig ist, und seine Schuld nachgewiesen werden. Das Beweismittel, das dabei am häufigsten zur Verfügung steht und deshalb einen besonderen Stellenwert hat, ist der Zeuge.

Ein Zeuge ist jede Person, die in einem nicht gegen sie selbst gerichteten Strafverfahren Auskunft über die Wahrnehmung von Tatsachen geben kann[13]. Jeder, der als Zeuge vor Gericht geladen wird, hat gewisse Zeugenpflichten. Er muss zur Vernehmung erscheinen, wahrheitsgemäß aussagen und seine Aussage auf Verlangen beeiden[14]. Diese staatsbürgerlichen Pflichten[15] sind in der StPO nicht ausdrücklich geregelt, sondern werden vorausgesetzt. Das zeigt sich unter anderem in der Regelung des §70 StPO. Danach können verschiedene Zwangsmaßnahmen gegen Zeugen verhängt werden, die ohne gesetzlichen Grund ihren Zeugenpflichten nicht nachkommen.

I. Erfordernis der Privilegierung

Angehörige der Medien können als Informationsquelle für die Ermittlungsbehörden außerordentlich interessant sein[16]. Sie recherchieren, führen Gespräche mit Tatverdächtigen, filmen gesellschaftliche Ereignisse, bei denen strafbare Handlungen begangen werden (wie z.B. Demonstrationen, bei denen es zu gewalttätigen Ausschreitungen kommt), und versuchen durch eine umfassende Recherche und aktuelle Berichterstattung Missstände in Staat und Gesellschaft aufzudecken. Im Rahmen dieser Tätigkeiten nehmen sie oftmals eine größere Anzahl für die Strafverfolgungsbehörden relevanter Dinge wahr

---

[13] Rieß, in: Löwe-Rosenberg, Die Strafprozessordnung, Band I, Einl. Abschn. J, Rdnr. 126.
[14] Meyer-Goßner, Strafprozessordnung, §48, Rdnr. 5.
[15] vgl. BVerfGE 49, 280, 284; Pfeiffer, in: Karlsruher Kommentar, StPO, Einl. Rdnr. 95.
[16] Hassemer, Zeugnisverweigerungsrecht der Journalisten, JuS 1990, 503 (503).

als Angehörige anderer Berufsgruppen. Aufgrund dieser Tatsache können sie den Strafverfolgungsbehörden mit ihren zahlreichen Beobachtungen und vielen Informationsquellen, die ihnen als Journalisten von Privaten zur Verfügung gestellt werden, als Zeugen von besonderem Nutzen sein. Prinzipiell unterliegen auch die Mitarbeiter der Medien den staatsbürgerlichen Pflichten und sind daher zur Abgabe des Zeugnisses verpflichtet.

Wären die Medienangehörigen jedoch in allen Fällen, in denen sie möglicherweise über für die Strafverfolgungsbehörden interessante Informationen verfügen, zu einer umfassenden Aussage unter Aufdeckung ihrer privaten Informanten gezwungen, könnte dies für die Medienfreiheit fatale Folgen haben.
Das BVerfG hat seit dem Spiegelurteil 1966 wiederholt festgestellt, dass die Funktionsfähigkeit der Presse bei der Recherche grundsätzlich auf den Schutz des Vertrauensverhältnisses zwischen Presse und Informanten angewiesen ist[17]. Auch der EGMR hat 1996 den Schutz der journalistischen Quellen als eine der Grundbedingungen der Pressefreiheit anerkannt[18]. Das Vertrauensverhältnis zwischen den Medien und privaten Informanten ist ein sensibler Bereich. Jeder Zwang zur Auskunft, jeder staatliche Übergriff kann die Vertraulichkeit aufheben und den für die freie Presse unerlässlichen Informationsfluss behindern[19]. So musste z.B. der Journalist Bruno Schirra nach der Durchsuchung seiner Privaträume, im Rahmen derer erhebliche Mengen an Recherchematerialien beschlagnahmt wurden, die Erfahrung machen, dass sich einige seiner Informanten aus Angst vor einer Aufdeckung ihrer Anonymität von ihm zurückzogen[20].
Um den Medienangehörigen die Freiheit und die Möglichkeit zu geben, mit Hilfe privater Informanten alle Informationen zu beschaffen, die sie als für die Allgemeinheit relevant ansehen, müssen sie berechtigt sein, in einigen Fällen

---

[17] BVerfGE 64, 100 (111), BVerfGE 77, 65 (71).
[18] EGMR ÖJZ 1996, 795 (795).
[19] BVerfG NJW 1999, 2880 (2880).
[20] Bruno Schirra (Investigativjournalist) im Rahmen eines persönlichen Gesprächs am 26.09.2007.

jegliche Auskunft über die Herkunft ihrer Informationen zu verweigern[21]. Zum Schutz des Vertrauensverhältnisses zwischen Medienangehörigen und ihren Informanten müssen die Medien die Möglichkeit haben, den Bereich ihrer Recherchen und Berichterstattung dem staatlichen Eingriff zumindest teilweise zu entziehen. Um die Medienmitarbeiter vor den Zwangsmaßnahmen des §70 StPO zur Erzwingung der Einhaltung der Zeugenpflichten zu schützen, muss ihnen daher ein Zeugnisverweigerungsrecht zugesprochen werden.

II. Investigativer Journalismus

Von den Konflikten zwischen Staat und Medien sind nicht alle Journalisten gleichermaßen betroffen. Je nachdem in welchem Bereich der jeweilige Journalist tätig ist und auf welche Quellen er für seine Recherchen zurückgreift, wird er häufiger oder auch nur sehr selten mit Informanten und Informationen zu tun haben, die für den Staat oder die Strafverfolgungsbehörden von besonderem Interesse sind. Es ist vor allem der investigative Journalismus, für den die Zeugnisverweigerungsrechte und Beschlagnahmeverbote als zentrale Schutznormen gefordert werden[22].

Eine eindeutige Definition, was unter investigativem Journalismus zu verstehen ist, existiert trotz vieler Versuche in der Literatur der Medienwissenschaftler bislang nicht. Doch gibt es Kriterien, die eine Annäherung an diesen Begriff ermöglichen und ausreichend sind um zu erklären, welche Form des Journalismus von den in dieser Arbeit beleuchteten Rechten besonders betroffen ist. Danach handelt es sich bei investigativem Journalismus um eine aufdeckende und enthüllende Form des Journalismus, bei der nicht ohne Weiteres zugängliche Informationen offen gelegt werden[23].

Die im Rahmen des investigativen Journalismus aufgegriffenen Themen zeichnen sich durch soziale, politische und / oder gesellschaftliche Relevanz aus[24]. Bei dieser Form des Journalismus kommen dem Journalisten und dem

[21] Hassemer, Zeugnisverweigerungsrecht der Journalisten, JuS 1990, 503 (503).
[22] Janisch, Investigativer Journalismus und Pressefreiheit, S. 55.
[23] Janisch, Investigativer Journalismus und Pressefreiheit, S. 15.
[24] Ludwig, Investigativer Journalismus, S. 19.

Informanten, der ihn bei seiner Recherchearbeit direkt oder indirekt, aktiv oder passiv unterstützt, wichtige Rollen zu[25]. Die Recherchearbeit ist in der Regel aufwändiger als bei anderen journalistischen Tätigkeiten. Das Ergebnis einer Recherche ist nicht vorhersehbar. Es gibt eine starke Gegenseite, die an der Aufdeckung der Informationen kein Interesse hat. Deshalb hat der Journalist in der Regel mit Widerständen und Hindernissen während seiner Recherchen zu kämpfen[26]. Dabei ist der Erfolg einer Recherche nicht von vornherein gesichert. Der Journalist kann auf Verborgenes stoßen oder es kommen überhaupt keine Informationen zu Tage, die es zu veröffentlichen lohnt.

Bei dieser Form des Journalismus stehen sich Staat und Medien oftmals direkt gegenüber. Unter dem Stichwort investigativer Journalismus wird das Bild des Journalisten entworfen, der als Detektiv schonungslos Korruption und andere Missstände in Staat und Gesellschaft aufdeckt[27]. Er geht im Wege der Tiefenrecherche den Missständen auf den Grund, „wühlt im Dreck" und erzielt von Zeit zu Zeit spektakuläre Ergebnisse[28]. Sind die Recherchen erfolgreich, so werden Informationen bekannt, an denen die Gesellschaft ein besonderes Interesse hat, da sie Vorgänge betreffen, die die Verantwortlichen nicht freiwillig offenbaren wollen und die sich möglicherweise erheblich auf die Öffentlichkeit auswirken.

Der investigative Journalismus hat zum Ziel, Missstände in Politik, Wirtschaft, Kultur und Gesellschaft ans Licht der Öffentlichkeit zu bringen[29]. Auf diesem Wege werden Menschen dazu gezwungen, für ihre Fehler öffentlich die Verantwortung zu übernehmen. Basiert die Aufdeckung auf Vorgängen innerhalb staatlicher Behörden, ziehen die Journalisten mit der Recherche und einer

---

25 Cario, Der Deutschland-Ermittler, S. 27.

26 Holzer, „Investigativer Journalismus", in: Wilke, Ethik der Massenmedien, 187 (189); Ludwig, Investigativer Journalismus, S. 19.

27 Weischenberg, Neues vom Tage, S. 155.

28 Bekanntestes internationales Beispiel ist die Watergate-Affäre in den USA 1972. Dabei wurden diverse Missbräuche von Regierungsvollmachten offen gelegt. Das Vertrauen der Bevölkerung in die amerkanischen Verantwortlichen in der Politik wurde stark erschüttert. Die Affäre zwang den derzeitigen Präsidenten Richard Nixon 1974 letztlich zum Rücktritt.

29 Cario, Der Deutschland-Ermittler, S. 28.

eventuellen Veröffentlichung zwangsläufig den Unmut der staatlichen Behörde, die sich in der Kritik sieht, auf sich. Die Informationen für die Berichterstattung stammen oftmals zumindest teilweise aus den Behörden selbst. In vielen Fällen werden sie unter Verletzung von Geheimhaltungsvorschriften an die Medien weitergegeben, was die Journalisten in den Fokus der Strafverfolgungsbehörden rückt[30].

Die Schwierigkeiten des investigativen Journalismus zeigen sich auch bei der Berichterstattung über Straftäter, über Szenen der organisierten Kriminalität oder bei Berichten aus dem Bereich des Terrorismus. Auch in diesen Feldern, die durchaus dem Thema „Missstände in der Gesellschaft" zugerechnet werden können, sind die Recherchen besonders schwierig. Sie müssen meist im Verborgenen erfolgen und die recherchierenden Journalisten sehen sich der besonderen Aufmerksamkeit der Strafverfolgungsbehörden ausgesetzt.

Die Berichterstattung im Bereich des investigativen Journalismus kann politische oder juristische Reaktionen nach sich ziehen, die die Allgemeinheit in besonderem Maße berühren. Deshalb verlangt diese Form des Journalismus ein besonderes Verantwortungsbewusstsein. Die Veröffentlichung kann eine Fülle von langfristigen Folgen für die Betroffenen und auch für die Meinungsbildung in der Bevölkerung nach sich ziehen, die sorgfältig berücksichtigt und abgewogen werden müssen.
Die Spannungsfelder zwischen Medien und Staat, die zwangsläufig entstehen, wenn Journalisten gegen den Widerstand staatlicher Behörden Recherchen betreiben oder in strafrechtlich relevanten Bereichen zu einem Wissensvorsprung gegenüber den ermittelnden Strafverfolgungsbehörden kommen, stehen im Zentrum der Betrachtung, wenn es um die Privilegien der Medien im Strafprozess geht.

Nur wenige Medienmitarbeiter werden im Laufe ihres beruflichen Werdegangs mit der Aufforderung konfrontiert sein, Informationen über geheime Informanten preiszugeben. Dennoch ist die Bedeutung der Privilegien des

---

[30] Bsp. LG Bremen, NStZ-RR 2000, 174 ff

Zeugnisverweigerungsrechts und des Beschlagnahmeverbots gerade für die Journalisten, die im politischen oder strafrechtlich relevanten Bereich tätig sind, nicht zu unterschätzen. Der aufdeckende Journalismus spielt trotz der geringen Zahl der investigativ arbeitenden Journalisten in Deutschland[31] für die Gesellschaft eine wesentliche Rolle. Es muss gewährleistet sein, dass die Recherchen im Rahmen des investigativen Journalismus nicht an den Barrieren scheitern, die staatliche Organe aufgrund der Macht des Staates aufzustellen in der Lage sind. Gerade dieser Bereich der Medien erfüllt eine wichtige Kontrollfunktion über staatliche Organe und wirtschaftliche Konzerne und muss daher vor staatlichen Übergriffen besonders geschützt werden.

Dabei wird nicht außer Acht gelassen, dass dieser Bereich des Journalismus gelegentlich seinerseits zu Grenzüberschreitungen neigt, die möglicherweise nicht immer in einem angemessenen Verhältnis zu der Erforderlichkeit einer aufdeckenden Berichterstattung stehen. So wiesen einige Journalisten im Rahmen der persönlichen Gespräche darauf hin, dass eine Verlockung bestehe, aus einer gewissen Eitelkeit heraus Details zu veröffentlichen, an denen kein öffentliches Interesse besteht, nur um zu demonstrieren, über welches geheime Wissen man verfügt. Solche Grenzüberschreitungen gelte es im Interesse der Allgemeinheit und des Betroffenen zu vermeiden[32].

III. Erfordernis einer gesetzlichen Regelung

Da §70 StPO als allgemeines Gesetz im Lichte der Grundrechte auszulegen ist, hätte man daran denken können, ohne eine weitere einfachgesetzliche Regelung zur Frage der Zeugnisverweigerungsrechte die Interessen der Strafverfolgung und die der Pressefreiheit direkt im Rahmen einer Abwägung der Verfassungsgüter gegenüberzustellen und so in jedem Einzelfall zu entscheiden, welchem der beiden Rechte im konkreten Fall der Vorrang gebührt und ob die Medienangehörigen zur Verweigerung des Zeugnisses berechtigt sein sollen oder nicht.

31 Die Schätzungen beliefen sich im Jahr 2006 auf etwa 50 der insgesamt rund 48.000 Journalisten in Deutschland. Cario, Der Deutschland-Ermittler, S. 37.

32 Stephan Wels im Rahmen eines persönlichen Gesprächs am 05.10.2007; Dr. Volker Lilienthal im Rahmen eines persönlichen Gesprächs am 10.10.2007.

Das hätte jedoch zu großen Rechtsunsicherheiten geführt, denn das Ergebnis einer Einzelfallabwägung ohne festgelegte Kriterien ist für die betroffenen Medienangehörigen nicht vorhersehbar. Vor Gericht wüsste in diesem Fall kein Medienangehöriger, ob er das Zeugnis zu Recht verweigert oder ob er mit der Anwendung von Zwangsmitteln wegen unberechtigter Zeugnisverweigerung rechnen muss. Des Weiteren ist eine umfassende Einzelfallabwägung nicht für jedes Mitglied der Strafverfolgungsbehörden ohne Weiteres in der konkreten Situation durchführbar und es würde zwangsläufig zu rechtswidrigen Übergriffen durch die Strafverfolgungsbehörden kommen, ohne dass ihnen dies vorwerfbar wäre. Die Entscheidung, ob eine Strafverfolgungsmaßnahme rechtmäßig durchgeführt werden kann, sollte in einem Rechtsstaat zumindest in der Mehrzahl der Fälle schnell und eindeutig zu beantworten sein.

Des Weiteren ist die Lösung des Spannungsverhältnisses von Medienfreiheit und Strafverfolgungsinteresse in erster Linie Aufgabe des Gesetzgebers[33]. Dabei spielen neben den von der Verfassung vorgegebenen Grenzen rechtspolitische Wertungen eine Rolle, die nur der Gesetzgeber treffen kann und darf. Das Grundrecht der Medienfreiheit steht unter dem Vorbehalt der allgemeinen Gesetze. Die Ausgestaltung obliegt dem Gesetzgeber und nicht den Gerichten, die lediglich überprüfen, ob dem Grundrecht der Medienfreiheit im konkreten Einzelfall hinreichend Rechnung getragen wurde, d.h. ob die Grenzen der Verfassung gewahrt wurden. Der Grundsatz der Gewaltenteilung fordert daher eine Regelung durch den Gesetzgeber.

Der Gesetzgeber nahm durch Einführung der Regelung des Zeugnisverweigerungsrechts in die StPO seine Aufgabe wahr. Durch die generalisierende Bestimmung darüber, in welchen Fällen typischerweise dem Geheimhaltungsinteresse der Presse gegenüber dem in §70 I StPO geschützten Rechtsgut einer funktionstüchtigen Rechtspflege der Vorrang gebührt[34], sollte eine erhöhte Rechtssicherheit erreicht werden. Damit hat der Gesetzgeber der prinzipiellen

[33] BVerfG NJW 1988, 329 (330); Von Knobloch, Pressefreiheit und Gefahrenabwehr, AfP 2006, 301 (301).

[34] Dahs, in: Löwe-Rosenberg, Die Strafprozessordnung, Band I, §53, Rdnr. 45.

Notwendigkeit des Bestehens eines Zeugnisverweigerungsrechts der Medienangehörigen durch eine ausdrückliche einfachgesetzliche Regelung Rechnung getragen und dadurch jedem Mitglied der Presse und jedem Mitglied der Strafverfolgungsbehörden die Notwendigkeit einer Abwägung der beiden Rechtsgüter vor Augen geführt.

C. Die Medienfreiheit gem. Art. 5 I 2 GG

Um das Zeugnisverweigerungsrecht der Medienangehörigen und seine Bedeutung zu verstehen, muss man die einander gegenüberstehenden Rechtsgüter, die Medienfreiheit auf der einen und das Strafverfolgungsinteresse auf der anderen Seite, sowie den Bereich, in dem beide Rechte miteinander kollidieren, genauer betrachten.
Daher soll jeweils zunächst der Kern der Medienfreiheit sowie des Strafverfolgungsinteresses dargestellt werden. Dabei wird die Darstellung teilweise bewusst anhand extremer Beispiele vorgenommen, um die jeweilige Bedeutung des Rechts deutlich zu machen und ein Grundverständnis für die sich in der rechtspolitischen Diskussion gegenüberstehenden Positionen zu schaffen.

I. Bedeutung der Medienfreiheit

Was es heißt, wenn die Medienfreiheit nicht gewährleistet ist, wird aus der Vergangenheit klar ersichtlich[35]: 1933 setzte Hitler die Meinungs- und Pressefreiheit außer Kraft. Daraufhin instrumentalisierte das Nazi-Regime das Pressewesen zu seinen Zwecken als Propagandainstrument, das nicht mehr kontrollierte, sondern die herrschende Doktrin verbreitete und die Diktatur somit stärkte. Diese negative Erfahrung führte zu der verfassungsrechtlichen Verankerung der Pressefreiheit im Grundgesetz von 1949. Seitdem ist der Schutz der Medienfreiheit eine durch Art. 19 II GG i.V.m. Art 5 I 2 und 3 GG geschützte unabänderliche Garantie.
Im Folgenden wird betrachtet, welche Bedeutung die Medien in der modernen Demokratie haben und welche Funktion sie erfüllen.

[35] Vgl. Darstellung von Thum, Pressefreiheit in der modernen Demokratie, AfP 2006, 17 (20).

1. Die Medien als „vierte Gewalt"

Einige Medienvertreter sprechen von sich selbst gerne als der „vierten Gewalt" im Staat[36].

Zu fragen ist daher, was hinter dieser Bezeichnung steht und inwieweit diese Bezeichnung die Rolle der Medien im Staat tatsächlich widerspiegelt oder zumindest ihre Berechtigung hat.

a) Die drei Gewalten im Staat

Die drei Gewalten Exekutive, Legislative und Judikative stehen sich gleichberechtigt gegenüber, sie ergänzen, kontrollieren und begrenzen sich. Der Gewaltenteilungsgrundsatz soll zu einer Aufteilung der Staatsgewalt in unterschiedliche Staatsfunktionen führen, um durch wechselseitige Kontrolle, Hemmung und Mäßigung der Teilgewalten eine Begrenzung staatlicher Machtausübung zu bewirken und dafür zu sorgen, dass staatliche Funktionen ihrer Verantwortlichkeit entsprechend bestmöglich wahrgenommen werden[37]. Dieses Modell von Montesquieu hat auch heute noch Gültigkeit. Doch weisen einige Vertreter in der Literatur darauf hin, dass das Kontrollsystem durch Veränderungen des Staates mittlerweile Lücken aufweise[38]. Diese seien darauf zurückzuführen, dass hinter Parlament, Justiz und Regierung einheitlich die Macht der politischen Parteien stehe. Es sei daher nicht mehr von einer absoluten Unabhängigkeit der drei Gewalten voneinander auszugehen. Parteipolitische Interessen, das Interesse, die Vertreter der eigenen Partei an die Macht zu bringen oder in der politischen Führung zu halten, können die Verantwortlichen aller drei Gewalten dazu bringen, ihre Kontrollpflichten in Einzelfällen zu

[36] Fundermann, „Thesen zum Verhältnis zwischen Polizei und Medien", in: Dölling / Gössel / Waltos, Kriminalberichterstattung in der Tagespresse, S. 323 (324); Reupert, Die Filmfreiheit, NVwZ 1994, 1155 (1155); Hamm, Vom Grundrecht der Medien auf das Fischen im Trüben, NJW 2001, 269 (270); Starke, Informantenschutz, AfP 2007, 91 (92); Andere lehnen diese Bezeichnung persönlich als zu pathetisch ab, vgl. Cario, Die Deutschland-Ermittler, S.122, geben aber dennoch an, dass ihre Arbeit auf dem Selbstverständnis als vierte Gewalt fußt, a.a.O. S.126.

[37] Degenhart, Staatsrecht I, §4, Rdnr. 265; Kannengießer, in: Schmidt-Bleibtreu / Klein, GG, Einl. Rdnr. 68; BVerfGE 95, 1, 15.

[38] Möhl, Das Zeugnisverweigerungsrecht der Presse, S. 91.

vernachlässigen. Deshalb bedürfe es eines Gegengewichts durch die Presse, die durch eine kritische Betrachtung der Geschehnisse ohne parteiliche Bindungen zur Gesunderhaltung des freiheitlich-demokratischen Gemeinwesens beitrage.

Trotz des Systems der gegenseitigen Kontrolle und der Idee der Begrenzung der Macht des Einzelnen kommt es auch innerhalb der staatlichen Institutionen immer wieder zu Missständen. Dabei gibt es Fälle, in denen den Behörden der Missstand selbst nicht bekannt ist, weil ihnen diesbezüglich das Problembewusstsein fehlt. Dann sehen die Journalisten ihre Aufgabe vornehmlich darin, das Bewusstsein in der Öffentlichkeit und somit auch in der jeweiligen Behörde für einen bestimmten Problemkomplex zu schärfen. Andere Misstände sind den staatlichen Institutionen durchaus bekannt. Gerade diese werden jedoch selten freiwillig offen gelegt. Die Versuchung, Probleme und Missstände zu vertuschen, um im öffentlichen Ansehen keinen Schaden zu erleiden, ist bei staatlichen Institutionen genauso groß wie bei jedem privaten Wirtschaftsunternehmen. Gerade in Anbetracht der politischen Aufgaben kann es bei den Mitgliedern der staatlichen Organe zu Interessenkonflikten kommen, die nicht immer im Sinne des Bürgers gelöst werden. Um in der Gunst der Wähler nicht zu sinken, werden zeitweise Wege beschritten, die im Ergebnis zwar eine Geheimhaltung ermöglichen sollen, dabei aber weiteren Schaden anrichten können. Erhält eine Person Kenntnis von solchen Zuständen, stellt sich die Frage, welche Möglichkeiten sie hat, um dagegen vorzugehen und die Zustände, die gegen ihr Rechtsbewusstsein verstoßen, bekannt zu machen, ohne dass ihr selbst ein Schaden droht. Die gleiche Problematik besteht bei großen Firmen und Vereinigungen. Diese sind wichtige Faktoren in der Wirtschaft und im Arbeitsmarkt und verfügen über finanzielle Möglichkeiten und politische Kontakte, die viele Wege öffnen. Gerade in solchen Machtzentren ist daher die Gefahr von Manipulationen und Korruption besonders groß.

Was also soll der einzelne Angestellte oder sonst Betroffene unternehmen, wenn er Anhaltspunkte für Vorgänge hat, die gegen sein Gewissen und seine Moralvorstellungen verstoßen?

b) Gerichtlicher Rechtsschutz

Personen, die von Missständen in Politik, Verwaltung oder großen Unternehmen betroffen sind, könnten sich direkt an die Gerichte wenden. Soweit der Bürger selbst in seinen Rechten verletzt worden ist oder eine Straftat im Raum steht, helfen die Justizbehörden als Hüter der Verfassung und der Gesetze den Bürgern, ihre Rechte durchzusetzen.

Doch haben auch die Gerichte nur begrenzte Möglichkeiten z.B. aufgrund ihrer vielfach sehr knappen personellen Situation. Zudem fehlt es ihnen oftmals an einem ausreichenden Maß zuverlässiger Informationen, um den Missständen und dem Fehlverhalten einzelner oder ganzer Organe auf den Grund zu gehen. Weiterhin setzen sich die wenigsten Menschen gern als Zeugen einem gerichtlichen Verfahren mit möglicherweise ungewissem Ausgang aus, wenn sie den Eindruck haben, der Gegner sei aufgrund seines öffentlichen Ansehens, seiner Funktion im Staat oder seiner finanziellen Mittel geradezu übermächtig. Sollte es in einem solchen Fall dazu kommen, dass dem angeprangerten Missstand oder Fehlverhalten eines führenden Mitglieds der Gesellschaft durch das Gericht aufgrund der Bindung an bestimmte Verfahrensregeln und Beweisanforderungen oder den begrenzten Möglichkeiten der Sachverhaltserforschung nicht abgeholfen werden kann und keine Sanktionen verhängt werden können, dann sieht sich der Zeuge möglicherweise privaten oder gesellschaftlichen Konsequenzen gegenüber, die er nicht bereit ist in Kauf zu nehmen.

c) Möglichkeiten der Medien

Aufgrund der Gefahr, vor Gericht keinen Erfolg zu haben und sich im Anschluss an das Verfahren den Konsequenzen eines verlorenen Kampfes mit wichtigen Persönlichkeiten des gesellschaftlichen Lebens stellen zu müssen, ist in diesen Momenten die Idee, sich an die Massenmedien zu wenden für manche Bürger näher liegend als der Gang zur Staatsanwaltschaft oder zum Gericht. Die Medien können dem Bürger als Sprachrohr dienen, um die Öffentlichkeit zu informieren und für das ihn belastende Thema zu sensibilisieren. Sie kommen mit ihren Recherchemöglichkeiten an weitergehende Informationen und werden von allen staatlichen Institutionen aufgrund ihrer Möglichkeiten, Dinge bekannt

zu machen und in den Mittelpunkt der öffentlichen Aufmerksamkeit zu stellen, respektiert und gefürchtet. Vor allem wenn es um die Aufdeckung von Missständen im Zusammenhang mit staatlichen Organen und Amtsträgern geht, stehen die Medien als ständiges Verbindungs- und Kontrollorgan zwischen dem Volk und seinen gewählten Vertretern in Parlament und Regierung[39].
Durch die Medienberichterstattung werden die Bürger über die wichtigsten Handlungen und Unterlassungen der von ihnen unmittelbar oder mittelbar gewählten Vertreter der drei Gewalten informiert. Sie können sich ein Bild von den staatlichen Maßnahmen und ihren Konsequenzen machen. So findet über die Medien eine politische Meinungsbildung des Volkes und eine Kontrolle der staatlichen Organe durch die Öffentlichkeit statt und der Satz: „Alle Macht geht vom Volke aus!" erhält auch außerhalb der Wahlen Bedeutung[40].

Zu jeder Zeit gibt es zahlreiche Beispiele, welche die Bedeutung der Medien in diesem Zusammenhang deutlich vor Augen führen. Ende 2006 galt der Mittelpunkt der Aufmerksamkeit dem Fall Murat Kurnaz, einem in Bremen aufgewachsenen Türken, der von 2002 bis 2006 in dem amerikanischen Gefangenenlager Guantanamo festgehalten und gefoltert worden sein soll, lange nachdem sich herausgestellt hatte, dass von ihm keinerlei terroristische Gefahr ausging. Deutsche Soldaten sollen an der Folter beteiligt gewesen sein und die damalige Bundesregierung soll sich gegen die Freilassung des Gefangenen ausgesprochen haben[41].

Mit Hilfe der Medien wurde der Fall bekannt gemacht und die Verantwortlichen in der Politik sehen sich gezwungen, sich mit der Sache zu beschäftigen. Die Vorgänge werden in den Reihen der Regierung beleuchtet, es wurde ein Untersuchungsausschuss einberufen und es wird versucht, den Sachverhalt aufzuklären, und falls ein Unrecht vorliegt, die Verantwortlichen zu ermitteln[42].

---

[39] BVerfGE 20, 162 (175).
[40] BVerfGE 20, 56 (98).
[41] Dürr, Bei Robinson Crusoe, Die Zeit 23 / 2006 vom 01.06.2006.
[42] Carstens / Löwenstein, Steinmeier wehrt sich gegen Anschuldigungen im Fall Kurnaz, FAZ vom 24.01.2007, S.1.

Alle drei Gewalten nehmen sich der Sache an, nehmen den Fall ernst und untersuchen die Hintergründe.
Das ist eines von vielen Beispielen, das zeigt, welche Bedeutung die Medien für die Staatsgewalten haben können. Sie üben Kontrolle aus, indem sie die Aufmerksamkeit des Volkes auf bestimmte Ereignisse lenken, und halten die drei Gewalten zu einer stärkeren gegenseitigen Kontrolle an. So wirken sie Korruption und der Verschleierung von Missständen innerhalb und zwischen den staatlichen Institutionen entgegen.

d) Unabhängigkeit und öffentliche Aufgabe

Die Mitwirkung der Presse an der öffentlichen Meinungsbildung durch die Beschaffung und Verbreitung von Nachrichten in Angelegenheiten von öffentlichem Interesse, die Abgabe von Stellungnahmen und jede andere Form der Einwirkung auf die freie individuelle und öffentliche Meinungsbildung wird als „öffentliche Aufgabe" der Medien bezeichnet[43].
Die Möglichkeiten der Medien führen dazu, dass ihnen diese „öffentliche Aufgabe" zuerkannt wird, ohne dass sich daraus eine diesbezügliche Rechtspflicht ergibt. Es handelt sich nicht um eine staatliche Aufgabe oder um die Ausübung eines öffentlichen Amtes[44]. Die „öffentliche Aufgabe" ergibt sich allein aus der Bedeutung der Medien für die politische Willensbildung des Volkes und aus ihrer Vermittlerrolle zwischen dem Volk und den politischen Organen. Im Wege des investigativen Journalismus werden Informationen aus allgemein nicht zugänglichen Sphären aufgedeckt und veröffentlicht, Missstände werden angeprangert und deren Beseitigung oder die Bestrafung der Verantwortlichen gefordert[45]. Die öffentliche Diskussion und die daraus resultierende öffentliche Meinungsbildung führen dazu, dass die Regierungsmitglieder über die Medien den Stand der öffentlichen Meinung verfolgen können. Auf diesem Weg haben politische Führungskräfte die Möglichkeit, eine möglichst weitgehende Übereinstimmung der Regierungstätigkeit mit dem Wählerwillen zu gewährleisten. Zumindest in begrenztem Umfang kann davon

---

43 So §3 LPG Ba-Wü; §3 LPG Bayern u.v.a.; abgedruckt in Löffler, Presserecht, §3, S. 153.

44 Mensching, Das Zeugnisverweigerungsrecht der Medien, S.11; Starck, in: Von Mangoldt / Klein / Starck, Grundgesetz, Band I, Art. 5, Rdnr. 75.

45 Janisch, Investigativer Journalismus und Pressefreiheit, S. 99.

ausgegangen werden, dass sich die Mitglieder der Regierung vor allem in Zeiten anstehender Neuwahlen von dem aus den Medien erkennbaren Willen der Wähler beeinflussen lassen, um auch in der nächsten Legislaturperiode eine Chance zu haben, wiedergewählt zu werden[46]. Die öffentliche Aufgabe ist eine rein faktische „Aufgabe" oder besser „Funktion", die von der Rechtsordnung nicht geschaffen, sondern anerkannt ist[47].

Dieser „öffentlichen Aufgabe" können die Medien aber nur nachkommen, so lange sie in ihrer Berichterstattung auch wirklich frei sind. Denn nur durch Presse und Rundfunk, die frei recherchieren können, nicht von der öffentlichen Gewalt gelenkt werden, keiner Zensur unterworfen sind und regelmäßig veröffentlichen, kann die politische Willensbildung der Bevölkerung voran gebracht werden[48]. Die Kommunikations- sowie die Wächter- und Kontrollfunktion kann die Presse nur wirksam und kraftvoll ausüben solange sie staatsfrei ist[49].
Nur wenn eine relativ große Zahl selbständiger, unabhängiger und nach ihrer politischen Färbung oder weltanschaulichen Grundhaltung miteinander konkurrierender Presseerzeugnisse existiert, kann der Prozess der Willensbildung bei der Bevölkerung gefördert werden[50]. Die Menschen müssen in die Lage versetzt werden, Dinge von unterschiedlichen Blickwinkeln aus zu sehen. Nur wenn sie alternative Sichtweisen aufgezeigt bekommen, die Wahl haben, welcher Darstellung sie folgen wollen und entscheiden können, welche Darstellung der eigenen Einstellung am ehesten entspricht, haben sie eine Chance, zu freien und individuellen Ansichten und Erkenntnissen zu gelangen. Die Medien ermöglichen eine öffentliche Diskussion und halten sie in Gang, indem sie Kenntnis von verschiedenen Meinungen vermitteln und allen gesellschaftlichen Gruppen und dem Einzelnen Gelegenheit geben, öffentlich meinungsbildend zu wirken[51]. Nur so kann eine gesellschaftliche und politische

---

[46] Bleckmann, Staatsrecht II, S. 811, Rdnr. 42.
[47] Mallmann, Pressepflichten und öffentliche Aufgabe der Presse, JZ 1966, 625 (629).
[48] Kannengießer, in: Schmidt-Bleibtreu / Klein, GG, Art. 5, Rdnr. 11.
[49] Von Knobloch, Pressefreiheit und Gefahrenabwehr, AfP 2006, 301 (302).
[50] Bethge, in: Sachs, Grundgesetzkommentar, Art.5, Rdnr. 67 a; BVerfGE 52, 283 (296).
[51] BVerfGE 66, 202 (222).

Meinungsbildung im Sinne der Demokratie erfolgen. Die Medien stellen durch ihre Möglichkeiten, viele Menschen auf einmal zu erreichen, eine reale Macht dar und sind nur aufgrund ihrer Unabhängigkeit fähig, eine Kontrollfunktion effektiv zu übernehmen[52]. Durch eine unabhängige und breite Berichterstattung wird das Volk so informiert, dass es in der Lage ist, die ihm durch das demokratische System verliehene Macht auszuüben. Freie Medien stellen also eine gewisse Kontrolle für die staatlichen Organe dar und fördern das demokratische System. Insofern hat die Idee, die Medien als „vierte Gewalt" zu bezeichnen einen nachvollziehbaren Ansatzpunkt.

e) Bewertung der Bezeichnung als „vierte Gewalt"

Dennoch ist die Bezeichnung der Medien als „vierte Gewalt" abzulehnen, weil nicht zu den besonderen Eigenschaften der Medien passt und der wichtigen Trennung zwischen den Medien und der staatlichen Gewalt nicht gerecht wird.

Mit dieser Bezeichnung stellen die Medien sich, wenn auch nur im Hinblick auf die Kontrollfunktion, den drei Staatsgewalten gleich. Doch trotz der großen Bedeutung der Medien für die Demokratie üben die Medien keine Staatsgewalt aus. Sie sind mit den drei Staatsgewalten auch nicht vergleichbar und sollten um einer klaren Trennung zwischen Medien und Staat willen auch begrifflich nicht mit den staatlichen Gewalten gleichgesetzt werden.

Die Medien arbeiten nach privatwirtschaftlichen Grundsätzen und in privatrechtlichen Organisationsformen[53]. Sie sind kein Verfassungsorgan und gehören nicht dem organisierten Bereich staatlicher Gewalt an[54]. Sie können also bereits aufgrund dieses Unterschieds zu den drei Staatsgewalten keine vierte Gewalt sein. Gerade dieser Unterschied jedoch ermöglicht den Medien im Ergebnis, ihrer meinungsbildenden Funktion durch breite Information nachzukommen und die staatlichen Organe zu kontrollieren.

---

[52] Mensching, Das Zeugnisverweigerungsrecht der Medien, S. 12; Löffler/Ricker, Handbuch des Presserechts, S. 22, Rdnr. 25.

[53] BVerfGE 20, 162 (175).

[54] Bullinger, in: Löffler, Presserecht, S. 52, Rdnr. 43.

Die Ausübung einer Staatsfunktion hätte die Grundrechtsbindung gem. Art 1 III GG und das Bedürfnis einer demokratischen Legitimation zur Folge[55]. Dadurch würde die Presse an Unabhängigkeit verlieren. Sie könnte sich nicht mehr auf den Schutz der Grundrechte berufen, sondern wäre selbst unmittelbar an diese gebunden. Daraus würden sich auch Pflichten ergeben. Sie wäre in ihrer Berichterstattung nicht mehr frei. Die öffentliche Aufgabe würde zu einer echten staatlichen Aufgabe im Sinne einer Verpflichtung. Das könnte zur Einseitigkeit führen, da die Möglichkeiten der eigenen Schwerpunktsetzung eingeschränkt wären und eine Pflicht zur Neutralität bestünde.
Weiterhin müsste sich die Presse an staatliche Prinzipien gebunden fühlen. Sie wäre einer unmittelbaren Kontrolle durch die anderen Staatsorgane unterworfen, indem sie in das Gewaltenteilungssystem integriert würde. Die Presse würde als tatsächliche vierte Staatsgewalt erheblich an Freiheit einbüßen, was letztlich dazu führen würde, dass sie nicht mehr in der Lage wäre, die freie individuelle Meinungsbildung im demokratischen Sinne in allen Gesellschaftsschichten zu ermöglichen und zu fördern.

Die Gründe aus denen die Presse keine vierte Gewalt im Sinne einer Staatsgewalt sein kann, sind also genau die Gründe, die ermöglichen, dass die Presse eine Aufgabe im Staat erfüllt, die sie in die Lage versetzt, eine gewisse Kontrolle über die Staatsgewalten auszuüben. Gerade die Tatsache, dass es sich nicht wirklich um eine vierte Staatsgewalt handelt, sondern die Presse eine Unabhängigkeit von der staatlichen Gewalt zugesprochen bekommt, macht die tatsächliche Bedeutung der Presse für den demokratischen Staat aus. Demnach spricht man der Presse keine Bedeutung ab, wenn man ihr die Bezeichnung als „vierte Gewalt“ verwehrt und dadurch die Unterschiede zwischen Presse und Staatsgewalt hervorhebt.

Aus der Bezeichnung als „vierte Gewalt“ und im Hinblick auf die darin impliziert ausgedrückte Bedeutung der Presse für das staatliche System wollen die Verwender dieser Begriffe weitgehende Privilegien ableiten, ohne sich gleichzeitig den Lasten, die mit einer Gleichstellung mit den anderen drei

---

55 BVerfGE 93, 37 (66).

Staatsgewalten verbunden wären, unterwerfen zu wollen. Ihre Bedeutung bekommt die Presse jedoch gerade dadurch, dass sie außerhalb des staatlichen Systems steht. Daher sollte eine diesbezüglich so widersprüchliche Bezeichnung wie die als „vierte Gewalt" im eigenen Interesse der Medien nicht verwendet werden.

2. Schutz der Medienfreiheit

Die Tätigkeit der Medienangehörigen wird grundrechtlich vor staatlichen Eingriffen geschützt.
Art 5 I 2 und 3 GG lauten:
„Die Pressefreiheit und die Freiheit der Berichterstattung durch Rundfunk und Film werden gewährleistet. Eine Zensur findet nicht statt."
Dieses Grundrecht stellt die Grundlage der Medienprivilegien dar. Es ist die rechtliche Begründung für jeden Schutz der Medien vor staatlichen Eingriffen. Deshalb muss der Umfang des Grundrechts vorab näher beleuchtet werden.

a) Schutzbedürftigkeit der Medien

Weil die Medien entscheidend zur freien politischen Meinungsbildung beitragen und damit ein konstituierendes Element der freiheitlich-demokratischen Grundordnung darstellen, ist die Pressefreiheit nicht nur ein subjektives Freiheitsrecht, sondern die Verfassung garantiert die Pressefreiheit auch objektiv im Sinne eines „Instituts der freien Presse"[56]. Ein Eingriff in die Medienfreiheit schränkt nicht nur den einzelnen Medienangehörigen ein, gegen den sich eine konkrete Maßnahme richtet, sondern auch die Allgemeinheit, wenn der Eingriff in die Medienfreiheit eine Behinderung der Medien in der Wahrnehmung ihrer „öffentlichen Aufgabe"[57] bedeutet. Nur dank der verfassungsrechtlich gesicherten Unabhängigkeit ist die Presse in der Lage, ihrer Aufgabe so gerecht zu werden, dass sie ein unentbehrliches Organ der Kontrolle und Kritik von Staat und Wirtschaft und zugleich Motor und Medium der öffentlichen Meinung ist[58]. Nach *Löffler* ist *„das Risiko der demokratischen*

[56] Bullinger, in: Löffler, Presserecht, Einl. Rdnr. 3.
[57] Starck, in: von Mangoldt / Klein / Starck, Grundgesetz, Band I, Art 5, Rdnr. 75, 76.
[58] Löffler/Ricker, Handbuch des Presserechts, S. 37, Rdnr. 1.

Staatsform, die alle Bürger mit gleichem Stimmrecht an der politischen Willensbildung teilnehmen lässt, nur tragbar, wenn die Staatsbürger durch eine freie Presse ausreichend und zuverlässig über das Geschehen im Land und in der Welt informiert werden"[59]. Deshalb muss diese Unabhängigkeit gewahrt und müssen die Medien vor staatlichen Eingriffen geschützt werden.

b) Umfang der Medienfreiheit

Art. 5 I GG schützt die formelle und materielle Medienfreiheit als einheitliches Schutzgut. Gegenstand der Arbeit ist jedoch lediglich die formelle Medienfreiheit, d.h. der besondere Abwehranspruch der Medien gegenüber Eingriffen des Staates[60].

Die Untersuchungen beziehen sich hingegen nicht auf die materielle Medienfreiheit, die sich mit den Fragen der freien Meinungsäußerung auf dem Gebiet der Medien beschäftigt. Bei der formellen Medienfreiheit geht es darum, in welchem Umfang auf Grundlage prozessualer Vorschriften in den institutionellen Bereich der Medien eingedrungen werden kann. Bei der materiellen Pressefreiheit geht es darum, welche Rechte den Medien im Rahmen ihrer Berichterstattung z.B. im Hinblick auf den Persönlichkeitsschutz der Personen, über die sie berichten, zustehen.

Um erkennen zu können, ob etwas vom Schutzbereich des Art 5 I 2 GG erfasst ist, müssen die drei Medien voneinander abgegrenzt und gesondert definiert werden. Nur bei Durchführung dieser Unterscheidung lässt sich erfassen, ob der Schutzbereich im konkreten Einzelfall überhaupt eröffnet ist. Die drei von Art 5 GG geschützten Medien - die Presse sowie die Berichterstattung durch Rundfunk und Film - unterscheiden sich in erster Linie durch das jeweilige Trägermedium[61].

[59] Löffler/Ricker, Handbuch des Presserechts, S. 37, Rdnr. 1.

[60] Zur Abgrenzung zwischen formeller und materieller Pressefreiheit, vgl. Möhl, Das Zeugnisverweigerungsrecht der Presse, S. 80.

[61] Schulze-Fielitz, in: Dreier, GG, Art 5, Rdnr. 86.

(1) Presse

Der Begriff der Presse umfasst alle zur Verbreitung an einen unbestimmten Personenkreis geeigneten und bestimmten Druckerzeugnisse[62]. Erfasst sind also Zeitschriften und Zeitungen sowie andere periodisch erscheinende Druckerzeugnisse, im Handel erhältliche Privatdrucke, Bücher, Plakate, Flugblätter und Handzettel, aber auch formunabhängig vervielfältigte Mitteilungen, mit denen z.B. Nachrichtenagenturen oder Pressedienste die Presse versorgen[63]. Für die Zuordnung zum Begriff der Presse ist allein das Kommunikationsmedium der gedruckten Form entscheidend, nicht der Vertriebsweg oder der Empfängerkreis[64].

Der Begriff Presse ist entwicklungsoffen und im Hinblick auf die neuen Medien weit gefasst[65]. Daher sind auch audiovisuelle Speichermedien wie Tonbänder, Ton- und Bildplatten, CD-ROM, Disketten und Schallplatten einbezogen[66]. Nicht entscheidend für die Definition des Begriffs Presse ist die Seriosität, Wertigkeit und Vernünftigkeit des Presseprodukts. Eine inhaltliche Bewertung darf für die Bestimmung der verfassungsrechtlichen Schutzwürdigkeit nicht stattfinden[67]. Würde man das Bestehen des grundrechtlichen Schutzes von einer inhaltlichen Bewertung des Druckerzeugnisses abhängig machen, könnte auf diesem Weg unliebsamen Werken der Schutz versagt werden und jeder Form der Einschränkung dieser Werke (auch durch vorherige Zensur) wären alle Möglichkeiten eröffnet.

(2) Rundfunk

Der Begriff des Rundfunks umfasst die Veranstaltung und Verbreitung von akustischen oder visuellen Darbietungen aller Art für einen unbestimmten Personenkreis mit Hilfe von drahtlos oder kabelgebunden verbreiteten

---

[62] Jarass, in: Jarass/Pieroth, GG, Art 5, Rdnr. 25.

[63] Schulze-Fielitz, in: Dreier, GG, Art 5, Rdnr. 89.

[64] BVerfGE 95, 28 (35).

[65] Burkhardt, in: Wenzel, Das Recht der Wort- und Bildberichterstattung, S. 25, Rdnr. 30; Schulze-Fielitz, in: Dreier, GG, Art 5, Rdnr. 90.

[66] Bethge, in: Sachs, Grundgesetzkommentar, Art 5, Rdnr. 68.

[67] Bethge, in: Sachs, Grundgesetzkommentar, Art 5, Rdnr. 69; Schulze-Fielitz in Dreier, GG, Art 5, Rdnr. 94; BVerfGE 95, 28 (35f.); BVerfGE 101, 361 (389); BVerfG NJW 1999, 2880 (2880).

elektromagnetischen Schwingungen[68]. Demnach ist sowohl der Hörrundfunk als auch der Fernsehfunk von dem Begriff des Rundfunks erfasst[69]. Die Online-Medien fallen ebenfalls unter diesen Begriff[70]. Abgrenzungskriterium zu Presse und Film ist die Herstellungs- und Verbreitungsmethode der Beiträge. Auch beim Rundfunk verbietet sich aus den gleichen Gründen wie bei der Presse eine Beschneidung der gewährleisteten Freiheit aufgrund einer inhaltlichen Bewertung[71].

(3) Film

Nach der weiten Auslegung ist unter dem Begriff des „Films“ in Art 5 I GG die Vorführung von projizierbar belichteten Streifen aus Zelluloid oder ähnlichem Material[72], d.h. Bilderreihen, die zur Projektierung bestimmt sind[73], für eine Vielzahl von Personen zu verstehen. Filme werden nicht gesendet, sondern an bestimmten Orten dem Publikum vorgeführt[74]. Aufgrund des Wortlauts von Art 5 I GG gehen die Meinungen auseinander, ob es bei dieser breiten Definition bleiben kann oder ob eine Einschränkung auf berichtende Beiträge erfolgen muss.

Dabei wird vertreten, es müsse aus dem systematischen Zusammenhang eine Einschränkung erfolgen, da Art 5 I 2 GG den Film nicht um seiner selbst willen, sondern in seinem finalen Bezug als Medium der Berichterstattung schütze[75]. Daher sei nur die Verbreitung von Nachrichten erfasst, d.h. die Verbreitung von Tatsachen und die Äußerung von Meinungen und Werturteilen, nicht aber reine Spielfilme. Dem ist jedoch entgegenzuhalten, dass mit reinen Fernsehspielen und Spielfilmen ebenso Informationen, Meinungen und vor allem ein

---

[68] Schulze-Fielitz, in: Dreier, GG, Art 5, Rdnr. 99; Jarass, in: Jarass/Pieroth, GG, Art 5, Rdnr. 36.

[69] Wendt, in: von Münch / Kunig, GG, Art 5, Rdnr.57; BVerfGE 12, 205 (226); 31, 314 (325).

[70] Zippelius / Würtenberger, Deutsches Staatsrecht, S. 243.

[71] Starck, in: von Mangoldt / Klein / Starck, GG Band I, Art 5, Rdnr. 95.

[72] Wendt, in: von Münch / Kunig, GG, Art 5, Rdnr. 61.

[73] Pieroth / Schlink, Grundrechte Staatsrecht II, S.143, Rdnr. 580.

[74] Fechner, Medienrecht, S. 301, Rdnr. 1050.

[75] Reupert, Die Filmfreiheit, NVwZ 1994, S. 1155 (1155).

Gesellschaftsbild vermittelt werden kann wie mit Nachrichten oder politischen Kommentaren[76]. Schon durch die Auswahl und Gestaltung der Sendungen kommt dem Rundfunkprogramm meinungsbildende Wirkung zu. Der Begriff des Films muss ebenso wie die Begriffe von Presse und Rundfunk unabhängig von inhaltlichen Gesichtspunkten bewertet werden[77]. Vom Schutzbereich des Art. 5 I GG sind also alle filmischen Darstellungen erfasst.

(4) Geschützte Tätigkeiten und Bereiche

Liegt eines der genannten Medien vor, sind die weiteren Voraussetzungen der Schutzbereichseröffnung für alle drei Medien gleich ausgestaltet. Dabei umfasst der Grundrechtsschutz der Medienfreiheit das gesamte Tätigkeitsfeld der im Pressewesen tätigen Personen und Unternehmen von der Beschaffung der Information bis zur Verbreitung der Nachricht und der Meinungen[78]. Unter Informationsbeschaffung fällt in erster Linie die journalistische Recherche[79], d.h. das Beschaffen von Nachrichten durch Augenschein, Befragen von möglichen Informanten, Lesen von anderweitigen Nachrichtendiensten, Telefonieren usw.[80]. Die Informationsfreiheit umfasst sowohl das passive Empfangen von Informationen (Tatsachen, Meinungen) wie auch deren aktives Sammeln[81]. Es werden alle pressetechnischen Hilfstätigkeiten (z.B. Druckereitätigkeit) geschützt, sofern sie notwendige Bedingung einer freien Presse sind[82].

Weiterhin gehört zu Art 5 I GG der Schutz des Redaktionsgeheimnisses sowie der Informantenschutz[83]. Das Redaktionsgeheimnis umfasst den Schutz der innerbetrieblichen Sphäre der Redaktionsarbeit insgesamt vor einer Preisgabe in der Öffentlichkeit. Dadurch soll der für die gesamte redaktionelle Tätigkeit erforderliche Bereich der Vertraulichkeit gesichert werden[84].

[76] BVerfGE 35, 202 (222); Pieroth / Schlink, Grundrechte Staatsrecht II, S. 141, Rdnr. 574.

[77] Wendt, in: von Münch / Kunig, GG, Art 5, Rdnr.61; Starck, in: von Mangoldt / Klein / Starck, Grundgesetz, Band I, Art 5, Rdnr. 166.

[78] Schulze-Fielitz, in: Dreier, GG, Art 5, Rdnr.73; BVerfGE 10, 118 (121); BVerfGE 12, 205 (260); BVerfGE 77 65 (74).

[79] Rotsch, Der Schutz der journalistischen Recherche im Strafprozessrecht, S. 34.

[80] Starck, in: von Mangoldt / Klein / Starck, Grundgesetz, Band I, Art 5, Rdnr. 62.

[81] BVerfGE 27, S.71.

[82] Schmidt, Grundrechte, S. 196, Rdnr. 469.

[83] BVerfGE 20, 162 (176); BVerfGE 36, 193 (204).

[84] BVerfGE 66, 116 (134).

Der Informantenschutz ist eng mit dem Redaktionsgeheimnis verknüpft. Die Informationsquellen und die Vertraulichkeit zwischen der Presse bzw. dem Rundfunk und ihrem Informanten müssen im Interesse eines breiten Informationsflusses besonders geschützt werden, damit die Presse in der Lage ist, ihrer öffentlichen Aufgabe nachzukommen[85]. Die Presse kann auf private Mitteilungen nicht verzichten; diese Informationsquellen fließen aber nur dann ergiebig, wenn sich der Informant grundsätzlich darauf verlassen kann, dass das „Redaktionsgeheimnis" gewahrt bleibt[86]. Wegen der besonderen Bedeutung des Redaktionsgeheimnisses und des privaten Informanten für die journalistische Recherchearbeit wird darauf noch einmal gesondert eingegangen.

c) Schranken des Grundrechts aus Art 5 I GG

Das Grundrecht der Medienfreiheit wird nicht vorbehaltlos gewährleistet. Der weite Schutzbereich unterliegt vielmehr gewissen Einschränkungen.

(1) Zensurverbot

Keine mögliche Form der Begrenzung ist jedoch der Eingriff in den Schutzbereich im Wege der Zensur. Nach Art 5 I 3 GG findet eine Zensur ausdrücklich nicht statt. Mit „Zensur" ist dabei ausschließlich die Vorzensur gemeint[87]. Es darf also nicht zu einem Verbot der Veröffentlichung mit Erlaubnisvorbehalt, zu einschränkenden Maßnahmen vor der Herstellung oder Verbreitung des Geisteswerkes und dabei insbesondere zu einer Abhängigkeit der erlaubten Verbreitung von behördlicher Vorprüfung und Genehmigung des Inhalts kommen[88].

(2) Allgemeine Gesetze gem. Art 5 II GG

Abgesehen von dem umfassenden Zensurverbot ist die Medienfreiheit in Art 5 I 2 GG jedoch nicht vorbehaltlos gewährleistet. Sie findet gem. Art 5 II

---

85 BVerfG NJW 1990, 2880 (2880); EGMR ÖJZ 1996, 795 (796), BVerfG BeckRS 2003 Nr. 21043 S. 16; BVerfGE 77, 65 (74 f.).

86 BVerfGE 20, 162 (176).

87 Wendt, in: von Münch / Kunig, GG, Art. 5 Rdnr. 62.

88 BVerfGE 33, 52 (72); BVerfGE 47, 198 (236).

GG ihre Grenzen in den allgemeinen Gesetzen[89]. Allgemeine Gesetze sind dabei solche, die nicht ausdrücklich zur Beschränkung bestimmter kommunikativer Inhalte ermächtigen[90]. Sie verbieten weder eine Meinung als solche noch tasten sie die institutionelle Funktion der Presse in der freiheitlichen Demokratie an. Vielmehr dienen sie dem Schutz eines Gemeinschaftswertes, der ohne Rücksicht auf eine bestimmte Meinung zu schützen ist und deshalb im Einzelfall Vorrang genießt[91]. Das Gesetz darf nicht gezielt in die Kommunikationsfreiheit eingreifen.
Weiterhin müssen die in den allgemeinen Gesetzen bestimmten Schranken der Medienfreiheit im Lichte des Grundrechts aus Art 5 I 2 GG gesehen werden. D.h. im Rahmen der Abwägung ist jeweils das Gewicht der sich gegenüberstehenden Rechte zu berücksichtigen[92] und die allgemeinen Gesetze müssen grundrechtsfreundlich ausgelegt werden[93]. Das Grundrecht aus Art 5 I GG und das allgemeine Gesetz, das dieses Grundrecht beschränkt, stehen in Wechselwirkung zueinander. Ein allgemeines Gesetz in dem vorgenannten Sinne kann demnach zwar eine Einschränkung des Grundrechts aus Art 5 I GG bewirken. Die einschränkende Wirkung des Gesetzes ist jedoch ihrerseits an der Bedeutung des Grundrechts aus Art 5 I GG zu messen. Daraus kann sich auch für das allgemeine Gesetz selbst eine Einschränkung seiner Wirkung ergeben, soweit es mit dem Grundrecht kollidiert[94]. Diese Wechselwirkung führt im Ergebnis zu einer Güterabwägung zwischen dem beeinträchtigten Kommunikationsgrundrecht und den rechtlich geschützten Interessen, die der Gesetzgeber mit dem allgemeinen Gesetz verfolgt[95].

Das für die vorliegende Arbeit bedeutsame Beispiel eines allgemeinen Gesetzes ist die Strafprozessordnung mit ihrer prinzipiellen Verpflichtung für jeden Staatsbürger, zur Wahrheitsermittlung im Strafverfahren beizutragen und die im

[89] BVerfG NJW 1999, 2880 (2880); BVerfGE 20, 162 (176); BVerfG NJW 2001, 507 (507).
[90] Kannengießer, in: Schmidt-Bleibtreu / Klein, GG, Art. 5, Rdnr. 22.
[91] BVerfGE 28, 282 (292).
[92] BVerfGE 77, 65 (75); BVerfGE 59, 231 (265).
[93] Starck, in: von Mangoldt / Klein / Starck, Grundgesetz, Band I, Art 5, Rdnr. 200.
[94] Schulze-Fielitz, in: Dreier, GG, Art 5, Rdnr. 158; BVerfGE 7, 198 (209); BVerfGE 43, 9 (24).
[95] Schulze-Fielitz, in: Dreier, GG, Art 5, Rdnr. 159.

Gesetz vorgesehenen Ermittlungshandlungen zu dulden[96], wie es sich z.B. hinsichtlich der Zeugnispflicht aus §70 StPO ergibt[97].
Das Rechtsgut, das der Medienfreiheit in diesem Zusammenhang gegenübersteht, ist der staatliche Strafverfolgungsanspruch und die Gewährleistung effektiver Strafverfolgung. Ohne die Zeugen, deren Unterstützung der Richter bei der Rekonstruktion des rechtserheblichen Sachverhalts benötigt, wäre der Staat nicht in der Lage, Strafverfolgung effektiv zu betreiben und seiner Justizgewährungspflicht gegenüber Rechtssuchenden nachzukommen[98]. Besonders auch im Hinblick auf strafprozessuale Zwangsmaßnahmen wie Durchsuchung und Beschlagnahme, die wegen einer Presseveröffentlichung oder im Zusammenhang damit bei einem Presseunternehmen oder einem beteiligten Presseangehörigen vorgenommen werden, gilt es, der Notwendigkeit der Pressefreiheit und ihrer Bedeutung für die freiheitlich demokratische Grundordnung bei der Auslegung und Anwendung der allgemeinen Gesetze Rechnung zu tragen[99].

II. Der private Informant

Der Informant ist aus der Sicht der Medienangehörigen die wichtigste Quelle für Informationen, die zur Aufdeckung von Zuständen und Problemen führen, die sonst im Verborgenen bleiben würden. Daher wird der private Informant auch als Kern der freien Presse bezeichnet.

Die Pressestellen und Informationsämter der einzelnen Behörden betreiben in der Regel eine Nachrichtenpolitik, die der jeweiligen Behörde genehm ist und deren Informationswert gerade in schwierigen Fällen fragwürdig erscheint. Mit solcherart Information allein ist aber der Presse, die ihre Aufgabe ernst nimmt, nicht gedient. Die Medien brauchen darüber hinaus einen privaten Nachrichtenapparat, der sich auf die sog. „gewöhnlich gut unterrichteten Kreise" stützt[100].

---

96 BVerfGE 77, 65 (75).
97 BVerfG BeckRS 2003 Nr. 21043 S. 16; BVerfGE 64, 108 (115).
98 Cramer, Das Zeugnisverweigerungsrecht von Presse und Rundfunk, S. 14.
99 BVerfGE 20, 162 (186).
100 Cramer, Das Zeugnisverweigerungsrecht von Presse und Rundfunk, S. 35.

Journalisten greifen zur Informationsgewinnung daher zu einem großen Teil auf private Quellen zurück. Sie benötigen „Insider"- Informationen, um ihrer Aufgabe der umfassenden Information der Öffentlichkeit auch im Hinblick auf Missstände in Politik und Gesellschaft nachkommen zu können[101]. Nur wenn die journalistischen Informationen wirklich wissensbasiert, d.h. gut recherchiert und durch verschiedene Quellen gestützt sind, sind sie tauglich, Missstände wie Vergehen und Verbrechen bis hin zu Menschenhandel, Korruption und irregeleiteten Informationen bei Parlamentswahlen aufzudecken[102]. Dafür ist es besonders wichtig, dass sich die Journalisten bei ihrer Recherche nicht allein auf behördliche Informationen verlassen, sondern weitere Informationsquellen zur Verfügung haben und diese auch nutzen.

Journalisten werden aber nur dann mit Informationen von privater Seite versorgt, wenn sich der Informant darauf verlassen kann, dass seine Informationen vertraulich behandelt werden und von staatlicher Stelle nicht dazu genutzt werden können, gegen ihn vorzugehen[103].

Die daraus resultierende Notwendigkeit des Informantenschutzes ist allgemein auf höchster nationaler und internationaler Ebene anerkannt. Deshalb wird der Informantenschutz sowohl über Art. 5 I 2 GG und als auch über Art 10 MRK geschützt.

Zur Bedeutung des Informantenschutzes für das Pressewesen macht der *EGMR* folgende Ausführungen:

„Der Schutz der journalistischen Quelle ist eine der Grundbedingungen der Pressefreiheit. Ohne solchen Schutz könnten die Quellen abgeschreckt werden, die Presse dabei zu unterstützen, die Öffentlichkeit über Angelegenheiten von öffentlichem Interesse zu informieren. Dies könnte zur Folge haben, dass die lebenswichtige öffentliche Wachhundfunktion (public-watchdog role) der

[101] Mensching, Das Zeugnisverweigerungsrecht der Medien, S. 34.
[102] Tinnefeld, Medienfreiheit im Spannungsdreieck, MMR 5 / 2004, XXVII (XXVIII).
[103] BVerfGE 20, 162 (176); BVerfGE 36, 193 (204).

Presse beeinträchtigt und ihre Fähigkeit, präzise und verlässliche Informationen zu bieten, nachteilig berührt werden könnte. Unter Bedachtnahme auf die Wichtigkeit des Schutzes journalistischer Quellen für die Pressefreiheit in einer demokratischen Gesellschaft und den möglicherweise negativen Effekt, den eine Verfügung, eine Quelle offen zu legen, auf die Ausübung dieser Freiheit haben könnte, kann eine solche Maßnahme nicht mit Art 10 MRK vereinbar sein; es sei denn, sie ist durch ein gebieterisches Erfordernis im öffentlichen Interesse gerechtfertigt.[104] "

Will man den privaten Informanten entsprechend seiner Bedeutung besonders schützen und dadurch die Funktionsfähigkeit der freien Presse und die Erfüllung ihrer öffentlichen Aufgabe erhalten, dann muss dieser Informantenschutz bei der Gegenüberstellung des Strafverfolgungsinteresses und der Pressefreiheit besonders berücksichtigt werden. Die Befreiung der Medienangehörigen von der allgemeinen Zeugnispflicht und der Schutz vor anderen strafprozessualen Zwangsmaßnahmen müssen demnach insbesondere dann erfolgen, wenn das Vertrauensverhältnis zwischen dem Journalisten und dem privaten Informanten durch die Anwendung von Zwangsmaßnahmen gefährdet würde. Bei der Auseinandersetzung mit den Regelungen des Zeugnisverweigerungsrechts der Medienangehörigen und dem Beschlagnahmeverbot in der StPO ist daher dieser Gesichtspunkt besonders im Auge zu behalten.

III. Das Redaktionsgeheimnis

Das Redaktionsgeheimnis geht noch über den bloßen Informantenschutz hinaus und umfasst die gesamte redaktionelle Tätigkeit und die Vertraulichkeitssphäre innerhalb der Redaktion. Von dem Redaktionsgeheimnis werden alle Unterlagen der Medienmitarbeiter erfasst, die diese im Rahmen ihrer Recherchen zusammentragen und anlegen, außerdem ist das Pressearchiv und insbesondere das in der Redaktion Gesprochene Teil des Redaktionsgeheimnisses[105]. Das Redaktionsgeheimnis verwehrt es staatlichen Stellen grundsätzlich, sich Einblick in die Vorgänge zu verschaffen, die zur Entstehung von Nachrichten oder

---

[104] EGMR öJZ 1996, 795 (796).

[105] Rotsch, Der Schutz der journalistischen Recherche im Strafprozessrecht, S. 34/35.

Beiträgen führen, die in der Presse gedruckt oder im Rundfunk gesendet werden[106]. Damit garantiert es die Möglichkeit der Presse, sich kritisch mit dem öffentlichen Leben auseinander zu setzen und über Missstände zu berichten[107].

1. Bedeutung neben dem Informantenschutz

Der Schutz der redaktionsinternen Gespräche und der Unterlagen der Medienmitarbeiter ist Voraussetzung dafür, dass der Informantenschutz gewährleistet werden kann. Könnte auf interne Gespräche und die journalistischen Aufzeichnungen und gesammelten Dokumente uneingeschränkt zugegriffen werden, wäre die Aufdeckung der Informanten und somit die Zerstörung des Vertrauensverhältnisses zwischen Medienangehörigen und ihren Informanten die zwingende Folge. Aus den Aufzeichnungen und Unterlagen der Journalisten werden sich i.d.R. sowohl die Identität des Informanten als auch Inhalt und Umfang der von diesem Informanten überlassenen Informationen ermitteln lassen. Daher sind Informantenschutz und Redaktionsgeheimnis teilweise eng miteinander verknüpft.

Trotzdem hat auch jedes der beiden Schutzgüter einen Bereich, der über den des anderen Schutzgutes hinausgeht und den es zu erfassen gilt, um die Hintergründe der konkreten Ausgestaltung des Zeugnisverweigerungsrechts in der StPO zu verstehen.

Der Schutz des Vertrauensverhältnisses des Journalisten zu seinem Informanten geht insofern über das Redaktionsgeheimnis hinaus, als dass der Medienmitarbeiter grundsätzlich auch in den Fällen, in denen keine Unterlagen existieren, davor geschützt sein muss, die Identität seiner Informanten preisgeben zu müssen. Außerdem verlangt das Vertrauensverhältnis zwischen Journalisten und Informanten, dass die Inhalte der Gespräche geheim bleiben unabhängig davon, ob die Gespräche innerhalb oder außerhalb der Redaktion geführt wurden.

---

[106] BVerfG Urteil vom 12.03. 2003 Akz.1 BvR 330/96; 1 BvR 348/99; BVerfGE 77, 64 (79); 66, 116 (134).

[107] Schelberg, Watchdog oder Schoßhund?, Journalist 8 / 2006, 32 (32).

Der Schutz des Redaktionsgeheimnisses dient aber nicht nur dem Schutz des Vertrauensverhältnisses zwischen dem Medienmitarbeiter und seinem Informanten, sondern hat darüber hinaus auch eine eigenständige Bedeutung[108]. Er ermöglicht die Erfüllung der öffentlichen Aufgabe durch institutionell eigenständige und funktionsfähige Medien und ist immer in diesem Zusammenhang zu sehen[109]. Ohne die notwendige Vertraulichkeit kann in der Redaktion nicht offen und ohne Rücksicht auf die Gefahr verkürzter oder entstellter Weitergabe gesprochen werden. Eine Zeitschriften- oder Zeitungsredaktion, in der es mangels Vertraulichkeit keine freie Rede gibt, kann ihrer Aufgabe nicht gerecht werden[110]. Die Aufgabe der Medien erfordert eine Arbeitsweise, die es nicht verträgt, wenn jedes Wort auf die Goldwaage gelegt wird, weil es nach außen getragen werden könnte. Vor der Verteilung der zu bearbeitenden Beiträge muss jede Idee, und mag sie noch so sehr ins Unreine gedacht sein, diskutiert werden können[111]. Im Rahmen der redaktionellen Arbeit werden Thesen und Behauptungen aufgestellt, deren Wahrheitsgehalt danach vor einer Veröffentlichung recherchiert wird. Wenn ein Journalist einen Tipp erhält, muss er diesen in seiner Redaktion besprechen können, ohne dass er ihn bereits überprüft hat. Nur so kann jeweils entschieden werden, bei welchen Sachverhalten es sich lohnt weiter zu recherchieren und bei welchen nicht. Das Redaktionsgeheimnis soll einen ungehinderten unternehmerischen Ablauf gerade im Hinblick auf die besondere Arbeitsweise bei der Zusammenstellung und Auswahl journalistischer Beiträge gewährleisten.

Im Rahmen der redaktionellen Arbeit wird auch entschieden, ab welchem Zeitpunkt Informationen der Öffentlichkeit zugänglich gemacht werden. Dabei gibt es verschiedene Faktoren, die einer Veröffentlichung von vorhandenen Informationen entgegen stehen können. Gerade weil die Medien mit ihrer Berichterstattung großen Einfluss ausüben, ist es in vielen Fällen eine Frage des verantwortlichen Umgangs mit den zur Verfügung stehenden Informationen, ob

[108] BVerfG, 1 BvR 538/06 vom 27.02.2007, Absatz Nr. 44.
[109] Mensching, Das Zeugnisverweigerungsrecht der Medien, S. 35.
[110] BVerfGE 66, 116 (134).
[111] BVerfGE 66, 116 (135).

diese der Öffentlichkeit zu einem bestimmten Zeitpunkt mitgeteilt werden sollen oder nicht. In Strafverfahren wird manchmal von Seiten der Strafverfolgungsbehörden um Zurückhaltung gebeten, um die laufenden Ermittlungen oder das Leben von Entführungsopfern nicht zu gefährden, manchmal sind die Informationen noch nicht ausreichend verifiziert, der Zeitpunkt der Veröffentlichung wäre unpassend o.ä..

Gerade auch in der Politik kommt es oft vor, dass Journalisten vertrauliche, nicht öffentlich zitierbare Hintergrundinformationen bekommen, um Vorgänge öffentlich besser beurteilen zu können[112]. Es werden dabei z.B. Informationen über Geschehnisse oder Maßnahmen gegeben, die für die Zukunft zu erwarten sind, um in die Irre führenden Spekulationen der Medien vorzubeugen, die im Einzelfall im Rahmen diplomatischer Beziehungen Schaden anrichten könnten. Vertrauliche Mitteilungen werden „unter drei[113]" erteilt und sind dann nur zur persönlichen Unterrichtung der Chefredaktion, nicht aber zur Veröffentlichung gedacht. In diesem Zusammenhang spielen Vertraulichkeit und der Schutz des redaktionellen Raumes auch für die Qualitätssicherung der Medienberichterstattung eine sehr große Rolle. Je mehr Hintergrundinformationen der Journalist kennt, desto mehr stützen sich seine Berichte auf Fakten anstelle von Spekulationen und unsicheren Schlussfolgerungen.

Selbstverständlich kann es gerade in Anbetracht der Tatsache, dass ein großer Konkurrenzdruck am Markt der Medien herrscht[114], auch sachfremde Motive für die Veröffentlichung von Informationen geben. Nicht jede Redaktion hat eine verantwortungsbewusste, seriöse Einstellung zu den Lesern ihres Druckwerks.

---

[112] Appel, „Schutz des Informanten aus der Sicht von Presse und Rundfunk", in: Erkel/Appel/Theisen/Peters, Strafrechtlicher Schutz der Informationsquellen in Presse und Rundfunk, S. 19 (28).

[113] Dieser Ausdruck für die Vertraulichkeit des Gesprächs hat sich bei der journalistischen Tätigkeit im Politikbereich weitgehend durchgesetzt. Unter 1) bedeutet „zu beliebiger Verwendung", unter 2) bedeutet „zur Verwertung ohne Quelle und Nennung des Auskunftgebenden" und unter 3) steht für „vertraulich". Appel, „Schutz des Informanten aus der Sicht von Presse und Rundfunk", in: Erkel/Appel/Theisen/Peters, Strafrechtlicher Schutz der Informationsquellen in Presse und Rundfunk, S. 19 (28).

[114] Rosenberger / Schmid, „Zwischen Gleichförmigkeit und Differenzierung", in: Wilke, Nachrichtenagenturen im Wettbewerb, S. 43 (43).

In manchen Fällen steht nicht der Wunsch, den Leser möglichst gut zu informieren, sondern allein das Streben nach Gewinn und hohen Auflagenzahlen im Mittelpunkt der Aufmerksamkeit der Redaktionsmitglieder. Das zeigt sich dann u.a. darin, dass sich die Berichterstattung mehr daran orientiert, was sich gut verkauft, als daran, was der Wahrheit und einer angemessenen Information der Leser entspricht. Im Rahmen dieser Kommerzialisierung verschwimmen die Grenzen zwischen Fakten und Fiktion oder es werden gar Informationen oder Quellen manipuliert oder erfunden, um die Verkaufszahlen oder Einschaltquoten zu steigern[115].

Ein Beispiel dafür ist die Affäre um die „Hitler-Tagebücher" von 1983, bei der in der Zeitschrift *Stern* angebliche Tagebücher von Adolf Hitler veröffentlicht wurden, die sich später als Fälschungen herausstellten. Hier hätte vor einer Veröffentlichung eine umfassende Analyse der Bücher erfolgen müssen, was trotz des vorhersehbaren besonderen öffentlichen Interesses an der Authentizität solcher Tagebücher und trotz der zu erwartenden starken Wirkungen der Berichterstattung auf die Menschen nicht erfolgt ist. Unter dem Begriff des „Infotainments" wird der Leser in solchen Fällen auf die Rolle des Konsumenten und der Journalist auf die des Entertainers reduziert[116].

Dabei kann gerade das fehlende Verantwortungsgefühl einer Redaktion im Hinblick auf den großen Einfluss der Medien ein bedeutendes Problem darstellen. Durch lückenhafte oder unwahre Berichte können nicht nur diejenigen geschädigt werden, die zum Gegenstand einer solchen Berichterstattung gemacht werden, sondern auch diejenigen, die sich auf Grundlage dieser Berichterstattung eine Meinung über bestimmte Vorgänge bilden, ohne zu merken, dass sie von falschen Tatsachen ausgehen. Die Presse nimmt auf die öffentliche Meinungsbildung Einfluss. Deshalb ist die Bevölkerung an der Art und Weise, wie das Presseprodukt entsteht besonders interessiert. Im Interesse der

[115] Weischenberg, „Journalismus unter neuen Geschäftsbedingungen", in: Rolke / Wolff, Wie die Medien die Wirklichkeit steuern und selber gesteuert werden, S. 35 (37/38, 41).

[116] Schulz / Korte, Medienprivilegien in der Informationsgesellschaft, KritV 2001, S. 113 (122).

Öffentlichkeit ist die redaktionelle Arbeit daher nicht schlechthin jeder öffentlichen Erörterung und Kritik entzogen[117]. Für die Leser kann es sehr wichtig sein zu wissen, wie und mit welcher Einstellung in einer Redaktion gearbeitet wird, um die Informationen, die aus der Redaktion kommen, richtig einschätzen zu können. Der Schutz des Redaktionsgeheimnisses ist daher nicht uneingeschränkt gewährleistet, sondern nur, soweit es sich nach Art und Reichweite von der Sache her rechtfertigen lässt[118]. Von der Sache her nicht mehr rechtfertigen lässt sich der Schutz, wenn eine Berufung auf das Redaktionsgeheimnis nicht aus der Motivation heraus erfolgt, die Unabhängigkeit der Medien zu wahren, um der ihnen obliegenden öffentlichen Aufgabe verantwortungsbewusst nachzukommen, sondern wenn die Berufung auf das Redaktionsgeheimnis aus rein egoistischen wirtschaftlichen Motiven heraus erfolgt. In diesen Fällen versuchen die Medien, den Schutz des Redaktionsgeheimnisses zu sachfremden Zwecken zu missbrauchen.

Trotz der dargestellten Missbrauchsgefahr und dem Interesse der Öffentlichkeit an Einblicken in den Entstehungsprozess eines Medienproduktes besteht grundsätzlich gegenüber staatlichen Übergriffen ein Schutz der Redaktionsvertraulichkeitssphäre. Und dies zu Recht: Das Redaktionsgeheimnis dient neben dem Informantenschutz der Vertraulichkeit und der Funktionsfähigkeit der Redaktionsarbeit insgesamt[119] und ist in diesem Zusammenhang unverzichtbar für die Gewährleistung einer freien und unabhängigen Mediengestaltung. Deshalb wäre es mit dem Grundrecht unvereinbar, wenn sich staatliche Stellen nach ihrem Belieben Einblicke in die Vorgänge verschaffen könnten, welche zur Entstehung einer Zeitung oder Zeitschrift führen[120].

---

117 BGHZ 80, 25 (33).

118 BVerfGE 20, 162 (176).

119 Besonders hinsichtlich der vertraulich erhaltenen Hintergrundinformationen, vgl. Appel, „Schutz des Informanten aus der Sicht von Presse und Rundfunk", in: Erkel/Appel/Theisen/Peters, Strafrechtlicher Schutz der Informationsquellen in Presse und Rundfunk, S. 19 (28)

120 BVerfGE 66, 116 (135); BVerfGE 77, 65 (74).

Dadurch würden die Angehörigen der Redaktionen verunsichert und in ihrer freien Kommunikation gestört. Solche Eingriffe des Staates würden in jedem wirtschaftlichen Privatbetrieb zu einer Störung des Arbeitsablaufs führen. Dies wäre bei den Medien noch gesteigert wegen ihrer besonderen Arbeitsweise und wegen der Berührungspunkte mit staatlichen Stellen aufgrund der für die Medien interessanten Themen. Die durch staatliche Eingriffe in das Redaktionsgeheimnis bedingte Einschüchterung könnte in ihrer Wirkung einer Vorzensur gleich kommen. Deshalb muss das Redaktionsgeheimnis grundsätzlich vor staatlichen Eingriffen geschützt werden.

2. Auswirkungen

Das berufsbedingte Zeugnisverweigerungsrecht aus §53 StPO eröffnet dem weigerungsberechtigten Zeugen grundsätzlich die Möglichkeit nach pflichtgemäßem Ermessen zu entscheiden, ob er von seinem Zeugnisverweigerungsrecht Gebrauch machen will oder nicht.

Dieses Ermessen ist jedoch für bestimmte Berufsgruppen wie z.B. Verteidiger, Anwälte, Ärzte etc. insofern eingeschränkt, als dass sie aussagen müssen, wenn sie von ihrer Schweigepflicht entbunden werden[121]. Eine Entbindung von der Schweigepflicht kann, wie sich aus §53 II StPO ergibt, bei Medienangehörigen nicht wirksam erfolgen[122]. Das bedeutet, dass auch in dem Fall, in dem der Informant dem Journalisten ausdrücklich erlaubt eine Aussage zu machen, das Zeugnisverweigerungsrecht des Journalisten nicht entfällt[123].

Kritisiert wird an dieser Regelung vor allem, dass ein Informant an einer Aussage des Journalisten ein erhebliches Interesse haben könnte, wenn er eine Berichtigung der von ihm stammenden Äußerung wünscht[124]. Er kann die Aussage des Journalisten dennoch nicht durch eine Freigabeerklärung

[121] Senge, in: Karlsruher Kommentar, Strafprozessordnung, §53, Rdnr. 45.
[122] Dahs, in: Löwe-Rosenberg, Die Strafprozessordnung, Band I, §53 Rdnr.45.
[123] Achenbach, in: Löffler, Presserecht, S. 1017, Rdnr. 82.
[124] Theisen, „Der Schutz des Redaktionsgeheimnisses“, in: Erkel/Appel/Theisen/Peters, Strafrechtlicher Schutz der Informationsquellen in Presse und Rundfunk, S. 37 (46).

erzwingen. Der Informant hat auch umgekehrt keinen Rechtsanspruch darauf, dass der Presse- oder Rundfunkmitarbeiter von seinem Zeugnisverweigerungsrecht Gebrauch macht[125]. Der Medienmitarbeiter soll in jedem Fall selbst abzuwägen und zu entscheiden haben, ob er sich auf das ihm zustehende Zeugnisverweigerungsrecht berufen will oder nicht[126].

Grundsätzlich kann von Verschwiegenheitspflichten immer derjenige entbinden, zu dessen Schutz die Pflicht gesetzlich begründet ist[127]. Bestünde der einzige Zweck des Zeugnisverweigerungsrechts von Medienangehörigen im Strafprozess darin, dass der Informant und dessen Anonymität geschützt werden sollen, wäre die fehlende Möglichkeit des Informanten, das Zeugnisverweigerungsrecht durch eine Freigabeerklärung entfallen zu lassen, nicht einsichtig. Denn wenn derjenige, der durch das Zeugnisverweigerungsrecht geschützt werden soll, bewusst auf den Schutz verzichtet, kann sich die Aussage nicht mehr negativ auf das Vertrauensverhältnis zu diesem Informanten auswirken. Der Schutzzweck des Zeugnisverweigerungsrechts von Medienangehörigen ist jedoch nicht mit dem anderer Berufsgruppen vergleichbar. Bei Ärzten oder Anwälten besteht i.d.R. ein eingrenzbares Zwei-Personen-Vertrauensverhältnis; die Vertrauensperson bekommt etwas anvertraut und was ihr sonst noch bekannt wird baut i.d.R. darauf auf oder ist nur eine Information am Rande[128]. Diese Berufsträger schützen mit ihrer Aussageverweigerung i.d.R. das Recht der informationellen Selbstbestimmung einer ganz konkreten Person. Mit diesen Berufen, deren Tätigkeitsschwerpunkt in der beratenden Einzelfallhilfe liegt, ist die Tätigkeit eines Journalisten jedoch nicht vergleichbar[129].
An einem Medienbeitrag sind oftmals viele Informanten mittelbar oder unmittelbar beteiligt. Könnten die Informanten durch entsprechende Erklärungen einen Aussagezwang des Journalisten herbeiführen, dann könnte

[125] Ernst, Zu den Rechtsfragen einer verfälschten Bildberichterstattung, AfP 2006, 529 (533).
[126] OLG Bremen, JZ 1977, 442 (444)
[127] Dahs, in: Löwe-Rosenberg, Die Strafprozessordnung, Band I, §53 Rdnr.71.
[128] Kunert, Erweitertes Zeugnisverweigerungsrecht der Medienmitarbeiter, NStZ 2002, S. 169 (171).
[129] Rengier, Die Zeugnisverweigerungsrechte im geltenden und künftigen Strafverfahrensrecht, S. 40.

das dazu führen, dass ein größerer Informantenkreis aufgedeckt würde[130]. Des Weiteren gilt es im Hinblick auf den Schutzumfang der Medienfreihet eben nicht nur den Informanten und das mit ihm bestehende Vertrauensverhältnis zu schützen, sondern das Zeugnisverweigerungsrecht dient darüber hinaus dem Redaktionsgeheimnis als solchem. Nur der Journalist selbst kann absehen, welche Konsequenzen eine Aussage im Strafprozess für die weitere redaktionelle Tätigkeit hat. Daher darf der Medienangehörige nicht allein aus dem Grund, dass ein Informant gegen eine Aussage keine Einwände erhebt, verpflichtet werden, interne Redaktionsvorgänge und recherchierte Informationen offen zu legen.

D. Das staatliche Strafverfolgungsinteresse

Dem Interesse der Medien, das Vertrauensverhältnis zu ihren Informanten, das Redaktionsgeheimnis und ihre Unabhängigkeit zu schützen, steht das Interesse des Staates an einer effektiven Strafverfolgung gegenüber. Das Bundesverfassungsgericht hat das unabweisbare Bedürfnis einer wirksamen Strafverfolgung wiederholt anerkannt[131] und das Interesse an einer umfassenden Ermittlung der Wahrheit betont[132]. Grundsätzlich sind daher alle Bürger zur Mitwirkung an der Wahrheitsermittlung verpflichtet, um eine effektive Strafverfolgung zu ermöglichen. Dem steht das Recht der Medienangehörigen gegenüber, im Strafverfahren die Aussage zu verweigern und sich hinsichtlich ihrer Unterlagen, an denen die Strafverfolgungsbehörden ein Interesse haben könnten, auf das Beschlagnahmeverbot des §97 V StPO zu berufen. Diese Privilegien der Medien beeinträchtigen das öffentliche Interesse an einer effektiven Strafverfolgung[133].

---

[130] Appel, „Schutz des Informanten aus der Sicht von Presse und Rundfunk“, in: Erkel/Appel/Theisen/Peters, Strafrechtlicher Schutz der Informationsquellen in Presse und Rundfunk, S. 10 (26)

[131] BVerfGE 19, 342 (347); 20, 45 (49); 20, 144 (147); 77, 65 (76).

[132] BVerfGE 32, 373 (381); 33, 367 (383).

[133] Schnöckel, Pressefreiheit ohne Informantenschutz? (zu Kugelmann, ZRP 2005, 260), ZRP 2006, 100 (100).

Das Bundesverfassungsgericht spricht dem Interesse an einer effektiven Strafverfolgung Verfassungsrang zu[134]. Dieses Interesse wird im Grundgesetz jedoch nicht ausdrücklich erwähnt, daher stellt sich die Frage, woraus die verfassungsrechtliche Bedeutung dieses Rechts herzuleiten ist. Die Strafverfolgung ist Teil des Rechtsstaatsprinzips gem. Art 20 III GG. Dem Rechtsstaatsprinzip liegt der Schutz der Menschenwürde und die Förderung der individuellen Freiheit als materielles Leitprinzip zu Grunde[135]. Unter diesem Gesichtspunkt ist die effektive Strafrechtspflege zwingender Bestandteil des Rechtsstaatsprinzips. Denn der Staat übt das Gewaltmonopol aus, um die Sicherheit und damit die Freiheit und körperliche Unversehrtheit der Bevölkerung zu gewährleisten. Das kann er aber nur, wenn er Straftaten effektiv verfolgt und ahndet. Auf diese Art wird der Rechtsfrieden gewahrt. Das Vertrauen der Bevölkerung in die Funktion des Staates wird gestärkt und mit dem Sicherheitsgefühl auch die Freiheit der Persönlichkeitsentfaltung unterstützt.

Andere Aspekte des Rechtsstaatsprinzips sind die der Gerechtigkeit und der Rechtssicherheit[136]. Unter diesen Aspekten muss sich jeder Bürger darauf verlassen können, dass er mit staatlichen Sanktionen nur zu rechnen hat, wenn der Sachverhalt spätestens im Rahmen der Gerichtsverhandlung möglichst lückenlos aufgeklärt wurde. Dazu bedarf es einer umfassenden und effektiven Strafermittlung. Fehlurteile, die auf unzureichend ermittelten Sachverhalten basieren, oder Freisprüche, die auf unzureichende Ermittlungen zurückzuführen sind, schädigen den Rechtsstaat und das Vertrauen der Bevölkerung in Recht und Justiz. Aus diesen Gründen ist das Interesse an einer effektiven Strafverfolgung dem Rechtsstaatsprinzip unmittelbar zuzuordnen und hat damit Verfassungsrang.

Im Rahmen der Abwägung sind daher die jeweiligen Gewichte der beiden Rechtsgüter, der Medienfreiheit auf der einen und den Erfordernissen einer effektiven Strafverfolgung auf der anderen Seite, im Einzelfall zu beachten und einander gegenüber zu stellen. Dabei ist der Gesetzgeber jedoch weder

[134] BVerfGE 19, 342 (347).
[135] Sommermann, in: von Mangoldt / Klein / Starck, Grundgesetz, Band II, Art. 20, Rdnr. 238.
[136] Sommermann, in: von Mangoldt / Klein / Starck, Grundgesetz, Band II, Art. 20, Rdnr. 239.

verpflichtet, noch steht es ihm frei, der Presse- und Rundfunkfreiheit absoluten Vorrang vor anderen wichtigen Gemeinschaftsgütern einzuräumen[137]. Eine an rechtsstaatlichen Garantien ausgerichtete Rechtspflege ist erforderlich, um in dem ihr vorgegebenen verfahrensrechtlichen Rahmen die Durchsetzung von Gerechtigkeit zu ermöglichen[138]. Ein Vorrang des Strafverfolgungsinteresses vor den Interessen an einer umfassenden Medienfreiheit ist also unter bestimmten Voraussetzungen denkbar. Grundsätzlich obliegt es dem Gesetzgeber, eine generalisierende Bestimmung darüber zu treffen, in welchen Fällen typischerweise den Geheimhaltungsinteressen der Presse der Vorrang gebührt gegenüber dem Rechtsgut einer funktionierenden Rechtspflege[139].

I. Gefahren durch die organisierte Kriminalität

Das öffentliche Interesse an einer effektiven Strafverfolgung steigt mit der Größe der Bedrohung, der die Strafverfolgung entgegen zu wirken versucht. Die aktuelle, wenn auch nicht unbedingt neue Form der organisierten Kriminalität, die seit dem 11. September 2001 jedem gegenwärtig ist, ist der Terrorismus. Dabei versuchen organisierte Gruppen durch schwerwiegende Gewalt oder Drohung Angst unter den Menschen zu erzeugen und dadurch politischen Druck aufzubauen, um ihre eigenen politischen Ziele zu erreichen. Sie setzen vor allem auf die psychischen Wirkungen ihrer Anschläge und versuchen das Denken der Menschen zu besetzen.

Die häufig verwendete Vorgehensweise der Terroristen, ihre Anschläge mit einer langen Vorlaufzeit zu planen, eröffnet Möglichkeiten, die Gefahren im Frühstadium zu erkennen und ihnen effektiv zu begegnen, wobei Informationsbeschaffung und Austausch bzw. Bündelung der Informationen eine ganz wesentliche Rolle spielen[140]. Je mehr Informationen die Strafverfolgungsbehörden zur Verfügung haben, desto schneller können sie mögliche Netzwerke erkennen und Rückschlüsse auf laufende Planungen ziehen. In diesem

---

[137] BVerfGE 77, 64 (76)

[138] BVerfGE 77, 64 (76); 33, 367 (383).

[139] Pöppelmann, „Kunstgriffe" der Justiz, AfP 1997, 485 (491); vgl. BVerfGE 64, 108 (116)

[140] Hinsichtlich des Informationsaustauschs zwischen den Behörden und den EU-Staaten untereinander vgl. von Randow / Klingst u.a., Der Keil des Terrors, Die ZEIT 18.03.2004.

Zusammenhang verschwimmen die Grenzen zwischen Prävention und Repression, denn wenn man Zugriff auf die Hintermänner eines bereits verübten Anschlages hat, kann man sowohl diesen Anschlag ahnden als auch möglicherweise weitere Anschläge verhindern. Daher besteht der besonders starke Wunsch der Strafverfolgungsbehörden, auf die den Journalisten in diesem Zusammenhang zur Verfügung stehenden Informationen zuzugreifen.

Der Informationsvorsprung der Journalisten in diesem Bereich ergibt sich oftmals daraus, dass die Terroristen sich den Massenmedien anvertrauen, um über sie eine möglichst große Anzahl von Menschen mit ihren Botschaften zu erreichen. Da es ihnen um die Verbreitung einer Ideologie und um politische Ziele geht, müssen sie über die Erzeugung von Angst hinaus ihre Botschaften vermitteln, um in ihrem Sinne Erfolg zu haben. Dazu brauchen sie die Unterstützung der Massenmedien. Auf diesem Wege wird so mancher Terrorist zum Informanten, der somit prinzipiell in den Genuss der aufgrund der Garantie der Pressefreiheit eingeräumten Privilegien kommt und nicht um die Aufdeckung seiner Identität oder um die Mitteilung von Informationen zur Ermittlung seines Aufenthaltsorts fürchten muss.

Es stellt sich also in Anbetracht der sicherheitspolitischen Lage seit dem 11. September 2001 verstärkt die Frage, ob der Grundsatz, dass *„im Zweifel der Medienfreiheit Vorrang vor dem Strafverfolgungsinteresse gebührt“*[141], ein Grundsatz, der auch zu der Ausweitung des Zeugnisverweigerungsrechts der Medienangehörigen geführt hat, in jedem Fall Bestand haben sollte[142].

Terroristen agieren im Verborgenen. Sie bekennen sich immer nur als Gruppe zu den von ihren Mitgliedern verübten Taten und zu ihrer Ideologie. Daher ist es schwierig, einzelne Täter herauszugreifen und die Organisationen durch Ergreifung der Hintermänner zu zerschlagen. Die Terroristen haben an der persönlichen Anonymität zum Schutz vor Strafverfolgung ein großes Interesse.

---

[141] Begründung des Gesetzesentwurfes der Regierung abgedruckt in: BT-DR 14/5166, S. 9.

[142] Kritisch dazu: Kunert, Erweitertes Zeugnisverweigerungsrecht der Medienmitarbeiter, NStZ 2002, 169 (174).

Grundsätzlich sind auch Terroristen Informanten der Medien und genießen daher besonderen Schutz vor der Aufdeckung ihrer Identität, wenn sie sich „vertrauensvoll" an die Medien wenden. Die Strafverfolgungsbehörden können der von ihnen ausgehenden Gefahr aber nur wirksam begegnen, wenn sie es schaffen, einzelne Personen der Gruppierung zu identifizieren. Die Sicherheitsinteressen der Allgemeinheit werden von den Gefahren, die von dieser Form der organisierten Kriminalität ausgehen, in besonderem Maße berührt. Daher bekommt das Interesse an einer effektiven Strafverfolgung in diesem Zusammenhang ein höheres Gewicht und muss bei der Frage, ob die Privilegien der Medien im konkreten Fall Anwendung finden, entsprechend berücksichtigt werden.

Dabei wird nicht vergessen, wie gefährlich es ist, Freiheitsrechte mit dem pauschalen Verweis auf die aktuelle Sicherheitslage einzuschränken oder gar abzuschaffen. Das ist der Weg zu einem totalitären Staat, den man nicht zu weit beschreiten sollte. Dennoch ist der Bereich des Terrorismus ein Phänomen, dass zu erheblichen Reibungspunkten zwischen den Strafverfolgungsinteressen und den Geheimhaltungsinteressen der Medien führt und daher nicht unberücksichtigt bleiben kann. Terroristische Aktivitäten spielen in der Medienberichterstattung eine große Rolle. Durch die Berichterstattung wird das Sicherheitsbedürfnis der Bevölkerung verstärkt und die Bevölkerung stellt erhöhte Forderungen an den Rechtsstaat, die persönliche Sicherheit des Einzelnen zu gewährleisten. Daraus ergibt sich wiederum ein gesteigerter Druck auf die Strafverfolgungsbehörden, effektiv zu arbeiten, um Anschläge zu ahnden und neue Anschläge zu verhindern. Weiterhin ist nicht damit zu rechnen, dass der Terrorismus ein singuläres Phänomen unserer Zeit bleiben wird. Es ist weltweit zu beobachten, dass Gruppen von Menschen, die sich nicht durch Regierungen vertreten sehen oder sogar den Eindruck haben, aus politischen oder religiösen Gründen verfolgt zu werden, sich aus dem Untergrund heraus gewaltsam Gehör und Einfluss verschaffen wollen. Moderne Kommunikationswege (Internet) und die immer leichter werdende Möglichkeit der Waffenbeschaffung lassen die damit verbundenen Gefahren auch in Deutschland weiter wachsen.

Das Thema Terrorismus hat aus diesen Gründen für die Frage der Abwägung zwischen den Belangen der Medienfreiheit und denen des Strafverfolgungsinteresses eine besondere Bedeutung und kann daher in dieser Arbeit nicht unberücksichtigt bleiben.

II. Konsequenzen der Verwertung

Die weitere Frage, die sich im Zusammenhang mit staatlichen Eingriffen in die Pressefreiheit stellt, ist, inwieweit die Einbeziehung einer journalistischen Information in die Strafverfolgung wirklich dazu führt, dass die Medien mit größeren Problemen bei ihren Recherchen zu rechnen haben.

Diese Frage stellte sich dem Bundesverfassungsgericht im Zusammenhang mit der Beschlagnahme von Filmaufnahmen des Fernsehsenders ZDF, die eine Demonstration zeigten, bei der es zu gewaltsamen Ausschreitungen kam[143]. Die Medienvertreter äußerten Bedenken, dass bei Annahme der Zulässigkeit der Beschlagnahme zukünftig mit erhöhtem Widerstand der Personen, die gefilmt werden, zu rechnen sei. Dies werde zum einen die Recherchen erschweren zum anderen seien sogar gewaltsame Übergriffe auf Kameraleute zu befürchten. Auch *Pöppelmann* betont, dass der Zugriff der Strafverfolgungsbehörden auf Bildmaterial gerade im Zusammenhang mit Demonstrationen immer wieder dazu führe, dass Journalisten als *„Hilfsorgane"* der Ermittlungsbehörden beleidigt, bedroht oder gar tätlich angegriffen würden[144]. Dem hält das Bundesverfassungsgericht entgegen, dass es für denjenigen, der zum Gegenstand journalistischer Recherche gemacht wird, nie absehbar sei, was mit dem Recherchematerial gemacht werde, ob es nicht vielleicht sogar vollständig veröffentlicht werde. Da der Betroffene an der Aufdeckung seiner strafbaren Handlungen durch die Medien regelmäßig kein Interesse habe, sei es nur natürlich, dass die Medien bei ihren Recherchen auch auf Widerstand stoßen könnten. Ob die Möglichkeit der staatlichen Behörden, auf solche Materialien Zugriff zu nehmen, sich darüber hinaus auf die Haltung der Betroffenen auswirken werde oder nicht, sei gar nicht abzusehen.

---

143 BVerfGE 77, 64 (79).

144 Pöppelmann, „Kunstgriffe" der Justiz, AfP 1997, 485 (487).

Dem ist im Ergebnis zuzustimmen. Dies gilt auch im Hinblick darauf, dass niemand ein Recht darauf hat, dass die Medienangehörigen tatsächlich von ihrem Aussageverweigerungsrecht Gebrauch machen. Es muss immer mit einer Offenbarung durch die Medien gerechnet werden, sei es im Rahmen eines Strafverfahrens oder im Wege der Veröffentlichung. Ob die Einbeziehung der journalistischen Informationen in die strafrechtlichen Ermittlungen also tatsächlich negative Konsequenzen für die journalistische Recherche nach sich ziehen, kann zumindest außerhalb eines konkreten Vertrauensverhältnisses zwischen einem Medienangehörigen und einem Informanten bezweifelt werden.

Dem entspricht auch die Bedeutung der journalistischen Informationen für die Strafverfolgung. In einigen Fällen haben die Srafverfolgungsbehörden keine anderen Möglichkeiten der effektiven Sachverhaltsaufklärung. Sie sind auf die journalistischen Informationen in besonderem Maße angewiesen.

III. Auswirkungen auf Beschuldigte

Stellen Journalisten konkrete Ermittlungen hinsichtlich einer verübten Straftat an, besteht auch die Möglichkeit, dass sie im Rahmen ihrer Recherchen auf Material stoßen, das einen Beschuldigten entlasten könnte. Das ist besonders problematisch, wenn die entlastenden Informationen von einem Informanten stammen, dem die Journalisten in der üblichen Form Vertraulichkeit und den Schutz der Anonymität zugesagt haben. Folgen sie dann dem Pressekodex, der in Ziffer 5 besagt, dass die vereinbarte Vertraulichkeit grundsätzlich zu wahren ist[145], kann das für einen Beschuldigten, der auf die Aussagen des Medienangehörigen zu seiner Entlastung angewiesen ist, schwere Nachteile bedeuten.

Der Beschuldigte hat einen im Rechtsstaatsprinzip begründeten Anspruch auf ein faires rechtsstaatliches Strafverfahren. Gegenstände, auf die sich Zeugnisverweigerungsrechte oder Beschlagnahmeverbote beziehen, sind grundsätzlich nicht nur der Anklage, sondern auch der Verteidigung entzogen. Die Rechte

[145] Löffler, Presserecht, S. 1090.

und Möglichkeiten des von Strafe bedrohten Bürgers, den gegen ihn bestehenden Verdacht in einem rechtsstaatlichen Verfahren auszuräumen, werden durch die Privilegien der Medien beschränkt[146]. Die Zeugnisverweigerungsrechte und Beschlagnahmeverbote stellen Ausnahmen von der Pflicht zur umfassenden Aufklärung der materiellen Wahrheit dar. Sie beschränken die Beweismöglichkeiten der Strafverfolgungsbehörden zur Erhärtung aber auch zur Widerlegung eines Verdachts strafbarer Handlungen und beinhalten daher die Gefahr, dass die Gerichte ihre Entscheidung im Einzelfall auf einer mangelhaften Tatsachengrundlage treffen müssen[147]. Die Möglichkeiten zu einer materiell richtigen und gerechten Entscheidung zu kommen, werden beeinträchtigt[148]. *Rengier* sieht die damit verbundenen Risiken als gering an, da er davon ausgeht, dass der Zeuge bei der Kenntnis von Entlastungsbeweisen ohnehin freiwillig aussagen werde, oder, wenn er das nicht tut, für sein Schweigen „gute Gründe" haben werde[149].

Dem kann jedoch im Hinblick auf den steigenden Konkurrenzdruck zwischen den Medien und die wachsende Kommerzialisierung der Medien nicht gefolgt werden. Als Motiv für die Ausübung des Zeugnisverweigerungsrechts kommt auch der Wunsch in Betracht, sich die Möglichkeiten der erstmaligen Bekanntgabe neuer Informationen zu bewahren, um die Information besser verkaufen und höhere Gewinne erzielen zu können. Es ist nicht auszuschließen, dass Medienangehörige das wirtschaftliche und journalistische Interesse an einer guten Geschichte den Interessen des Betroffenen im Einzelfall überordnen würden. Auch das Argument, dass bisher kein Fall bekannt geworden sein soll, in dem ein Journalist die Aufklärung einer schweren Straftat durch Berufung auf sein Zeugnisverweigerungsrecht verhindert habe[150], kann nicht überzeugen.

---

[146] Von Knobloch, Pressefreiheit und Gefahrenabwehr, AfP 2006, 301 (303).
[147] BVerfGE 77, 64 (76).
[148] BVerfGE 33, 367 (383).
[149] Rengier, Die Zeugnisverweigerungsrechte im geltenden und künftigen Strafverfahrensrecht, S. 93.
[150] Rengier, Die Zeugnisverweigerungsrechte im geltenden und künftigen Strafverfahrensrecht, S. 217; Gerhardt, Zur Unbeschränktheit des Zeugnisverweigerungsrechts der Mitarbeiter von Presse und Rundfunk, MDR 1976, 461 (462).

Im September 2006 wurde von einem Fall vor dem LG Wiesbaden berichtet, in dem sich ein Redakteur des „Wiesbadener Tagblatts“ auf sein Zeugnisverweigerungsrecht berief, obwohl seine Aussage einen der Angeklagten in einem Mordprozess angeblich hätte entlasten können[151].
Das Landgericht Wiesbaden verhängte gegen den Redakteur zweimal ein Zwangsgeld gem. §70 StPO. In beiden Fällen legte der Redakteur gegen die Beschlüsse des Landgerichts Wiesbaden Beschwerde ein. In beiden Fällen wurden die Beschlüsse durch das OLG Frankfurt am Main aufgehoben. Bei der ersten Entscheidung begründete das OLG die Aufhebung mit formalen Gründen (der Redakteur hatte nicht die Möglichkeit, einen Rechtsanwalt zu der Frage, ob er sich äußern müsse, zu Rate zu ziehen) und auf die zweite Beschwerde hin wurde das grundsätzliche Bestehen eines Zeungnisverweigerungsrechts gem. §53 I Nr. 5 StPO bestätigt[152].

Welche Interessen der Redakteur tatsächlich mit der Berufung auf sein Zeugnisverweigerungsrecht verfolgte und ob seine Aussage wirklich zu einer Entlastung des Angeklagten hätte führen können, kann letztlich weder mit Sicherheit bestätigt noch ausgeschlossen werden. Die Entscheidung des Journalisten kann juristisch nicht überprüft werden. Er bewegt sich insofern im rechtsfreien Raum und unterliegt bei der Entscheidung, ob er aussagt oder nicht, allein seinem Gewissen. Das gilt, obwohl seine Entscheidung auf den Angeklagten möglicherweise gravierende Auswirkungen haben kann.

Hammerstein berichtet in seinem Beitrag über zwei weitere Fälle, in denen Journalisten in einem laufenden Ermittlungsverfahren Zeugen aufgetan und deren Bekundungen publiziert haben. Als die Medienangehörigen aufgefordert wurden, die Anschriften der Zeugen zur amtlichen Vernehmung bekannt zu geben, beriefen sie sich auf ihr Zeugnisverweigerungsrecht. Dadurch sei zumindest befristet verhindert worden, einen einstellungsreifen Fall abzuschließen, und das Verteidigungsinteresse des Beschuldigten sei genauso

---

[151] Beck-Aktuell-Redaktion, Becklink 196598.

[152] OLG Frankfurt am Main, Beschlüsse vom 25.08.2006 (Az. 2 Ws 135/06) und vom 24.06.2004 (Az.: 2 Ws 159/06).

eklatant verletzt worden wie das Strafverfolgungsinteresse des Staates[153]. Das Argument, dass man auch in diesen Fällen nie mit Sicherheit habe nachweisen können, dass dem Beschuldigten durch die Ausübung des Zeugnisverweigerungsrechts definitiv ein Nachteil entstanden ist, kann nicht überzeugen. Denn, dass dieser Nachweis nicht gelingt, liegt bereits in der Natur der Sache, weil letztlich nur der Medienangehörige selbst alle Fakten kennt. Wegen der Ausübung des Zeugnisverweigerungsrechts und die dadurch bedingte Vorenthaltung eines Zeugen kann letztlich nicht aufgeklärt werden, wie die Vernehmung des Zeugen den Verlauf des Strafverfahrens verändert hätte.

Den Medienangehörigen wird in der Frage, ob sie im Einzelfall von ihrem Zeugnisverweigerungsrecht Gebrauch machen wollen oder nicht, eine große Eigenverantwortung zugestanden, die dementsprechend ein gesteigertes Missbrauchsrisiko in sich birgt.

E. Notwendigkeit der praktischen Konkordanz

Die Erfordernisse der Gewähr rechtsstaatlich geordneter Rechtspflege, die sowohl für eine wirksame Strafverfolgung als auch für die nachhaltige Sicherung der Rechte des Beschuldigten zu sorgen hat, müssen ebenso beachtet werden, wie der Sicherung der Freiheit journalistischer Arbeit, die ihrerseits einen Teil rechtsstaatlicher und demokratischer Freiheitsgewähr darstellt, Rechnung zu tragen ist[154].

Trotz des großen Einflusses der Massenmedien und trotz des Eindrucks einer ausschließlichen Vertretung der Allgemeininteressen, den sie stets zu vermitteln versuchen, dürfen Presse- und Rundfunkfreiheit nicht nur vom Blickpunkt der Medienvertreter aus gesehen werden[155]. Bei der Gewichtung der Medienfreiheit im Verhältnis zu dem staatlichen Interesse an der Strafverfolgung ist vielmehr

[153] Hammerstein, „Bemerkungen zur Kriminalberichterstattung aus Sicht des Strafverteidigers", in: Dölling /Gössel/ Waltos, Kriminalberichterstattung in der Tagespresse, S. 359 (363).

[154] BVerfGE 77, 64 (76).

[155] BVerfGE 25, 296 (306); Rotsch, Der Schutz der journalistischen Recherche im Strafprozessrecht, S.40; Von Knobloch, Pressefreiheit und Gefahrenabwehr, AfP 2006, 301 (303).

zu berücksichtigen, dass die Handlungen beider Seiten auf die Erlangung von Informationen zielen, ohne dass einem der dabei verfolgten Interessen abstrakt ein eindeutiger Vorrang gebührt[156]. Die Medien haben eine wichtige öffentliche Aufgabe, aber sie verfolgen auch wirtschaftliche Interessen, die im Einzelfall dazu führen können, dass bestimmte auf Nachrichtensammlung und -verbreitung gerichtete Handlungen als weniger schützenswert erscheinen.

Wenn die Medienfreiheit auf andere gewichtige Interessen des freiheitlich-demokratischen Staates oder auf Rechte des von Strafe bedrohten Bürgers stößt, müssen diese verfassungsrechtlich ebenso geschützten Rechtsgüter ausreichend berücksichtigt werden. Es bedarf sorgfältiger Abwägung, ob und inwieweit die Erfüllung der publizistischen Aufgaben einen Vorrang der Presse- und Rundfunkfreiheit erfordert oder Presse- und Rundfunkfreiheit ihrerseits an diesen Interessen ihre Grenzen zu finden haben[157].

Diese verhältnismäßige Zuordnung von Grundrechten und grundrechtsbegrenzenden Rechtsgütern ist Aufgabe der praktischen Konkordanz. Durch sie wird versucht, bei der Interpretation verfassungsmäßiger Begrenzungen beiden sich gegenüber stehenden verfassungsrechtlich geschützten Rechten zu optimaler Wirksamkeit zu verhelfen[158].

Die Lösung des Spannungsverhältnisses zwischen der Presse- und Rundfunkfreiheit einerseits und den Erfordernissen einer wirksamen Strafverfolgung andererseits ist in erster Linie Aufgabe des Gesetzgebers[159]. In §53 I Nr. 5 StPO und §97 V StPO hat der Gesetzgeber versucht, einen solchen Ausgleich zu schaffen. Inwiefern ihm dies sachgerecht gelungen ist, wird im Folgenden noch genauer zu betrachten sein.

---

156 BVerfG, Urteil des ersten Senats vom 12.03.2003, Akz.: 1BvR 330/96, 348/99 BeckRS 2003, Nr. 21043, S. 17.

157 BVerfGE 77, 64 (76); BVerfGE 25, 295 (306).

158 Hesse, Grundzüge des Verfassungsrechts der Bundesrepublik Deutschland, Rdnr. 318.

159 Pöppelmann, „Kunstgriffe“ der Justiz, AfP 1997, 485 (491); BVerfG NJW 1988, 329 (330).

Zweites Kapitel: Das Zeugnisverweigerungsrecht seit 2002

Das Zeugnisverweigerungsrecht für Medienangehörige ist in §53 I Nr. 5 StPO geregelt. Der Paragraph wurde, nachdem es an der Regelung von 1975 vermehrt erhebliche Kritik gegeben hatte, 2002 neu gefasst. Angesichts der „neuen" Regelung stellt sich die Frage, ob diese in der Lage ist, die Aufgabe der praktischen Konkordanz, wie sie sich in Anbetracht der einander gegenüberstehenden verfassungsrechtlich geschützten Rechtsgüter stellt, zufriedenstellend zu lösen.

A. Das Zeugnisverweigerungsrecht gem. §53 StPO

Die Notwendigkeit eines Zeugnisverweigerungsrechts für Medienangehörige zum Schutz des Vertrauensverhältnisses mit privaten Informanten und zur Gewährleistung ihrer Freiheit und Unabhängigkeit von staatlichen Eingriffen ist heute weitgehend anerkannt. Das Zeugnisverweigerungsrecht dient der im öffentlichen Interesse liegenden Tätigkeit von Presse und Rundfunk. Gestritten wird jedoch bei jeder neuen Fassung über den Umfang und die konkrete Ausgestaltung des Zeugnisverweigerungsrechts.

I. Voraussetzungen der alten Regelung von 1975

Nach der alten Regelung von 1975 waren Personen, die bei der Vorbereitung, Herstellung oder Verbreitung von periodischen Druckwerken oder Rundfunksendungen berufsmäßig mitwirken oder mitgewirkt haben, zur Verweigerung des Zeugnisses berechtigt. Dieses Zeugnisverweigerungsrecht bezog sich auf die Person des Verfassers, Einsenders oder Gewährsmannes von Beiträgen und Unterlagen sowie auf die ihnen im Hinblick auf ihre Tätigkeit gemachten Mitteilungen, soweit es sich um Beiträge, Unterlagen und Mitteilungen für den redaktionellen Teil handelte.

1. Berechtigter Personenkreis

Der berechtigte Personenkreis erstreckte sich auf jene, die berufsmäßig an periodischen Druckwerken mitwirken oder mitgewirkt haben[160]. Das

[160] Dahs, in: Löwe-Rosenberg, Die Strafprozessordnung, Band I, §53, Rdnr. 46; Groß, Neuregelung des journalistischen Zeugnisverweigerungsrechts, NJW 1975, 1763 (1763).

periodische Erscheinen eines Druckwerks setzte voraus, dass die Zeitung, Zeitschrift oder das andere Druckwerk in ständiger (durchaus auch unregelmäßiger) Folge und im Abstand von nicht mehr als sechs Monaten erscheint[161]. Nicht erfasst waren Werke, deren einzelnen Exemplaren die Abgeschlossenheit und Selbständigkeit fehlte, wie z.B. Fortsetzungslieferungen von Loseblattausgaben, Konversationslexika und Entscheidungssammlungen[162]. Mit der Beschränkung auf periodisch erscheinende Werke wurde insbesondere den Mitwirkenden der Buchpresse kein Zeugnisverweigerungsrecht zugesprochen[163]. Eine ähnliche Einschränkung ergab sich im Bereich des Rundfunks. Der Begriff der „Rundfunksendung" umfasste den Hör- und Bildfunk. Demnach waren auch Mitarbeiter an regelmäßig ausgestrahlten Fernsehsendungen zur Zeugnisverweigerung berechtigt, mangels periodischen Erscheinens nicht aber die Mitarbeiter der Filmberichterstattung[164].

Erforderlich war weiterhin eine berufsmäßige Mitwirkung an den periodischen Druckwerken oder Rundfunksendungen. Die Mitwirkung ist berufsmäßig, wenn sie in der Absicht geschieht, sie wiederholt, dauernd oder zumindest wiederkehrend auszuüben, ohne dass es auf die Entgeltlichkeit oder den Charakter als haupt- oder nebenberuflich ankommt[165]. Erfasst war dabei das gesamte Personal, das aufgrund seiner beruflichen oder dienstlichen Stellung bei der Herstellung oder Verbreitung der Druckschrift in die Lage kam, von der Person des Verfassers, Einsenders oder Gewährsmannes oder vom Inhalt der Mitteilung Kenntnis zu erlangen[166], z.B. Sendeleiter, Intendanten, Archivare, Justitiare, Sekretärinnen, Aushilfskräfte, Volontäre, Praktikanten, Boten, Setzergehilfen etc.[167].

---

[161] Dörr, Durchsuchungen und Beschlagnahmen bei Medienunternehmen, AfP 1995, 378 (380).

[162] Löhner, in: Löffler, Presserecht, §7 LPG, Rdnr. 79.

[163] Zu den Abgrenzungsproblemen vgl. Rotsch, Der Schutz der journalistischen Recherche im Strafprozessrecht, S. 91.

[164] Dahs, in: Löwe-Rosenberg, Die Strafprozessordnung, Band I, §53, Rdnr. 17, Senge, in: Karlsruher Kommentar zur Strafprozessordnung, 4. Auflage 1999, StPO, §53, Rdnr. 30.

[165] Mensching, Das Zeugnisverweigerungsrecht der Medien, S. 85.

[166] Dahs, in: Löwe-Rosenberg, Die Strafprozesordnung, Band I, §53, Rdnr. 51.

[167] Rogall, in: SKStPO, Band I, §53, Rdnr. 153.

Entscheidend für das Merkmal der Berufsmäßigkeit war letztlich nur die Absicht einer wiederholten Tätigkeit in diesem Bereich. Daher sind auch als freie Mitarbeiter tätige Journalisten zeugnisvereigerungsberechtigt[168].

2. Umfang des Zeugnisverweigerungsrechts

Inhaltlich durfte zunächst das Zeugnis über die Person des Verfassers, Einsenders oder Gewährsmannes verweigert werden. Dieses Recht diente der Wahrung der Anonymität der Informationsquelle. Das Zeugnisverweigerungsrecht berechtigte dabei nicht nur dazu, den Namen des Informanten zu verschweigen, sondern befreite darüber hinaus auch vom Zeugniszwang gegenüber allen Fragen, die mittelbar zur Enttarnung des Informanten hätten führen können[169]. Der Verfasser der Druckschrift oder Rundfunksendung war dessen geistiger Urheber, wobei es weder auf den journalistischen, noch auf den wissenschaftlichen Wert des Beitrags ankam[170]. Einsender waren Personen, die ohne selbst Verfasser zu sein, Informationen, Beiträge oder Materialien irgendwelcher Art einem Presseunternehmen oder Rundfunksender zukommen ließen[171]. Weiterhin geschützt war die Person des Gewährsmannes. Darunter waren die Personen zu verstehen, die die Anregungen für einen Pressebericht oder eine Rundfunksendung gegeben oder das Material dafür ganz oder teilweise schriftlich oder mündlich zur Verfügung gestellt haben, ohne selbst Einsender oder Verfasser zu sein. Davon erfasst waren insbesondere Informanten, die Rohmaterialien (Mitteilungen oder Auskünfte über bestimmte Ereignisse aus Gesellschaft, Politik, Wirtschaft etc.) lieferten[172].

Neben den Angaben zur Person erstreckte sich das Zeugnisverweigerungsrecht auf den Inhalt der Mitteilungen, die die Verfasser, Einsender oder Gewährsleute den Presse- und Rundfunkmitarbeitern machten. Dazu zählten alle Tatsachen und Erkenntnisse, die von Dritten mitgeteilt wurden, unabhängig davon, ob sie

[168] BGH NJW 1999, 2051 (2052).
[169] Senge, in: Karlsruher-Kommentar zur Strafprozessordnung, 4. Auflage 1999, StPO, §53, Rdnr. 34.
[170] Dahs, in: Löwe-Rosenberg, Die Strafprozessordnung, Band I, §53, Rdnr. 58.
[171] Lemke, in: Heidelberger Kommentar zur Strafprozessordnung, §53, Rdnr. 28.
[172] Dahs, in: Löwe-Rosenberg, Die Strafprozessordnung, Band I, §53, Rdnr. 60.

veröffentlicht werden sollten oder nicht[173]. Nicht erfasst war jedoch das, was die Medienschaffenden im Wege der Recherche auf Grund eigener Wahrnehmung feststellten (das sog. selbst recherchierte Material)[174]. Die Beiträge und Unterlagen mussten weiterhin dem Medienschaffenden im Hinblick auf seine berufliche Tätigkeit mitgeteilt oder übergeben worden und für den redaktionellen Teil bestimmt sein. Daher waren insbesondere Anzeigen und Werbung nicht vom Schutz des Zeugnisverweigerungsrechts erfasst[175].

II. Hauptkritikpunkte

Hinsichtlich der Regelung von 1975 haben viele Autoren im Laufe der Jahre einen mehr oder weniger großen Reformbedarf aufgezeigt[176]. Die wesentlichen Kritikpunkte an der damaligen Regelung haben sich auf die Formulierung des heutigen Zeugnisverweigerungsrechts ausgewirkt. Die Beleuchtung der damaligen Diskussionspunkte kann daher Anhaltspunkte dafür geben, inwieweit die Regelung von 2002 zu einer Verbesserung der Situation geführt hat oder nicht.

1. Beschränkung auf periodische Beiträge

An der Beschränkung des Schutzes auf periodisch erscheinende Beiträge wurde vor allem im Hinblick darauf Kritik geübt, dass durch die Beschränkung die Buchpresse vom Schutz durch das Zeugnisverweigerungsrecht ausgenommen war[177]. Es wurde darauf hingewiesen, dass die Kritik öffentlicher Missstände auch in Form von Flugblättern oder in Buchform erfolgen könne. Im Hinblick auf den Schutzbereich des Art. 5 I GG könne die Ausklammerung der Buchpresse nicht allein dadurch gerechtfertigt werden, dass sich öffentliche Kritik in

---

[173] Mensching, Das Zeugnisverweigerungsrecht der Medien, S. 97.

[174] BVerfGE 77, 65 (77); Groß, Neuregelung des journalistischen Zeugnisverweigerungsrechts, NJW 1975, 1763 (1764).

[175] Großpietsch, Das Zeugnisverweigerungsrecht von Journalisten aus Anlass von Straftaten im Zus. mit Demonstrationen, S. 44; Hennemann, Pressefreiheit und Zeugnisverweigerungsrecht, S. 61.

[176] Rotsch, Der Schutz der journalistischen Recherche im Strafprozessrecht, S. 77; Mensching, Das Zeugnisverweigerungsrecht der Medien, S. 97; Hennemann, Pressefreiheit und Zeugnisverweigerungsrecht, S. 124; Kunert, Das Gesetz über das Zeugnisverweigerungsrecht der Mitarbeiter von Presse und Rundfunk, MDR 1975, 885 (888).

[177] Dörr, Durchsuchungen und Beschlagnahmen bei Medienunternehmen, AfP 1995, 378 (380); Mensching, Das Zeugnisverweigerungsrecht der Medien, S. 93.

der periodischen Presse öfter finde als in der Buchpresse[178]. Denn auch die Buchautoren könnten zur öffentlichen Meinungsbildung beitragen und seien dabei auf vertrauliche Informationen angewiesen. Warum in diesem Zusammenhang die Periodizität ein vernünftiges Unterscheidungsmerkmal sein soll, sei unter anderem im Hinblick auf den Gleichbehandlungsgrundsatz gem. Art 3 I GG nicht nachvollziehbar[179]. Insbesondere sei nicht verständlich, warum ein Politiker oder Beamter, der seine Memoiren in einer Zeitschrift veröffentlicht, das Privileg des Zeugnisverweigerungsrechts genießt, nicht aber der, der seine Memoiren in Buchform veröffentlicht[180]. Darüber hinaus bestehe ein praktisches Abgrenzungsproblem, da viele Bücher zunächst auszugsweise in Zeitungen oder Zeitschriften abgedruckt würden oder der Autor die erhaltenen Informationen verwende, um neben dem Buch noch Aufsätze zu dem Thema in Zeitschriften zu veröffentlichen. Eine Abgrenzung, hinsichtlich welcher Informationen und Informanten in diesen Fällen ein Zeugnisverweigerungsrecht bestehen soll und hinsichtlich welcher nicht, sei nur schwer zu treffen[181].

Die Gegenansicht berief sich vor allem darauf, dass ohne die Beschränkung auf periodisch erscheinende Beiträge das Zeugnisverweigerungsrecht zu einem "Jedermann-Recht" verkomme, bei dem vollständig auf die Durchsetzung strafrechtlichen Rechtsgüterschutzes verzichtet werde, weil jeder Flugblatthersteller von den Rechten auf Zeugnisverweigerung erfasst wäre[182].
Außerdem entspreche die Beschränkung auf periodisch erscheinende Medien den Anforderungen des Persönlichkeitsschutzes. Denn nur im Rahmen periodisch erscheinender Werke könne ein Anspruch auf Gegendarstellung angemessen durchgesetzt werden[183].

---

[178] Achenbach, in: Löffler, Presserecht 4. Auflage, §23, Rdnr. 41.
[179] Hennemann, Pressefreiheit und Zeugnisverweigerungsrecht, S. 120.
[180] Löffler, Das neue Zeugnisverweigerungs- und Beschlagnahmerecht im Presse und Rundfunkbereich, AfP 1978, 84 (84).
[181] Rotsch, Der Schutz der journalistischen Recherche im Strafprozessrecht, S. 51.
[182] Rehbinder, Rechtspolitisches zum Quellenschutz der Medien, in: FS für Dietrich Oehler, 411 (414).
[183] Van Ginkel, so zitiert in: Löffler, Das neue Zeugnisverweigerungs- und Beschlagnahmerecht im Presse und Rundfunkbereich, AfP 1978, 84 (84).

2. Ausschluss des selbst recherchierten Materials

Besonders im Mittelpunkt der Kritik in der Literatur stand das Ausklammern des selbst recherchierten Materials aus dem Umfang des Zeugnisverweigerungsrechts[184].

Dabei wurde insbesondere hervorgehoben, dass eine Abgrenzung zwischen selbst erarbeitetem und fremd mitgeteiltem Material kaum zu treffen sei[185]. Der Journalist bekäme regelmäßig lückenhafte oder erst zu überprüfende Informationen von Informanten, zu denen er dann eigene Recherchen anstellen müsse. Es gehöre zu der ureigensten Aufgabe eines Journalisten die Informationen zu überprüfen, die er veröffentlichen möchte. Spätestens ab diesem Moment jedoch käme es zu einer zwangsläufigen Vermischung von selbst recherchiertem und fremdem Material, die sich letztlich kaum werde auflösen lassen[186]. Bei der Suche nach Beweisen würden die Ermittler in der Regel nur auf das Ergebnis eines journalistischen Rechercheprozesses stoßen, was eine Grenzziehung zwischen geschütztem fremden und schutzlosem eigenen Material unmöglich mache[187].

Die praktischen Probleme bei der Grenzziehung führten zu erheblichen Eingriffen in die Rechte der Medienangehörigen, da es zunächst zu einer umfassenden Beschlagnahme ungesichteter Materialien käme, welche dann erst in der Folge auseinander sortiert werden müssten. Dies berge die Gefahr der Schädigung des Vertrauensverhältnisses zwischen Presse und Informanten, da eine Trennung der Materialien von den Strafverfolgungsbehörden nicht vorgenommen werden könne, ohne auch von einem Teil der geschützten

---

184 Großpietsch, Das Zeugnisverweigerungsrecht von Journalisten aus Anlass von Straftaten im Zusammenhang mit Demonstrationen, S. 157; Jarass, Konflikte zwischen Polizei und Presse bei Demonstrationen, JZ 1983, 280 (280 f.).

185 Löffler, Lücken und Mängel im neuen Zeugnisverweigerungs- und Beschlagnahmerecht von Presse und Rundfunk, NJW 1978, 913 (915); ders., Das neue Zeugnisverweigerungs- und Beschlagnahmerecht im Presse und Rundfunkbereich, AfP 1978, 84 (84).

186 Mensching, Das Zeugnisverweigerungsrecht der Medien, S. 101; Jarass, Konflikte zwischen Polizei und Presse bei Demonstrationen, JZ 1983, 280 (281).

187 Rose, Grenzen der journalistischen Recherche im Strafrecht und Strafverfahrensrecht, S. 140.

Materialien Kenntnis zu nehmen[188]. Die dabei in Erscheinung tretenden Zufallsfunde könnten ihrerseits als Aufhänger für weitere Ermittlungen verwendet werden.

Der Bereich, in dem der Ausschluss des selbst recherchierten Materials vom Zeugnisverweigerungsrecht des §53 I Nr. 5 StPO die größten Auswirkungen gezeigt hat und welcher damit zum Hauptargument und Beispiel der Kritiker wurde, war die Beschlagnahme von Foto- und Filmmaterial bei Demonstrationen, in denen es zu gewalttätigen Ausschreitungen kam[189]. Filmaufnahmen gehören zu den selbst recherchierten Materialien und waren daher vom Zeugnisverweigerungsrecht und vom damit korrespondierenden Beschlagnahmeverbot nicht erfasst. Bei den gefilmten Demonstrationen kam es zu gewaltsamen Übergriffen von Demonstranten auf Kameraleute. Die damaligen Kritiker des Zeugnisverweigerungsrechts machten den Ausschluss des selbst recherchierten Materials aus dem Anwendungsbereich des Zeugnisverweigerungsrechts und des Beschlagnahmeverbots für die gewaltsamen Angriffe verantwortlich[190]. Es wurde argumentiert, die Beschlagnahmepraxis führe dazu, dass Journalisten als *„Ermittlungsgehilfen der Staatsanwaltschaft“* erschienen und dadurch gesteigerten Gefahren ausgesetzt seien[191]. Dieser Eindruck, dass die Medien zum verlängerten Arm der Ermittlungsbehörden werden, müsse auch im Hinblick auf eine mögliche Schädigung des Vertrauensverhältnisses zwischen den Medien und der Öffentlichkeit unbedingt vermieden werden[192]. Denn wenn die Öffentlichkeit zu der Ansicht gelange, die Medien würden zu Strafverfolgungzwecken mit dem Staat zusammenarbeiten, könne dies das Vertrauen in eine unabhängige Berichterstattung erschüttern.

[188] Achenbach, in: Löffler, Presserecht 4. Auflage, §23, Rdnr. 61; Mensching, Das Zeugnisverweigerungsrecht der Medien, S. 100; Rotsch, Der Schutz der journalistischen Recherche im Strafprozessrecht, S. 103.
[189] Berg, Fahndung und Ermittlung mit Hilfe der Medien, AfP 1989, 416 (416).
[190] Berg, Fahndung und Ermittlung mit Hilfe der Medien, AfP 1989, 416 (417).
[191] Achenbach, in: Löffler, Presserecht, 4. Auflage, §23, Rdnr. 61 d.
[192] Hassemer, Fahndung und Ermittlung mit Hilfe der Medien?, AfP 1989, 418 (420).

Außerdem erfordere bereits der grundrechtlich gewährte Schutz des Redaktionsgeheimnisses die Einbeziehung selbst erarbeiteten Materials in den Schutz des Zeugnisverweigerungsrechts[193]. Es sei verfehlt, den Schutzzweck des Zeugnisverweigerungsrechts auf das Vertrauensverhältnis zwischen der Presse und dem Informanten zu beschränken, da in der Öffentlichkeit eine Unterscheidung zwischen dem Vertrauensverhältnis zum Informanten und dem Redaktionsgeheimnis nicht gemacht werde. Das Vertrauensverhältnis des Bürgers zur Presse werde vielmehr insgesamt erschüttert, wenn Journalisten in den Zeugenstand gedrängt würden und Redaktionsmaterial zu Beweiszwecken herangezogen werde[194].

Das Bundesverfassungsgericht hingegen sah den generellen Ausschluss des selbst recherchierten Materials vom Zeugnisverweigerungsrecht immer als verfassungsrechtlich unbedenklich an[195]. Dabei ging das Bundesverfassungsgericht davon aus, dass das recherchierte Material für die im Rechtsstaatsprinzip wurzelnde Pflicht zur Erforschung der Wahrheit von besonderer Bedeutung sei und die auf Grundlage der beschlagnahmten Unterlagen zu ermittelnden Erkenntnisse in den seltensten Fällen durch eigene Ermittlungen der Strafverfolgungsbehörden würden ersetzt werden können. Die Hindernisse, die sich den Journalisten bei der Sammlung von Informationen über strafbare Handlungen z.B. von Seiten gewaltbereiter Demonstranten stellten, seien nicht dem Staat, sondern ausschließlich den von der Recherche Betroffenen zuzurechnen[196].

Dem schließt sich auch *Rogall* an, der darauf verweist, dass niemand allein dadurch, dass er seine Pflichten als Zeuge wahrnehme, zur Ermittlungsperson der Staatsanwaltschaft werde[197]. *Rebmann* verweist darauf, dass das berufsbedingte Risiko eines Journalisten nicht zu einer erweiterten Auslegung des

[193] Pöppelmann, „Kunstgriffe" der Justiz, AfP 1997, 485 (486).
[194] Gerschel, Beschlagnahme von selbstrecherchiertem Fernsehmaterial verfassungsgemäß, AfP 1987, 679 (684).
[195] BVerfGE 56, 247 (248); BVerfGE 77, 65 (74).
[196] BVerfGE 77, 65 (79).
[197] Rogall, „Artenschutz für Medienmitarbeiter?", in: FS für Lampe, S. 805 (823).

Zeugnisverweigerungsrechts führen könne[198]. Über all diesen Erwägungen jedoch stand der Gedanke, dass das Zeugnisverweigerungsrecht vom Gesetzgeber mit dem Ziel geschaffen wurde, das Vertrauensverhältnis zwischen den Medien und ihren Informanten zu schützen. Wenn es aber um selbst recherchiertes Material geht, gebe es keinen Informanten, der geschützt werden müsse, und somit sei auch ein Zeugnisverweigerungsrecht zu diesem Zweck nicht erforderlich.

3. Begrenzung auf den redaktionellen Teil

Kritisiert wurde auch, dass sich der Schutz nur auf den redaktionellen Teil bezog, den Anzeigenteil der Presse und die Werbung im Rundfunk hingegen ausklammerte[199]. Die Kritiker dieser Einschränkung führten vor allem an, dass auch der Anzeigenteil eine über die ausschließlich werbende Funktion hinausgehende Bedeutung für die Meinungsbildung habe[200]. Es gebe auch Anzeigen zu politischen, sozialen oder kulturellen Themen und Anzeigen, die Aufschluss über die aktuelle Angebots- und Nachfragesituation einzelner Wirtschaftszweige geben könnten.

Dies sehen die Kritiker dieser Einschränkung des Zeugnisverweigerungsrechts durch die Südkurier-Entscheidung des Bundesverfassungsgerichts bestätigt. In dieser Entscheidung betonte das Gericht, dass die Pressefreiheit auch den Anzeigenteil umfasse, da eine Anzeige ebenfalls eine Nachricht darstellen könne[201].

Die Ausführungen des Gerichts in diesem Urteil werden als allgemeingültige Begründung dafür angesehen, dass auch der Anzeigenteil in den Schutz durch das Zeugnisverweigerungsrecht aufgenommen werden müsse[202]. Außerdem sei

---

198 Rebmann, Aktuelle Probleme des Zeugnisverweigerungsrechts von Presse und Rundfunk, AfP 1982, 189 (191).

199 Gerhardt, Medienrechtliche Gesetze und Gesetzesentwürfe, AfP 1975, 755 (755); Löffler, Das Chiffregeheimnis und die Unteilbarkeit der Pressefreiheit, AfP 1975, 730 (730); Pauli, Der Schutz von Presse und Rundfunk vor dem Zugriff staatlicher Strafverfolgungsorgane, S. 103; Kohlhaas, „Das Zeugnisverweigerungsrecht der Journalisten", in: Studienkreis für Presserecht und Pressefreiheit, Festschrift für Löffler, 143 (150).

200 Mensching, Das Zeugnisverweigerungsrecht der Medien, S. 110.

201 BVerfGE 21, 271 (278/279).

202 Gerhardt, Das neue Zeugnisverweigerungsrecht der Publizisten, AfP 1975, 843 (845).

der Anzeigenteil wesentliche Voraussetzung für die wirtschaftliche Unabhängigkeit der Medien, die zur Erfüllung ihrer Aufgabe unverzichtbar und daher besonders schützenswert sei.

Grundsätzlich hielt das Bundesverfassungsgericht die Beschränkung des Zeugnisverweigerungsrechts auf den redaktionellen Teil jedoch für verfassungsgemäß[203]. Begründet hat es seine Auffassung damit, dass der Grund für die Begrenzung des Aussagezwangs der Medienangehörigen in der kontroll- und meinungsbildenden Funktion der Presse liege. Diese Funktion käme aber in der Regel nur dem redaktionellen Teil des Presseerzeugnisses zu, nicht aber dem Anzeigenteil. Gerade im Hinblick auf grob rechtswidrige Annoncen sei eine scharfe Differenzierung zwischen redaktionellem Teil und Anzeigenteil durch die Rechtsprechung zu erwarten[204]. In Ausnahmefällen, in denen der Verhältnismäßigkeitsgrundsatz eine andere Bewertung erfordere, könne ein Zeugnisverweigerungsrecht unmittelbar aus Art 5 I GG entnommen werden. Im Rahmen dieser Ausnahmen werde den im Südkurier-Urteil[205] aufgestellten Grundsätzen Rechnung getragen. Denn das Gericht bleibt dabei, dass auch der Inseratenteil Nachrichten enthalten könne. Auch sei das Anzeigengeschäft wesentliches Element der wirtschaftlichen Unabhängigkeit der Presse und die unerlässliche Grundlage des Vertrauens zur Presse lasse sich nicht immer auf den redaktionellen Teil beschränken. Das bedeute aber nur, dass im Einzelfall unabhängig von der generellen Abwägungsentscheidung des Gesetzgebers die Herleitung eines Zeugnisverweigerungsrechts unmittelbar aus Art 5 I GG erforderlich sein könne. Es ändere jedoch nichts an der grundsätzlichen Verfassungsmäßigkeit der Beschränkung des Zeugnisverweigerungsrechts auf den redaktionellen Teil.

Ähnlich argumentierte *Jarass*, der darauf abstellte, dass es hinsichtlich der Anzeigen an der pressetypischen Auswahl und Aufbereitung fehle[206]. Ein

---

[203] BVerfGE 64, 108 (118)
[204] Vizepräsident des BVerfG Prof Zeitler, so zitiert in: Kübler, Aktuelle Probleme des Zeugnisverweigerungsrechts von Presse und Rundfunk, AfP 1982, 214 (214).
[205] Vgl. BVerfGE 21, 271 (279).
[206] Jarass, Konflikte zwischen Polizei und Presse bei Demonstrationen, JZ 1983, 280 (281).

Eingriff in die Pressefreiheit bei Maßnahmen, die den Anzeigenteil betreffen, liege daher nur vor, wenn sie ökonomische Belastungen mit sich brächten, die sich auf die redaktionelle Arbeit auswirken.

4. Ermittlungen hinsichtlich schwerer Straftaten

Im Hinblick auf die Bedeutung einer funktionierenden und effektiven Strafverfolgung war besonders umstritten, dass die Regelung von 1975 in Anbetracht schwerer Straftaten keine Ausnahmen enthielt. So hielt *Hennemann* die damals geltende Regelung für verfassungswidrig, soweit sie der Pressefreiheit auch bei schwersten Straftaten den Vorrang vor dem staatlichen Strafverfolgungsinteresse einräumte[207]. Auch andere Autoren vertraten die Ansicht, dass im Zusammenhang mit schweren Straftaten, dem Strafverfolgungsinteresse der Allgemeinheit ein größeres Gewicht beigemessen werden müsse[208].

Die Pressefreiheit sollte danach ihre Grenzen dort finden, wo der Bestand des freiheitlich demokratischen Staates und überragende Individualrechtsgüter angegriffen werden[209]. Daher sei ein Ausnahmekatalog zum Ausschluss des Zeugnisverweigerungsrechts bei schweren Straftaten erforderlich, um den einander gegenüberstehenden Rechten Rechnung zu tragen und gleichzeitig ein höchstmögliches Maß an Rechtssicherheit zu gewährleisten[210].

---

[207] Hennemann, Pressefreiheit und Zeugnisverweigerungsrecht, S. 124; Janisch spricht davon, dass ein uneingeschränktes Zeugnisverweigerungsrecht verfassungsrechtlich zumindest nicht geboten sei. Janisch, Investigativer Journalismus und Pressefreiheit, S. 126.

[208] Großpietsch, Das Zeugnisverweigerungsrecht von Journalisten aus Anlass von Straftaten im Zusammenhang mit Demonstrationen, S. 157; Kunert, Das Gesetz über das Zeugnisverweigerungsrecht der Mitarbeiter von Presse und Rundfunk, MDR 1975, 885 (888); Kübler, Aktuelle Probleme des Zeugnisverweigerungsrechts von Presse und Rundfunk, AfP 1982, 214.

[209] Mensching, Das Zeugnisverweigerungsrecht der Medien, S. 136.

[210] Rose, Grenzen der journalistischen Recherche im Strafrecht und Strafverfahrensrecht, S.143; Großpietsch, Das Zeugnisverweigerungsrecht von Journalisten aus Anlass von Straftaten im Zusammenhang mit Demonstrationen, S. 161; Rotsch, Der Schutz der journalistischen Recherche im Strafprozessrecht, S.117.

Die Gegenansicht berief sich vor allem darauf, dass ein Ausnahmekatalog zur Einschränkung des Zeugnisverweigerungsrechts von Medienangehörigen bei schweren Straftaten dazu führe, dass die Mitarbeiter von Rundfunk und Presse gegenüber den anderen Berufsgruppen, die ebenfalls ein berufsbezogenes Zeugnisverweigerungsrecht haben, benachteiligt würden. Dies sei insbesondere deshalb nicht gerechtfertigt, weil die Medienangehörigen im Gegensatz zu den anderen zeugnisverweigerungsberechtigten Berufsgruppen die Möglichkeit hätten, das Gewicht der Straftaten selbst zu berücksichtigen und auf das Zeugnisverweigerungsrecht im Einzelfall zu verzichten[211]. Während andere Berufsgruppen auf eine Befreiung von ihrer Verschwiegenheitspflicht durch die geschützten Personen angewiesen sind, ist die Ausübung des Zeugnisverweigerungsrechts durch Medienangehörige in deren alleiniges Ermessen gestellt. Außerdem werde das Zeugnisverweigerungsrecht den Medien im Unterschied zu den anderen zeugnisverweigerungsberechtigten Berufsgruppen nicht im Hinblick auf individuelle Interessen, sondern im Hinblick auf die von ihnen zu befriedigenden öffentlichen Interessen an einer differenzierten Informationsvermittlung und dem dafür erforderlichen Informantenschutz gewährt[212]. Deshalb sei die Aufnahme von Ausnahmen in den Wortlaut der Vorschrift nicht gerechtfertigt.

Daneben wurde angeführt, dass ein Katalog von Ausnahmen oder eine Güterabwägungsklausel zu erheblichen Rechtsunsicherheiten führen könne, so dass sich am Ende niemand sicher sein könne, ob ein Zeugnisverweigerungsrecht im konkreten Fall besteht oder nicht[213]. Ganz abgesehen davon, dass die Medienmitarbeiter in jedem Fall eine Aussage verweigern würden und deshalb auch die Ausnahme vom Zeugnisverweigerungsrecht nicht zu einer Verbesserung der Rechtspflege beitragen könne, sondern allenfalls geeignet wäre,

---

[211] Gerhardt, Zur Unbeschränktheit des Zeugnisverweigerungsrechts der Mitarbeiter von Presse und Rundfunk, MDR 1976, 461 (461).

[212] Appel, „Schutz des Informanten aus der Sicht von Presse und Rundfunk“ in: Erkel / Appel / Theisen / Peters, Srafrechtlicher Schutz der Informationsquellen in Presse und Rundfunk, S.19 (29).

[213] Rengier, Die Zeugnisverweigerungsrechte im geltenden und künftigen Strafverfahrensrecht, S. 91/97.

weitere Konflikte zu erzeugen[214]. Weiterhin führte *Damm* an, dass ihres Wissens nach kein Fall im Bereich der Schwerkriminalität bekannt sei, der aufgrund einer Beschlagnahme zusätzlich aufgeklärt worden wäre[215].

Der Gesetzgeber hat sich bei der damaligen Regelung von 1975 entgegen dem Vorschlag des Bundesrates gegen einen Ausnahmekatalog entschieden. Doch die Diskussionen über diesen Punkt dauerten an. Der BGH ließ dazu in einer Entscheidung ausdrücklich offen, ob ein Richter im Rahmen der Abwägung zwischen Pressefreiheit und Strafverfolgungsinteresse zu dem Ergebnis kommen könne, dass das Zeugnisverweigerungsrecht auch ohne Ausnahmekatalog im Einzelfall zugunsten der Strafrechtspflege eingeschränkt werden müsse[216].

5. Keine abschließende Regelung

Das Bundesverfassungsgericht hat zu §53 I Nr. 5 StPO a.F. bis 2002 mehrfach entschieden, dass die Vorschrift zwar eine generalisierte Regelung schaffen wolle, wann typischerweise die Medienfreiheit Vorrang vor dem Strafverfolgungsinteresse habe, die Regelung aber keinesfalls abschließend sei[217]. Vielmehr müsse jeweils im Einzelfall entschieden werden, ob ein über die bestehende Regelung hinausgehendes Zeugnisverweigerungsrecht unmittelbar aus Art. 5 I GG erforderlich sei[218].

In der Literatur teilten viele Autoren die Ansicht des Bundesverfassungsgerichts[219]. Sie begründeten dies vor allem mit der Bedeutung des Grundrechts der Medienfreiheit und damit, dass der Schutz der Informationsquelle zwar wichtig, aber nicht allein ausreichend sei, um die Medienfreiheit der Bedeutung

---

[214] Erkel, „Der Bundesgesetzgeber und das Zeugnisverweigerungsrecht“, in: Erkel / Appel / Theisen / Peters, Srafrechtlicher Schutz der Informationsquellen in Presse und Rundfunk, S. 5 (11).

[215] So zitiert in: Wenzel, Fahndung und Ermittlung mit Hilfe der Medien?, AfP 1989, 445 (446).

[216] BHGSt 28, 240 (254).

[217] BVerfGE 77, 65 (81); 64, 108 (119).

[218] BVerfGE 64, 108 (119).

[219] Dahs, in: Löwe-Rosenberg, Die Strafprozessordnung, Band I, §53, Rdnr. 63

des Grundrechts entsprechend zu gewährleisten[220]. Eine Erweiterung unmittelbar über das Grundrecht der Medienfreiheit sei außerdem notwendig, weil die Regelung in §53 StPO mit der Ausgrenzung von z.B. Buchautoren, Filmberichterstattern und Medienmitarbeitern aus dem Anzeigenbereich eine zu enge Eingrenzung hinsichtlich des berechtigten Personenkreises vornehme[221].

Andere hingegen hielten die Herleitung eines Zeugnisverweigerungsrechts unmittelbar aus der Verfassung aufgrund des Enumerationsprinzips der Zeugnisverweigerungsrechte grundsätzlich für unzulässig[222].
Argumentiert wurde damit, dass §53 StPO eine Ausnahme von dem grundsätzlich bestehen Zeugniszwang darstelle. Könnte diese Ausnahmeregelung durch Berufung auf die Grundrechte von jedem Gericht im Einzelfall erweitert werden, würde das zu Rechtsunsicherheiten und im Ergebnis auch zu einem Unterlaufen des Verwerfungsmonopols des Bundesverfassungsgerichts führen, weil dann eine Vorlage nach Art 100 I GG nicht mehr erforderlich sei[223]. Das trüge im Ergebnis der Bedeutung der Verfahrensvorschrift nicht hinreichend Rechnung. Wenn eine weitergehende Regelung des Zeugnisverweigerungsrechts erforderlich wäre, könne das Bundesverfassungsgericht den Gesetzgeber anweisen, eine entsprechende Erweiterung vorzunehmen. *Großpietsch* hielt jedoch selbst einen solchen Auftrag durch das Bundesverfassungsgericht für bedenklich, denn es sei nicht angemessen, die richterliche Entscheidung über die gesetzgeberische Güterabwägung zu stellen, indem ein konkreter Gesetzgebungsauftrag erteilt wird. Ein solcher Gesetzgebungsauftrag verwische die Grenzen zwischen Rechtsprechung und Gesetzgebung[224]. Auch der BGH vertrat die Ansicht, dass sich ein über die

---

[220] Rose, Grenzen der journalistischen Recherche im Strafrecht und Strafverfahrensrecht, S. 125.

[221] Löffler, Lücken und Mängel im neuen Zeugnisverweigerungs- und Beschlagnahmerecht von Presse und Rundfunk, NJW 1978, 913 (915)

[222] Rengier, Die Zeugnisverweigerungsrechte im geltenden und künftigen Strafverfahrensrecht, S. 107 ff.

[223] Fezer, Anmerkung zu BVerfG Beschluss vom 10.05.083, JZ 1983, 795 (799); Kühne Zeugnisverweigerungsrecht im Strafprozess – neue Wege für die Anwendung von Grundrechten?, JuS 1973, 685 (688).

[224] Großpietsch, Das Zeugnisverweigerungsrecht von Journalisten aus Anlass von Straftaten im Zusammenhang mit Demonstrationen, S. 149 f.

geltende Regelung hinausgehendes, nach seinem Umfang deutlich abgrenzbares Zeugnisverweigerungsrecht nicht unmittelbar aus Art. 5 I GG herleiten ließe[225].

6. Fazit

Die Regelung von 1975 war nicht in der Lage, die Mehrzahl der Autoren in der Literatur zufrieden zu stellen. Trotz langwieriger Diskussionen im Vorfeld hatten vor allem die Medienangehörigen nach Erlass der Regelung von 1975 den Eindruck, dass ihre Einwände und Interessen keine ausreichende Berücksichtigung gefunden hätten. Sie meinten, es bestehe keine wirkliche Rechtssicherheit, da es in einzelnen Bereichen immer wieder zu Abgrenzungsproblemen zwischen den geschützten und den nicht geschützten Bereichen käme und ein umfassender Informantenschutz im Hinblick auf die Einschränkungen im Anwendungsbereich noch immer nicht gewährleistet sei.

Aber auch diejenigen, die vor allem den Schutz der Strafrechtspflege im Blick hatten, waren mit der neuen Regelung nicht zufrieden. Die Diskussionen um eine Einschränkung des Zeugnisverweigerungsrechts im Bereich schwerer Straftaten hatten letztlich in der Vorschrift keinen Niederschlag gefunden. Das Zeugnisverweigerungsrecht bestand unabhängig davon, ob es um die Aufklärung einer Ordnungswidrigkeit oder um die Aufklärung eines schweren Verbrechens oder die Bedrohung der staatlichen Ordnung ging. Aus der Vielzahl der wissenschaftlichen Beiträge zu dieser Regelung kann man ersehen, dass der Diskussionsbedarf und die Unzufriedenheit mit dieser Regelung sowohl auf Seiten der Medienrechtler als auch auf Seiten der Strafrechtler sehr groß war.

Deshalb ist es wichtig, die damals diskutierten Kritikpunkte bei der Betrachtung der aktuellen Regelung des Zeugnisverweigerungsrechts im Auge zu behalten. Nur so lässt sich beurteilen, ob die aktuelle Regelung eine deutliche Verbesserung hinsichtlich dieser Punkte mit sich brachte oder ob sich die Probleme möglicherweise lediglich an eine andere Stelle in der Prüfung des Zeugnisverweigerungsrechts verlagert haben.

---

[225] BHGSt 28, 240 (254).

B. Gesetzesinitiativen für eine Neuregelung

Aufgrund der massiven Kritik an der Regelung von 1975 sah sich der Gesetzgeber 20 Jahre später in der Pflicht, die bestehende Regelung erneut zu überdenken. Anfang 1995 legte der Bundesrat einen neuen Gesetzesentwurf vor. Dem folgte Mitte 1996 die Fraktion Bündnis 90/Die Grünen mit einem eigenen Vorschlag[226].

Die Fraktion der FDP legte 1999 den „*Entwurf eines Gesetzes zur Sicherung der Pressefreiheit*" vor[227]. Dieser Entwurf sah die Einbeziehung des selbst erarbeiteten Materials in den Schutz des Zeugnisverweigerungsrechts vor. Des Weiteren sollten die Mitarbeiter der Filmberichterstattung in den Schutz miteinbezogen werden und es war ein Absatz vorgesehen, der zur Vermeidung von Umgehungen festlegen sollte, dass die Angaben aus Prozessen anderer Rechtsgebiete, in denen weniger weitreichende Zeugnisverweigerungsrechte der Medienangehörigen bestehen, im Strafprozess nicht verwertet werden können. Um den Bedürfnissen der Strafverfolgung Rechnung zu tragen, enthielt der Vorschlag darüber hinaus einen umfassenden Katalog von Straftaten, bei deren Vorliegen das Zeugnisverweigerungsrecht entfallen und somit der Schutz der Presse hinter den Erfordernissen der Strafrechtspflege zurücktreten sollte.

Anfang 2001 folgte die Bundesregierung unter Federführung des Ministeriums der Justiz mit dem „*Entwurf eines ... Gesetzes zur Änderung der Strafprozessordnung*"[228]. Auch dieser Entwurf sah die Einbeziehung von selbst recherchiertem Material und berufsbezogenen Wahrnehmungen in den Schutz des Zeugnisverweigerungsrechts vor. Diese Erweiterung sollte jedoch dann nicht gelten, wenn die Aussage des Medienmitarbeiters zur Aufklärung eines Verbrechens benötigt würde.

Als Rückausnahme sollten die Fälle erfasst werden, die zur Offenbarung solcher Umstände führen würden, die außerhalb des selbst recherchierten Materials durch das Zeugnisverweigerungsrecht geschützt werden, oder die Fälle, in

[226] Vgl. Darstellung bei Mensching, Das Zeugnisverweigerungsrecht der Medien, S. 183 ff.
[227] BT-Drucksache 14/1602.
[228] BT-Drucksache 14/5166.

denen die Verpflichtung zur Aussage trotz des Vorliegens eines Verbrechens im Hinblick auf die Pressefreiheit unverhältnismäßig wäre. Ebenso wurde der Kreis der geschützten Personen um solche erweitert, die an nicht periodisch erscheinenden Druckwerken berufsmäßig mitwirken, und um solche aus dem Bereich der der Meinungsbildung dienenden Informations- und Kommunikationsdienste sowie der Filmberichterstattung. Im letzten Absatz sah auch der Vorschlag der Regierung eine Klausel vor, wonach die Aussagen, die in anderen Verfahren aufgrund der dort schwächer ausgestalteten Zeugnisverweigerungsrechte getätigt wurden, nicht im Strafverfahren verwendet werden können.

Mitte 2001 gab der Rechtsausschuss in Anbetracht der beiden letztgenannten Vorschläge eine Beschlussempfehlung[229], die dann auch entsprechend beschlossen, am 15. Februar 2002 verkündet und am 16. Februar 2002 in Kraft getreten ist (Darstellung unter Punkt **C.**).

I. Motive für die Änderung

Hinsichtlich der Motivation und der entsprechenden Begründung zu der getroffenen Änderung bestand Einigkeit zwischen allen Beteiligten, die Änderungsvorschläge unterbreitet haben. Sowohl die *FDP*-Fraktion[230] als auch die Bundesregierung[231] verwiesen zur Begründung auf die viel geäußerte Kritik an der bis dahin bestehenden Regelung des Zeugnisverweigerungsrechts[232] und auf die Entscheidung des Bundesverfassungsgerichts vom 1. Oktober 1987[233]. In dieser Entscheidung hat das Bundesverfassungsgericht erklärt, dass es Einzelfälle geben könne, in denen die Medienangehörigen das Recht haben müssten, selbst erarbeitete Materialien nicht zu offenbaren.
Bei dem der Entscheidung zu Grunde liegenden Sachverhalt ging es um Filmaufnahmen des ZDF. Das ZDF hatte zum Zwecke der aktuellen Berichterstattung Aufnahmen von einer Demonstration gemacht, bei der es zu schweren

[229] BT-Drucksache 14/6576.
[230] BT-Drucksache 14/5166, S. 6.
[231] BT-Drucksache 14/1602, S. 5.
[232] Vgl. Darstellung in dieser Arbeit unter Erster Abschnitt, zweites Kapitel II.
[233] BVerfGE 77, 64.

Ausschreitungen kam. Die Staatsanwaltschaft führte daher im Anschluss an die Demonstrationen Ermittlungen gegen Unbekannt wegen Landfriedensbruchs, versuchten Totschlags und Körperverletzung im Amt. Im Rahmen der Ermittlungen forderte die Staatsanwaltschaft das ZDF auf, das Filmmaterial herauszugeben. Nachdem sich die Fernsehanstalt weigerte auch das unveröffentlichte Material herauszugeben, erließ das Amtsgericht Mainz auf Antrag der Staatsanwaltschaft einen Beschluss, nach dem die Durchsuchung der Anstalt und die Beschlagnahme sämtlicher Filmaufnahmen über die Demonstration angeordnet wurde. Die dagegen von Seiten des ZDF eingelegten Rechtsmittel blieben ohne Erfolg. Letztlich gab das ZDF das Filmmaterial zur Abwendung der Durchsuchung freiwillig heraus. Die Verfassungsbeschwerde wurde zurückgewiesen.

Voraussetzung für das Beschlagnahmeverbot war auch bereits vor der Reform das Bestehen eines Zeugnisverweigerungsrechts hinsichtlich des zu beschlagnahmenden Materials. Da der Schutz des selbst recherchierten Materials aber zu diesem Zeitpunkt vom Zeugnisverweigerungsrecht noch nicht erfasst war, war auch das Filmmaterial nicht durch das Beschlagnahmeverbot geschützt. In Fällen, in denen das selbst recherchierte Material besonders schutzwürdig war, konnte daher das Zeugnisverweigerungsrecht allenfalls ausnahmsweise unmittelbar aus Art 5 I GG hergeleitet werden.

Diesbezüglich hat das Bundesverfassungsgericht in den Entscheidungsgründen der zitierten Entscheidung dargelegt, dass die Regelungen von Zeugnisverweigerungsrecht und Beschlagnahmeverbot in der StPO nicht abschließend seien[234]. Nach Abwägung der widerstreitenden Interessen könne es im Einzelfall geboten sein, eine weitergehende Begrenzung des Aussagezwangs und der Beschlagnahme unmittelbar aus Art 5 I GG herzuleiten.

Auch wenn eine solche Erweiterung des bestehenden Schutzes für den in Frage stehenden Einzelfall verneint wurde, wurde von einigen Abgeordneten aus diesen Aussagen des Bundesverfassungsgerichts gefolgert, dass es aus Gründen

[234] BVerfGE 77, 64 (81).

der Rechtssicherheit und Rechtsklarheit geboten sei, dass der Gesetzgeber auch im Bezug auf das selbst erarbeitete Material bestimmen müsse, in welchen Fällen dem Geheimhaltungsinteresse der Medienangehörigen Vorrang vor den Erfordernissen einer funktionierenden Strafrechtspflege gebührt[235]. Der Schutz des selbst erarbeiteten Materials und seine weitgehende Gleichstellung mit von Dritten erlangten Materialien stellt daher einen Schwerpunkt der neuen Regelung dar.

II. Änderung aufgrund der Rechtsprechung

Die Begründung der Gesetzesentwürfe stellte neben der vielfach geäußerten Kritik an der bestehenden Regelung vor allem auf die bereits zitierte Entscheidung des Bundesverfassungsgerichts aus dem Jahre 1987[236] ab.

Die Notwendigkeit einer Gesetzesänderung ist auf Grundlage dieser Entscheidung jedoch nicht ohne Weiteres erkennbar. Das Bundesverfassungsgericht hat in seinem Urteil ausdrücklich betont, dass die Unterscheidung, die der Gesetzgeber zwischen selbst erarbeitetem und von dritter Seite zugetragenem Material getroffen hat, von verfassungsrechtlicher Seite nicht zu beanstanden sei[237]. Die Gesetzesänderung war daher von Verfassungs wegen keinesfalls zwingend[238].

Nach Aussage des Bundesverfassungsgerichts in der zitierten Entscheidung lag das Ziel des Gesetzes zur Zeugnisverweigerung bis zu diesem Zeitpunkt darin, das Vertrauensverhältnis zwischen den privaten Informanten und den Medien zu schützen. Unter diesem Gesichtspunkt sei die Unterscheidung zwischen selbst erarbeiteten und von Dritten übermittelten Materialien gerechtfertigt. Ein Schutzbedürfnis, wie es für den verfassungsrechtlich geforderten Informantenschutz anerkannt sei, könne im Hinblick auf selbst erarbeitetes Material gerade nicht angenommen werden. Eine generelle Ausdehnung stelle vielmehr eine empfindliche Einschränkung der Ermittlungsmöglichkeiten dar[239].

---

[235] BT-Drucksache 14/1602, S. 5; BT-Drucksache 14/5166, S. 6.

[236] BVerfGE 77, 64 ff.

[237] BVerfGE 77, 64 (80).

[238] Rogall, in: SKStPO, Band I, §53, Rdnr. 146.

[239] BVerfGE 77, 64 (80).

Liest man diese Worte des Bundesverfassungsgerichts, ist es zunächst nicht nachvollziehbar, warum sowohl die *FDP*-Fraktion als auch die Bundesregierung und der Vermittlungsausschuss bei seiner Beschlussempfehlung auf diese Entscheidung des Bundesverfassungsgerichts verwiesen haben. Sofern durch die Gesetzesbegründung der Eindruck entsteht, die Änderung sei aufgrund der Rechtsprechung des Bundesverfassungsgerichts geboten gewesen, so ist dies nicht berechtigt[240]. Entgegen den Ausführungen in der Stellungnahme der Fraktion *Bündnis 90 / Die Grünen*, die erklärte, dass ein gesetzgeberisches Handeln im Hinblick auf die bestehende Gesetzeslage geboten sei[241] gingen daher einige Juristen davon aus, dass weder eine „Gesetzeslücke" noch ein „Missstand" angenommen werden könne, der einen Handlungsbedarf des Gesetzgebers begründet hätte[242]. *Weigend* kommt in seinem Gutachten für den 62. Deutschen Juristentag sogar zu dem Ergebnis, dass die Regelung des §53 I Nr. 5 StPO a.F. keinerlei Reformbedarf aufweise. Es handele sich um eine stimmige und ausgewogene Lösung des Konflikts zwischen Strafverfolgungsinteresse und dem Schutz der Medienfreiheit[243].
Doch auch wenn das Bundesverfassungsgericht in der bis 1975 bestehenden Gesetzeslage keinen verfassungswidrigen Zustand und keine Gesetzeslücke gesehen hat, so bedeutet das noch nicht, dass der Gesetzgeber nicht berechtigt gewesen wäre, die Regelung zugunsten der Medienangehörigen weiter auszuweiten.

In ihrer Stellungnahme weist die Fraktion *Bündnis 90 / Die Grünen* zu Recht darauf hin, dass der Gesetzgeber nicht nur dann tätig werden könne, wenn es darum geht, einen verfassungswidrigen Zustand zu beseitigen, sondern dass es auch außerhalb der verfassungsrechtlichen Gebotenheit einen gesetzgeberischen

240 Kunert, Erweitertes Zeugnisverweigerungsrecht der Medienmitarbeiter, NStZ 2002, 169 (170).

241 Bericht des Rechtsausschusses BT-Drucksache 14/6576, S. 5.

242 Rogall, Artenschutz für Medienmitarbeiter?, in: Festschrift für Lampe, S. 805 (822); Kunert, Erweitertes Zeugnisverweigerungsrecht der Medienmitarbeiter, NStZ 2002, 169 (170).

243 Weigend, „Empfehlen sich gesetzliche Änderungen, um Zeugen und andere nicht beschuldigte Personen im Strafprozess besser vor Nachteilen zu bewahren?", in: Verhandlungen des Zweiundsechzigsten Deutschen Juristentages in Bremen 1998 Band I Gutachten, C105.

Handlungsspielraum gebe[244]. Das Bundesverfassungsgericht hat in der zitierten Entscheidung von 1987 zum wiederholten Male festgestellt, dass es dem Gesetzgeber nicht freistehe, der Pressefreiheit absoluten Vorrang vor den Interessen einer wirksamen Strafverfolgung einzuräumen, und dass die Begründung oder Erweiterung von Zeugnisverweigerungsrechten, die dem Interesse an einer möglichst umfassenden Wahrheitsermittlung im Wege stehen, einer Legitimation bedürfen, die vor dem Rechtsstaatsprinzip Bestand hat[245].

In der gleichen Entscheidung wurde aber auch zum wiederholten Male durch das Gericht betont, dass die sorgfältige Abwägung, ob und inwieweit die Erfüllung der öffentlichen Aufgabe der Presse einen Vorrang der Presse- und Rundfunkfreiheit vor dem staatlichen Strafverfolgungsinteresse genießen soll, in erster Linie Aufgabe des Gesetzgebers sei[246].
Wenn die Abwägung aber prinzipiell Sache des Gesetzgebers ist, dann steht es dem Gesetzgeber auch offen, eine einmal vorgenommene Abwägung zu verändern, solange er sich innerhalb der verfassungsrechtlich vorgegebenen Grenzen bewegt.
Die Aussage des Bundesverfassungsgerichts enthält keinen Handlungsauftrag an den Gesetzgeber, über den dieser 13 Jahre nachgedacht hätte[247], sie schließt ein erneutes Tätigwerden des Gesetzgebers aber auch nicht aus.
Das Bundesverfassungsgericht hat in der genannten Entscheidung klargestellt, dass eine generelle Ausdehnung der Beschlagnahmefreiheit (im Wege der entsprechenden Ausdehnung des Zeugnisverweigerungsrechts) zu empfindlichen Einschränkungen der Ermittlungstätigkeit führen würde. Es bestehe das Risiko, dass die Medienangehörigen dadurch jeder Beschlagnahme mit dem objektiv nicht überprüfbaren Einwand der berufsbezogenen Wahrnehmung begegnen könnten, was einem persönlichen Recht zur Verweigerung der Mitwirkung im Strafverfahren gleichkäme[248]. Diesem Einwand, der darauf hindeutet, dass zumindest eine ausnahmslose Einbeziehung von selbst

244 BT-Drucksache 14/6576 S.5.
245 BVerfGE 77, 64 (76) m.w.N..
246 BVerfGE 77, 64 (77) m.w.N..
247 a.A. Gerhardt, Wann Journalisten schweigen dürfen, ZRP 2001, 319 (320).
248 BVerfGE 77, 64 (80/81).

erarbeiteten Materialien und berufsbezogenen Wahrnehmungen eine Überschreitung der von der Verfassung vorgegebenen Grenzen des gesetzgeberischen Abwägungsspielraums bedeuten könnte, hat der Gesetzgeber durch die Aufnahme der Ausnahmen im Bezug auf bestimmte schwere Straftaten Rechnung tragen wollen.

Die Entscheidung des Bundesverfassungsgerichts, die in den Gesetzesbegründungen vielfach zitiert ist, besagt also weder, dass eine Änderung des Gesetzes geboten ist, noch dass eine solche in jedem Fall unzulässig wäre. Sie besagt, dass die typisierte und generelle Abwägung zwischen den beiden sich gegenüber stehenden Verfassungsrechtsgütern zunächst Aufgabe des Gesetzgebers ist, der dabei gewisse Grenzen zu wahren hat, da es ihm nicht freisteht, dem einen oder anderen verfassungsrechtlich geschützten Gut den absoluten Vorrang gegenüber dem jeweils anderen einzuräumen. Die Entscheidung kann daher weder den Gegnern der getroffenen Änderungen noch ihren Befürwortern ein eindeutiges Argument liefern. Die Überarbeitung der Regelung war nach der Rechtsprechung des Bundesverfassungsgerichts weder verfassungsrechtlich notwendig noch von vornherein unzulässig. Zu prüfen bleibt lediglich, ob die geänderte Vorschrift die verfassungsrechtlich bestehenden Grenzen wahrt.

C. Die Änderungen im Einzelnen

Im Folgenden gilt es daher zu betrachten, welche Änderungen vorgenommen wurden, wie diese sich auswirken und ob sie dem Erfordernis der praktischen Konkordanz zwischen der Pressefreiheit und dem Interesse einer funktionierenden Strafrechtspflege gerecht werden.

I. §53 I Nr.5, II StPO in der Fassung vom 15.02.2002

§ 53

„(1) Zur Verweigerung des Zeugnisses sind ferner berechtigt

[...]

5. *Personen, die bei der Vorbereitung, Herstellung oder Verbreitung von Druckwerken, Rundfunksendungen, Filmberichten oder der Unterrichtung oder Meinungsbildung dienenden Informations- und Kommunikationsdiensten berufsmäßig mitwirken oder mitgewirkt haben.*

Die in Satz 1 Nr. 5 genannten Personen dürfen das Zeugnis verweigern über die Person des Verfassers oder Einsenders von Beiträgen und Unterlagen oder des sonstigen Informanten sowie über die ihnen im Hinblick auf ihre Tätigkeit gemachten Mitteilungen, über deren Inhalte sowie über den Inhalt selbst erarbeiteter Materialien und den Gegenstand berufsbezogener Wahrnehmungen. Dies gilt nur, soweit es sich um Beiträge, Unterlagen, Mitteilungen und Materialien für den redaktionellen Teil oder redaktionell aufbereitete Informations- und Kommunikationsdienste handelt.

(2) [...] Die Berechtigung zur Zeugnisverweigerung der in Absatz 1 Satz 1 Nr. 5 Genannten über den Inhalt selbst erarbeiteter Materialien und den Gegenstand entsprechender Wahrnehmungen entfällt, wenn die Aussage zur Aufklärung eines Verbrechens beitragen soll oder wenn Gegenstand der Untersuchung

1. *eine Straftat des Friedensverrats und der Gefährdung des demokratischen Rechtsstaates oder des Landesverrats und der Gefährdung der äußeren Sicherheit (§§ 80a, 85, 87, 88, 95, auch in Verbindung mit §97b, §§97a,98 bis 100a des Strafgesetzbuches),*
2. *eine Straftat gegen die sexuelle Selbstbestimmung nach den §§ 174 bis 176, 179 des Strafgesetzbuches oder*
3. *eine Geldwäsche, eine Verschleierung unrechtmäßig erlangter Vermögenswerte nach §261 Abs.1 bis 4 des Strafgesetzbuches*

ist und die Erforschung des Sachverhalts oder die Ermittlung des Aufenthaltsortes des Beschuldigten auf andere Weise aussichtslos oder wesentlich erschwert wäre. Der Zeuge kann jedoch auch in diesen Fällen die Aussage verweigern, soweit sie zur Offenbarung der Person des Verfassers oder Einsenders von Beiträgen und Unterlagen oder des sonstigen Informanten oder der im Hinblick auf seine Tätigkeit nach Absatz 1 Satz 1 Nr.5 gemachten Mitteilungen oder ihres Inhalts führen würde."

II. Selbst recherchiertes Material

Der Schutz des Zeugnisverweigerungsrechts von Medienangehörigen erstreckt sich nach der Regelung von 2002 auch auf *„selbst erarbeitete Materialien und* *eigene berufsbezogene Wahrnehmungen"*[249]. Unter den Begriff des selbst erarbeiteten Materials fallen insbesondere Informationen, schriftliche Unterlagen, Filme und Fotos einschließlich der Negative[250], d.h. verkörperte Informationen, insbesondere solche, die auf einem Informations- oder Datenträger fixiert oder gespeichert sind[251]. Der Begriff der berufbezogenen Wahrnehmung geht noch darüber hinaus. Er erfasst alles, was der Medienmitarbeiter in beruflicher Eigenschaft oder im Zusammenhang mit seiner Tätigkeit für die Medien wahrnimmt[252], ohne dass dies mit einer von einem Dritten stammenden Information im Zusammenhang steht[253]. *Achenbach* geht so weit, von diesem Begriff alle Wahrnehmungen umfasst zu sehen, deren Inhalt irgendeinen Bezug zur beruflich-redaktionellen Sphäre des Zeugen aufweist[254].

Der bisherige Ausschluss des selbst recherchierten Materials vom Zeugnisverweigerungsrecht der Medienangehörigen war einer der umstrittensten Punkte der alten Regelung und einer der wichtigsten Gründe für den Entwurf einer Neuregelung[255]. Mit dieser Änderung kam es nicht nur zu einer Erweiterung des Zeugnisverweigerungsrechts, sondern die Änderung steht gleichzeitig für die Änderung der ratio der Vorschrift[256]. Während bis zu diesem Zeitpunkt das Zeugnisverweigerungsrecht ausschließlich dem Schutz des Informanten und des zwischen ihm und dem Angehörigen der Medien bestehenden Vertrauensverhältnisses diente, hat ab dieser Erweiterung auch das Ziel, das Redaktionsgeheimnis insgesamt vor staatlichen Eingriffen zu schützen, in der Regelung des Zeugnisverweigerungsrechts seinen Niederschlag gefunden[257].

---

[249] Senge, in: Karlsruher Kommentar, StPO, §53, Rdnr.27.
[250] Neubeck, in: KMR Kommentar zur Strafprozessordnung, Band I, §53, Rdnr. 31.
[251] Rogall, in: SKStPO, Band I, §53, Rdnr. 176.
[252] Rogall, in: SKStPO, Band I, §53, Rdnr. 177.
[253] Meyer-Goßner, Strafprozessordnung, §53, Rdnr. 39.
[254] Achenbach, in: Löffler, Presserecht, §23, Rdnr. 64.
[255] Vgl. Zielsetzung in BT-Drucksache 14 / 5166.
[256] Kunert, Erweitertes Zeugnisverweigerungsrecht der Medienmitarbeiter, NStZ 2002, 169 (171)
[257] Senge, in: Karlsruher Kommentar, StPO, §53, Rdnr.27.

1. Diskussion in der Literatur

Mit der Änderung wurde den Stimmen in der Literatur, die die diesbezügliche Einschränkung in der alten Regelung kritisiert hatten[258], Rechnung getragen. Die Kritiker der Erweiterung sehen jedoch die Gefahr, dass durch die Ausweitung des Anwendungsbereichs auf die selbst erarbeiteten Materialien und die berufsbezogenen Wahrnehmungen alles, was ein Journalist beobachtet oder denkt, durch einfaches Aufschreiben (Materialisieren) dem Schutz des Zeugnisverweigerungsrechts zugeführt werden könne[259]. Es sei also nicht mehr das Gesetz, sondern der Medienmitarbeiter selbst, der den Umfang des Zeugnisverweigerungsrechts bestimme.

Die Behauptung der Berufsbezogenheit durch einen Journalisten sei praktisch unwiderlegbar[260]. Das Ergebnis sei ein *„Zeugnisverweigerungsrecht zum Selbermachen"*[261].

2. Stellungnahme

Diese Kritik ist nicht ganz unberechtigt, birgt die Ausweitung des Zeugnisverweigerungsrechts doch eine große Missbrauchsgefahr und kann neben der Behinderung der Ermittlungstätigkeit auch zu einem Abschneiden von Verteidigungsmöglichkeiten[262] und zur Behinderung der umfassenden Wahrheitsermittlung durch das Gericht führen[263]. Dennoch müssen auch die von den Kritikern der alten Regelung zu Recht vorgebrachten Argumente berücksichtigt werden.

Eine Trennung von selbst recherchierten und von Dritten übermittelten Materialien kann in der Praxis kaum vorgenommen werden. Werden Unterlagen beschlagnahmt, sind daher regelmäßig zunächst auch solche betroffen, die von

---

258 Achenbach, in: Löffler, Presserecht, §23, Rdnr. 63; Soehring, Presserecht, S. 166.

259 Tsambikakis, Das neue Zeugnisverweigerungsrecht für Medienmitarbeiter, StraFo 2002, 145 (145).

260 Tsambikakis, Das neue Zeugnisverweigerungsrecht für Medienmitarbeiter, StraFo 2002, 145 (145).

261 Kunert, Erweitertes Zeugnisverweigerungsrecht der Medienmitarbeiter, NStZ 2002, 169 (172); Rogall, in: SKStPO,Band I, §53, Rdnr. 177.

262 Senge, in: Karlsruher Kommentar, StPO, §53 Rdnr. 27.

263 BVerfGE 77, 64 (76).

jeher vom Zeugnisverweigerungsrecht umfasst sind. Das führt zu einer Verletzung der Interessen der Informanten, die die Bereitschaft schmälern kann, Informationen an die Presse zu geben. Auch wenn *Rogall* einwendet, dass die Fachgerichte in den Fällen der „Gemengelage“ das Zeugnisverweigerungsrecht in großzügiger Auslegung des §53 I Nr. 5 StPO a.F. in der Regel gewährt haben[264], so ist dies noch kein Argument gegen eine Neuregelung unter Einbeziehung der selbst recherchierten Materialien. Denn nur weil Gerichte durch Auslegung in der Lage sind, Fallgestaltungen zu lösen, die das Gesetz nicht erfasst, entbindet das den Gesetzgeber nicht von seiner Pflicht, klare und verlässliche Regelungen zu schaffen.

Darüber hinaus schützt das Grundrecht des Art. 5 I GG zu Recht auch das Redaktionsgeheimnis vor staatlichen Übergriffen. Die Gründe, die für die Einbeziehung des Redaktionsgeheimnisses in den Schutzbereich des Art 5 I GG sprechen, müssen auch auf der Ebene des einfachen Rechts Berücksichtigung finden. Daher war ein weiter gehender Schutz der Medien gerade in Bereichen geboten, in denen es lediglich um die Aufklärung von leichteren Delikten geht. Durchsuchungen können einen erheblichen Einschüchterungseffekt mit sich bringen und die redaktionelle Tätigkeit daher nachhaltig beeinträchtigen. In Bereichen der Bagatelldelikte ist dies auch unter Berücksichtigung der berechtigten Interessen an einer effektiven Strafverfolgung nicht gerechtfertigt. Daher ist die Einbeziehung der selbst recherchierten Materialien in den Schutz des Zeugnisverweigerungsrechts und damit aufgrund der tatbestandlichen Verknüpfung zwischen Zeugnisverweigerungsrecht und Beschlagnahmeverbot auch in den Schutz des Beschlagnahmeverbots richtig.

Entscheidend dafür, ob der Vorwurf es handele sich um ein „*Zeugnisverweigerungsrecht zum Selbermachen*“, das im Hinblick auf die Interessen der Strafverfolgung zu weit geht, berechtigt ist, sind der Umfang und die Effektivität der Einschränkungen des Zeugnisverweigerungsrechts sowie die Frage, inwieweit diese Einschränkungen dem Strafverfolgungsinteresse hinreichend Rechnung tragen. Darauf wird später genauer eingegangen.

[264] Rogall, Artenschutz für Medienmitarbeiter?, in: Festschrift für Lampe, S. 805 (825).

III. Der personelle Anwendungsbereich

Die Neuregelung erweitert den Anwendungsbereich um Personen, die berufsmäßig und redaktionell an der Herstellung von Filmberichten mitwirken, und um berufsmäßig redaktionell tätige Mitarbeiter von Kommunikations- und Informationsdiensten, die der Unterrichtung und Meinungsbildung dienen[265]. Unter den Begriff der Informations- und Kommunikationsdienste fallen an jedermann gerichtete Mediendienste in Text, Ton oder Bild, die unter Benutzung elektromagnetischer Schwingungen ohne Verbindungsleitung oder längs oder mittels eines Leiters verbreitet werden. Beispiele sind vor allem Verteilerdienste in Form von Fernseh- und Radiotexten und vergleichbare Textdienste sowie Abrufdienste, bei denen Text-, Ton- oder Bilddarbietungen auf Anforderung aus elektronischen Speichern zur Nutzung übermittelt werden[266]. Außerdem wurde bei Druckwerken die Einschränkung über das Erfordernis eines periodischen Erscheinens gestrichen. Es reicht nun die Mitwirkung an allen Arten von Druckwerken aus[267]. Dadurch ist jetzt grundsätzlich auch der Buchdruck und die Verbreitung von einmaligen Flug- oder Infoblättern erfasst.

1. Diskussion in der Literatur

Diejenigen, die die Beschränkung auf periodisch erscheinende Werke immer befürwortet haben, wenden sich auch im Hinblick auf die neue Regelung kritisch gegen die Erweiterung auf nicht periodisch erscheinende Druckwerke.

So spricht sich z.B. *Hamm*, der befürchtet, dass jeder mehr oder weniger bedeutende Mensch sich darauf berufen könne, irgendwann seine Memoiren veröffentlichen zu wollen, oder dass sich jeder selbst ernannte „Internet-redakteur" nun auf ein Zeugnisverweigerungsrecht berufen könne, da auch das abgrenzbare Berufsbild des Journalisten als Berechtigten durch die Erweiterung um Menschen in „Kommunikations- und Informationsdiensten" aufgeweicht

[265] Senge, in: Karlsruher Kommentar, StPO, §53, Rdnr.27.

[266] Senge, in: Karlsruher Kommentar, StPO, §53, Rdnr. 30; Meier, in: Roßnagel, Recht der Multimedia-Dienste, §2 MDStV, Rdnr. 52 ff.

[267] Neubeck, in: KMR Kommentar zur Strafprozessordnung, Band I, §53, Rdnr. 27.

worden sei, gegen die Erweiterung aus[268]. Auch die Verfasser und Verbreiter von Flugblättern rechts- oder linksradikaler Institutionen könnten sich nach der neuen Regelung auf das Zeugnisverweigerungsrecht berufen[269].

Den Kritikern wird entgegengehalten, dass der Gesetzgeber an dem Erfordernis der berufsmäßigen Mitwirkung festgehalten habe, was eine Begrenzung des geschützten Personenkreises bedeute[270]. Für das Merkmal der Berufsmäßigkeit muss die Tätigkeit haupt- oder nebenberuflich sein, d.h. die Publikation muss für den Beruf eine gewisse Bedeutung haben und sie muss dauernd oder doch wiederkehrend erfolgen. Erfasst sind dann sowohl Redakteure, freie Mitarbeiter, Volontäre, Korrespondenten und Reporter als auch die Angehörigen des kaufmännischen und technischen Personals[271], soweit sie auf Wiederholung angelegt an der Vorbereitung, Herstellung oder Verbreitung des Medienerzeugnisses mitwirken. Darin sei eine ausreichende Einschränkung zu sehen.

2. Stellungnahme

Durch die Erweiterung des Schutzes auf alle Druckerzeugnisse wurde die Eingrenzung des Anwendungsbereichs von §53 StPO deutlich erschwert. Angesichts der Weite des Begriffs der Berufsmäßigkeit auch im Hinblick auf die Erweiterung um die neuen Medien ist die Skepsis hinsichtlich der Frage berechtigt, ob dieses Merkmal ausreicht, um den Personenkreis angemessen einzugrenzen[272]. Denn was heißt „berufsmäßig" im Hinblick auf die neuen Medienformen und die arbeitsrechtlich losen Verbindungen zwischen denen, die Beiträge liefern, und denen, die sie veröffentlichen? Es gibt kein verlässliches Berufsbild des geschützten Medienangehörigen und keine eindeutigen Kriterien für die Abgrenzung zu anderen nicht berufsmäßig an den Medienerzeugnissen Mitwirkenden. Für das Merkmal der Berufsmäßigkeit ist

268 Hamm, Vom Grundrecht der Medien auf das Fischen im Trüben, NJW 2001, 269 (270).
269 Hamm, Vom Grundrecht der Medien auf das Fischen im Trüben, NJW 2001, 269 (271).
270 Greitemann, Das Forschungsgeheimnis im Strafprozess, NStZ 2002, 572 (573); BR-Drucksache 441/00, S. 9.
271 Dörr, Durchsuchungen und Beschlagnahmen bei Medienunternehmen, AfP 1995, 378 (380).
272 Diesbezüglich zurückhaltend: Achenbach, in: Löffler, Presserecht, §23, Rdnr. 40.

allein die innere Absicht der Wiederholung maßgeblich, auch wenn im konkreten Fall erst an einer einzigen Publikation mitgewirkt wurde[273]. Eine solche Wiederholungsabsicht wird aber, wenn sie behauptet wird, kaum zu widerlegen sein.

Den Wandlungen im Bereich der Medien muss Rechnung getragen werden, ohne das Privileg der Befreiung von der allgemeinen Zeugnispflicht von der Ausnahme zur Regel und zu einem Jedermannsrecht verkommen zu lassen. Den Medien werden Privilegien im Hinblick auf den Schutz aus Art 5 I GG eingeräumt und das heißt, die Privilegien werden eingeräumt aufgrund der Bedeutung ihrer öffentlichen Aufgabe für die Gesellschaft und das demokratische System und im Rahmen der Erfüllung dieser Aufgabe[274]. Für die Bedeutung der Presse- und Rundfunkfreiheit in Abwägung mit dem öffentlichen Interesse der Strafverfolgung macht es daher einen Unterschied, ob ein Medienerzeugnis sich mit Fragen beschäftigt, die die Öffentlichkeit besonders berühren oder nicht. Die Schutzwürdigkeit der Pressefreiheit ist in Gegenüberstellung zum öffentlichen Interesse der Strafverfolgung geringer, wenn sich ein Druckwerk oder Internetauftritt z.B. nur mit Themen aus privaten Interessen beschäftigt, deren Beitrag für den öffentlichen Meinungsbildungsprozess außerordentlich gering ist, oder wenn mit der Veröffentlichung gar in erster Linie eigennützige Ziele verfolgt werden[275].

Eine sinnvolle Abgrenzung hinsichtlich der Bedeutung eines Beitrages für die öffentliche Aufgabe der Medien lässt sich aber nicht über das Merkmal der Periodizität durchführen. Daher war die Streichung dieses Merkmals richtig.

Sie lässt sich aber auch nicht über die Frage der „Berufsmäßigkeit" angemessen klären. Denn auch der Hersteller extremistischer Flugblätter handelt

[273] Löffler, Lücken und Mängel im neuen Zeugnisverweigerungs- und Beschlagnahmerecht von Presse und Rundfunk, NJW 1978, 913 (914).

[274] BVerfGE 20, 162 (176).

[275] Brosius-Gersdorf, Dienstgeheimnis versus Presse- und Rundfunkfreiheit, AfP 1998, 25 (34).

möglicherweise berufsmäßig[276]. Daher kann dieses Merkmal die notwendige Eingrenzung nicht bewirken, auch wenn das vom Gesetzgeber so vorgesehen war[277].

Die Aufnahme der modernen Formen der Massenmedien in den Schutz des Zeugnisverweigerungsrechts war richtig. Die Frage ist jedoch, über welche Kriterien eine sachgerechte Eingrenzung erfolgen kann, damit nur die in den Genuss der Medienprivilegien kommen, die im Hinblick auf die sich gegenüberstehenden Verfassungsgüter einen besonderen Schutz brauchen und hinsichtlich der Erfüllung einer öffentlichen Aufgabe auch für sich beanspruchen können. Die Beschränkung auf solche Dienste, die der Unterrichtung oder Meinungsbildung dienen, ist insofern zu ungenau und daher nicht geeignet, eine angemessene Eingrenzung des Anwendungsbereichs vorzunehmen.

Man muss sich von den ursprünglichen Differenzierungskriterien lösen. Diese sind in Anbetracht der neusten Entwicklungen in der Medienwelt aufgrund der Vielseitigkeit der für neue Medienformen zu erbringenden Arbeiten und aufgrund der Unverbindlichkeit der arbeitsrechtlichen Beziehungen zwischen den Redaktionen und ihren Journalisten zur sachgerechten Begrenzung des zu schützenden Personenkreises nicht mehr tauglich. Es müssen Abgrenzungskriterien gefunden werden, die den tatsächlichen Unterschieden der einzelnen Medien im Hinblick auf die öffentliche Aufgabe und im Hinblick auf den Sinn und Zweck der Privilegien besser Rechnung tragen.

Dabei muss berücksichtigt werden, dass das Grundrecht des Art 5 I GG nicht schrankenlos besteht. Das Grundrecht des Art 5 I 2 GG gewährt umfassenden Schutz, der jedoch durch das allgemeine Gesetz des §70 StPO weitgehend eingeschränkt wird. §53 StPO stellt lediglich eine Ausnahme von dieser grundsätzlichen Einschränkung dar, um der Bedeutung des Grundrechts

---

[276] Bedenken äußerten auch der federführende Rechtsausschuss und der Ausschuss der Inneren Angelegenheiten in ihrer Beschlussempfehlung an den Bundesrat, BR-Drucksache 441/1/00, S. 1.

[277] BR-Drucksache 441/00, S. 8.

Rechnung zu tragen. Das bedeutet aber nicht, dass das Zeugnisverweigerungsrecht im Ergebnis zwingend so ausgestaltet sein muss, dass §70 StPO für alle durch Art 5 I GG geschützten Medienformen für unanwendbar erklärt wird[278]. Der Medienfreiheit auf diesem Wege schlechterdings immer den Vorrang vor dem staatlichen Strafverfolgungsinteresse zu gewähren, hat das Bundesverfassungsgericht zu Recht mehrfach als unzulässig bezeichnet.
Entscheidend ist daher nicht nur, was alles von Art 5 I 2 GG erfasst ist, sondern entscheidend ist, inwieweit der weite Schutzbereich des Art 5 I GG durch die Schranke des allgemeinen Gesetzes §70 StPO im Hinblick auf das Interesse an einer effektiven Strafverfolgung eingeschränkt werden darf. Auch wenn jeder mehr oder weniger unterhaltende Beitrag der Medien immer auch etwas zur öffentlichen Meinungsbildung beitragen kann, wird ein überwiegend fiktiver und auf Unterhaltung ausgerichteter Beitrag in der Regel keine so große Bedeutung für die öffentliche Meinungsbildung haben, dass diese im Rahmen der Abwägung das Bedürfnis nach effektiver Strafverfolgung überwiegt. Es geht also nicht um die Frage der absoluten Schutzbedürftigkeit solcher Beiträge im Sinne der Medienfreiheit, sondern um die Frage, ob solche Beiträge den Schutz durch das Zeugnisverweigerungsrecht trotz des besonderen Interesses der Strafverfolgung an einer umfassenden Sachverhaltsaufklärung für sich in Anspruch nehmen können. Das können sie im Ergebnis besonders dann, wenn sie einen Beitrag zur öffentlichen Aufgabe leisten.

Die Schwierigkeit besteht darin zu differenzieren, ob ein Beitrag allein der gesellschaftlichen Unterhaltung und der Selbstdarstellung einzelner Personen dient oder ob er zur Kontrolle von staatlichen und privaten Machtapparaten und zum öffentlichen Meinungsbildungsprozess beiträgt.

Die Einschränkung auf „redaktionelle" oder „redaktionell aufbereitete" Beiträge geht in die richtige Richtung, ist aber, wie zu Recht kritisiert wird, sehr ungenau[279]. Das Merkmal hilft, um gerade im Bereich der Internetdienste

[278] Insofern problematisch die Begründung des Gesetzesentwurfs in BR-Drucksache 441/00, S. 8: „...denn Artikel 5 I 2 GG schützt ausdrücklich auch die Berichterstattung durch den Film."

[279] Vgl. Schulz / Korte, Die offene Flanke der Medienprivilegien, AfP 2000, 530 (532).

Beiträge aus dem Schutz herauszunehmen, die anonym und unkontrollierbar ohne Kenntnis des Diensteanbieters von deren Inhalten verbreitet werden. Der Ausschluss solcher Beiträge aus dem Zeugnisverweigerungsrecht war eines der Ziele des Gesetzgebers[280]. Es schafft aber außerhalb dieser Phänomene wenig Grundlage für eine sachgerechte Differenzierung zwischen journalistischen und anderen Beiträgen.

Die Regelung von 2002 begrenzt den um die Informations- und Kommunikationsdienste erweiterten Kreis auf solche, die der „Unterrichtung oder Meinungsbildung" dienen. Aber welcher Dienst dient nicht irgendwie zumindest der „Unterrichtung"? Hinsichtlich beider Begriffe fehlen also klare Abgrenzungskriterien. Die derzeit bestehende Regelung ist zu ungenau und zu weit gefasst.

Es muss also eine weitere Konkretisierung durch den Gesetzgeber vorgenommen werden. Mögliche Abgrenzungskriterien könnten sich dabei an der Art des Beitrags orientieren. Dabei müsste differenziert werden, ob es sich um einen auf aktuellen oder geschichtlichen Tatsachen basierenden oder um einen rein fiktiven Beitrag handelt. Ein weiteres Kriterium könnte die Form des Beitrags sein. Ob es sich um einen tatsachenbasierten Sachtext oder um einen fiktionalen oder poetischen Text handelt.

Darüber hinaus könnte eine Konkretisierung am Berufsbild des Journalisten bzw. an der von diesem angewandten journalistischen Arbeitsweise anknüpfen, wie es *Schulz und Korte* vorschlagen[281]. Dieser Ansatz ist richtig, insofern es darum geht, einen Beitrag dahingehend zu überprüfen, ob er nach publizistischen Grundsätzen wie „Faktizität, Verarbeitung multipler Informationsquellen, Orientierung an kommunikativen Zielen und Aktualität" ausgerichtet ist. Dabei handelt es sich um Kriterien, die anhand des Beitrages überprüft werden können.

---

[280] Vgl. BR-Drucksache 441/00, S. 9.

[281] Schulz / Korte, Medienprivilegien in der Informationsgesellschaft, KritV 2001, 113 (138 ff).

Problematisch ist es jedoch, Kriterien mit aufzunehmen, die an der Person des Journalisten anknüpfen wie z.B. an seiner Zugehörigkeit zu einer Organisation und/oder an der von ihm anerkannten Verpflichtung zur Einhaltung journalistischer Grundsätze[282]. Denn Ziel des Rechts ist der Schutz des Instituts der freien Medien und zu einem solchen gehören auch andere Angestellte, die aufgrund ihrer Stellung zwangsläufig ebenfalls Informationen über die Informanten erhalten, ohne selbst Journalisten zu sein.

Deshalb muss das Medienprodukt und nicht die Person des Zeugnisverweigerungsberechtigten im Fokus des Gesetzes bleiben und entscheidend dafür sein, ob zum Schutz der Medienfreiheit im konkreten Fall Privilegien einzuräumen sind oder nicht.
Das Gesetz muss sich stärker an der öffentlichen Aufgabe der Medien orientieren, um derentwillen das Zeugnisverweigerungsrecht überhaupt geschaffen wurde. Ist aufgrund der Art des Beitrags und der Entstehung nach publizistischen Grundsätzen erkennbar, dass der Beitrag zu dieser Aufgabe beitragen will, soll ein Zeugnisverweigerungsrecht bestehen. Dient der Beitrag hingegen lediglich der Selbstdarstellung, privaten Interessen oder egoistischen Zielsetzungen, ist ein Zeugnisverweigerungsrecht zu versagen.

IV. Ausnahmen und Rückausnahmen

Die Änderungen haben besonders durch die Einbeziehung des selbst recherchierten Materials in den Schutz durch das Zeugnisverweigerungsrecht zu einer erheblichen Ausdehnung des Privilegs geführt. Um auf der anderen Seite aber auch den Interessen der Strafrechtspflege Rechnung zu tragen, wurden von dieser prinzipiellen Erweiterung einige Ausnahmen gemacht.

1. Verbrechen und Katalog schwerer Vergehen

Das Zeugnisverweigerungsrecht über den Inhalt selbst erarbeiteter Materialien entfällt gem. §53 II 2 StPO, wenn die Aussage des Medienangehörigen der Aufklärung eines Verbrechens dienen soll[283] oder wenn der Gegenstand der

[282] Schulz / Korte, Medienprivilegien in der Informationsgesellschaft, KritV 2001, 113 (143).
[283] Rogall, in: SKStPO, Band I, §53, Rdnr. 180.

Untersuchung eines der im Gesetz abschließend aufgeführten Vergehen ist[284]. Daneben ist Voraussetzung, dass die Aussage des Zeugen aller Voraussicht nach beweiserheblich sein wird. Dabei genügt es, wenn ein Aufklärungsbeitrag im Rahmen der Prognose nicht vollständig ausgeschlossen werden kann[285].

2. Subsidiaritätsklausel

§53 II 2 a.E. StPO bestimmt, dass das Zeugnisverweigerungsrecht im Rahmen der Ausnahmen des §53 II 2 StPO zugunsten der Strafrechtspflege nur entfällt, wenn *„die Erforschung des Sachverhaltes oder die Ermittlung des Aufenthaltsortes des Beschuldigten auf andere Weise aussichtslos oder wesentlich erschwert wäre"*.

Diese Subsidiaritätsklausel bezieht sich nach dem Wortlaut nur auf die enumerativ aufgeführten Vergehen, nicht aber auf die ebenfalls als Ausnahme vom Zeugnisverweigerungsrecht festgeschriebenen Verbrechen[286].

Fraglich ist, ob diese Einschränkung des Geltungsbereichs der Subsidiaritätsklausel vom Gesetzgeber bei Erlass gewollt war. Die jetzt geltende Fassung beruht auf der Beschlussempfehlung des Vermittlungsausschusses, die insoweit nicht begründet ist[287]. Sie geht auf einen Vorschlag des Bundesrates zurück, der alle Delikte (auch die Verbrechen) enumerativ aufzählte und die Subsidiaritätsklausel dann auf alle aufgezählten Delikte bezog[288]. Das spricht dafür, dass es sich bei der aktuellen Beschränkung auf die Vergehen um ein redaktionelles Versehen handeln könnte. Deshalb sind einige Autoren der Ansicht, dass die Subsidiaritätsklausel auf die Verbrechenstatbestände erstreckt werden müsse[289].

---

284 Neubeck, in: KMR Kommentar zur Strafprozessordnung, Band I, §53, Rdnr. 33.

285 Rogall, in: SKStPO, Band I, §53, Rdnr. 181.

286 Meyer-Goßner, Strafprozessordnung, §53, Rdnr. 39 a; Neubeck, in: KMR Kommentar zur Strafprozessordnung, Band I, §53, Rdnr. 33; Rogall, in: SKStPO, Band I, §53, Rdnr. 182.

287 BT-Drucksache 14/7776.

288 BR-Drucksache 688/01.

289 Von Schlieffen in: Anwaltkommentar StPO, §53, Rdnr. 22; Kunert, Erweitertes Zeugnisverweigerungsrecht der Medienmitarbeiter, NStZ 2002, 169 (172).

Es wäre jedoch auch denkbar, dass die Differenzierung gewollt war, weil man beim Vorliegen eines Verbrechens die Anwendung einer Subsidiaritätsklausel für nicht erforderlich hielt. Letztlich muss diese Frage jedoch offen bleiben, da sich aus der Gesetzesbegründung diesbezüglich keine näheren Informationen ergeben[290]. Im Ergebnis wird sich diese Frage auch nicht auswirken, da die Subsidiaritätsklausel bei gewissenhafter Anwendung des Verhältnismäßigkeitsgrundsatzes ohnehin überflüssig ist. Die gleiche Frage, die die Subsidiaritätsklausel aufwirft, sollte das Gericht auch im Rahmen der Verhältnismäßigkeitsprüfung beantworten.

Die Subsidiaritätsklausel wird vielfach kritisiert. Dabei wird vor allem darauf abgestellt, dass sie wenig praktikabel sei[291]. Sie zwinge das Gericht zu ständigen, umfangreichen Zwischenbeweiswürdigungen[292]. Das Gericht müsse immer wieder entscheiden, ob die Aufklärung des Sachverhalts ohne die entsprechende Aussage des Zeugen aussichtslos oder wesentlich erschwert wäre. Die Beantwortung dieser Frage könne in jedem Verfahrensstadium anders ausfallen und müsse daher ständig neu anhand der aktuellen Beweissituation und der Aktenlage bewertet werden um zu entscheiden, ob ein Zeugnisverweigerungsrecht besteht oder nicht.

Sowohl für den Zeugen als auch für die Justizorgane sei die eindeutige und schnelle Feststellung der Berechtigung zur Zeugnisverweigerung durch die Subsidiaritätsklausel wesentlich erschwert[293]. Diese Schwäche könne in der Hauptverhandlung von Anwälten der Angeklagten genutzt werden, um im Wege der Zwischenbeweiswürdigung den aktuellen Beratungsstand des Gerichts zu erfahren[294] und das Verfahren zu verzögern.

Ein Zeuge, der den Prozessstoff, die Akten und den Stand der Beweisaufnahme nicht kennt, sei darüber hinaus nicht in der Lage zu beurteilen, ob seine Aussage unverzichtbar ist und ob er daher Sanktionen nach §70 StPO zu

---

290 Meyer-Goßner, Strafprozessordnung, §53, Rdnr.39 a.

291 Meyer-Goßner, Strafprozessordnung, §53, Rdnr.39 b.

292 Rogall, in: SKStPO, Band I, §53, Rdnr. 184.

293 Rogall, Artenschutz für Medienmitarbeiter, in: Festschrift für Lampe, 805 (830).

294 Tsambikakis, Das neue Zeugnisverweigerungsrecht für Medienmitarbeiter, StraFo 2002, 145 (145).

befürchten hat oder ob er das Zeugnis zu Recht verweigert[295]. Er könne die Voraussetzungen auch im Nachhinein mangels Akteneinsichtsrechts nicht nachprüfen und sei daher letzten Endes gezwungen, die Wertung des Gerichts hinzunehmen, ohne sich begründet gegen die Entscheidung zur Wehr setzen zu können[296].

3. Rückausnahme: Informantenaufdeckung

Die Ausnahme vom Bestehen des Zeugnisverweigerungsrechts nach §53 II 2 StPO gilt nicht, wenn die Aussage des Zeugen zur Enttarnung der Person des Verfassers oder Einsenders von Beiträgen oder Unterlagen oder des sonstigen Informanten oder zur Offenlegung der dem Zeugen gemachten Mitteilungen oder ihres Inhalts führen würde[297].

Der Ausschluss des Zeugnisverweigerungsrechts bei Vorliegen von Verbrechen und den im Gesctz aufgezählten Vergehen greift nach dem Wortlaut des Gesetzes nur hinsichtlich der selbst erarbeiteten Materialien. Aber auch die selbst erarbeiteten Materialien können die Identität eines Informanten offen legen oder sich in einer Art und Weise auf durch einen Informanten gemachte Mitteilungen beziehen, dass diese Mitteilungen zumindest mittelbar doch Gegenstand der Aussage werden.

Das ist vor allem dann der Fall, wenn eine Verquickung von Mitteilung und Recherche (sog. Gemengelage) in der Form vorliegt, dass der Journalist nach eigenen Recherchen einen Informanten findet und der Inhalt der eigenen Recherchen daher unmittelbar und im Falle einer Aussage oder Beschlagnahme für die Strafverfolgungsbehörden erkennbar zur Person des Informanten führt[298]. Eine andere Möglichkeit des Vorliegens einer Gemengelage besteht, wenn

---

295 Kunert, Erweitertes Zeugnisverweigerungsrecht der Medienmitarbeiter, NStZ 2002, 169 (172); Senge in: Karlsruher Kommentar, StPO, §53, Rdnr. 44 b; Von Schlieffen in: Anwaltkommentar, StPO, §53, Rdnr. 22.

296 So auch die Bedenken der Bundesregierung gegen die Klausel: BR-Drucksache 441/00, S. 12.

297 Rogall, in: SKStPO, Band I, §53, Rdnr. 180.

298 Vgl. dazu BGHSt 36, 298 (303).

selbst erarbeitete Erkenntnisse und die von Dritten stammenden Informationen zusammengeschrieben oder zusammen abgeheftet wurden und dadurch miteinander verbunden sind, so dass der Zeuge sie bei seiner Aussage inhaltlich nicht mehr trennen kann.
In diesen Fällen soll das Zeugnisverweigerungsrecht trotz der Ermittlungen wegen einer schweren Straftat greifen, da die Ausnahme vom Zeugnisverweigerungsrecht für das Fremdmaterial nicht gilt, dieses also unbegrenzten Schutz erfahren soll. In den Fällen der Untrennbarkeit von Fremd- und Eigenmaterialien hat sich der Gesetzgeber somit für das Bestehen des Zeugnisverweigerungsrechts ausgesprochen. Das entsprach auch der Rechtsprechung des BGH und des Bundesverfassungsgerichts vor der Reform[299].
Hinsichtlich dieser Rückausnahme wird kritisiert, dass der Zeuge das Eingreifen der Rückausnahme nach seinem eigenen Ermessen herbeiführen könne. Er habe die Möglichkeit, eine Gemengelage selbst künstlich herzustellen, indem er die Informationen entsprechend vermischt und nachweist, dass es in jedem Fall zu einer Informantenaufdeckung kommen werde[300]. Auch ohne eine solche Gemengelage hat der Zeuge jederzeit die Möglichkeit, sich seiner Aussagepflicht zu entziehen, indem er behauptet, dass in das selbst erarbeitete Material auch Erkenntnisse eines Informanten eingeflossen seien, deren Offenlegung zur Identitätsaufdeckung des Informanten führen werde. Diese Behauptung ist durch die Strafverfolgungsbehörden und die Justiz nicht überprüfbar und eröffnet daher erhebliche Missbrauchsmöglichkeiten[301].

Schon bei der alten Regelung stellte die Differenzierung zwischen selbst erarbeitetem und von Dritten übermitteltem Material ein großes Problem dar, das es mit der Aufnahme des selbst erarbeiteten Materials in den Schutz des Zeugnisverweigerungsrechtes eigentlich abzuschaffen galt. Daher ist es nicht verständlich, warum diese Unterscheidung an anderer Stelle wieder in die neue

---

[299] Hassemer, Zeugnisverweigerungsrecht der Journalisten, JuS 1990, 503 (504).

[300] Rogall, Artenschutz für Medienmitarbeiter, in: Festschrift für Lampe, 805 (831); Tsambikakis, Das neue Zeugnisverweigerungsrecht für Medienmitarbeiter, StraFo 2002, 145 (146).

[301] Senge, in: Karlsruher Kommentar, StPO, §53, Rdnr. 44 c; Kunert, Erweitertes Zeugnisverweigerungsrecht der Medienmitarbeiter, NStZ 2002, 169 (173).

Regelung eingeflossen ist[302]. Des Weiteren wenden die Kritiker dieser Regelung ein, dass kompliziert verschachtelte Regel-Ausnahme-Vorschriften mit sich gegenseitig neutralisierenden oder verstärkenden Abwägungsklauseln auf einem Gebiet, wo es darum geht, die Frage nach dem Bestehen eines Zeugnisverweigerungsrechts mit einem klaren „ja" oder „nein" zu beantworten, zu großen Rechtsunsicherheiten führen[303].

4. Bewertung der Änderungen in Absatz II

Die Einführung des Ausnahmekatalogs hinsichtlich der Verfolgung von Verbrechen und bestimmten schweren Vergehen war längst überfällig. Die Auswahl der Ausnahmetatbestände ist angemessen.

Dabei ist es richtig, dass für alle Verbrechenstatbestände und nicht lediglich für einige ausgewählte Verbrechen eine entsprechende Ausnahme eingeführt wurde.

Der Gesetzgeber hat nicht ohne Grund die beiden Kategorien der Verbrechen und der Vergehen entwickelt und dadurch die Delikte nach ihrem Schweregrad eingeteilt. Delikte, die eine Mindeststrafe von einem Jahr Freiheitsstrafe vorsehen, sind in der Regel Ausdruck einer gesteigerten kriminellen Energie und einer erhöhten Gefährlichkeit des Täters für die Allgemeinheit. Bei Verbrechen besteht ein hohes Interesse der Öffentlichkeit, dass die Tat angemessen verfolgt wird. Gleichzeitig besteht auch ein besonderes Interesse des Beschuldigten, dass seine Verurteilung auf einem umfassend (auch hinsichtlich der entlastenden Tatsachen) aufgeklärten Sachverhalt erfolgt. Das Schicksal des Beschuldigten ist bei Freiheitsstrafen von mindestens einem Jahr in besonderem Maße von dem Urteil und seiner Richtigkeit abhängig. Die Aufklärung von Verbrechen ist zwingend notwendig, um ein Vertrauen der Bevölkerung in die Strafverfolgung, die Justiz und das Rechtsstaatssystem entwickeln zu können. Daher muss im Hinblick auf die Bedeutung des

---

302 Vgl. dazu: Kunert, Erweitertes Zeugnisverweigerungsrecht der Medienmitarbeiter, NStZ 2002, 169 (173).

303 Hamm, Vom Grundrecht der Medien auf das Fischen im Trüben, NJW 2001, 269 (270).

staatlichen Strafverfolgungsinteresses bei Vorliegen eines Verbrechens der Strafverfolgung zumindest im Grundsatz der Vorrang vor den Geheimhaltungsinteressen der Medien eingeräumt werden.

Auch die Auswahl der als Ausnahmen vom Zeugnisverweigerungsrecht in §53 II 2 StPO aufgezählten Vergehen ist angemessen[304]. In Ziffer 1 sind die wesentlichen Staatsschutzdelikte, Straftaten des Friedensverrates und der Gefährdung des demokratischen Rechtsfriedens oder des Landesverrates und der Gefährdung der äußeren Sicherheit aufgeführt. Insofern ist es nicht fraglich, dass der Schutz des Staates und der demokratischen Ordnung dem Schutz der Medienfreiheit, die im Hinblick auf eine Unterstützung des demokratischen Systems durch die Medien gewährt wird, i.d.R. vorzugehen hat.

Ziffer 2 umfasst die Straftaten gegen die sexuelle Selbstbestimmung nach den §§174 bis 176, 179 StGB. Diese Delikte betreffen nicht nur die Opfer in besonderem Maße, sondern sind auch geeignet, das Sicherheitsgefühl der Bevölkerung erheblich zu beeinträchtigen. Übergriffe in die sexuelle Selbstbestimmung sind nach dem Verständnis der Allgemeinheit besonders verwerflich und lösen daher ein erhöhtes Bedürfnis nach Strafverfolgung aus, um das Sicherheitsgefühl in der Bevölkerung wieder herzustellen. Auch hinsichtlich dieser Delikte ist es daher berechtigt, ein generelles Überwiegen des Strafverfolgungsinteresses gegenüber dem Geheimnisschutz der Medien anzunehmen.

Als letzte Fallgruppe wurden die Geldwäsche und die Verschleierung unrechtmäßig erlangter Vermögenswerte nach §261 I bis IV StGB in den Ausnahmekatalog aufgenommen. Die Aufnahme dieser Vergehen in den Katalog ist dadurch gerechtfertigt, dass diese Delikte oftmals eng mit den verschiedenen Formen organisierter Kriminalität verknüpft sind. Diese Delikte sind in Bereichen der organisierten Kriminalität häufig die einzigen

[304] a.A. Kramer, Das gespaltene Zeugnisverweigerungsrecht der Medienangehörigen in der StPO, Kriminalistik 2004, 756 (760): Er bezeichnet die Zusammenstellung der Straftaten als willkürlich.

Anknüpfungspunkte für konkrete Ermittlungen, die den Strafverfolgungsbehörden zu Beginn ihrer Untersuchungen zur Verfügung stehen. Auch in diesen Bereichen besteht also ein gesteigertes Strafverfolgungsinteresse.
Der Umfang des Kataloges ist überschaubar und verkehrt das Regel-Ausnahme-Prinzip nicht in sein Gegenteil. Die Auswahl der aufgeführten Delikte ist an dem mit ihnen verbundenen Strafverfolgungsinteresse orientiert und angemessen.
Der Einwand, dass die Medienangehörigen ohnehin jegliche Angaben verweigern werden und daher der Ausschluss des Zeugnisverweigerungsrechts für die Ermittlungen keinen Vorteil, sondern lediglich Konflikte hervorbringen könne[305], kann nicht überzeugen. Wenn sich die Angehörigen der Medien weigern, dem bestehenden Zeugniszwang nachzukommen, handeln sie ohne rechtlichen Grund. Ein solcher Verstoß gegen die Zeugenpflichten kann jedoch kein Argument sein, um den Medienangehörigen weitere Rechte einzuräumen und die Gestaltung einer Neuregelung an diesem rechtswidrigen Verhalten auszurichten. Mit diesem Argument könnte man der Pressefreiheit anderenfalls nur schlechthin den absoluten Vorrang vor dem Strafverfolgungsinteresse einräumen, um Konflikte zu vermeiden, und diese Möglichkeit steht dem Gesetzgeber aus verfassungsrechtlichen Gründen gerade nicht offen. Eine solche Regelung wäre verfassungswidrig[306], weil sie das Strafverfolgungsinteresse nicht berücksichtigen würde.

Auch die Tatsache, dass durch die Einführung des Ausnahmekatalogs eine Ungleichbehandlung der Medien gegenüber anderen zeugnisverweigerungsberechtigten Berufsgruppen eingetreten ist[307], ändert nichts daran, dass die Einführung des Katalogs richtig ist. Das Argument für eine ungleiche Behandlung der Berufsgruppen von *Peters*, dass die Presse in einer anderen Situation sei als

[305] Erkel, „Der Bundesgesetzgeber und das Zeugnisverweigerungsrecht“, in: Erkel / Appel / Theisen / Peters, Strafrechtlicher Schutz der Informationsquellen von Presse und Rundfunk, S. 3 (11).
[306] BVerfGE 77, 65 (76).
[307] Kritik u.a. von: Appel, „Schutz des Informanten aus der Sicht von Presse und Rundfunk“, in: Erkel / Appel / Theisen / Peters, Strafrechtlicher Schutz der Informationsquellen von Presse und Rundfunk, S. 19 (29).

die anderen zeugnisverweigerungsberechtigten Berufsgruppen, weil den Medien Informationen übergeben werden, damit sie sie öffentlich mitteilen[308], ist allerdings nicht überzeugend. Denn Journalisten werden Informationen nicht ausschließlich zum Zweck der Veröffentlichung gegeben, sondern auch um sie über Hintergründe und Zusammenhänge zu informieren[309]. Von daher kann sich aus dem Zweck der Informationserteilung durch den Informanten keine geringere Schutzwürdigkeit der Medien gegenüber anderen Berufsgruppen ergeben. Dasselbe gilt für die Tatsache, dass die Medien im Gegensatz zu den anderen Berufsgruppen keine gesetzliche Geheimhaltungspflicht trifft.

Die Geheimhaltung der Informationsquellen und das daraus resultierende Vertrauensverhältnis ist für die Tätigkeit der Medien genauso unentbehrlich wie für die Tätigkeit anderer Berufsgruppen, daher kann daraus ebenfalls kein überzeugendes Argument für eine Ungleichbehandlung erwachsen.

Der Grund für eine berechtigte Ungleichbehandlung zwischen den Mitarbeitern der Medien und den anderen zeugnisverweigerungsberechtigten Berufsgruppen liegt darin, dass die Medien keine Beratungs- oder Hilfstätigkeit ausüben, sondern eine öffentliche Aufgabe erfüllen.

Die Medien berufen sich darauf, dass sie geschützt werden müssen, weil sie öffentliche Interessen verfolgen. Ihre Arbeit steht im Rahmen der öffentlichen Aufgabe im Dienste der Allgemeinheit und der Förderung der Demokratie. Sie fördern das Staatssystem durch Information der Bevölkerung.
Das Zeugnisverweigerungsrecht wird den Medienangehörigen im Gegensatz zu anderen zeugnisverweigerungsberechtigten Berufsgruppen im Hinblick auf die öffentlichen Interessen gewährt. Dann müssen aber auch alle Interessen der Allgemeinheit bei der Bestimmung des Umfangs dieses Rechts berücksichtigt werden. Die Allgemeinheit hat jedoch vielfältige Interessen. Das Interesse an freien und unabhängigen Medien hat dabei genauso seine Berechtigung wie das

---

[308] Peters, „Die Strafprozessordnung und das Zeugnisverweigerungsrecht", in: Erkel / Appel / Theisen / Peters, Strafrechtlicher Schutz der Informationsquellen von Presse und Rundfunk, S. 51 (57).
[309] BVerfGE 20, 162 (200); Dunkhase, Das Pressegeheimnis, S.186.

Interesse an einer effektiven Strafverfolgung. Beiden Interessen der Bevölkerung ist bei der Ausgestaltung des Zeugnisverweigerungsrechts der Medienangehörigen hinreichend Rechnung zu tragen. Deshalb muss es auch einen Unterschied machen, ob lediglich wegen eines leichten Delikts oder wegen einer schweren Straftat ermittelt wird. Bei den Medien stehen die jeweiligen Interessen der Allgemeinheit viel mehr im Mittelpunkt der Abwägungsentscheidung als bei den anderen Berufsgruppen. Die Medien berufen sich auf die Interessen der Allgemeinheit und legitimieren ihr Handeln darüber, diese Interessen wahren zu wollen. Im Gegenzug müssen sie sich dann aber auch in besonderem Maße an diesen Interessen messen lassen und akzeptieren, wenn bei einer Gegenüberstellung von gegenläufigen öffentlichen Interessen die Abwägung bei schweren Straftaten zu ihren Ungunsten ausfällt. Die Einführung des Ausnahmekatalogs ist demnach richtig und angemessen.

Nicht nachvollziehbar ist jedoch, warum der Ausnahmekatalog nur hinsichtlich der selbst recherchierten Materialien gelten soll und sich nicht auch auf Fremdmaterialien erstreckt. Die erneute Differenzierung zwischen Eigen- und Fremdmaterialien, deren Abschaffung eines der obersten Ziele der Reform war, ist inkonsequent. Dass eine diesbezügliche Unterscheidung in der Praxis nicht durchführbar ist, wurde im Hinblick auf die alte Regelung vor 2002 mehrfach festgestellt. Diese Abgrenzungsschwierigkeiten waren einer der Gründe dafür, dass die selbst recherchierten Materialien in den Schutz des Zeugnisverweigerungsrechtes aufgenommen wurden. Mit dem erneuten Erfordernis einer Differenzierung in Absatz II der neuen Regelung hat sich das Problem an diese Stelle verschoben[310]. Die Schwierigkeiten, die in diesem Zusammenhang bestehen, sind aber gleich geblieben. Eine Abgrenzung wird weiterhin in den meisten Fällen nicht möglich sein. Es werden regelmäßig zumindest Zweifel bleiben, die dazu führen, dass die Rückausnahme des Absatz II 3 zur Anwendung kommt. Im Ergebnis werden so die zu Recht eingeführten Ausnahmen vom Zeugnisverweigerungsrecht wieder ausgehebelt und die Ausnahmen werden daher häufig leer laufen[311].

---

[310] So auch: Jarass, Konflikte zwischen Polizei und Presse bei Demonstrationen, JZ 1983, 280 (282).

[311] So auch: Achenbach, in: Löffler, Presserecht, §23, Rdnr. 70.

Die aufgezählten schweren Straftaten lösen ein gesteigertes Interesse der Allgemeinheit an einer effektiven Strafverfolgung aus. Sie steigern somit das Gewicht des der Medienfreiheit gegenüber stehenden Interesses an einer effektiven Strafrechtspflege. Der Gesetzgeber hat eine generelle Abwägung zwischen diesen beiden Rechtsgütern zu treffen. Dabei war eine Differenzierung zwischen Bagatelltaten und schweren Straftaten längst überfällig. Diese Differenzierung hat aber sowohl bei Eigenmaterialien als auch bei von Dritten stammenden Informationen ihre Berechtigung. Durch die Beschränkung hinsichtlich der selbst recherchierten Materialien wurde ausschließlich die in Absatz I Nr. 5 eingeführte Erweiterung auf selbst erarbeitete Materialien begrenzt. Hinsichtlich der Drittinformationen, die auch vor der Reform bereits unbeschränkt durch das Zeugnisverweigerungsrecht geschützt waren, wurde keine Einschränkung eingeführt. Dabei war es diese Einschränkung, die von den Kritikern der alten Regelung zu Recht gefordert wurde[312]. Dieser Forderung ist man durch die Einführung des Ausnahmekatalogs also nur scheinbar gefolgt. In Wirklichkeit hat sich nichts geändert. Das Zeugnisverweigerungsrecht greift in den meisten Fällen weiterhin unabhängig davon, wie schwer die Straftat ist, die mit Hilfe der Aussage des Zeugen aufgeklärt werden soll. Insofern besteht weiterhin ein Handlungsbedarf des Gesetzgebers. Die Beschränkung der Ausnahmen auf selbst recherchierte Materialien sollte gestrichen werden. Dadurch würde auch die Rückausnahme hinsichtlich der Fälle der Gemengelage hinfällig und Absatz 2 Satz 3 kann gestrichen werden. Dadurch wird die Vorschrift insgesamt übersichtlicher und damit auch praktikabler.

Auch die Kritik an der bestehenden Subsidiaritätsklausel des §53 II 2 StPO a.E. ist nicht ganz unberechtigt. Die Tatsache, dass §97 V 2 StPO eine gleich lautende Subsidiaritätsklausel enthält, die weniger Kritik auslöst[313], vermag die

[312] Großpietsch, Das Zeugnisverweigerungsrecht von Journalisten aus Anlass von Straftaten im Zusammenhang mit Demonstrationen, S. 157; Kunert, Das Gesetz über das Zeugnisverweigerungsrecht der Mitarbeiter von Presse und Rundfunk, MDR 1975, 885 (888); Kübler, Aktuelle Probleme des Zeugnisverweigerungsrechts von Presse und Rundfunk, AfP 1982, 214.

[313] a.A.: Kunert, Erweitertes Zeugnisverweigerungsrecht der Medienmitarbeiter, NStZ 2002, 169 (173).

Bedenken gegen diese Klausel in §53 II 2 StPO nicht zu zerstreuen. Denn die Frage der Durchsuchung und Beschlagnahme stellt sich regelmäßig in einem bestimmten Zeitpunkt des Ermittlungsverfahrens, selten jedoch in der Hauptverhandlung. Daher kommt es durch einen weiteren Prüfungsschritt in diesem Stadium nicht zu einer Verfahrensverzögerung, die durch Anwälte gezielt herbei geführt werden könnte. Im Rahmen des Zeugnisverweigerungsrechts wirft die Klausel weit mehr Probleme auf als im Rahmen der Beschlagnahmeregelung des §97 V StPO.

Die Erfordernisse der Subsidiaritätsklausel unterscheiden sich im Ergebnis auch nicht vom Grundsatz der Verhältnismäßigkeit. Wenn der Sachverhalt ohne eine Aussage des Medienangehörigen ohne Weiteres ermittelt werden kann, verstößt eine Aussageerzwingung im Hinblick auf Art 5 I GG ohnehin gegen den Verhältnismäßigkeitsgrundsatz und darf schon deshalb nicht erfolgen. Dafür bedarf es also an sich keiner gesonderten Subsidiaritätsklausel. Allerdings bedeutet das auch, dass das Gericht bei gewissenhafter Anwendung des Verhältnismäßigkeitsgrundsatzes zumindest gedanklich ebenfalls vor jeder Befragung eine entsprechende Zwischenbeweiswürdigung durchführen müsste.

Im Hinblick darauf, dass gerade der Verhältnismäßigkeitsgrundsatz jedoch vielfach nicht gewissenhaft geprüft wird, ist die Aufnahme des Aspektes der Subsidiarität in den Wortlaut des Gesetzes zumindest bei der derzeitigen Praxis noch erforderlich. Die Gefahr der Ausnutzung dieser Voraussetzung, um das Gericht zu Zwischenbeweiswürdigungen zu zwingen und auf diesem Wege eine Verfahrensverzögerung herbeizuführen, ist zwar anzuerkennen, doch erscheint dieses Risiko bei Betrachtung der derzeitigen Praxis geringer als das Risiko, dass diesem Verhältnismäßigkeitsaspekt bei der Prüfung des Zeugnisverweigerungsrechts durch die Gerichte keine hinreichende Beachtung geschenkt wird.

Drittes Kapitel: Verfassungsrechtliche Bewertung

Im Folgenden wird die geltende Regelung zunächst aus der Perspektive des Art 5 I GG und dann aus der Perspektive des Strafverfolgungsinteresses beleuchtet, um zu ermitteln, inwieweit sie dem jeweiligen Recht gerecht wird und somit im Ergebnis das Ziel einer Verbesserung der praktischen Konkordanz erreicht.

A. Bewertung im Hinblick auf Art. 5 I GG

Im Folgenden wird anhand einzelner Kriterien analysiert, ob die Neuregelung unter Berücksichtigung der Pressefreiheit gem. Art. 5 I GG eine Verbesserung gegenüber der alten Regelung von 1975 darstellt.

I. Bringt die Änderung eine Erweiterung?

Von der Änderung des Wortlauts her hat das Zeugnisverweigerungsrecht in dreifacher Hinsicht eine Erweiterung gegenüber der Regelung von 1975 erfahren: Das selbst erarbeitete Material ist mit erfasst, die Druckwerke müssen nicht mehr periodisch erscheinen und der Kreis der Personen wurde um solche erweitert, die an Informations- und Kommunikationsdiensten mitwirken[314]. Zwar wird die Erweiterung auf das selbst erarbeitete Material durch den Ausnahmekatalog in Absatz II relativiert, doch kommen diese Ausnahmen, wie bereits dargelegt, durch das komplizierte Ausnahmen-Rückausnahmen-System nur in wenigen Fällen tatsächlich zur Anwendung. Daher wurde der Anwendungsbereich des Zeugnisverweigerungsrechts im Ergebnis ausgeweitet und damit der Bedeutung der Medienfreiheit insgesamt gegenüber dem Interesse der effektiven Strafrechtspflege ein höheres Gewicht beigemessen. Nicht berücksichtigt wurden u.a. die Forderungen, die Beschränkung auf den redaktionellen Teil aufzugeben.

II. Werden die Ansichten des BVerfG berücksichtigt?

1. Beschränkung auf den redaktionellen Teil

Bereits vor der Einführung der Regelung von 1975 wurde die Frage, ob eine Beschränkung des Zeugnisverweigerungsrechts auf Beiträge und Materialien für den redaktionellen Teil mit Art 5 I GG vereinbar sei, kontrovers diskutiert.

[314] Löffler/Ricker, Handbuch des Presserechts, S. 203, Rdnr.18.

Die Kritiker dieser Einschränkung verwiesen vor allem auf eine Entscheidung des Bundesverfassungsgerichts von 1967[315]. Darin betonte das Bundesverfassungsgericht die Notwendigkeit, Anzeigen und Nachrichten teilweise gleichzustellen, in einem anderen Zusammenhang[316]. Es führte dazu aus, es komme vor, dass der Anzeigende eine eigene Meinung verbreiten will. Als Beispiele wurden politische Parteien, wirtschaftliche und kulturelle Vereinigungen sowie Einzelpersonen genannt, die den Anzeigenteil von Zeitungen nutzen, um ihren Standpunkt zu vertreten und für ihre Bestrebungen zu werben. In diesen Fällen bringe die Presse die Anzeige gleichwertig einer Nachricht aus dem redaktionellen Teil ihren Lesern ohne eigene Stellungnahme zur Kenntnis und informiere sie über die in den Anzeigen enthaltenen wirtschaftlichen Möglichkeiten oder über die geäußerten Meinungen. Insofern lasse der Anzeigenteil auch einen gewissen Schluss auf die kulturelle, politische und wirtschaftliche Lage im Bereich des Verbreitungsgebiets der Zeitung zu. Aus dieser Entscheidung wurde geschlossen, dass die Beschränkung des Schutzes auf Beiträge des redaktionellen Teils nicht angemessen sei[317].

Das Bundesverfassungsgericht hat jedoch in seiner Entscheidung vom 10. Mai 1983[318] ausdrücklich klargestellt, dass es gerechtfertigt sei, das Zeugnisverweigerungsrecht nicht auf den Anzeigenteil auszudehnen, denn der Grund für die Begrenzung des Aussagezwangs der Medienangehörigen liege in der kontrollierenden und meinungsbildenden Funktion der Presse. Diese werde jedoch in der Regel durch den redaktionellen Teil und nicht durch den Anzeigenteil gewährleistet.

Die Neuregelung widerspricht insofern nicht den Ansichten des Bundesverfassungsgerichts. Trotz der Tatsache, dass der Anzeigenteil grundsätzlich vom Schutz der Medienfreiheit gem. Art 5 I GG erfasst ist, hat das

---

[315] Löffler, Das neue Zeugnisverweigerungs- und Beschlagnahmerecht im Presse- und Rundfunkbereich, AfP1978, 84 (84);
Löffler / Ricker, Handbuch des Presserechts, S. 207, Rdnr. 35; Löffler, Das Chiffregeheimnis und die Unteilbarkeit der Pressefreiheit, AfP 1975, 730 (730).

[316] BVerfGE 21, 271 (279).

[317] Löffler, Das Chiffregeheimnis und die Unteilbarkeit der Pressefreiheit, AfP 1975, 730 (730).

[318] BVerfGE 64, 108 (118).

Bundesverfassungsgericht die Beschränkung des Zeugnisverweigerungsrechts auf den redaktionellen Teil grundsätzlich als verfassungsgemäß angesehen. Die Differenzierung zwischen redaktionellem Teil und Anzeigenteil ist im Hinblick auf die öffentliche Aufgabe der Presse in der Regel gerechtfertigt. Lediglich in Ausnahmefällen, die der Gesetzgeber mit der Schaffung einer generellen Regelung nicht erfassen kann, ist Art 5 I GG unmittelbar heranzuziehen. Aus der Rechtsprechung des Bundesverfassungsgerichts ergibt sich jedoch kein Auftrag an den Gesetzgeber, den Anzeigenteil grundsätzlich in den Schutz mit einzubeziehen. Diesbezüglich wurden also die Ansichten des Bundesverfassungsgerichts nicht missachtet.

2. Erweiterung auf selbst recherchierte Materialien

Das Bundesverfassungsgericht hat mehrfach festgestellt, dass eine generelle Erweiterung des Schutzes durch das Zeugnisverweigerungsrecht auf selbst recherchiertes Material von Verfassungs wegen nicht geboten sei[319]. Zwar umfasse der Schutzbereich des Art 5 I GG auch das Ergebnis eigener Beobachtungen und Ermittlungen, jedoch stehe dieses Grundrecht unter dem Vorbehalt der allgemeinen Gesetze. Dabei sei es die Aufgabe des Gesetzgebers zu entscheiden, wann die Erfordernisse einer rechtsstaatlich geordneten Rechtspflege vor der Presse- und Rundfunkfreiheit generell Vorrang haben müssen. Die vom Gesetzgeber bis dahin getroffene Abwägungsentscheidung, das selbst erarbeitete Material, das für die Aufklärung und Verfolgung von Straftaten von besonderer Bedeutung sein kann, grundsätzlich vom Schutz durch das Zeugnisverweigerungsrecht auszunehmen, sei von Verfassungs wegen nicht zu beanstanden[320].

Daraus ergibt sich, dass das Bundesverfassungsgericht die Ausweitung des Zeugnisverweigerungsrechts diesbezüglich nicht für erforderlich hielt. Ob es eine solche Ausweitung aber für unzulässig hält, wurde nicht gesagt. Das Gericht hat in der Entscheidung von 1987 klar gestellt, dass die generelle Abwägung Aufgabe des Gesetzgebers ist[321]. Der Gesetzgeber kann daher im

[319] BVerfGE 77, 65 (74).
[320] BVerfGE 56, 247 (248).
[321] BVerfGE 77, 65 (77).

Rahmen seiner Abwägung auch zu einem anderen Ergebnis kommen, so lange er sich weiterhin in den verfassungsrechtlichen Grenzen hält.

In der genannten Entscheidung von 1987 hat das Gericht aber auch festgestellt, dass es Fälle geben könne, insbesondere wenn es zu einer Konfrontation des Beschuldigten mit der Staatsgewalt kommt, in denen die Aufzeichnungen der Medien für den Beschuldigten als Beweismittel für eine sachgerechte Verteidigung unverzichtbar sind[322]. Weiterhin seien bei einer generellen Ausdehnung der Beschlagnahmefreiheit über das Informantenmaterial hinaus empfindliche Einschränkungen der Ermittlungsmöglichkeiten zu erwarten. Der Beschlagnahme könne bei einer solchen Ausweitung immer mit dem objektiv nicht nachprüfbaren Einwand berufsbezogener Ermittlungen begegnet werden. 1981 hat das Gericht die Verfassungsbeschwerde gegen eine gegen Medienangehörige gerichtete Beschlagnahme von Bildmaterial aufgrund mangelnder Erfolgsaussichten nicht zur Entscheidung angenommen. Dabei stellte es besonders darauf ab, dass die Beschlagnahme von selbst recherchierten Materialien der einfachgesetzlichen Regelung entspreche. Ein Verfassungsverstoß sei darin insbesondere im Hinblick auf die Schwere der mit Hilfe des zu beschlagnahmenden Materials aufzuklärenden Straftaten nicht zu sehen. Die Beschränkung auf Fremdmaterialien sei vielmehr verhältnismäßig[323]. Durch die Einschränkung des Schutzes selbst erarbeiteter Materialien mit Hilfe eines Ausnahmekatalogs im Bezug auf schwere Straftaten wurde der aus den Entscheidungen des Bundesverfassungsgerichts zu ersehenden Befürchtung, dass die generelle Ausweitung zu große Einbußen für die Rechtspflege mit sich bringe, in gewissem Rahmen Rechnung getragen. Ob das ausreichend ist, um den Bedenken des Bundesverfassungsgerichts hinreichend Rechnung zu tragen, ist im Hinblick auf die Rückausnahme bei Bestehen einer Gemengelage, die zum regelmäßigen Ausschluss der Anwendbarkeit des Ausnahmekatalogs führen wird, jedoch zu bezweifeln.

[322] BVerfGE 77, 65 (78).
[323] BVerfGE 56, 247 (249).

Davon, dass mit der Erweiterung des Zeugnisverweigerungsrechts den Ansichten des Bundesverfassungsgerichts Rechnung getragen worden sei, kann in Anbetracht dieser Aussagen des Gerichts jedenfalls keine Rede sein. Eine entsprechende Empfehlung lässt sich den Entscheidungen des Bundesverfassungsgerichts nicht entnehmen.

3. Vorrang der Pressefreiheit

Nach den Ausführungen des Bundesverfassungsgerichts ist der Gesetzgeber *„weder gehalten, noch steht es ihm frei, der Presse- und Rundfunkfreiheit absoluten Vorrang vor anderen wichtigen Gemeinschaftsgütern einzuräumen. Er hat insbesondere auch den Erfordernissen einer an rechtsstaatlichen Garantien ausgerichteten Strafrechtspflege Rechnung zu tragen [...]"*[324].

Folgt man den Kritikern der Reform von 2002 und geht davon aus, dass das Ergebnis der Gesetzesänderung ein „*Zeugnisverweigerungsrecht zum Selbermachen*" ist[325], dann liegt der Verdacht nahe, dass diese Grenze, die das Bundesverfassungsgericht für den Gestaltungsspielraum durch den Gesetzgeber gezogen hat, nicht gewahrt wurde. Durch das System von Ausnahme und Gegenausnahme ist der Anwendungsbereich des Zeugnisverweigerungsrechts sehr weit und sehr ungenau geworden. Es liegt weitgehend in den Händen der Medienmitarbeiter eine Gemengelage zwischen Fremdmaterial und selbst recherchiertem Material künstlich herzustellen und dadurch das Recht zur Zeugnisverweigerung auf annähernd alle Unterlagen zu erstrecken. Dadurch wird das Recht der Medien zur Zeugnisverweigerung sehr umfassend gewährt, was zu Lasten der Interessen an einer effektiven rechtsstaatlichen Strafverfolgung geht. Aber auch wenn das Zeugnisverweigerungsrecht zu Lasten der Erfordernisse der Strafverfolgung sehr weit gefasst wurde, kann man nicht von einem absoluten Vorrang der Pressefreiheit vor den Bedürfnissen der Strafverfolgung sprechen. Es wird immer noch vor allem Film- und Fotomaterialien geben, bei denen eine Gemengelage nur schwerlich künstlich

---

[324] BVerfGE 77, 65 (76)

[325] Vgl. Kunert, Erweitertes Zeugnisverweigerungsrecht der Medienmitarbeiter, NStZ 2002, 169 (172).

geschaffen werden kann und hinsichtlich derer daher wegen der Ausnahmen in §53 II StPO der Zeugniszwang weiter greifen wird. Zumindest davon, dass der Gesetzgeber der Medienfreiheit den absoluten Vorrang vor allen anderen Allgemeininteressen eingeräumt hat, kann man demnach nicht ausgehen. Er hat sich insofern also noch im Rahmen der vom Bundesverfassungsgericht vorgegebenen Grenzen bewegt.

III. Zeugnisverweigerungsrecht aus der Verfassung?

Auf den ersten Blick gibt es systematische Erwägungen, die gegen die Herleitung eines Zeugnisverweigerungsrechts unmittelbar aus Art 5 I GG sprechen[326]. Der Gesetzgeber hat bei der Regelung des Zeugnisverweigerungsrechts für Medienangehörige eine Güterabwägung vorgenommen und eine dementsprechende Regelung geschaffen. Der Grundsatz der Gewaltenteilung spricht dafür, dass das Bundesverfassungsgericht diese Regelung für verfassungswidrig erklären oder zumindest beanstanden und auf eine Änderung durch den Gesetzgeber hinwirken müsste, wenn es davon ausgeht, dass sie nicht ausreicht, um dem Schutz der Pressefreiheit, wie er von Art 5 I GG verlangt wird, gerecht zu werden. Auf der anderen Seite ist es dem Gesetzgeber nicht möglich, eine Regelung zu schaffen, die alle denkbaren Einzelfälle erfasst. Er kann lediglich einen generalisierten und typisierten Ausgleich der verfassungsrechtlich geschützten Güter schaffen. Dieser Grundsatz ist im Hinblick auf das Erfordernis einer verfassungskonformen Auslegung von einfachgesetzlichen Vorschriften anerkannt. Leitet man jedoch aus dem Grundrecht selbst ein Zeugnisverweigerungsrecht her, das §53 StPO eindeutig nicht vorsieht, und geht insofern deutlich abgrenzbar über den Wortlaut der Vorschrift hinaus, ist das schwerlich mit dem Argument der verfassungskonformen Auslegung zu begründen[327].

Dieses Problem stellt sich z.B. dann, wenn ein Zeugnisverweigerungsrecht im Hinblick auf Beiträge, die nicht dem redaktionellen Teil angehören, aus der

---

[326] Vgl. Rengier, Die Zeugnisverweigerungsrechte im geltenden und künftigen Strafverfahrensrecht, S. 107/108.

[327] BHGSt 28, 240 (254); BVerfGE 20, 162 (218).

Verfassung hergeleitet wird, obwohl der Gesetzgeber das Zeugnisverweigerungsrecht bewusst auf Materialien und Beiträge für den redaktionellen Teil beschränkt hat. Der Gesetzgeber hat die Beschränkung des Zeugnisverweigerungsrechts auf Beiträge, Mitteilungen, Unterlagen und Materialien für den redaktionellen Teil in der aktuellen Regelung bewusst beibehalten. Die Herleitung eines Zeugnisverweigerungsrechts aus Art 5 I GG für solche Beiträge oder Materialien außerhalb des redaktionellen Teils waren auch bereits vor der Reform der häufigste Anwendungsfall. Daran dürfte sich aufgrund der Beibehaltung dieser Einschränkung in der StPO auch im Hinblick auf die neue Regelung nichts ändern.

Trotz dieser Bedenken hat das Bundesverfassungsgericht zumindest hinsichtlich der Regelung vor 2002 immer betont, dass sich unmittelbar aus Art 5 I GG ein weitergehendes Zeugnisverweigerungsrecht ergeben könne[328]. Den dogmatischen Bedenken gegen eine solche Herleitung zusätzlicher Zeugnisverweigerungsrechte ist das Bundesverfassungsgericht auf zwei Ebenen entgegengetreten.

Zum einen argumentierte es damit, dass der Gesetzgeber lediglich eine generalisierende Bestimmung darüber getroffen habe, *„in welchen Fällen typischerweise dem Geheimhaltungsinteresse der Presse gegenüber den Erfordernissen rechtsstaatlicher Gewährung der Strafrechtspflege der Vorrang gebührt“*[329]. Dadurch sei schon Raum durch die Vorschrift selbst gelassen, um im Einzelfall, wenn das Ergebnis der Abwägung zwischen den widerstreitenden verfassungsrechtlich geschützten Rechtsgütern eine andere Beurteilung erfordert, ein Zeugnisverweigerungsrecht direkt aus Art 5 I GG herzuleiten[330]. Lediglich eine über den Gesetzeswortlaut des §53 StPO hinausgehende generelle Erweiterung des Zeugnisverweigerungsrechts könne auf diesem Wege nicht vorgenommen werden. Wäre eine solche Erweiterung verfassungsrechtlich geboten, wäre das Bundesverfassungsgericht vielmehr gezwungen

[328] Löffler / Ricker, Handbuch des Presserechts, S. 200, Rdnr.5; BVerfG JZ 1983, 795 (796); BVerfGE 77, 65 (82).
[329] BVerfGE 77, 65 (82).
[330] BVerfGE 36, 193 (211).

festzustellen, dass der Gesetzgeber seine Pflicht nicht ausreichend erfüllt hat, indem er keine hinreichende Regelung geschaffen hat[331]. Eine solche Feststellung wurde bislang jedoch von Seiten des Bundesverfassungsgerichts nicht für erforderlich gehalten[332].

Des Weiteren stellt das Bundesverfassungsgericht bei der verfassungskonformen Auslegung nicht auf §53 StPO, sondern auf §70 I StPO ab[333]. Danach sei die Wendung „*ohne gesetzlichen Grund*“ in §70 I StPO dahingehend auszulegen, dass „*im Einzelfall die Verweigerung des Zeugnisses auch dann zulässig sein kann, wenn keiner der einfachrechtlich geregelten Tatbestände erfüllt ist, wenn sich aber die Einschränkung des Zeugniszwangs unter Berücksichtigung des Grundsatzes der Verhältnismäßigkeit unmittelbar aus den Grundrechten ergibt*“[334]. Danach ist die Beschränkung auf den redaktionellen Teil der Medien grundsätzlich verfassungsgemäß. Lediglich im Einzelfall kann der Grundsatz der Verhältnismäßigkeit dazu zwingen, ein darüber hinausgehendes Zeugnisverweigerungsrecht hinsichtlich nicht redaktionell verwendeter Informationen unmittelbar aus Art. 5 I GG abzuleiten.

Das Bundesverfassungsgericht hat in anderem Zusammenhang allgemein für die Zeugnisverweigerungsrechte im Strafprozess und die sie flankierenden Beschlagnahmeverbote festgestellt, dass sich Beschlagnahmeverbote auch unmittelbar aus dem Grundgesetz ergeben können. Allerdings bedürfe es in diesen Fällen einer gesonderten Begründung dafür, „*warum ausnahmsweise über das geschriebene Strafprozessrecht hinaus unmittelbar von Verfassungs wegen ein Zeugnisverweigerungsrecht oder ein dieses Recht flankierendes Beschlagnahmeverbot bestehen sollen*“[335]. Dies gelte vor allem deshalb, weil die im Interesse der Allgemeinheit bestehende Pflicht der staatlichen Strafverfolgungsorgane, den Sachverhalt umfassend aufzuklären, durch

---

331 BVerfGE 20, 162 (219).
332 BVerfGE 77, 65 (82).
333 BVerfGE 25 296 (305); BVerfG JZ 1983, 795 (796).
334 BVerfG JZ 1983, 795 (796).
335 BVerfG NStZ-RR 2004, 83 (84).

Zeugnisverweigerungsrechte und Beschlagnahmeverbote begrenzt wird[336]. Entscheidend sei daher, dass die widerstreitenden Rechtsgüter durch den Richter im Einzelfall zu einer umfassenden Abwägung gebracht wurden[337].
Die Argumentation des Bundesverfassungsgerichts ist überzeugend und muss hinsichtlich der neuen Regelung weiter Bestand haben.
Gerade an dem Beispiel der Beschränkung des Zeugnisverweigerungsrechts auf die Informationen für den redaktionellen Teil zeigt sich, dass sich an der Notwendigkeit der unmittelbaren Heranziehung von Art 5 I GG im Einzelfall nichts geändert hat. Die genannte Beschränkung ist geblieben und damit auch die damit in Zusammenhang stehenden Bedürfnisse hinsichtlich der Wahrung des Verhältnismäßigkeitsgrundsatzes im Einzelfall. Demnach kann die Regelung der Zeugnisverweigerungsrechte insgesamt nicht als abschließend angesehen werden.

Aufgrund der Bedeutung der sich gegenüberstehenden verfassungsrechtlich geschützten Güter und der Vielzahl der Fallgestaltungsvariationen in der Praxis ist auch nicht davon auszugehen, dass es dem Gesetzgeber möglich ist, durch eine generalisierte Regelung alle Einzelfälle zu einem angemessenen Ausgleich der widerstreitenden Interessen zu führen. Der Gesetzgeber kann lediglich eine generelle Regelung darüber treffen, wann typischerweise der Pressefreiheit vor den rechtsstaatlichen Strafverfolgungsinteressen der Vorrang gebührt. Entscheidend ist dann, ob der Verhältnismäßigkeitsgrundsatz im Einzelfall über die Regelung des §53 I Nr. 5 StPO hinaus eine Befreiung vom Zeugniszwang erfordert. Weiterhin muss es sich dabei tatsächlich um die Notwendigkeit einer Ausnahme im Einzelfall handeln und nicht um die generelle Einräumung eines Zeugnisverweigerungsrechts für alle gleich oder ähnlich gelagerten Fälle durch die Gerichte. Darin wäre anderenfalls ein Verstoß gegen den Gewaltenteilungsgrundsatz zu sehen. Solange dies aber nicht der Fall ist, bestehen gegenüber der Herleitung eines über die Regelung des §53 I Nr. 5 StPO hinausgehenden Zeugnisverweigerungsrechts im Einzelfall keine systematischen Bedenken. Eine solche Herleitung kann aufgrund der Bedeutung des

[336] BVerfG NStZ-RR 2004, 83 (84).
[337] BVerfGE 33, 367 (375).

Grundrechts aus Art 5 I GG und der Vielschichtigkeit der Fälle in der Praxis auch bei der erweiterten Neuregelung im Einzelfall notwendig sein.

IV. Bedeutet die Neuregelung mehr Rechtssicherheit?

Das Regel-Ausnahme-Rückausnahme-System ist schon von der gesetzgeberischen Konstruktion her schwer zu durchschauen.

Wenn man hinsichtlich der alten Regelung von 1975 davon ausgegangen ist, dass Rechtsunsicherheiten bestehen, so bezogen sich diese unter anderem darauf, dass eine Unterscheidung zwischen selbst recherchiertem und Drittmaterial getroffen werden musste[338]. An der Notwendigkeit einer solchen Unterscheidung hat sich aber im Hinblick auf §53 II StPO nichts geändert.

Hinzu kommt, dass die einzelnen Voraussetzungen wie z.B. das Eingreifen der Subsidiaritätsklausel von der Beweissituation im konkreten Verfahrensstadium und daher von Umständen abhängen, die zu beurteilen der betroffene Medienangehörige mangels Kenntnis der entscheidenden Tatsachen gar nicht in der Lage ist. Ohne rechtlichen Beistand, Akteneinsicht und umfassende Kenntnis des Sachstandes ist ein Medienangehöriger daher nach der bestehenden Regelung kaum in der Lage zu ermessen, ob ihm im konkreten Verfahren ein Zeugnisverweigerungsrecht zusteht oder nicht. Insofern wurde im Vergleich zur Regelung von 1975 keine höhere Rechtssicherheit erreicht. Das Zeugnisverweigerungsrecht ist nicht abschließend und die Begriffe sind weit und auslegungsbedürftig. Insofern ist im Hinblick auf die Bedeutung von Art 5 I GG im konkreten Fall wieder vieles offen, was der Medienangehörige nicht ermessen kann.

Es bleibt dem Mitarbeiter der Medien die Möglichkeit, sich darauf zu berufen, dass seine Aussage zur Aufdeckung der Identität eines Informanten führen werde oder darauf, dass es sich bei den Informationen um eine Gemengelage zwischen selbst recherchiertem und fremd übermittelten Material handelt. Kann er das im konkreten Fall nicht (z.B. weil es sich um ein von ihm selbst erstelltes

---

338 Mensching, Das Zeugnisverweigerungsrecht der Medien, S. 101; Jarass, Konflikte zwischen Polizei und Presse bei Demonstrationen, JZ 1983, 280 (281).

Video einer Demonstration handelt), hat er kaum eine Möglichkeit, sich über das Bestehen seines Zeugnisverweigerungsrechts abschließend Klarheit zu verschaffen.

B. Bewertung der Neuregelung

Die Neuregelung legt die Verantwortung für die Frage, ob ein Medienangehöriger Informationen an die Strafverfolgungsbehörden weitergeben möchte oder nicht weitgehend in das Ermessen der Journalisten selbst. Das hat eine gewisse Berechtigung im Hinblick darauf, dass die den Medien obliegende Verantwortung für die Demokratie eine Unabhängigkeit und Freiheit vor staatlichen Übergriffen voraussetzt. Um effektiv ihrer öffentlichen Aufgabe nachkommen und an der freien und politischen Meinungs- und Willensbildung des Volkes mitwirken zu können, müssen die Medien vor staatlichen Einflüssen geschützt werden. Auf der anderen Seite muss man sich beim Vorliegen schwerer Straftaten die Frage stellen, ob es richtig ist, die Entscheidung über die Frage, ob Informationen zu Zwecken der Strafverfolgung zur Verfügung gestellt werden oder nicht, allein in der Verantwortung der Medienangehörigen zu lassen.

Dazu darf der Blick nicht einseitig auf die große Bedeutung der Medien für das demokratische System gelenkt werden, sondern es müssen auch die Fälle in die Erwägungen mit einbezogen werden, in denen Journalisten wenig Verantwortungsbewusstsein zeigen, ihrer Aufgabe nicht gerecht werden und sich nicht der ihnen als Massenmedium zukommenden Macht entsprechend verhalten.

I. Eigeninteressen und gesteigerter Wettbewerb

Dazu ist zu berücksichtigen, dass auch der Bereich der Medien dem ständig wachsenden Wettbewerb unterworfen und damit einem hohen Konkurrenzdruck ausgesetzt ist. Dieser lässt sich auf verschiedene Faktoren zurückführen[339]. Die deutsche Vereinigung z.B. hat zu einer Ausweitung des Zeitungs- und Rundfunkmarktes geführt. Weiterhin ging mit der Deregulierung des Rundfunkmarktes eine Ausweitung des Angebots durch die öffentlich-rechtlichen Anstalten

[339] Rosenberger / Schmid, „Zwischen Gleichförmigkeit und Differenzierung“, in: Wilke, Nachrichtenagenturen im Wettbewerb, S. 43 (48).

einher. Die Wirtschaftlichkeit der veröffentlichten Produkte spielt eine große Rolle, denn jeder Pressebetrieb braucht eine gewisse Auflagenzahl, um rentabel zu sein, bei Rundfunk und Film dominieren Einschaltquoten die Redaktionsentscheidungen. Zeitungen und Fernsehsendungen sind letztlich Produkte, die verkauft werden müssen[340]. Man muss sich daher im Hinblick auf den wachsenden Konkurrenzdruck und die gesteigerte Kommerzialisierung[341] die Frage stellen, inwieweit tatsächlich davon auszugehen ist, dass die Medienangehörigen mit den ihnen eingeräumten Privilegien in jedem Fall verantwortungsbewusst umgehen. Ein weiter Freiraum durch gesetzlich geregelten Schutz vor Strafverfolgungsmaßnahmen einerseits steigert auf der anderen Seite die Bedeutung der beschränkenden Wirkung journalistischer Ethik[342]. Journalisten haben Zugang zu vielen Informationen, was ihnen besondere Sorgfaltspflichten auferlegt, wenn es um deren Veröffentlichung geht[343]. Es stellt sich daher die Frage, ob sich alle (oder zumindest fast alle) Journalisten an die journalistische Ethik und die besonderen Sorgfaltspflichten ausreichend gebunden fühlen, um davon ausgehen zu können, dass sie mit dem ihnen gewährten Freiraum verantwortungsbewusst umgehen und die Entscheidung, ob sie von ihrem Zeugnisverweigerungsrecht Gebrauch machen oder nicht, einer sorgfältigen Prüfung unterziehen. Das Problem des fehlenden Verantwortungsbewusstseins einiger Journalisten wird im Folgenden anhand drei viel diskutierter Problemfelder näher erörtert.

1. Strafbare Handlungen durch Medienangehörige

Die Medienangehörigen leben nicht im rechtsfreien Raum. Sie können sich genauso strafbar machen wie alle anderen Bürger[344]. Bereits 1966 hat das BVerfG in seinem Spiegelurteil klargestellt, dass jedenfalls keine „Vermutung" in dem Sinne anerkannt werden könne, dass ein Presseorgan im Zweifel

[340] Fundermann, „Thesen zum Verhältnis zwischen Polizei und Medien", in: Dölling / Gössel / Waltos, Kriminalberichterstattung in der Tagespresse, S. 323 (328).

[341] Vgl. dazu: Weischenberg, „Journalismus unter neuen Geschäftsbedingungen", in: Rolke / Wolff, Wie die Medien die Wirklichkeit steuern und selber gesteuert werden, S. 35.

[342] Janisch, Investigativer Journalismus und Pressefreiheit, S. 55.

[343] Holzer, „Investigativer Journalismus", in: Wilke, Ethik der Massenmedien, 187 (188).

[344] Rose, Grenzen der journalistischen Recherche im Strafrecht und Strafverfahrensrecht, S. 50.

verantwortungsbewusst gearbeitet habe und deshalb von vornherein über den Verdacht eines strafbaren Verhaltens erhaben sei[345]. Zwar ist eine verantwortungsbewusst arbeitende Presse *„das Korrelat“* der Pressefreiheit[346], doch setzen sich die Presseorgane im Einzelnen unterschiedliche Ziele, die sie mit verschiedenen Mitteln und publizistischen Methoden verfolgen[347].

Ein Beispiel für eine mögliche Straftat, zu der sich Journalisten aus einem Eigeninteresse heraus verleitet sehen können, ist die Nichtanzeige geplanter Straftaten gem. §138 StGB. Gelangt ein Presseangehöriger im Rahmen seiner Recherche zu der Erkenntnis, dass eine schwere Straftat geplant ist, ist er wie jeder andere Staatsbürger verpflichtet diese anzuzeigen[348]. Nur durch eine Anzeige haben die Strafverfolgungsbehörden in vielen Fällen die Chance, rechtzeitig einzugreifen und andere Menschen vor Schäden zu bewahren. Gerade eine solche Anzeige wird dem Journalisten jedoch unter Umständen schwer fallen. Mit einer Anzeige würde er den Informanten verlieren. Darüber hinaus müsste er seine Kenntnisse über einen Sachverhalt öffentlich machen. Dadurch würde er seinen Wissensvorsprung verlieren und eine möglicherweise „gute Story“ wegen des frühzeitigen Eingreifens der Strafverfolgungsbehörden oder wegen des zu frühen Aufmerksamwerdens der Konkurrenz verlieren. Der Wissensvorsprung des Journalisten vor seinem Konkurrenten ist jedoch sein entscheidendes Kapital[349]. Nur wenn er als einziger die von ihm im Rahmen seiner Recherchen entdeckte Spur verfolgt oder näher am Geschehen ist als die Konkurrenz, kann er sicher sein, die ungeteilte Aufmerksamkeit der Öffentlichkeit zu bekommen und davon zu profitieren.

Besonders zugespitzt hat sich die Problematik der Jagd nach exklusiven Informationen bei der sog. „Gladbeck-Affäre“ 1988: Zwei männliche Straftäter

[345] BVerfGE 20, 162 (212).
[346] Vgl. BVerfGE 12, 113 (130).
[347] BVerfGE 20, 162 (212)
[348] Erkel, „Der Bundesgesetzgeber und das Zeugnisverweigerungsrecht“, in: Erkel/Appel/Theisen/Peters, Strafrechtlicher Schutz der Informationsquellen in Presse und Rundfunk, S. 5 (11)
[349] Rose, Grenzen der journalistischen Recherche im Strafrecht und Strafverfahrensrecht, S. 61.

wollten am 16. August 1988 in der Stadt Gladbeck einen Banküberfall begehen. Bevor sie jedoch an das Geld kommen konnten, tauchte die durch den Notruf aus einer benachbarten Arztpraxis alarmierte Polizei auf. Daraufhin nahmen die beiden Bankräuber die Bankangestellten als Geiseln und stellten Forderungen nach einem Fluchtauto und Lösegeld[350]. Ein Journalist fand heraus, dass die Bankräuber über die Telefonnummer der Bankfiliale zu erreichen waren und ab diesem Moment begann der Medienrummel.

Journalisten riefen in der Filiale an, um ein Exklusiv-Interview mit Tätern und Geiseln zu führen. Die Reporter verloren die Distanz, haben sich als Handlanger angeboten und mischten sich in das Geschehen ein[351]. Bei der Verfolgungsjagd quer durch Deutschland, bei der es zu weiteren Geiselnahmen und auch zu Schusswechseln kam, waren die Reporter immer dabei. Sie verfolgten eigenmächtig das Fluchtfahrzeug, führten Interviews und suchten den Kontakt zu den Geiselnehmern. Letztlich stieg ein Reporter sogar selbst in das Fluchtfahrzeug der Täter, um ihnen den Weg aus der Stadt zu weisen. Im Rahmen der Live-Berichterstattung wurden teilweise die Grenzen der Strafbarkeit überschritten. Beim Gladbecker Geiseldrama, das 54 Stunden dauerte, starben letztlich drei Menschen (zwei Geiseln und ein Polizist). Obwohl die Polizei bei diesem Ereignis viele Fehler gemacht hat, die die Situation weiter verschärften, machen die Ereignisse auch deutlich, welche Konsequenzen es haben kann, wenn Medienangehörige ihre Beobachterrolle verlassen und sich um des Ziels einer möglichst nahen Live-Berichterstattung willen selbst zum Teil des Geschehens machen.

Eine schnelle und möglichst exklusive Berichterstattung ist der entscheidende Verkaufsfaktor auf dem Markt. Das gilt auch für die Nachrichtenagenturen, die ihre Nachrichten an Medienunternehmen verkaufen. Auch in diesem Bereich herrscht in Deutschland ein Konkurrenzdruck wie in kaum einem anderen

---

[350] Was bei der Gladbecker Geisel-Affaire alles schieflief (I), Der Spiegel 26.06.1989, S.66 ff.

[351] Was bei der Gladbecker Geisel-Affaire alles schieflief (II), Der Spiegel 03.07.1989, S. 96 (98).

Land[352]. Die Medien sind Unternehmen, die wie alle anderen privaten Wirtschaftsunternehmen auch Eigeninteressen verfolgen. Es kann nicht davon ausgegangen werden, dass die Massenmedien in jedem Fall selbstlose Vertreter der Allgemeininteressen sind. Vielmehr besitzen die Massenmedien - wie andere soziale Teilsysteme – Eigeninteressen, die sie im Konfliktfall auch gegen die Interessen der Allgemeinheit und auf Kosten einzelner vertreten[353]. Diese Umstände dürfen bei der Einräumung von besonderen Privilegien nicht unberücksichtigt bleiben.

Ein anderes Problem ist die Verübung von Straftaten im Rahmen einer journalistischen Recherche wie z.B. Bestechung oder Hausfriedensbruch[354]. Die Pressefreiheit legitimiert nicht zur illegalen Informationsbeschaffung und stellt diesbezüglich keinen „Freibrief" aus. Die Presse kann ihre Funktion der Kontrolle, der umfassenden Information und der kritischen Auseinandersetzung mit den Geschehnissen erfüllen, ohne bei der Beschaffung und Auswertung von Informationen strafbare Handlungen zu begehen[355]. Dennoch geraten Medienangehörige immer wieder im Rahmen ihrer Recherchearbeit mit der Strafrechtsordnung in Konflikt. Darin zeigt sich, dass in Anbetracht des ständig wachsenden Wettbewerbs die Grenzen des verantwortungsbewussten journalistischen Handelns nicht immer ausreichend eingehalten werden.

2. Falsche Berichterstattung

Ein weiteres Problemfeld im Zusammenhang mit verantwortungsbewusstem journalistischem Umgang mit Informationen zeigt sich in einer unwahren Berichterstattung, die aufgrund der Vielzahl der Adressaten für die Allgemeinheit oder für Einzelne erhebliche Konsequenzen nach sich ziehen kann. Eine absolute Wahrheit der Berichterstattung kann zwar nicht erwartet

[352] Rosenberger / Schmid, „Zwischen Gleichförmigkeit und Differenzierung", in: Wilke, Nachrichtenagenturen im Wettbwerb, S. 13 (13).
[353] Kepplinger, Das Interesse der Allgemeinheit und das Eigeninteresse der Medien, ZRP 2000, 134 (136).
[354] Vgl dazu: Rose, Grenzen der journalistischen Recherche im Strafrecht und Strafverfahrensrecht, S. 50-108.
[355] Bettermann, Publikationsfreiheit für erschlichene Informationen?, NJW 1981, 1065 (1068).

werden und ist auch nicht immer möglich, doch unterliegen die Medien besonderen publizistischen Sorgfaltspflichten, die aus ihrer hervorgehobenen verfassungsrechtlichen Position und der damit verbundenen gesteigerten Verantwortung gegenüber der Öffentlichkeit erwachsen[356].

Dennoch kommt es immer wieder zu vorsätzlicher oder zumindest sorgfaltswidriger Falschberichterstattung. Diese ist z.T. darauf zurückzuführen, dass die Medien unter einem so hohen Zeitdruck stehen, dass nicht alle Sachverhalte vor der Veröffentlichung vollständig ausermittelt werden können[357] und / oder dass Journalisten über Themen berichten, über die sie häufig kein Expertenwissen besitzen[358]. Von den Neuigkeiten profitiert im Wesentlichen derjenige, der sie als erster herausbringt[359], solange sie die Menschen noch überraschen können. Daher ist die Zeit ein wichtiger Faktor[360]. Hat sich die Nachricht bereits herumgesprochen oder wurde sie von der Konkurrenz schneller veröffentlicht, lassen sich mit ihr die Leser-, Zuschauer- oder Hörerzahlen nicht mehr steigern. Um auf dem Markt Erfolg zu haben, müssen die Journalisten also schnell sein. Das kann im Einzelfall auf Kosten einer sorgfältigen und umfassenden Recherche gehen. Der Wunsch nach Schnelligkeit in der Berichterstattung gipfelt in Live-Berichterstattungen. Aufgrund der Gleichzeitigkeit von Ereignis und Berichterstattung haben die Journalisten nicht die Möglichkeit, Ereignisse in Zusammenhänge einzuordnen, zu bewerten und Hintergründe mitzuteilen[361]. Prominente Beispiele der Folgen von Live-Journalismus sind das bereits dargestellte Gladbeck-Drama von 1988 und die Anschläge des 11. Septembers 2001.

Bei den Anschlägen des 11. September 2001 entführten Selbstmordattentäter vier Passagier-Flugzeuge auf Inlandsflügen. Um 08.45 Uhr Ortszeit flog das erste Flugzeug in den nördlichen Turm des World Trade Centers in New York.

---

356 Soehring, Presserecht, S. 9, Rdnr. 2.1.

357 Rehbock, Medien- und Presserecht, S. 6, Rdnr.10.

358 Beermann, Der Begriff „Terrorismus" in deutschen Printmedien, S. 68.

359 Beuthner, „Wie wenig Zeit braucht guter Journalismus?", in: Weichert, Bilder des Terrors – Terror der Bilder, S. 134 (135).

360 Rosenberger / Schmid, „Zwischen Gleichförmigkeit und Differenzierung", in: Wilke, Nachrichtenagenturen im Wettbewerb, S. 43 (53).

361 Beuthner, „Wie wenig Zeit braucht guter Journalismus?", in: Weichert, Bilder des Terrors – Terror der Bilder, S. 134 (139).

Um 09.03 Uhr Ortszeit explodierte das zweite Flugzeug im südlichen Tower des World Trade Centers[362]. Die dritte Maschine stürzte auf das Pentagon und die vierte Maschine kam in Pennsylvania zum Absturz. Um 15.00 Uhr (deutscher Zeit) berichtete der Moderator in der Tagesschau noch von *„dem Absturz einer zweimotorigen Kleinmaschine"* in New York, als auf den Bildern hinter ihm bereits das zweite Flugzeug mit 65 Menschen an Bord in den südlichen Turm flog[363]. Die Berichterstattung wurde von den tatsächlichen Ereignissen überholt. Alle Angaben beruhten zunächst auf Spekulationen und Vermutungen, bevor nach und nach die Tatsachen bekannt wurden. Während sich diese Live-Berichterstattung und die damit verbundenen Schwierigkeiten hinsichtlich einer fundierten Berichterstattung noch mit dem enormen Informationsinteresse der Weltöffentlichkeit an diesem Ereignis begründen lässt, greift diese Begründung hinsichtlich der in den darauf folgenden Wochen erfolgten Form der Berichterstattung nicht mehr.
Im Anschluss an die Ereignisse wurde eine Welle von Spekulationen angestellt. Die Medien überschlugen sich mit Theorien über die Verantwortlichen und die Hintergründe der Anschläge. Dabei war die Berichterstattung oftmals vorschnell, wenig durchdacht und kaum mit beweisbaren Tatsachen begründbar. Statt dass sich die Menschen umfassend informiert fühlten, herrschte ein Klima der Verunsicherung. Jede Zeitung und jeder Sender beeilte sich eine eigene Theorie zu entwickeln, die sie als einzige glaubwürdige Möglichkeit an die Bevölkerung verkauften.

Die Moral des Berufsstands hat sich wegen der Orientierung an Quote und Schnelligkeit verändert[364]. Wenn die Schnelligkeit über die Richtigkeit der Berichterstattung geht, schmälert das zu Recht das Vertrauen, das den Medien entgegengebracht wird.

---

[362] Emcke/Hoyng/Koch/Simons/Spörl, „Wir werden zurückschlagen", Der Spiegel 38/2001, S. 16 (18).

[363] Buttler, „Ästhetik des Terrors – Die Bilder des 11. Septembers 2001", in: Weichert, Bilder des Terrors – Terror der Bilder, S. 26 (27).

[364] Beuthner, „Wie wenig Zeit braucht guter Journalismus?", in: Weichert, Bilder des Terrors – Terror der Bilder, S. 134 (140).

Weiterhin wirkt sich die zunehmende Vermischung von Informationsvermittlung und Unterhaltungsbedürfnis auf die Qualität der Beiträge und deren Orientierung an den Fakten aus[365]. *Weischenberg* spricht in diesem Zusammenhang von der „*Schreinemarktisierung*" der Medien[366]. Dabei würden keine Fakten übermittelt, sondern lediglich das Gefühl, dass die Menschen über die Geschehnisse in der Welt auf dem Laufenden gehalten werden. Der Journalist agiere als Entertainer zur Steigerung von Quoten und Profit. Dabei werde auf fiktionale Elemente zurückgegriffen, ohne dass dies dem Publikum bewusst gemacht werde.

Der Deutsche Presserat hat 1973 in Zusammenarbeit mit den Berufsverbänden der Verleger und Journalisten einen „Pressekodex" ausgearbeitet, der diesem Problem direkt in Ziffer 1 als wichtigste Regel zu begegnen versucht[367]. Da heißt es: „*Die Achtung vor der Wahrheit und die wahrhaftige Unterrichtung der Öffentlichkeit werden als oberste Gebote der Presse bezeichnet.*" Daraus werden in Ziffer 2 die entsprechenden Sorgfaltspflichten hergeleitet, die ein Publizist vor der Veröffentlichung von Informationen zu beachten hat. Dieser Kodex basiert jedoch auf Freiwilligkeit und Verstöße bleiben unsanktioniert. In Zeiten besonders hohen Konkurrenzdrucks, in Zeiten, in denen bei einzelnen Presseprodukten die Auflagen sinken und die Vorgänge in der Gesellschaft beschleunigt werden, kann nicht immer davon ausgegangen werden, dass sich alle Journalisten und Redakteure an die durch den Presserat festgeschriebenen Sorgfaltsregeln gleichermaßen gebunden fühlen.

Das gilt auch hinsichtlich der Formulierungen in journalistischen Beiträgen, die der Verantwortung der Medien Rechnung tragen sollten. Das Problem zeigt sich beispielsweise bei der Berichterstattung über strafrechtliche Verfahren. Dabei wird vielfach ein einseitiges und verzerrtes Bild der justiziellen Tätigkeit gezeichnet, weil sich schlecht ausgebildete Journalisten, um einen angeblichen Erwartungshorizont der Leser zu befriedigen auf sog. „Blutdelikte"

---

365 Schulz / Korte, Medienprivilegien in der Informationsgesellschaft, KritV 2001, S. 113 (123).

366 Weischenberg, Neues vom Tage, S. 11.

367 Löffler / Ricker, Handbuch des Presserechts, S. 306, Rdnr. 6 f.

konzentrieren, dazu neigen, Angeklagte zu diskriminieren und es mehr auf Unterhaltung als auf Information anlegen[368]. In gerichtlichen Verfahren, die den Persönlichkeitsschutz von Menschen betreffen, die zum Objekt publizistischer Berichterstattung geworden sind, wird betont, dass das in der Verfassung verbürgte Recht der Öffentlichkeit auf Information eine täuschungsfreie Berichterstattung fordert. Das bedeutet beispielsweise, dass es nicht zulässig ist, einen Tatverdacht – und sei er auch dringend – als Gewissheit auszugeben[369]. In dem der Entscheidung des OLG Düsseldorf zugrunde liegenden Fall wurde eine Beschuldigte im Rahmen einer Zeitungsberichterstattung über das gegen sie geführte Ermittlungsverfahren als „*Terroristin*" bezeichnet[370]. Mit den Worten „*Kurz darauf ermordete sie ihn*" wurde der gegen die damals Beschuldigte bestehende Tatverdacht gegenüber den Lesern als Gewissheit ausgegeben. Das Ermittlungsverfahren gegen die Beschuldigte wurde später eingestellt.

Die Recherche- und Sorgfaltspflicht einer Person, die sich öffentlich über andere Personen äußert, verlangt es, dass alle verfügbaren Erkenntnisquellen ausgeschöpft werden[371]. Wenn die Ausschöpfung der Erkenntnisquellen jedoch nach dem Kenntnisstand des Veröffentlichenden nicht zu einem eindeutigen Ergebnis geführt hat, dann ist dieser darüber hinaus verpflichtet, eine umstrittene oder zweifelhafte Tatsache als solche zu kennzeichnen. Er darf sie nicht als feststehend hinstellen[372]. Wenn bereits an den Einzelnen, der seine Meinung öffentlich äußert, von den Gerichten so hohe Anforderungen an die Sorgfalts- und Recherchepflichten gestellt werden, dann muss das erst recht für die Presse gelten. So werden die von den Gerichten aufgestellten Anforderungen an den Einzelnen, der seine Meinung öffentlich äußert, zwar von einigen Vertretern in der Literatur als zu hoch angesetzt angesehen, gegenüber der Presse gelten die strengen Anforderungen jedoch als gerechtfertigt[373].

---

[368] Hassemer, „Der Einfluss der Medien auf das Strafverfahren aus strafrechtlicher Sicht", in: Oehler / Jahn / Gerhardt / Burgstaller / Hassemer, Der Einfluss der Medien auf das Strafverfahren, S. 61 (69) m.w.N.

[369] Hassemer, Vorverurteilung durch die Medien?, NJW 1985, 1921 (1923); OLG Düsseldorf, NJW 1980, 599 (600).

[370] OLG Düsseldorf, NJW 1980, 599 (599)

[371] BGHZ 139, 95 (106).

[372] BVerfG AfP 2005, 544 (547).

[373] Teubel, Unterlassungsanspruch bei mehrdeutigen Äußerungen und zweifelhaftem Wahrheitsgehalt, AfP 2006, 20 (22); Burkhardt, in: Wenzel, Das Recht der Wort- und Bildberichterstattung, S. 385, Rdnr. 73.

Eine Berichterstattung ist auch dann nicht täuschungsfrei, wenn unter der Wahl wahrer Worte der Mehrzahl der Leser ein Sinn vermittelt wird, der gerade nicht der Wahrheit entspricht. Ein Beispiel für die Vermittlung einer unwahren Botschaft unter Verwendung wahrer Worte, das das Bundesverfassungsgericht beschäftigte, war die Verteilung von Flugblättern vor den Praxisräumen eines Frauenarztes[374]. Auf den Flugblättern stand unter der Überschrift „Stoppt rechtswidrige Abtreibungen in der Praxis Dr. K“ die Frage: „Wussten Sie, dass in der Praxis von Dr. K rechtswidrige Abtreibungen durchgeführt werden?“. Die Verfassungsbeschwerde des Flugblattverteilers wurde nicht zur Entscheidung angenommen.

Der Wortlaut entspricht der Wahrheit, denn die Abtreibungen sind als Verstoß gegen die Verfassung rechtswidrig. Sie bleiben zwar strafrechtlich unsanktioniert, sind jedoch nicht gerechtfertigt. Aber der Sinn der Aussage auf den Flugblättern, wie sie der durchschnittliche Leser versteht, ist ein anderer. Der Leser der abgedruckten Frage geht davon aus, in der benannten Arztpraxis würden Abtreibungen durchgeführt, die strafrechtlich verboten sind, weil sie gegen §218 a StGB verstoßen, was tatsächlich nicht der Fall ist[375]. Die Äußerung, der Arzt nehme Abtreibungen vor, die gegen die gesetzlichen Bestimmungen verstoßen und somit verboten sind, ist unwahr[376]. So wird die Information auf dem Flugblatt aber verstanden.

Übertragen auf die Grundsätze der Medienberichterstattung bedeutet das, dass nicht nur die Wahl wahrer Worte für eine verantwortungsbewusste Berichterstattung ausreichend ist. Der Medienmitarbeiter hat darüber hinaus auch zu berücksichtigen, wie die von ihm vermittelte Botschaft von der Mehrzahl seiner Rezipienten verstanden wird.

[374] BVerfG, AfP 2006, 550 (550).
[375] Gas / Körner, Mit wahren Worten das Falsche sagen, AfP 2007, 17 (18).
[376] BVerfG, AfP 2006, 550 (552).

Das Gleiche muss hinsichtlich der Bildberichterstattung gelten. Durch die Auswahl von Objektiv, Blende, Perspektive und Film ist ein Fotojournalist in der Lage, die Leser zu beeinflussen[377]. Die Manipulation des Lesers oder Zuschauers durch die Wahl der Perspektive, Veränderungen an vorhandenem Foto- oder Filmmaterial oder die Vermischung von Inhalten verschiedener Aufnahmen zur Dramatisierung des Dargestellten mag moralisch und journalistisch-ethisch schwer tragbar sein, es kommt jedoch immer wieder vor[378]. Die Möglichkeiten der digitalen Technik sind insofern annähernd unbegrenzt.

Auch die Selbstkontrolle reicht diesbezüglich nicht aus, da der Presserat letztlich keine Möglichkeiten hat, ein Fehlverhalten zu sanktionieren. Es bleibt daher bei warnenden Worten, die nicht immer eine angemessene Wirkung zeigen[379].

Zwar ist es richtig, dass die Anzahl der medienkritischen Beiträge innerhalb der Medien steigt und dadurch die Kritikkultur in den Medien wächst[380], doch müssen die Gefahren, die mit einem Missbrauch von Medienprivilegien einhergehen können, und die Konsequenzen, die ein solcher Missbrauch haben kann, bei jeder gesetzlichen Regelung im Auge behalten werden.

3. Persönlichkeitsverletzungen durch die Medien

Weiterhin zeigt sich das Eigeninteresse der Medien vor allem dann, wenn über einzelne Personen in persönlichkeitsverletzender Art und Weise berichtet wird.

---

377 Ernst, Zu den Rechtsfragen einer verfälschten Bildberichterstattung, AfP 2006, 529 (530).

378 Beispiel: Ein kleines Scharmützel zwischen jugendlichen Demonstranten und isrealischen Soldaten erscheint durch die Perspektive der Aufnahmen wie ein Krieg auf offener Straße. Dargestellt in: Dachs, Journalismus in Nahost: Warum Bilder und Wirklichkeit nicht selten divergieren, Die Zeit 13.06.1997; Ernst, Zu den Rechtsfragen einer verfälschten Bildberichterstattung, AfP 2006, 529 (529/530).

379 Kohlhaas, „Das Zeugnisverweigerungsrecht der Journalisten", in: Studienkreis für Presserecht und Pressefreiheit, Festschrift für Löffler, 143 (150); a.A. Dr. Volker Lilienthal im Rahmen eines persönlichen Gesprächs am 10.10.2007. Er vertritt die Ansicht, dass die bestehenden Sanktionsmöglichkeiten, die auf Grundlage des Strafrechts für die Betroffenen und durch den Presserat zur Verfügung stehen ausreichend sind. Eine Rüge durch den Presserat sei unangenehm und sorge nicht selten dafür, dass der Journalist auch innerhalb seines Medienunternehmens unter Druck gerate.

380 Stephan Wels im Rahmen eines persönlichen Gesprächs am 05.10.2007.

Das negative Image der Massenmedien in der Bevölkerung rührt vor allem daher, dass *„sensationslüsterne und indiskrete Medien für Absatz und Quotensteigerung, prominente Personen in ihrem Intim- und Privatleben mit Methoden ausspähen, die jeden Geheimdienst vor Neid erblassen lassen müssten“*[381]. Die massiven Persönlichkeitsverletzungen durch manche Massenmedien zeigen, dass einige Journalisten bereit sind, sich über die Interessen anderer hinwegzusetzen, mit dem ausschließlichen Ziel, den eigenen wirtschaftlichen Vorteil zu fördern, und nicht, um ihrer öffentlichen Aufgabe möglichst verantwortungsbewusst nachzukommen.

Ein konkretes Beispiel dafür findet sich erneut bei der Berichterstattung über strafrechtliche Ermittlungsverfahren. Als Leser, Zuhörer und Zuschauer hat man sich mittlerweile an identifizierende und präjudizierende Berichterstattung über schwebende Strafverfahren in den Massenmedien gewöhnt. Bei der umfassenden Information über schwebende Verfahren werden die Darstellungen mit Namen, Bildern und charakteristischen Merkmalen der Beschuldigten unterstützt, um authentischer zu wirken[382]. Die Identität der Personen, gegen die sich strafrechtliche Ermittlungen richten, wird auf diese Weise offen gelegt[383]. Dabei kann allein durch die Berichterstattung über einen Anfangsverdacht eine irreversible Schädigung für den Beschuldigten eintreten[384].

Bereits der Bericht über die schlichte Existenz eines Ermittlungsverfahrens kann zu heftigen Abwehrreaktionen gegen die identifizierte Person des Beschuldigten aus dessen gesellschaftlichen Umfeld führen: Es gibt Fälle, in denen die ärztliche Approbation bis zur Einstellung des Ermittlungsverfahrens aufgehoben wird, Bewerber trotz Zusage die Arbeitsstelle doch nicht bekommen, eine Behörde disziplinäre Vorermittlungen durchführt und Firmen von ihren Geschäftspartnern nichts mehr wissen wollen[385].

---

381 Tinnefeld, Medienfreiheit im Spannungsdreieck, MMR 2004, XXVII (XXVIII).

382 Bornkamm, Die Berichterstattung über schwebende Strafverfahren und das Persönlichkeitsrecht des Beschuldigten, NStZ 1983, 102 (103).

383 Hassemer, „Der Einfluss der Medien auf das Strafverfahren aus strafrechtlicher Sicht“, in: Oehler / Jahn / Gerhardt / Burgstaller / Hassemer, Der Einfluss der Medien auf das Strafverfahren, S. 61 (68).

384 Eidam, Unternehmen und Strafe, S. 39; Wilmes, Über die Notwendigkeit von Public Relations im Strafprozess, StraFo 2007, 11 (12).

385 Neuling, Inquisition durch Information, S.143; Wilmes, Über die Notwendigkeit von Public Relations im Strafprozess, StraFo 2007, 11 (12).

Die Veröffentlichung der Vorwürfe und der Ermittlungsergebnisse kann sich somit für den Betroffenen erheblich schlimmer auswirken als die offizielle, hoheitliche Strafe[386], er wird noch über die strafrechtliche Verfolgung hinaus öffentlich gebrandmarkt[387]. Nachbarn und Bekannte können sich nur schwer davon frei machen, wenn sie durch die Medien erfahren, dass gegen jemanden, den sie kennen, strafrechtlich ermittelt wird. Die Bekanntgabe dessen, dass sich gegen eine Person Ermittlungen wegen einer schweren Tat richten, kann zur völligen gesellschaftlichen Isolation führen.

Dabei liegt nicht immer ein rechtswidriges Vorgehen von Seiten der Medien vor. Auch mag es Einzelfälle geben, in denen ein über das allgemeine Informationsinteresse hinaus gehendes, gesteigertes Bedürfnis der Allgemeinheit besteht, die Identität des Beschuldigten kennen zu lernen, z.B. wenn die Veröffentlichung der Strafrechtspflege oder Verbrechensaufklärung zu dienen im Stande ist[388]. Aber auch wenn der Beschuldigte wahrheitsgemäß nur als Tatverdächtiger oder mutmaßlicher Täter bezeichnet wird, führt das in der Öffentlichkeit regelmäßig zu einer Vorverurteilung, die für den Beschuldigten fatale Folgen haben kann[389]. Grundsätzlich ist das Ermittlungsverfahren nicht öffentlich, weil es geringe Anforderungen an den Verdachtsgrad stellt, oftmals sehr breit angelegt ist und noch viele Unsicherheiten enthält. Werden in diesem Stadium Erkenntnisse veröffentlicht und vor allem Beschuldigte namentlich bezeichnet oder identifizierbar beschrieben, können diese Veröffentlichungen zu einer Überbewertung des Sachverhalts und falschen Verdächtigungen der Person führen[390].

[386] Hamm, Große Strafprozesse und die Macht der Medien, S. 32; Wilmes, Über die Notwendigkeit von Public Relations im Strafprozess, StraFo 2007, 11 (12).

[387] Hassemer, „Der Einfluss der Medien auf das Strafverfahren aus strafrechtlicher Sicht" in: Oehler / Jahn / Gerhardt / Burgstaller / Hassemer, Der Einfluss der Medien auf das Strafverfahren, S. 61 (68).

[388] Bornkamm, Die Berichterstattung über schwebende Strafverfahren und das Persönlichkeitsrecht des Beschuldigten, NStZ 1983, 102 (107).

[389] Bornkamm, Die Berichterstattung über schwebende Strafverfahren und das Persönlichkeitsrecht, NStZ 1983, 102 (103).

[390] Eidam, Unternehmen und Strafe, S. 40, Rdnr.82.

Viele Menschen gehen davon aus, dass an den Vorwürfen „sicher auch etwas dran sein wird", wenn sich die strafrechtlichen Ermittlungen einmal gegen eine bestimmte Person gerichtet haben und dass eine mögliche spätere Einstellung des Verfahrens nicht auf die Unschuld des Betroffenen, sondern allenfalls auf eine mangelnde Beweisbarkeit zurückzuführen ist. Darin zeigt sich die Unwissenheit der Menschen hinsichtlich der Bedeutung, der Voraussetzungen und des Ablaufs eines Ermittlungsverfahrens, aber auch der Einfluss der Medien auf das Denken in der Bevölkerung.

Hinzu kommt, dass im Bereich der Massenmedien erschwerte Korrekturmöglichkeiten hinsichtlich eines einmal dargestellten Sachverhaltes bestehen. Mit Hilfe von Gegendarstellungen und Missbilligungen durch Selbstkontrollorgane der Massenmedien wird der Schaden meist nur unzureichend ausgeglichen und eine Anprangerung nicht nachhaltig neutralisiert, zumal die Reaktionen seitens der Medien oftmals sehr zögernd und spät erfolgen[391]. Das Bild, das in den Köpfen der Menschen durch die Berichterstattung über eine Person geschaffen wurde, ist durch eine knappe Richtigstellung nicht mehr zu korrigieren.

Darüber hinaus drohen dem Beschuldigten Nachteile dadurch, dass die Medien durch eine intensive Berichterstattung über ein laufendes Ermittlungsverfahren auf die Strafrechtspflege Einfluss nehmen könnten[392]. Die Justiz ist keineswegs immun gegen gesellschaftliche Einflüsse, auch wenn es bislang keine gesicherten empirischen Untersuchungen und Erkenntnisse zu der Frage gibt, wie sehr sich Richter und Staatsanwälte durch die Medienberichterstattung in ihrer Rechtsfindung beeinflussen lassen. Im Ermittlungsverfahren werden die Weichen für den weiteren Fortgang des Verfahrens gestellt[393]. Zwar wird nicht bezweifelt, dass die meisten Angehörigen der Justiz sich bemühen, ihre Fälle unvoreingenommen zu betrachten und zu bewerten. Dennoch sind auch sie Menschen und deshalb von Informationen, die sie außerhalb des Prozesses

[391] Kaiser, Medienkriminalität, ZRP 2002, 30 (33).
[392] Eidam, Unternehmen und Strafe, S.38, Rdnr.74.
[393] Neuling, Inquisition durch Information, S. 143; Eidam, Unternehmen und Strafe, S. 40, Rdnr.82.

zugetragen bekommen, bewusst oder unbewusst beeinflussbar. Daher ist auch in diesem Bereich das Verantwortungsbewusstsein der Medien besonders gefragt. Dieses Verantwortungsbewusstsein vermisst man vor allem dann, wenn die Medien in manchen Strafverfahren zunächst stark intervenieren, um dann im Anschluss selbst den Verdacht aufkommen zu lassen, die professionelle Distanz der Behörden und Gerichte zu dem Betroffenen und dem Verfahrensgegenstand könne erschüttert sein[394]. Eine solche Berichterstattung ist in der Lage, das Vertrauen der Allgemeinheit in die Strafrechtspflege zu schädigen[395].

Die Medien vermitteln der Bevölkerung ein Bild von der Wirklichkeit des Verbrechens, von der Gerechtigkeit und Effektivität von Strafverfolgung, von Strafen und Gerichtsverhandlungen, das die Menschen prägt und in ihrer Bereitschaft, Straftaten anzuzeigen und in ihrer Einstellung gegenüber Straftätern und Strafverfolgungsorganen erheblich beeinflusst[396].

II. Fazit

So wichtig ein Schutz der Medien zur Ermöglichung der freien und unabhängigen Berichterstattung auch ist, muss doch berücksichtigt werden, dass die Medien aufgrund des wirtschaftlichen Drucks, dem sie ausgesetzt sind, auch Eigeninteressen verfolgen, die mit den Interessen der Allgemeinheit nicht immer identisch sind.

Der Wettbewerb ist hart und die Jagd nach immer aktuelleren und schnelleren Informationen fordert ihren Tribut[397]. Der Grundsatz „bad news are good news" schlägt sich nicht nur bei der Themenwahl, sondern auch bei der Bewertung nieder. Es geht darum, Sachverhalte als Skandale, Schlamperei und Pannen zu

[394] Hassemer, „Der Einfluss der Medien auf das Strafverfahren aus strafrechtlicher Sicht" in: Oehler / Jahn / Gerhardt / Burgstaller / Hassemer, Der Einfluss der Medien auf das Strafverfahren, S. 61 (67).

[395] Hassemer, „Der Einfluss der Medien auf das Strafverfahren aus strafrechtlicher Sicht" in: Oehler / Jahn / Gerhardt / Burgstaller / Hassemer, Der Einfluss der Medien auf das Strafverfahren, S. 61 (68).

[396] Hassemer, Fahndung und Ermittlung mit Hilfe der Medien?, AfP 1989, 418 (419).

[397] Fundermann, „Thesen zum Verhältnis zwischen Polizei und Medien", in: Dölling / Gössel / Waltos, Kriminalberichterstattung in der Tagespresse, S. 323 (330).

entlarven und zu verkaufen[398]. Der Druck auf dem Markt, Fakten und daraus resultierende Bewertungen aktuell und möglichst exklusiv zu veröffentlichen, kann auf Kosten einer seriösen Erhebung gehen. Daher muss man sich bei allen Vorschriften, die dem Schutz der Medienangehörigen dienen, auch immer die Frage stellen, wie groß die Gefahren eines Missbrauchs dieses Schutzes sind und wie man solchen Risiken am besten entgegenwirkt.

Dabei wird nicht verkannt, dass sich ein gewisser Missbrauch bei der Gewährung von Freiheiten nicht verhindern lässt. Die Gefahr des Missbrauchs darf daher nicht dazu führen, dass Freiheiten zu Lasten aller Berechtigten zu stark eingegrenzt werden. Jedoch muss bei der Formulierung von Vorschriften den tatsächlichen Gegebenheiten insofern Rechnung getragen werden, dass der Wortlaut der Vorschrift nicht dazu einlädt, entgegen ihrer wahren Schutzrichtung als Deckmantel für die Verfolgung von Eigeninteressen missbraucht zu werden.

Es darf daher nicht außer Acht gelassen werden, welche Macht die Massenmedien ausüben und wie schnell ihr großer Einfluss Einzelnen und der Allgemeinheit erheblichen Schaden zufügen kann. Gerade die erheblichen Einflussmöglichkeiten der Medien helfen ihnen auch ihre eigenen Interessen bestmöglich durchzusetzen[399].
Immer wenn im Bereich der Medien ein Unrecht geschieht, wird der Ruf nach einer Ausweitung des gesetzlichen Medienschutzes laut[400]. Dieser Ruf erweckt dadurch, dass er von den Massenmedien verbreitet wird, den Eindruck, mit dem Willen der Allgemeinheit identisch und somit der herrschenden Meinung des Volkes entsprechend zu sein. Ob das aber wirklich so ist, lässt sich oftmals nur schwer ermitteln[401]. Die Eigeninteressen der Medien können dazu führen, dass sich Journalisten bei der Frage, ob sie den Strafverfolgungsbehörden

---

[398] Fundermann, „Thesen zum Verhältnis zwischen Polizei und Medien", in: Dölling / Gössel / Waltos, Kriminalberichterstattung in der Tagespresse, S. 323 (330)

[399] Hamm, Vom Grundrecht der Medien auf das Fischen im Trüben, NJW 2001, 269 (270).

[400] So auch im Anschluss an das Urteil des BVerfG vom 27.02.2007.

[401] Kritisch dazu: Kepplinger, Das Interesse der Allgemeinheit und das Eigeninteresse der Medien, ZRP 2000, 134 (136).

Informationen mitteilen oder nicht, nicht nur von ihrem Verantwortungsgefühl als Journalisten, sondern auch von sachfremden Erwägungen leiten lassen.

Entscheidend ist also, dass bei der Formulierung neuer Vorschriften nicht aus dem Blick verloren wird, dass den Medien die Privilegien ausschließlich im Interesse der Erfüllung ihrer öffentlichen Aufgabe gewährt werden. Die Medien brauchen die Freiheit und Unabhängigkeit von staatlichem Zwang, um ihre öffentliche Aufgabe zu erfüllen. Aber auch die Interessen der Strafverfolgung dürfen gerade im Hinblick auf schwere Straftaten und die Bedrohung aus den Bereichen der organisierten Kriminalität nicht unberücksichtigt bleiben. Im Hinblick auf die dargelegten Anzeichen dafür, dass die Medien nicht immer verantwortungsbewusst und ethisch korrekt handeln, ist es nicht angemessen, die Entscheidung, ob sie die Strafverfolgungsbehörden bei ihren Ermittlungen unterstützen oder nicht, immer in das freie Ermessen der Journalisten zu legen. Im Sinne der praktischen Konkordanz und des Verhältnismäßigkeitsgrundsatzes muss viel stärker, als das bislang der Fall war, im Hinblick auf die Schwere der zu ermittelnden Straftat differenziert werden.

Viertes Kapitel: Praktische Probleme

Praktische Probleme im Zusammenhang mit dem Zeugnisverweigerungsrecht der Medienangehörigen ergeben sich vor allem bei der Frage inwiefern ein Zeuge von seinem Recht zur Zeugnisverweigerung auch nur teilweise Gebrauch machen kann und hinsichtlich der Belehrungspflichten des Gerichts und der Verwertbarkeit von Aussagen der Medienangehörigen im Prozess.

A. Anwendung des Zeugnisverweigerungsrechts

Im Folgenden geht es zunächst um die Frage, inwieweit ein Medienangehöriger in der Praxis die Möglichkeit hat, von seinem Zeugnisverweigerungsrecht nur teilweise Gebrauch zu machen, indem er nach eigenem Ermessen entscheidet, was er den Strafverfolgungsbehörden zur Förderung ihrer Ermittlungen mitteilen möchte und hinsichtlich welcher Tatsachen er sich auf sein Zeugnisverweigerungsrecht beruft.

I. Umfang des Zeugnisverweigerungsrechts

Worüber das Zeugnis verweigert werden darf ist in §53 I 2 StPO ausdrücklich geregelt. Danach umfasst das Zeugnisverweigerungsrecht den Quellenschutz, den Mitteilungsschutz und den Schutz eigener Recherchen[402].

Zum Quellenschutz gehören dabei die Person des Verfassers, des Einsenders von Beiträgen und Unterlagen sowie die Person des Informanten. Insofern war gegenüber der alten Regelung lediglich eine sprachliche Modernisierung, aber keine inhaltliche Änderung gewollt. Was unter dem Begriff der „Person" zu verstehen ist, wurde hinsichtlich der Regelung von 1975 viel diskutiert[403]. Diese Diskussion konzentrierte sich auf die Frage, was passiert, wenn die Identität (d.h. der Name) des Zeugen bereits aufgedeckt ist. Geht der Schutz von Informationen „über die Person" dann noch über die Frage der Identität hinaus? Unabhängig von dieser Spezialfrage besteht Einigkeit darüber, dass unter dem Begriff der „Person", solange die Identität noch nicht bekannt ist, neben dem

---

402 Von Schlieffen, in: Anwaltkommentar StPO, §53, Rdnr. 17.

403 Pauli, Der Schutz von Presse und Rundfunk vor dem Zugriff staatlicher Strafverfolgungsorgane, S. 114 ff m.w.N.; Rotsch, Der Schutz der Journalistischen Recherche im Strafprozessrecht, S. 57 ff.

Namen auch jede andere Tatsache verstanden wird, die unmittelbar oder mittelbar die Aufdeckung der Identität ermöglicht[404]. So muss der Zeuge keine Angaben über Zeitpunkt, Dauer und Ort des Interviews, über die Namen weiterer Teilnehmer, über etwaige im Zusammenhang mit dem Interview hergestellte Lichtbilder, Film- und Videoaufnahmen machen[405]. Hinsichtlich möglicher Entgelte für Informationen oder für ein Interview besteht Einigkeit, dass diese Angaben zumindest dann zu den Informationen „zur Person" gehören, wenn die Frage darauf abzielt, Anhaltspunkte über den Aufenthaltsort des Informanten zu erlangen[406].

Der Mitteilungsschutz und der Schutz der eigenen Recherche beziehen sich jeweils auf deren Inhalt. Zum Inhaltsschutz zählen die Mitteilungen, die ein Zeuge im Hinblick auf seine Tätigkeit von Dritten empfangen hat. Dabei ist sowohl der Umstand, dass überhaupt eine Mitteilung gemacht wurde, als auch der Inhalt der Mitteilung und das Hintergrund- und Archivmaterial vom Geheimnisschutz umfasst[407]. Weiterhin bezieht sich seit 2002 der Inhaltsschutz auch auf die Inhalte des selbst erarbeiteten Materials und der eigenen berufsbezogenen Wahrnehmungen. Es ist jedoch die Beschränkung auf Beiträge, Materialien, Unterlagen und Mitteilungen zum redaktionellen Teil des Medienerzeugnisses zu beachten[408].
Grundsätzlich liegt dem Zeugnisverweigerungsrecht daher ein sehr umfassender Inhaltsschutz zu Grunde.

II. Dispositionsfreiheit des Weigerungsberechtigten

Die Entscheidung, ob ein Medienangehöriger von seinem bestehenden Zeugnisverweigerungsrecht vollständig, teilweise oder gar keinen Gebrauch macht, liegt prinzipiell in dessen freiem Ermessen[409].

---

404 Meyer-Goßner, Strafprozessordnung, §53, Rdnr. 34.
405 BGHSt 36, 298 (303); Achenbach, in: Löffler, Presserecht, §23, Rdnr. 45.
406 Senge, in: Karlsruher Kommentar zur Strafprozessordnung, §53, Rdnr. 44, BGHSt 28, 240 (256); 36, 298 (305).
407 Von Schlieffen, in: Anwaltkommentar StPO, §53, Rdnr. 20.
408 Neubeck, in: KMR Kommentar zur Strafprozessordnung, §53, Rdnr.32.
409 BVerfG MDR 1982, 635 (635); Löffler / Ricker, Handbuch des Presserechts, S. 208, Rdnr. 36.

Das trifft zumindest auf die gesetzliche Möglichkeit zu, gem. §53 I Nr.5 StPO von seinem Zeugnisverweigerungsrecht Gebrauch zu machen oder darauf zu verzichten. Rechtlich hängt das Bestehen des Zeugnisverweigerungsrechts von Medienmitarbeitern demnach weder davon ab, ob sie sich den Gewährsleuten gegenüber zur Geheimhaltung verpflichtet haben, noch davon, ob sie durch ihren Informanten von einer abgegebenen Geheimhaltungszusage entbunden werden[410]. Ihr Recht zu entscheiden, ob sie aussagen oder nicht, liegt bei Bestehen eines Zeugnisverweigerungsrechts in jedem Fall ausschließlich im Ermessen des Medienangehörigen[411].
Etwas anderes ergibt sich jedoch aus dem gefestigten Standesrecht der Presseangehörigen. Gemäß dem 6. Grundsatz des vom Deutschen Presserat aufgestellten Pressekodex muss der Presseangehörige zum Schutz des Vertrauensverhältnisses zu seinem Informanten von einem ihm zustehenden Zeugnisverweigerungsrecht vollumfänglich Gebrauch machen[412].

Der 6. Grundsatz des Pressekodex lautet:
„Jede in der Presse tätige Person wahrt das Berufsgeheimnis, macht vom Zeugnisverweigerungsrecht Gebrauch und gibt Informanten ohne deren ausdrückliche Zustimmung nicht preis."

Das Standesrecht begründet aber keine Rechtspflicht im Sinne des Gesetzes, entfaltet keine Bindungswirkung für die Gerichte und basiert auch gegenüber den Medienangehörigen selbst auf Freiwilligkeit und Sanktionslosigkeit.

Es zeigt sich in der Praxis, dass es als eine „Ehrensache" angesehen wird, eher gerichtliche Zwangsmittel hinzunehmen als einen Informanten preiszugeben[413]. Aber auch das ist letztlich nur Ausdruck der freien Ermessensentscheidung der Medienangehörigen, die ihnen das Gesetz bei Vorliegen der Voraussetzungen des Zeugnisverweigerungsrechts ermöglicht.

---

[410] Lemke, in: Heidelberger Kommentar zur Strafprozessordnung, §53, Rdnr. 23.

[411] Kohlhaas, „Das Zeugnisverweigerungsrecht der Journalisten", in: Studienkreis für Presserecht und Pressefreiheit, Festschrift für Löffler, 143 (149/150).

[412] Achenbach, in: Löffler, Presserecht, §23, Rdnr. 84/85.

[413] Achenbach, in: Löffler, Presserecht, §23, Rdnr. 84/85.

III. Problem: Name des Informanten ist bekannt

Ist der Name des Informanten bekannt, ist die Frage umstritten, ob das Zeugnisverweigerungsrecht dennoch bestehen bleibt.

1. Stand der Diskussion

Vielfach wird davon ausgegangen, dass dann, wenn das Presseorgan die Identität des Informanten aufdeckt, hinsichtlich der weiteren Einzelheiten, welche die Ermittlung des Informanten ermöglichen, wie z.B. Aufenthaltsort, Aussehen, Zugang der Information, kein Zeugnisverweigerungsrecht mehr besteht[414].

Der BGH hat in seiner Entscheidung vom 28. Dezember 1978 festgestellt, dass das Recht des Medienangehörigen, die Antwort auf solche Fragen zu verweigern, die zum Auffinden der Person führen können, mit der Preisgabe der Identität des Informanten grundsätzlich verwirkt sei[415]. Argumentiert wurde in dieser Entscheidung vor allem damit, dass Sinn und Zweck der Regelung in erster Linie der Schutz der Anonymität des Informanten und des Redaktionsgeheimnisses sei. Der Presse stehe es frei, die Anonymität zu wahren. Hebe sie die Anonymität jedoch von sich aus auf, so sei das Recht, Angaben „über die Person“ zu verweigern, insgesamt verwirkt. Es könnten dann allenfalls noch Angaben über die „gemachten Mitteilungen“ verweigert werden[416].

Ausnahmen seien nur dann gerechtfertigt, wenn das Strafverfolgungsinteresse gegenüber dem Interesse an einer seriösen Veröffentlichung der Vorgänge deutlich geringer wiege. Das sei vor allem in Fällen anzunehmen, in denen die Kontrollfunktion der Öffentlichkeit gegenüber dem Staat wirksam wird und dem öffentlichen Interesse an einer Diskussion der Vorgänge ein ganz untergeordnetes Strafverfolgungsinteresse gegenübersteht. Darüber hinaus seien

---

[414] Kramer, Das gespaltene Zeugnisverweigerungsrecht der Medienangehörigen in der StPO, Kriminalistik 2004, 756 (759); Senge, in: Karlsruher Kommentar zur Strafprozessordnung, §53, Rdnr. 35; Meyer-Goßner, StPO, §53, Rdnr. 34; Kühne, in: Reihe Alternativkommentare, StPO, §53, Rdnr. 26.

[415] BGHSt 28, 235 (243).

[416] BGHSt 28, 235 (246).

Ausnahmen gerechtfertigt, wenn in seltenen Ausnahmefällen ein besonderes und außerordentliches Publizitätsinteresse besteht. Davon könne vor allem dann ausgegangen werden, wenn die Veröffentlichung dem im Allgemeininteresse liegenden Schutz besonders hoher Rechtsgüter dient und dieser Schutz durch eine Veröffentlichung gut zu gewährleisten ist[417].

Auch das Bundesverfassungsgericht war zumindest hinsichtlich der Regelung von 1975 der Ansicht, dass die Mitarbeiter eines Presseunternehmens kein Zeugnisverweigerungsrecht mehr hinsichtlich Fragen zur Person des Informanten haben, wenn sie von sich aus die Art der Informationsquelle nennen und Einblick in erhaltenes oder gefertigtes Nachrichtenmaterial geben[418]. *Rose* teilte die Auffassung dieser Rechtsprechung und argumentierte damit, dass das Zeugnisverweigerungsrecht von seiner historischen Entwicklung her immer im Sinne eines Schutzes der Anonymität des Informanten verstanden worden sei[419]. Daran habe sich auch bei der Einführung der Regelung von 1975 nichts ändern sollen. Wenn die Anonymität aufgrund der freiwilligen Preisgabe des Namens des Informanten aber ohnehin nicht mehr gewahrt sei, dann bestehe zwischen Presse und Informanten auch kein für die Erfüllung der öffentlichen Aufgabe zu schützendes Vertrauensverhältnis mehr und die Pressefreiheit müsse hinter den Erfordernissen einer funktionierenden Rechtspflege zurücktreten.

Weiterhin führte sie systematische Erwägungen an. Durch die Preisgabe der Identität des Informanten habe die Presse auf dessen Schutz verzichtet[420] und insofern selbst zugegeben, dass das Informantengeheimnis gegenüber den Belangen der Strafrechtspflege im konkreten Fall nachrangig sei. Argumentiert wird des Weiteren damit, dass die Rechtsordnung nicht dulden könne, dass „untergetauchte" Straftäter ohne Gefahr der Ergreifung die Möglichkeit bekämen, sich mit Hilfe der Publikationen ihrer Straftaten zu rühmen[421].

---

[417] BGHSt 28, 235 (248/249).

[418] BVerfG AfP 1982, 100 (100).

[419] Rose, Grenzen der journalistischen Recherche im Strafrecht und Strafverfahrensrecht, S. 131/132.

[420] So auch Hassemer, StPO §53 I Nr.5 Grenzen des Zeugnisverweigerungsrechts von Presse und Rundfunk, JuS 1979, 520 (520) „§53 I Nr. 5 StPO schützt die Anonymität des Informanten danach nur insoweit, als das Medium selber sie schützt."

[421] Rebmann, Aktuelle Probleme des Zeugnisverweigerungsrechts von Presse und Rundfunk, AfP 1982, 189 (191).

Die Kritiker der dargestellten Ansicht verweisen darauf, dass nicht einzusehen sei, warum nicht auch in den Fällen, in denen die Identität des Informanten bekannt ist, von dem Zeugnisverweigerungsrecht nur teilweise Gebrauch gemacht werden könne[422]. Wenn die Ausübung des Zeugnisverweigerungsrechts im freien Ermessen des Medienangehörigen steht, müsse ein Medienangehöriger davon auch dergestalt Gebrauch machen können, dass er nur einen Teil der Informationen preisgibt[423]. Das Vertrauen des Informanten beschränke sich nicht auf die Preisgabe des Vor- und Zunamens, sondern der weitere Informationsfluss könne nur gewährleistet werden, wenn der Informant vor allen mit dem Zeugniszwang verbundenen Nachteilen (insbesondere vor der Ergreifung durch die Strafverfolgungsbehörden) geschützt werde[424].

Das Zeugnisverweigerungsrecht solle verhindern, dass der Informant Informationen zurückhält, weil er bei umfassenden Auskünften mit Nachteilen rechnen muss. Ein Nachteil ist aber nicht nur die namentliche Bekanntgabe, sondern vor allem auch die Bekanntgabe des Aufenthaltsorts oder von Anhaltspunkten zu dessen Ermittlung[425].

Anerkannt sei, dass das Zeugnisverweigerungsrecht bestehen bleibt, wenn der Informant selbst im Radio spricht oder im Fernsehen auftritt, obwohl dabei auch Teile seiner Identität preisgegeben werden[426]. Daher sei es nicht nachvollziehbar, dass bei Namensnennung, die in der heutigen Zeit nicht mehr zwangsläufig dazu führt, dass man des Informanten auch habhaft werden kann, der gesamte Schutz versagt werde[427].

---

422 Löffler / Ricker, Handbuch des Presserechts, S. 208, Rdnr. 38a.

423 Roxin, Strafverfahrensrecht, §26, Rdnr. 25.

424 Rengier, Die Reichweite des §53 I Nr. 5 StPO zum Schutze des Informanten, JZ 1979, 797 (798), Dunkhase, Das Pressegeheimnis, S. 89; Schmitt, Die Berücksichtigung der Zeugnisverweigerungsrecht nach §§52, 53 StPO bei den auf Beweisgewinnung gerichteten Zwangsmaßnahmen, S. 191

425 Gerhardt, Einschränkung des Zeugnisverweigerungsrechtes der Publizisten durch die Rechtsprechung, AfP 1979, 234 (234).

426 Ollendorff, Der Schutz der Recherche im strafprozessualen Zeugnisverweigerungsrecht der Medienschaffenden in der Bundesrepublik Deutschland, S.47.

427 Rotsch, Der Schutz der Journalistischen Recherche im Strafprozessrecht, S. 58.

Weiterhin sei Sinn und Zweck des Zeugnisverweigerungsrechts nicht allein der Schutz der Informantenbeziehung, sondern die Vertrauensbeziehung zum Informanten insgesamt als untrennbarer Teil der Medienfreiheit[428]. Die bisherige Rechtsprechung habe zur Folge, das kein Informant mehr unter namentlicher Nennung an die Presse herantreten werde. Viele Berichte entfalteten ihre volle Überzeugungskraft aber erst bei Offenbarung der Identität des Informanten[429], da mit dem Namen möglicherweise ein bestimmter Bekanntheitsgrad oder andere bekannte Fakten verbunden werden. Daher bedeute die Aufhebung des Zeugnisverweigerungsrechts nach Bekanntgabe der Identität des Informanten eine Behinderung der Presse in der Erfüllung ihrer öffentlichen Aufgabe.

2. Stellungnahme

Zunächst müssen zwei Fälle deutlich voneinander unterschieden werden. Im einen Fall geht es darum, dass die Presse den Namen des Informanten genannt hat und ihr daraufhin ein Zeugnisverweigerungsrecht hinsichtlich der weiteren Informationen zu diesem Informanten versagt wird[430]. Im anderen deutlich davon zu unterscheidenden Fall geht es um Bekennerschreiben zu schweren Straftaten, die den Strafverfolgungsbehörden zu Ermittlungszwecken zur Verfügung gestellt werden und bei denen ebenfalls der Urheber der Nachricht nicht namentlich genannt ist, sondern die Taten einer kriminellen Vereinigung zugewiesen werden[431]. Diese beiden Sachverhalte müssen unterschiedlich begutachtet und bewertet werden[432].

Wird der Name eines Informanten in einem Beitrag oder gegenüber den Behörden bekannt gegeben, geht es ausschließlich um die Frage, ob die Aufhebung der Anonymität bereits ein Entfallen des Zeugnisverweigerungsrechts im Übrigen zur Folge haben kann.

---

428 Pauli, Der Schutz von Presse und Rundfunk vor dem Zugriff staatlicher Strafverfolgungsorgane, S.118.

429 Kühl, Strafprozessrecht: Grenzen des Zeugnisverweigerungsrechts von Pressemitarbeitern, JA 1980, 682 (684).

430 BGHSt 28, 235 (243).

431 BVerfG AfP 1982, 100 (100).

432 Zu den Unterschieden: OLG Dresden, NStZ 1997, 238 (239).

In den Fällen der Bekennerschreiben werden weit mehr Informationen und Materialien bekannt gegeben als lediglich die Bezeichnung der Gruppierung, aus der das Schreiben kommt. Außerdem ist die Zielrichtung der Bekennerschreiben i.d.R. eine besondere, die auch entsprechend bewertet werden muss. Die beiden Fälle sind daher nicht vergleichbar und werden dementsprechend getrennt betrachtet und bewertet.

An dieser Stelle wird nur auf den erstgenannte Fall eingegangen. Die Bekennerschreiben werden gesondert begutachtet, da diesbezüglich i.d.R. dem Beschlagnahmeverbot ebenfalls eine große Bedeutung zukommt.

Die Frage, ob das Zeugnisverweigerungsrecht der Medienangehörigen fortbesteht, nachdem die Identität des Informanten offenbart wurde, hat auch in Anbetracht der Neuregelung von 2002 nicht an Bedeutung verloren. Auch wenn der Schutz des selbst recherchierten Materials hinzugekommen ist, kann man sich weiterhin die Frage stellen, ob das Recht, Angaben *„über die Person des Verfassers oder Einsenders von Beiträgen und Unterlagen oder des sonstigen Informanten"* zu verweigern, erhalten bleiben soll, nachdem deren Identität offenbart wurde. Insofern hat sich weder am Wortlaut etwas geändert, noch geht aus der Gesetzesbegründung hervor, dass eine inhaltliche Änderung vorgenommen werden sollte[433].

Die Frage, ob das Zeugnisverweigerungsrecht bestehen bleibt oder nicht, kann jedoch nicht über den Wortlaut, sondern allein über den Sinn und Zweck der Regelung beantwortet werden.

Die Diskussion über die Frage, ob über die Namensnennung hinausgehende Informationen unter den Quellenschutz oder den Schutz der gemachten Mitteilungen oder der selbst recherchierten Materialien fällt[434], ist künstlich und geht an der Sache vorbei. Wurde die Identität des Informanten nicht offen

433 BT-Drucksache 14/05166.

434 Vgl. diesbezüglich: Rotsch, Der Schutz der Journalistischen Recherche im Strafprozessrecht, S. 57; Pauli, Der Schutz von Presse und Rundfunk vor dem Zugriff staatlicher Strafverfolgungsorgane, S. 119 .

gelegt, besteht Einigkeit, dass der Schutz der Angaben über die Person sämtliche Umstände umfasst, die Anhaltspunkte für die Identität oder den Aufenthaltsort der Person liefern können. Nach Aufdeckung der Identität durch Namensnennung wird dann aber diskutiert, ob alles, was über den Namen hinausgeht, nicht eher eine Fremdmitteilung ist und deshalb geschützt werden muss.

Diese Diskussion geht an der Sache vorbei. Da man sich einig ist, dass alle Informationen, die nicht nur der Identitätsaufdeckung, sondern auch dem Auffinden des Aufenthaltsortes der Person dienen, grundsätzlich vom Schutz der Angaben über die Person erfasst sind, ist die entscheidende Frage nicht die, ob das im Einzelfall ausnahmsweise keine Angaben über die Person, sondern gemachte Mitteilungen sind. Entscheidend ist vielmehr, ob es dem Sinn und Zweck der Regelung entspricht, dass das Recht, Angaben über die Person verweigern zu dürfen, insgesamt entfällt, sobald der Journalist einen Teil des Schutzgutes preisgegeben hat.
Hinsichtlich der gemachten Mitteilungen und den selbst recherchierten Materialien wird die Frage einer teilweisen Berufung auf das Zeugnisverweigerungsrecht weit weniger aufgeworfen. Diesbezüglich stellt sie sich allenfalls im Zusammenhang mit den Bekennerschreiben zu schweren Straftaten, die aber einen Sonderfall darstellen. Im Übrigen jedoch ist es unstreitig, dass es möglich ist, sich teilweise auf sein Zeugnisverweigerungsrecht zu berufen und zum Teil darauf zu verzichten[435]. Dann muss es aber auch im Bezug auf die Person möglich sein, nur einen Teil der vorhandenen Informationen bekannt zu geben, ohne dadurch gleich das gesamte Recht auf Zeugnisverweigerung zu verwirken.
Das Argument, mit dem man die gemachten Mitteilungen und die selbst recherchierten Materialien anders behandeln darf als die Angaben über die Person, könnte allenfalls sein, dass man bei den Angaben über die Person ein anderes Schutzziel des Gesetzes annimmt als bei den anderen beiden Schutzgütern. Während man sich hinsichtlich der gemachten Mitteilungen und des selbst recherchierten Materials einig ist, dass die gesamte Vertrauensbeziehung

435 Senge, in: Karlsruher Kommentar zur Strafprozessordnung, §53, Rdnr. 7.

zu den privaten Informanten sowie das Redaktionsgeheimnis für die Erfüllung der öffentlichen Aufgabe durch die Medien geschützt werden soll, wollen einige Autoren das Ziel des Schutzes der Angaben über die Person auf einen Anonymitätsschutz reduzieren[436]. Argumentiert wird dabei, dass die Regelung vor 1975 in diesem Sinne zu verstehen gewesen sei und der Gesetzgeber in der Gesetzesbegründung nicht dargelegt habe, dass er daran habe etwas ändern wollen. Die historische Entwicklung des Zeugnisverweigerungsrechts kann für die aktuelle Gesetzeslage jedoch keine verlässlichen Anhaltspunkte geben, wie eine Auslegung in dieser streitigen Frage zu erfolgen hat, da es vor der Entscheidung des BGH von 1978 keinen vergleichbaren Fall gab, bei dem sich der Gesetzgeber mit diesem Problem hätte konfrontiert sehen können[437]. Die Auslegung des Zeugnisverweigerungsrechts muss daher anhand der Teleologie des Gesetzes insgesamt erfolgen. Insofern ist festzuhalten, dass das Zeugnisverweigerungsrecht die Medien bei der Ausübung ihrer öffentlichen Aufgabe schützen soll[438].

Aus diesem Grund ist es aber nicht einsichtig, warum hinsichtlich des Schutzes der Angaben über eine Person eine weit enger begrenzte Zielsetzung angenommen wird als beim Schutz der gemachten Mitteilungen oder der selbst recherchierten Materialien.

Das Recht, die Angaben über die Person des Informanten zu verweigern, dient unmittelbar dem Schutz des Vertrauensverhältnisses zwischen dem Medienmitarbeiter, der Informationen über die Person zur Verfügung hat, und dem Informanten, der dem Medienangehörigen diese Informationen durch den Kontakt zugänglich macht und auf deren Geheimhaltung vertraut. Das Vertrauensverhältnis zwischen Presse und Informant erstreckt sich dabei nicht nur auf die Frage, ob der Name des Informanten preisgegeben werden darf.

---

436 Rose, Grenzen der Journalistischen Recherche im Strafrecht und Strafverfahrensrecht, S. 131; Rotsch, Der Schutz der Journalistischen Recherche im Strafprozessrecht, S. 57.

437 Vgl. zur Regelung von 1975: Dunkhase, Das Pressegeheimnis, S. 88.

438 Kühl, Strafprozessrecht: Grenzen des Zeugnisverweigerungsrechts von Pressemitarbeitern, JA 1980, 682 (684).

Der Informant ist möglicherweise, gerade bei umfassenden Interviews, durchaus interessiert daran, dass er namentlich genannt wird, um dem Leser die Herkunft und die Authentizität der Angaben darzulegen, was für das Verständnis der Gesprächsinhalte durch den Leser unerlässlich sein kann.
Das darüber hinausgehende Vertrauensverhältnis besteht jedoch dahingehend, dass der Informant möglicherweise zwar nicht seine Identität, aber seinen Aufenthaltsort, seine Lebensumstände, seine körperliche Verfassung oder andere private Dinge geheim gehalten wissen möchte und dies zur Voraussetzung für die Abgabe von Informationen macht. Das Vertrauensverhältnis zwischen Presse und Informanten kann im Hinblick auf den Schutz der Angaben über die Person nicht auf die bloße Anonymitätswahrung reduziert werden[439].
Darüber hinaus gibt es keine Anhaltspunkte dafür, dass eine solche Reduktion des Schutzes vom Gesetzgeber als Grundsatz gewollt war. Der Gesetzeszweck besteht darin, den freien Informationsfluss für die Medien zu gewährleisten. Dem steht die grundsätzliche Verweigerung eines Zeugnisverweigerungsrechts nach Aufdeckung der Identität der Person des Informanten entgegen.
Die Argumentation von *Rose,* dass die Presse mit der Preisgabe der Identität zeige, dass sie bereits eine Abwägung zwischen den Geheimhaltungsinteressen und dem Strafverfolgungsinteresse getroffen habe und diese Abwägung zu Gunsten der Belange der Strafverfolgung ausgefallen sei[440], vermag ebenfalls nicht zu überzeugen. Dabei übersieht sie, dass es nicht nur Fälle gibt, in denen der Name gezielt gegenüber den Strafverfolgungsbehörden genannt wird, sondern auch die Fälle, in denen die Namensnennung Teil des Beitrages ist, weil der Beitrag nur durch die Aufdeckung der Identität des Informanten seine Bedeutung erhält. In diesen Fällen hat aber offensichtlich keine Abwägung zwischen dem Geheimhaltungsinteresse und den Belangen der Strafrechtspflege stattgefunden, sondern die Namensnennung diente Zwecken, die allein mit der Veröffentlichung und dem Verständnis des Beitrags durch die Allgemeinheit in Zusammenhang stehen.

---

[439] So auch: Rotsch, Der Schutz der Journalistischen Recherche im Strafprozessrecht, S. 59.
[440] Rose, Grenzen der journalistischen Recherche im Strafrecht und Strafverfahrensrecht, S. 132.

Selbst wenn aber eine entsprechende Abwägung im Einzelfall stattgefunden haben sollte und sich die Presse daraufhin entschließt, die Identität des Informanten preiszugeben, so ist doch genau dies das Ergebnis der Abwägung. Das Ergebnis ist dann so ausgefallen, dass die Identität des Informanten als Teilinformation bekannt gegeben werden kann, weil das Geheimhaltungsinteresse insofern hinter dem Strafverfolgungsinteresse zurücksteht. Das heißt aber nicht, dass das Ergebnis der Abwägung ergeben hat, dass gegenüber den Belangen der Strafrechtspflege gar kein berechtigtes Interesse an einer Geheimhaltung von Informationen hinsichtlich dieser Person besteht.

Dass Missbrauchsfälle, in denen Straftäter die Medien als Plattform nutzen, um sich ihrer Taten zu rühmen[441], eine andere Bewertung im Einzelfall rechtfertigen können[442], steht außer Frage. Das allein rechtfertigt jedoch nicht, den Wegfall des Zeugnisverweigerungsrechts zur Regel zu machen. Vereinzelten Missbrauchsfällen kann die Rechtsprechung nur im Einzelfall begegnen, indem sie in Anbetracht der Bedeutung der verfassungsrechtlich geschützten Güter in diesen Einzelfällen aufgrund der vorgenommenen Abwägung das Zeugnisverweigerungsrecht versagt. Aufgrund der Möglichkeit solcher vereinzelter Missbrauchsfälle jedoch die Auslegung grundsätzlich dergestalt vorzunehmen, dass den Medienangehörigen in Folge einer Namensnennung der Schutz des Zeugnisverweigerungsrechts insgesamt verwehrt wird, ist nicht gerechtfertigt.

Auch aus der Fassung der Neuregelung von 2002 ergibt sich keine andere Bewertung. Zwar hat der Gesetzgeber die „*Offenbarung der Person*“ als besondere Ausnahme in §53 II 3 StPO des Gesetzes eingeführt und damit gezeigt, dass er den Identitätsschutz als den Kern des Vertrauensverhältnisses zwischen Medien und Informant ansieht. Doch ist zu beachten, dass es sich an dieser Stelle um eine eng auszulegende Ausnahme vom Regelfall handelt. An dieser Stelle lässt sich die Auffassung, dass mit der „*Offenbarung der Person*“

[441] Befürchtet in: BGHSt 28, 240 (246); Rebmann, Aktuelle Probleme des Zeugnisverweigerungsrechts von Presse und Rundfunk, AfP 1982, 189 (191).
[442] So auch: Rotsch, Der Schutz der Journalistischen Recherche im Strafprozessrecht, S. 60; Rengier, Die Reichweite des §53 I Nr. 5 StPO zum Schutze des Informanten, JZ 1979, 797 (798).

auch Umstände erfasst sein sollen, die mittelbar zur Aufdeckung des Aufenthaltsortes einer bereits namentlich bekannten Person führen können, aufgrund der Wortlautgrenze schwer vertreten.

Der natürliche Wortsinn des Ausdrucks „*Offenbarung der Person*“ liegt im Gegensatz zu der weit offeneren Formulierung „*über die Person*“ in Absatz I ausschließlich in der Aufdeckung der Identität des Informanten.

Dennoch ändert dies nichts daran, dass Absatz I Satz 2 anders ausgelegt werden muss, denn die Ausnahme in Absatz II ist zu Recht enger gefasst. In Absatz II geht es darum, dass eine grundsätzliche Ausnahme davon gemacht wird, dass das Zeugnisverweigerungsrecht in Anbetracht schwerer Straftaten entfallen soll. Sieht man einmal davon ab, dass diese Ausnahme insgesamt verfehlt ist, ist es richtig, dass sie sehr eng gefasst wurde. In Anbetracht des im Hinblick auf die in Frage stehenden Straftaten gesteigerten Strafverfolgungsinteresses war es richtig, die Ausnahme, wenn man sie schon macht, auf den Anonymitätsschutz zu beschränken, der einen Kern des Vertrauensverhältnisses zwischen Medienvertretern und Informanten bildet. Mit dieser Ausnahme wird, im Gegensatz zu der Bestimmung der geschützten Güter in Absatz I, ein gesetzgeberisches Ziel verfolgt, das enger ist als das Ziel, das der Gesetzgeber mit der Gesamtregelung verfolgt. Mit dieser Ausnahme in Absatz II Satz 3 will man in Ausnahmefällen, die schon aufgrund der Tatsache, dass es sich um Ausnahmen von einer Regel handelt und entsprechend eng auszulegen sind, trotz des Vorliegens einer schweren Straftat den Schutz des Informanten über den Schutz des Strafverfolgungsinteresses stellen. Diese Ausnahme soll jedoch nicht in Bezug auf jede Information „*über eine Person*“ gelten, auf die die Strafverfolgungsbehörden stoßen könnten. Denn das würde den Anwendungsbereich der Ausnahme zu weit ausdehnen. Deshalb ist es berechtigt, die Ausnahme auf Fälle der Identitätsaufdeckung zu beschränken.

Diese Fälle, in denen dem Zeugnisverweigerungsrecht aufgrund der in Frage stehenden Straftaten ein gesteigertes Strafverfolgungsinteresse gegenübersteht, sind jedoch nicht mit den Fällen vergleichbar, in denen dem Medienmitarbeiter ein umfassendes Zeugnisverweigerungsrecht nach §53 I Nr. 5 StPO zusteht und in denen er sich entschließt, gewisse Informationen preiszugeben, sich aber im Übrigen auf sein Zeugnisverweigerungsrecht zu berufen.

Durch die Aufnahme des Schutzes selbst recherchierter Materialien in das Zeugnisverweigerungsrecht hat der Gesetzgeber 2002 noch stärker als bisher verdeutlicht, dass es bei der Regelung gerade nicht ausschließlich um den unmittelbaren Schutz des Informanten geht, sondern auch um den Schutz des Redaktionsgeheimnisses.

Die Bedeutung der Tatsache, dass auch das Redaktionsgeheimnis insgesamt geschützt werden muss, um den Medien die Erfüllung ihrer öffentlichen Aufgabe zu erleichtern, wurde durch diese Änderung deutlich betont. Die Frage, ob ein Medienmitarbeiter von seinem Zeugnisverweigerungsrecht im konkreten Fall Gebrauch macht, hat der Gesetzgeber verstärkt in das Ermessen des Medienmitarbeiters selbst gelegt. Dann muss der Zeugnisverweigerungsberechtigte in Anbetracht der widerstreitenden verfassungsrechtlich geschützten Rechte aber erst recht das Recht haben zu entscheiden, in welchem Umfang er von seinem Zeugnisverweigerungsrecht Gebrauch macht. Es liegt auch mehr im Interesse der Strafverfolgungsbehörden, zumindest einen gewissen Teil der gewünschten Informationen zu erhalten als gar keine Informationen zu bekommen.

Im Hinblick auf den Informantenschutz darf dem Medienangehörigen das Zeugnisverweigerungsrecht nicht genommen werden, nur weil der Name des Informanten bereits bekannt ist. Es bleibt daher zu hoffen, dass der BGH bald die Gelegenheit bekommt, seine diesbezügliche Rechtsprechung zu überdenken.

B. Verwertungsverbot im Prozess

Macht der Zeuge berechtigt von seinem Zeugnisverweigerungsrecht Gebrauch, fällt er als Beweismittel weg[443]. Die Tatsache, dass sich der Zeuge auf das Zeugnisverweigerungsrecht beruft, sowie die Art und Weise, wie er das tut,

---

[443] Dahs, in: Löwe-Rosenberg, Die Strafprozessordnung, Band I, StPO, §53, Rdnr. 68.

insbesondere die möglichen Gründe, die er dafür angibt, ohne zur Angabe von Gründen verpflichtet zu sein, sind ebenfalls keiner Beweiswürdigung zugänglich[444].

I. Belehrungspflicht

Grundsätzlich besteht bei Zeugnisverweigerungsrechten aus beruflichen Gründen im Gegensatz zu den Fällen, in denen das Zeugnis aus persönlichen Gründen verweigert werden darf, keine Belehrungspflicht für Richter und Staatsanwaltschaft[445].

Es darf davon ausgegangen werden, dass der Angehörige eines Berufs, der zur Zeugnisverweigerung berechtigt, seine diesbezüglichen Rechte kennt[446].

Etwas anderes gilt lediglich in den Fällen, in denen dem Zeugen die ihm zustehenden Rechte offensichtlich unbekannt sind. Dann gehört eine diesbezügliche Belehrung zur prozessualen Fürsorgepflicht[447]. Insbesondere bei Verlagsangestellten, die keine Journalisten oder Redakteure sind, sowie bei jüngeren und unerfahrenen Personen kann nicht ohne Weiteres davon ausgegangen werden, dass sie ihre Rechte, das Zeugnis zu verweigern, in jedem Fall kennen[448]. Im Übrigen hat das Gericht jede Einwirkung auf die Entschließungsfreiheit des Zeugen zu unterlassen[449]. Das Gericht darf den Zeugen also weder bedrängen, auf sein Zeugnisverweigerungsrecht zu verzichten, noch ihm Gründe für oder gegen die Ausübung eines Zeugnisverweigerungsrechts nennen, noch ihn veranlassen, seine Entscheidung zu begründen, um diese Begründung dann zu erschüttern.

---

[444] Rotsch, Der Schutz der Journalistischen Recherche im Strafprozessrecht, S. 77.

[445] Joecks, Studienkommentar StPO, §53, Rdnr. 4; Dallinger, Aus der Rechtsprechung des Bundesgerichtshofs in Strafsachen, MDR 1958, 12 (14); BGH NJW 1991, 2844 (2846).

[446] BGHSt 42, 73 (76); Dahs, in: Löwe-Rosenberg, Die Strafprozessordnung, Band I, StPO, §53, Rdnr. 69.

[447] Holtz, Aus der Rechtsprechung des Bundesgerichtshofs in Strafsachen, MDR 1980, 812 (815); OLG Dresden NStZ-RR 1997, 238 (238).

[448] Achenbach, in: Löffler, Presserecht, §23, Rdnr. 89.

[449] Dahs, in: Löwe-Rosenberg, Die Strafprozessordnung, Band II, §53, Rdnr. 69.

II. Anwendbarkeit von §252 StPO

Die Verwertbarkeit früherer Angaben eines Zeugen richtet sich nach §252 StPO. Diese Vorschrift enthält über den Wortlaut hinaus nicht nur ein Verlesungsverbot, sondern ein umfassendes Verwertungsverbot hinsichtlich der früheren Vernehmungen eines Zeugen, der sich in der mündlichen Verhandlung berechtigt auf sein Zeugnisverweigerungsrecht beruft[450]. Die in früheren Vernehmungen durch den Zeugen gemachten Angaben dürfen weder durch Vernehmung der Verhörsperson, noch durch Verlesung des Vernehmungsprotokolls oder eines früheren Urteils oder durch Vorhalt an Angeklagte oder andere Zeugen in das Verfahren eingeführt werden[451].

Von diesem Grundsatz wird in den Fällen eine Ausnahme gemacht, in denen der Zeuge zuvor als solcher von einem Straf- oder Zivilrichter vernommen worden ist, sein Zeugnisverweigerungsrecht kannte oder entsprechend belehrt wurde, aber zum damaligen Zeitpunkt auf das Zeugnisverweigerungsrecht verzichtet hat[452]. In diesen Fällen darf der vernehmende Richter über den Inhalt der Aussage des Zeugen vernommen werden.

Als Begründung wird auf die erhöhte, für den Zeugen erkennbare Bedeutung der richterlichen gegenüber der sonstigen Vernehmung und auf das höhere Vertrauen der Allgemeinheit in richterliche Vernehmungen verwiesen[453].

---

[450] BGHSt 45, 342 (345); 32, 25 (29); 13, 394 (395); Diemer, in: Karlsruher Kommentar StPO, §252, Rdnr. 1.

[451] Diemer, in: Karlsruher Kommentar zur Strafprozessordnung, §252, Rdnr. 1.

[452] BGHSt 11, 338 (339); Meyer-Goßner, Strafprozessordnung,§252, Rdnr. 13.

[453] St. Rspr. des BGH: BGHSt 46, 189 (195); BGHSt 36, 384 (385); vgl. Meyer-Goßner, Strafprozessordnung, §252, Rdnr. 14.

Zweiter Abschnitt: Beschlagnahme in Redaktionsgebäuden

Der Schutz der Medien durch das Zeugnisverweigerungsrecht macht nur Sinn, wenn dieser Schutz nicht dadurch umgangen werden kann, dass der Zeuge zwar nichts auszusagen braucht, es aber dulden muss, dass die Räume, in denen er arbeitet, durchsucht und seine Unterlagen, Aufzeichnungen, Notizen, Filme und Fotos beschlagnahmt werden[454]. Daher müssen die Möglichkeiten der Strafverfolgungsbehörden, eine Durchsuchung und Beschlagnahme durchzuführen, unter dem Aspekt des Schutzes der Medienfreiheit aus Art. 5 I GG näher betrachtet werden. Dabei konzentriert sich die Darstellung ausschließlich auf die Fälle der Durchsuchung und Beschlagnahme zum Zweck der Strafverfolgung.

Erstes Kapitel: Voraussetzungen des Beschlagnahmeverbots

Zunächst werden die Voraussetzungen für die Durchsuchung und Beschlagnahme im Allgemeinen und für das Bestehen eines Beschlagnahmeverbots gem. §97 V StPO im Besonderen erläutert. Anschließend wird auf die Fragen der prozessualen Zuständigkeit für die Anordnung von Durchsuchungen und Beschlagnahmen bei zeugnisverweigerungsberechtigten Medienangehörigen und die prozessuale Verwertbarkeit der beschlagnahmten Gegenstände eingegangen.

A. Voraussetzungen der Beschlagnahme

Die Sicherstellung von Beweismitteln im Bereich der Presse unterliegt den allgemeinen Regeln, soweit sich aus §97 V in Verbindung mit §53 I 1 Nr. 5, II StPO keine Besonderheiten ergeben[455]. Daher ist bei Journalisten wie bei allen anderen Staatsbürgern zunächst von der Anwendbarkeit des §94 StPO auszugehen.

---

[454] Groß, Zum Zeugnisverweigerungsrecht der Mitarbeiter von Presse und Rundfunk, in: Festschrift für Gerhard Schiedermair zum 70. Geburtstag, S. 223 (240); Achenbach, in: Löffler, Presserecht, §23, Rdnr. 96; Mensching, Das Zeugnisverweigerungsrecht der Medien, S. 137 (m.w.N.).

[455] Schäfer, in: Löwe-Rosenberg, Die Strafprozessordnung, Band I, §94, Rdnr. 69.

„**§ 94**

(1) Gegenstände, die als Beweismittel für die Untersuchung von Bedeutung sein können, sind in Verwahrung zu nehmen oder in anderer Weise sicher zu stellen.

(2) Befinden sich die Gegenstände in dem Gewahrsam einer Person und werden nicht freiwillig herausgegeben, so bedarf es der Beschlagnahme.

(3) [...]"

Für viel Diskussionsstoff sorgen die Fälle der „Pressebeschlagnahme“ nach §94 II StPO.

Dafür müssen sich körperliche Gegenstände im Gewahrsam der Medien befinden, ohne dass diese bereit wären, die Gegenstände freiwillig an die Strafverfolgungsbehörden herauszugeben[456]. Die Gegenstände müssen für irgendeinen Beweis, der im Strafverfahren zulässig und im anhängigen Verfahren von Bedeutung sein könnte, geeignet sein. Diese Gegenstände werden dann im Wege der förmlichen Sicherstellung beschlagnahmt, indem sie in amtlichen Gewahrsam überführt werden. Der Begriff der Beschlagnahme umfasst dabei die Anordnung dieser Sicherstellung und deren Vollzug[457].

In der Praxis geht der Beschlagnahme häufig eine Durchsuchung voraus. In den Fällen der Pressebeschlagnahme handelt es sich in der Regel um eine Durchsuchung gem. §103 I StPO.

„**§ 103**

(1) Bei anderen Personen sind Durchsuchungen nur zur Ergreifung des Beschuldigten oder zur Verfolgung von Spuren einer Straftat oder zur Beschlagnahme bestimmter Gegenstände und nur dann zulässig, wenn Tatsachen vorliegen, aus denen zu schließen ist, dass die gesuchte Person, Spur oder Sache sich in den zu durchsuchenden Räumen befindet. [...]

(2) [...]"

---

[456] Zu den Voraussetzungen der Beschlagnahme vergleiche: Müller, in: KMR Kommentar zur Strafprozessordnung, Band I, §94, Rdnr. 1-10.

[457] Meyer-Goßner, Strafprozessordnung, Vor §94, Rdnr. 3.

Andere Personen im Sinne des §103 I 1 StPO sind in Abgrenzung zu §102 StPO solche, die nicht beschuldigt sind, an der den Gegenstand des Strafverfahrens bildenden Tat als Täter oder Teilnehmer beteiligt gewesen zu sein[458].

Als Durchsuchungsgegenstände kommen die Wohnung, andere Räume, die „andere" Person und die ihr gehörenden Sachen in Betracht. Dabei umfasst der Begriff der Wohnung auch Hotelzimmer sowie Arbeits-, Betriebs-, und Geschäftsräume, in denen sich die „andere" Person zeitweise mit eigenen von Fremdeinflüssen freien Gestaltungsmöglichkeiten aufhält[459]. Danach können Redaktionen oder Fernsehanstalten Objekte einer Durchsuchung sein, wenn zu vermuten ist, dass sich dort Gegenstände befinden, die taugliche Objekte einer Beschlagnahme nach §94 II StPO sind.
Eine Durchsuchung ist von vornherein unzulässig, wenn die Gegenstände, aufgrund derer die Durchsuchung durchgeführt werden soll, wegen des Beschlagnahmeverbots gem. §97 V StPO der Beschlagnahme nicht unterliegen[460]. Daher hat diese Vorschrift für den Schutz der Medienunternehmen vor staatlichen Übergriffen eine besonders große Bedeutung.
Werden Redaktionsräume durchsucht, stellt dies eine Beeinträchtigung der Pressefreiheit dar. Die Redaktionstätigkeit wird gestört und es besteht die Möglichkeit einer einschüchternden Wirkung[461]. Daher stehen die Vorschriften zum Schutz vor Beschlagnahme und Durchsuchung in Medienunternehmen besonders im Fokus der Aufmerksamkeit.

B. Voraussetzungen des §97 V StPO

I. §97 StPO in der Fassung vom 15. Februar 2002

„§ 97

(1) [....]

(2) [...]

[Satz 3:] Die Beschränkungen der Beschlagnahme gelten nicht, wenn die zur Verweigerung des Zeugnisses Berechtigten einer Teilnahme oder einer

---

458 Rudolphi, in: SKStPO, Band II, §103, Rdnr. 4.
459 Pfeiffer, StPO, §103, Rdnr. 2 / §102, Rdnr. 2.
460 Brüning, Beihilfe zum „Geheimnisverrat" durch Journalisten, NStZ 2006, 253 (256).
461 BVerfG NJW 2005, 965 (965).

Begünstigung, Strafvereitelung oder Hehlerei verdächtig sind oder wenn es sich um Gegenstände handelt, die durch eine Straftat hervorgebracht oder zur Begehung einer Straftat gebraucht oder bestimmt sind oder die aus einer Straftat herrühren.

(3) + (4) [....]

(5) Soweit das Zeugnisverweigerungsrecht der in §53 Absatz 1 Satz 1 Nr.5 genannten Personen reicht, ist die Beschlagnahme von Schriftstücken, Ton-, Bild-, und Datenträgern, Abbildungen und anderen Darstellungen, die sich im Gewahrsam dieser Person befinden, unzulässig. Absatz 2 Satz 3 gilt entsprechend; die Beschlagnahme ist jedoch auch in diesen Fällen nur zulässig, wenn sie unter Berücksichtigung der Grundrechte aus Artikel 5 Absatz 1 Satz 2 des Grundgesetzes nicht außer Verhältnis zur Bedeutung der Sache steht und die Erforschung des Sachverhaltes oder die Ermittlung des Aufenthaltsortes des Täters auf andere Weise aussichtslos oder wesentlich erschwert wäre.“

II. Bestehen eines Zeugnisverweigerungsrechts

Soweit das Zeugnisverweigerungsrecht reicht, ist die Beschlagnahme nach §97 V StPO unzulässig. Durch diese enge Verknüpfung des Beschlagnahmeverbots mit dem Zeugnisverweigerungsrecht soll verhindert werden, dass die Strafverfolgungsorgane das Zeugnisverweigerungsrecht im Wege der Beschlagnahme umgehen können[462].

Das bedeutet, dass sich die Erweiterungen des Zeugnisverweigerungsrechts auf das selbst recherchierte Material ebenso wie die Einschränkungen dieser Erweiterung beim Vorliegen schwerer Straftaten auch auf das Beschlagnahmeverbot auswirken[463]. Alle Probleme hinsichtlich der Entscheidung, ob im konkreten Fall ein Zeugnisverweigerungsrecht besteht oder nicht, stellen sich

---

462 Gerhardt, Das neue Zeugnisverweigerungsrecht der Publizisten, AfP 1975, 843 (843); Hennemann, Pressefreiheit und Zeugnisverweigerungsrecht, S. 70.

463 Von Knobloch, Pressefreiheit und Gefahrenabwehr, AfP 2006, 301 (302).

bei der Frage nach dem Bestehen eines Beschlagnahmeverbots erneut[464]. Insofern wird auf auf die Ausführungen des ersten Abschnitts dieser Arbeit verwiesen.

III. Gewahrsam

1. Voraussetzungen des Gewahrsams

Grundsätzlich muss sich der zu beschlagnahmende Gegenstand im Gewahrsam des Zeugen befinden[465]. Dabei ist unter Gewahrsam wie im Rahmen von §242 StGB jede vom natürlichen Herrschaftswillen getragene tatsächliche Sachherrschaft einer Person über eine Sache zu verstehen[466]. Bei der Pressebeschlagnahme reicht es nach §97 V StPO aus, dass sich dic Beweismittel im Gewahrsam der Redaktion, des Verlages oder der Druckerei befinden[467]. Diese Räume genießen jedoch nicht per se einen besonderen Schutz, der sie jeglicher Durchsuchung und Beschlagnahme entzieht[468]. Die Beschlagnahme ist vielmehr nur dann ausgeschlossen, wenn sich der Medienmitarbeiter hinsichtlich der zu beschlagnahmenden Gegenstände berechtigt auf ein Zeugnisverweigerungsrecht beruft.

§ 97 V StPO enthält mit Schriftstücken, Ton-, Bild-, und Datenträgern, Abbildungen und anderen Darstellungen eine nicht abschließende, beispielhafte Aufzählung der unter dem Beschlagnahmeschutz stehenden Gegenstände[469]. Jeder Gegenstand, der von der Beschlagnahme erfasst sein kann, unterliegt bei Vorliegen der Voraussetzungen dem Schutz durch das Beschlagnahmeverbot gem. §97 V StPO.

---

464 Kunert, Erweitertes Zeugnisverweigerungsrecht der Medienmitarbeiter, NStZ 2002, 169 (173).

465 Brömmekamp, Die Pressefreiheit und ihre Grenzen, S. 280.

466 Schmidt, Die Beschlagnahme von (Geschäfts-) Unterlagen beim Zeugnisverweigerungsberechtigten, wistra 1991, S. 245 (247); Zum Gewahrsamsbegriff beim Diebstahl: BGHSt 16, 271 (273).

467 Kühne, Strafprozessrecht, §99, Rdnr. 955; Hennemann, Pressefreiheit und Zeugnisverweigerungsrecht, S.77.

468 Kunert, Das Gesetz über das Zeugnisverweigerungsrecht der Mitarbeiter von Presse und Rundfunk, MDR 1975, 885 (889).

469 Mensching, Das Zeugnisverweigerungsrecht der Medien, S.141.

2. Mitgewahrsam des Beschuldigten

Als problematisch wird der Fall angesehen, in dem der Pressemitarbeiter zusammen mit dem Beschuldigten lediglich Mitgewahrsam an einem zu beschlagnahmenden Gegenstand hat. Grundsätzlich findet das Beschlagnahmeverbot des §97 V StPO auch in Fällen des Mitgewahrsams eines Medienangehörigen Anwendung[470]. Das ergibt sich zum einen daraus, dass der Gewahrsamsbegriff keinen Alleingewahrsam voraussetzt und zum anderen aus einem Bedürfnis der tatsächlichen Gegebenheiten heraus. Denn der Fall, dass gerade freiberuflich tätige Zeugnisverweigerungsberechtige (wie Anwälte, freie Journalisten, Steuerberater oder Ärzte) Büroräume teilen und daher notgedrungen jeweils Mitgewahrsam an den Arbeitsmaterialien des anderen haben, entspricht den heute regelmäßig vorliegenden Verhältnissen[471]. Wäre jeder Mitgewahrsam ausreichend, um das Beschlagnahmeverbot entfallen zu lassen, würde das Verbot in den meisten Fällen faktisch leer laufen.

Wenn es sich bei dem Mitgewahrsamsinhaber jedoch um den Beschuldigten selbst handelt, soll nach überwiegender Ansicht in der Literatur die Anwendbarkeit des Beschlagnahmeverbots ausgeschlossen sein[472].

Begründet wird dies zunächst damit, dass die Mitherrschaft des Beschuldigten die Sachherrschaft des Zeugnisverweigerungsberechtigten soweit einschränke, dass dieser den Zugriff auf die Gegenstände des Beschuldigten trotz seines Mitgewahrsams dulden müsse[473]. Aus dem Wortlaut der Vorschrift ergebe sich außerdem, dass ein besonderes Gewicht auf gerade den Gewahrsam des Zeugnisverweigerungsberechtigten gelegt wird. Diesem Gewicht entspräche es jedoch nicht, wenn das Beschlagnahmeverbot auch bei Mitgewahrsam des Beschuldigten bestehen bleibt[474].

---

[470] Meyer-Goßner, Strafprozessordnung, §97, Rdnr. 12; a.A. Birmanns, Die Beschlagnahme von Buchführungsunterlagen beim Steuerberater, MDR 1981, 102 (103), der die alleinige Verfügungsgewalt über den Gegenstand für erforderlich hält.

[471] Schmidt, Die Beschlagnahme von (Geschäfts-) Unterlagen beim Zeugnisverweigerungsberechtigten, wistra 1991, S. 245 (248).

[472] Bringewat, Zeugnisverweigerungsrecht und Beschlagnahmeprivileg des Verteidigers, NJW 1974, 1740 (1743); LG Aachen, MDR 1981, 603 (603); Rose, Grenzen der journalistischen Recherche im Strafrecht und Strafverfahrensrecht, S. 153.

[473] Höser, Nochmals: Die Beschlagnahme von Buchführungsunterlagen bei dem Steuerberater, MDR 1982, 535 (536).

[474] BGHSt 19, 374 (374).

Da der zu beschlagnahmende Gegenstand im Hinblick auf die mögliche Tat des Beschuldigten beschlagnahmt werden soll, hat dessen Gewahrsam eine größere Bedeutung als der Mitgewahrsam eines Pressekollegen, der sich mit dem Journalisten, der an der Sache arbeitet, zufällig ein Bürogebäude teilt.

Schmidt hingegen sieht die jeweilige Dispositionsbefugnis der Mitgewahrsamsinhaber als das entscheidende Kriterium an[475].
Befindet sich der Gegenstand im Mitgewahrsam von Zeugnisverweigerungsberechtigtem und Beschuldigtem, so könne diese Situation auf zufälligen Begebenheiten beruhen wie z.B. dem Bestehen einer Wohn- oder Bürogemeinschaft, dem Zusammenleben in der gemeinsamen ehelichen Wohnung oder der Tatsache, dass sich der Zeugnisverweigerungsberechtigte auf Reisen befindet und den Gegenstand bei sich führt (dann hat er Alleingewahrsam) oder dass er den Gegenstand in den gemeinschaftlichen Räumen aufbewahrt (dann hat er Mitgewahrsam). Diese Abhängigkeit von Zufälligkeiten gelte es zu vermeiden. Daher sei entscheidend, wer die alleinige Verfügungsbefugnis über den Gegenstand besitzt oder ob eine gemeinschaftliche Verfügungsbefugnis besteht. Unterliegt der Gegenstand also z.B. der alleinigen Verfügungsbefugnis des Beschuldigten, sei eine Beschlagnahme nicht bereits deshalb ausgeschlossen, weil zufällig auch die Ehefrau Mitgewahrsam an dem Gegenstand hat. Umgekehrt könne das Beschlagnahmeverbot hinsichtlich der Gegenstände, die unter der alleinigen Verfügungsbefugnis des Zeugnisverweigerungsberechtigten stehen, nicht nur deshalb entfallen, weil sie sich in Räumen befinden, an denen auch der Beschuldigte ein Mitgewahrsam hat.
Die Argumentation ist zwar einleuchtend, wenn es um das Verhältnis unter Eheleuten geht, sie ist jedoch auf die Fälle der Pressebeschlagnahme nicht ohne Weiteres übertragbar. In den Fällen der Pressebeschlagnahme lässt sich in der Regel schwer feststellen, wie die Dispositionsbefugnisse verteilt sind, da dies nicht aus der Natur der offensichtlichen Verhältnisse erkennbar ist, sondern allenfalls über die Kenntnis der dem Verhältnis zwischen Medienmitarbeiter und Beschuldigtem zu Grunde liegenden Vereinbarung zu beantworten wäre.

[475] Schmidt, Die Beschlagnahme von (Geschäfts-) Unterlagen beim Zeugnisverweigerungsberechtigten, wistra 1991, S. 245 (249).

Diese wird sich im Einzelfall jedoch kaum ermitteln lassen. Entscheidend ist, dass der Beschuldigte nicht die Möglichkeit haben soll, durch das Verbringen der beweiserheblichen Gegenstände in die Räume einer Redaktion oder Rundfunkanstalt und somit in den Gewahrsamsbereich von grundsätzlich zeugnisverweigerungsberechtigten Personen diese einer Beschlagnahme zu entziehen. Es muss verhindert werden, dass Redaktionsräume als dem Zugriff der Strafverfolgungsbehörden grundsätzlich entzogene Freiräume von Beschuldigten missbraucht werden können. Daher ist es grundsätzlich richtig, das Beschlagnahmeverbot bei Mitgewahrsam des Beschuldigten entfallen zu lassen. Die Gegenansicht nimmt an, dass auch in diesen Fällen nur die Abwägung zwischen Strafverfolgungsinteressen und der Pressefreiheit zu sachgerechten Ergebnissen führen könne[476]. Richtig ist, dass der Grundsatz, dass die Beschlagnahmefreiheit bei Mitgewahrsam des Beschuldigten zu entfallen hat, im Einzelfall am Verhältnismäßigkeitsgrundsatz zu messen ist. Sollte sich im Rahmen der Abwägung ergeben, dass in dem konkret zu beurteilenden Fall die Bedeutung der Pressefreiheit in Abwägung mit dem Strafverfolgungsinteresse das Bestehenbleiben der Beschlagnahmefreiheit erfordert, so muss dieses Ergebnis der Abwägung im Hinblick auf Art 5 I GG berücksichtigt werden. Im Grundsatz ist jedoch davon auszugehen, dass das Beschlagnahmeverbot bei Mitgewahrsam des Beschuldigten zu entfallen hat.

3. Unfreiwilliger Verlust des Gewahrsams

Streitig ist, ob bei unfreiwilligem Verlust des Gegenstandes, z.B. im Wege des Diebstahls, das Beschlagnahmeverbot entfällt oder bestehen bleibt. Dabei wird teilweise vertreten, das Beschlagnahmeverbot müsse auch im Fall des unfreiwilligen Gewahrsamsverlustes bestehen bleiben[477]. Der Herrschaftswille des Zeugnisverweigerungsberechtigten bestehe auch in den Fällen des unfreiwilligen Verlustes weiter fort[478]. Es könne nicht angehen, dass die Behörde von einem Diebstahl des Gegenstandes profitiert, weil sie die Beschlagnahme

[476] Achenbach, in: Löffler, Presserecht, §23, Rdnr.108.

[477] Rose, Grenzen der journalistischen Recherche im Strafrecht und Strafverfahrensrecht, S. 156.

[478] Achenbach, in: Löffer, Presserecht, §23, Rdnr. 110.

durchführen kann, bevor der Berechtigte den Gegenstand wieder erlangt. Außerdem bedeute auch die Möglichkeit, den Finder oder Dieb zur Sache vernehmen zu können, noch nicht zwangsläufig, dass der Inhalt des Geheimnisses dadurch aufgedeckt wird[479]. Denn dazu käme es darauf an, dass der Zeuge den Inhalt, den er wahrgenommen hat, auch erfassen kann, was z.B. bei einem Krankenblatt oder einer Bilanz nicht immer der Fall wäre.

Die Gegenansicht hält eine Beschlagnahme beim Finder oder Dieb des Beweismittels für zulässig[480]. Sie begründet das damit, dass der Sinn und Zweck des Beschlagnahmeverbots durch die Beschlagnahme nicht unterlaufen werden könne[481]. Sinn der Vorschrift sei der Schutz der Medien und des Vertrauensverhältnisses zwischen den Medienangehörigen und ihren Informanten. Wenn aber die Medien durch die Ermittlungsbehörden gar nicht unmittelbar in Anspruch genommen würden, dann könne die Vertrauenswürdigkeit der Medien durch die Beschlagnahme auch nicht geschädigt werden.

Dieses Argument ist zwar vom Ergebnis her richtig, überzeugt aber nicht, soweit auf das Vertrauensverhältnis zu den Informanten Bezug genommen wird. Die Informanten haben ein berechtigtes Interesse daran, dass Ihre Anonymität gewahrt wird und dass die von Ihnen übermittelten Informationen nicht an die Strafverfolgungsbehörden gelangen. Ihr Vertrauen in die Medien wird aber nicht durch die Beschlagnahme geschädigt. Es ist vielmehr bereits vor der Beschlagnahme durch den Verlust der Sache geschädigt worden. Ab dem Zeitpunkt des Verlustes müssen die Informanten damit rechnen, dass ihre Anonymität und die durch sie übermittelten Informationen aufgedeckt sind bzw. werden. Das führt die Schädigung des Vertrauensverhältnisses herbei und nicht die später durchgeführte Beschlagnahme. Der Schutz des Vertrauensverhältnisses zum Informanten gebietet es nicht mehr, den Gegenstand von der Beschlagnahme auszunehmen. Der Gegenstand ist durch den Verlust und die neue Gewahrsamsbegründung durch einen Dritten zugänglich geworden.

---

479 Ranft, Strafprozessrecht, §39, Rdnr. 960.
480 Schäfer, in: Löwe-Rosenberg, Die Strafprozessordnung, Band II, §97, Rdnr. 33.
481 Rotsch, Der Schutz der journalistischen Recherche im Strafprozessrecht, S. 120.

Der Unterschied zwischen der Beschlagnahme in Redaktionsräumen und der Beschlagnahme bei einem Dritten liegt in der Intensität des Eingriffs. Der Eingriff von staatlicher Seite ist ungleich größer, wenn in den Arbeitsbereich der Medienmitarbeiter von außen eingedrungen wird und im Wege der Beschlagnahme viele Informationen herausgetragen werden, als wenn bei einem Dieb das vorhandene Diebesgut beschlagnahmt oder ein Finder zu seinem Fund befragt wird. Während das Eindringen in Redaktionsräume mit einem erheblichen Einschüchterungseffekt und mit einem Verlust des Vertrauens der Öffentlichkeit in die Möglichkeit der Medien, frei von staatlichem Zwang berichten zu können, verbunden ist, hat die Beschlagnahme eines Gegenstandes bei einem Dritten diese Wirkung nicht. Der Wortlaut der Vorschrift setzt den Gewahrsam des Zeugnisverweigerungsberechtigten an dem Gegenstand voraus und an diesem Erfordernis ist auch nach dem Sinn und Zweck der Vorschrift festzuhalten.

IV. Ausschluss des Beschlagnahmeverbots

Das Beschlagnahmeverbot des §97 V StPO erfährt über §97 V i.V.m. II 3 StPO eine Einschränkung für die Fälle der personalen oder gegenständlichen Strafverstrickung.

1. Ausnahme wegen Verdachts der Tatbeteiligung

Wird der Journalist selbst zum Beschuldigten, steht ihm das Zeugnisverweigerungsrecht des §53 I Nr. 5 StPO, das nur für Zeugen gilt, nicht mehr zu und somit greift aufgrund der tatbestandlichen Verknüpfung auch das Beschlagnahmeverbot nicht[482]. Dem entspricht, dass der Zweck der Beschlagnahmeverbote in erster Linie darin zu sehen ist zu verhindern, dass die Zeugnisverweigerungsrechte unterlaufen werden[483]. Wenn solche Rechte zur Zeugnisverweigerung aufgrund des Beschuldigtenstatus jedoch gar nicht bestehen, dann bedarf es dementsprechend auch keines Beschlagnahmeverbots.

[482] Löffler / Ricker, Handbuch des Presserechts, S. 213, Rdnr. 53; Kunert, Das Gesetz über das Zeugnisverweigerungsrecht der Mitarbeiter von Presse und Rundfunk, MDR 1975, 885 (889); Hennemann, Pressefreiheit und Zeugnisverweigerungsrecht, S. 70.

[483] Ranft, Strafprozessrecht, §39, Rdnr. 938.

a) Verdacht der personalen Strafverstrickung

Darüber hinaus schließt §97 II 3 StPO, der über §97 V StPO entsprechend anwendbar ist, das Beschlagnahmeverbot ausdrücklich aus, wenn der Betroffene in Teilnahmeverdacht, Verdacht einer Begünstigung, einer Strafvereitelung oder einer Hehlerei hinsichtlich der der Beschlagnahme als Anlass zu Grunde liegenden Tat gerät[484]. Der Zeugnisverweigerungsberechtigte muss also tatverdächtiger Zeuge im Sinne des §60 Nr. 2 StPO und darf nicht Beschuldigter sein[485]. Dabei ist der Begriff der Tat im verfahrensrechtlichen (§264 StPO) und nicht im sachlichrechtlichen (§§52 ff StGB) Sinne zu verstehen[486]. Zur Verfolgung anderer Taten des Beschuldigten, bei denen kein Teilnahmeverdacht des Medienangehörigen besteht, ist das beschlagnahmte Beweismittel trotz gem. §97 V, II 3 StPO rechtmäßig durchgeführter Beschlagnahme nicht verwertbar[487]. Damit soll verhindert werden, dass das Verwertungsverbot von Zufälligkeiten wie der vorübergehenden Verbindung oder Trennung verschiedener Verfahren abhängt.

Es genügt ein bereits vor der Beschlagnahme bestehender einfacher Verdacht der Tatbeteiligung, der Strafvereitelung, der Begünstigung oder der Hehlerei durch den Medienangehörigen; der Verdacht muss weder dringend noch hinreichend sein[488]. Auch ein formelles Ermittlungsverfahren muss gegen den Medienmitarbeiter nicht eingeleitet sein. Wäre ein solches eingeleitet, würde das Beschlagnahmeverbot bereits aufgrund der Beschuldigteneigenschaft entfallen und es bedürfte keiner Strafverstrickungsklausel mehr.

Für die personale Strafverstrickung muss ein Verdacht vorliegen, der auf Tatsachen gestützt ist, die auf Grund kriminalistischer Erfahrung mit einiger Wahrscheinlichkeit den Schluss auf eine Tatbeteiligung zulassen[489].

---

[484] Mensching, Das Zeugnisverweigerungsrecht der Medien, S.139; Stypmann, Rechtliche und tatsächliche Probleme bei staatsanwaltschaftlichen Durchsuchungs- und Beschlagnahmehandlungen, wistra 1982, 11 (13).

[485] Achenbach, in: Löffer, Presserecht, §23, Rdnr. 121.

[486] Schäfer, in: Löwe-Rosenberg, Die Strafprozesordnung, Band II, §97, Rdnr. 38.

[487] BGHSt 18, 227 (229); Rudolphi, in: SKStPO, Band I, §97, Rdnr. 33.

[488] Schmidt, Die Ausnahme vom Beschlagnahmeverbot, S. 54; Rudolphi, in: SKStPO Band I §97, Rdnr. 31; Joecks, Studienkommentar, StPO, §97, Rdnr. 22.

[489] Amelung, Grenzen der Beschlagnahme notarieller Unterlagen, DNotZ 1984, 195 (212); Großpietsch, Das Zeugnisverweigerungsrecht von Journalisten aus Anlass von Straftaten im Zusammenhang mit Demonstrationen, S. 75.

Der häufigste Anwendungsfall der Ausschlussregelung des §97 V i.V.m. II 3 StPO ist der Verdacht der Teilnahme gegen den Medienangehörigen. Dabei umfasst der Begriff der Teilnahme in §97 II 3 StPO sowohl Anstiftung und Beihilfe als auch die Mittäterschaft (§25 StGB) an der das Ermittlungsverfahren gegen den Haupttäter begründenden Tat.

Die Teilnahme kann z.B. wegen fehlender Schuld oder persönlicher Strafausschließungsgründe straflos sein[490], es muss jedoch der Verdacht der Tatbestandserfüllung bestehen.

(1) Kritik an dieser Regelung

Die Kritiker dieser Ausnahmeregelung sehen im Ausschluss des Beschlagnahmeverbots bei Verdacht der Tatbeteiligung zu große Missbrauchsmöglichkeiten für die Strafverfolgungsbehörden[491]. Sie berufen sich darauf, dass Mitarbeiter der Presse gelegentlich auf Informanten zurückgreifen müssten, die in strafbare Handlungen verwickelt sind. Dadurch gebe es regelmäßig genug Anhaltspunkte für einen Verdacht der Strafvereitelung, Begünstigung oder gar der Teilnahme[492]. Die Ausnahme des Absatz II Satz 3 könne leicht zur Regel werden, da ein Beteiligungsverdacht bei Medienangehörigen immer irgendwie begründbar sei. Insbesondere bei Presseinhaltsdelikten bestehe zwangsläufig ein Verdacht der Teilnahme[493].
Eine Gleichbehandlung der Medienangehörigen mit den zeugnisverweigerungsberechtigten Berufsgruppen wie Geistlichen, Anwälten, Ärzten etc. sei sachlich nicht gerechtfertigt, weil das Zeugnisverweigerungsrecht der Medienangehörigen im Gegensatz zu dem der anderen Berufsgruppen nicht ein privates,

[490] Nack in: Karlsruher Kommentar zur Strafprozessordnung, §97, Rdnr. 98.

[491] Janisch, Investigativer Journalismus und Pressefreiheit, S. 126; Löffler, Lücken und Mängel im neuen Zeugnisverweigerungs- und Beschlagnahmerecht von Presse und Rundfunk, NJW 1978, 913 (916).

[492] Baumann, Pressefreiheit und Schutz der Presse im Ermittlungsverfahren gegen Dritte, S. 109; Delitz, Zweifelsfragen zum neuen strafprozessualen Zeugnisverweigerungsrecht der Presse, AfP 1976, 106 (106).

[493] Dunkhase, Das Pressegeheimnis, S. 99.

sondern ein öffentliches Interesse an der umfassenden Information der Allgemeinheit schütze[494]. Daher sei ein weitergehender Schutz der Medien im Interesse der Allgemeinheit gerechtfertigt.

Außerdem bestehe bei den „klassischen" Berufen der Ärzte, der Anwälte, der Steuerberater u.s.w. weniger schnell der Verdacht der personalen Strafverstrickung, da eine solche nicht in der Natur ihres Berufes liege, sondern es dazu besonderer, konkreter Anhaltspunkte bedürfe. Diese Anhaltspunkte ergeben sich bei Medienangehörigen bereits aus der Art ihrer Tätigkeit.

Aus diesem Grund wird teilweise eine Gleichstellung von Presse und Rundfunk mit den Parlamentariern verlangt[495]. Danach solle wie bei Abgeordneten allein der Verdacht einer Tatbeteiligung nicht in der Lage sein, den Schutz der Medienangehörigen und Redaktionen vor der Beschlagnahme entfallen zu lassen. Damit sollen die Medien in der Ausübung ihrer öffentlichen Aufgabe möglichst optimal vor staatlichen Beeinträchtigungen geschützt werden.

Eine solch weitgehende Privilegierung hält *Rehbinder* hingegen nicht für geboten. Er geht davon aus, dass die Medien ihre demokratische Funktion gerade dadurch legitimierten, dass sie sich den für alle gleichermaßen geltenden Gesetzen unterwerfen und auf besondere Privilegien verzichten[496]. Des Weiteren wird angeführt, dass die Behauptung, Presse- und Rundfunkmitarbeiter gerieten häufiger in den Verdacht der Tatteilnahme als Angehörige anderer Berufsgruppen, durch nichts belegt sei[497]. Eine entsprechende Statistik, die die zeugnisverweigerungsberechtigten Berufsgruppen insofern zueinander ins Verhältnis setzt, gebe es nicht.

---

[494] Löffler, Lücken und Mängel im neuen Zeugnisverweigerungs- und Beschlagnahmerecht von Presse und Rundfunk, NJW 1978, 913 (914).

[495] Achenbach, in: Löffler, Presserecht, §23, Rdnr. 117; Gerschel, Beschlagnahme von selbst recherchiertem Fernsehmaterial verfassungsgemäß, AfP 1987, 679 (685)

[496] Rehbinder, Rechtspolitisches zum Quellenschutz der Medien, in: Festschrift für Dietrich Oehler, S. 411 (418).

[497] Kunert, Das Gesetz über das Zeugnisverweigerungsrecht der Mitarbeiter von Presse und Rundfunk, MDR 1975, 885 (891).

(2) Stellungnahme

Geht es um die Frage, ob Räume durchsucht und Gegenstände beschlagnahmt werden sollen, mag es nicht erwiesen sein, dass die Medienmitarbeiter häufiger im Verdacht stehen, an der zu untersuchenden Tat beteiligt gewesen zu sein als die Angehörigen anderer Berufsgruppen. Die Notwendigkeit einer Differenzierung zwischen den Medienmitarbeitern und den Angehörigen der anderen zeugnisverweigerungsberechtigten Berufsgruppen besteht dennoch.

Zum einen geht es bei den Medienmitarbeitern um die Sicherung des Grundrechts der Pressefreiheit und die Wahrung der öffentlichen Aufgabe und somit um ein wichtiges Gut im Sinne der Allgemeinheit. Die Privilegien des Zeugnisverweigerungsrechts und der Beschlagnahmefreiheit werden den Medienmitarbeitern nicht im Hinblick auf ihre privaten und beruflichen Interessen eingeräumt, sondern sie sollen die Institution der freien Presse schützen[498]. Die Privilegien berücksichtigen die Eigenart der Institution der freien Presse, die eines gewissen Schutzes bedarf, um ihrer öffentlichen Aufgabe umfassend nachkommen zu können[499]. Des Weiteren kann nicht bestritten werden, dass Journalisten aufgrund ihres Berufs besonders häufig mit Straftätern in Kontakt kommen. Dieser Kontakt ist je nachdem in welchem Bereich der Journalist tätig ist, ein wesentlicher Bestandteil seiner Berufsausübung. Diesen Umstand gibt es sonst nur noch bei Strafverteidigern. Der Unterschied besteht jedoch darin, dass der Strafverteidiger regelmäßig erst kontaktiert wird, wenn die Strafverfolgungsbehörden den Betroffenen bereits ausfindig gemacht haben, und weiterhin darin, dass die von dem Strafverteidiger für den Straftäter zu übernehmende Tätigkeit klaren gesetzlichen Regeln unterworfen ist und der Beziehung zwischen dem Straftäter und seinem Verteidiger kraft Gesetzes ein bestimmter Stellenwert eingeräumt ist.

Das ist bei der journalistischen Tätigkeit in vergleichbarem Umfang nicht der Fall. Der Kontakt zwischen Journalist und Straftäter ist für Außenstehende schwer einzuordnen und zu bewerten. Die Medienangehörigen erhalten

[498] BVerfG NStZ 2001, 43 (43).

[499] Von Knobloch, Pressefreiheit und Gefahrenabwehr, AfP 2006, 301 (303).

Informationen von den Straftätern, was in dieser Konstellation immer das Bestehen eines Vertrauensverhältnisses voraussetzt. Wenn aber ein solches Vertrauensverhältnis d.h. eine besondere Beziehung zwischen einem Medienmitarbeiter und einem Straftäter besteht, dann sind konkrete Anhaltspunkte für einen Beteiligungsverdacht nicht mehr fern liegend. Darüber hinaus wird das Bestehen eines Kontakts nicht immer gern zugegeben, man trifft und bespricht sich in solchen Fällen nicht offiziell in einem Büro, sondern lieber im Verborgenen. Dieser Art von Kontakt wird schneller etwas Zwielichtiges zugesprochen, als das im Verhältnis zwischen dem Straftäter und seinem Verteidiger der Fall ist.

Des Weiteren verfügen die Medien über viele für die Strafverfolgungsbehörden interessante Informationen und legen das durch ihre Veröffentlichungen offen dar. Wenn es aber um Informationen geht, die für Strafverfolgungsbehörden bedeutsam sind, spielen auch die besonderen Kenntnisse der Medien über diese Straftaten eine Rolle. Wer besondere Kenntnisse über Straftaten und Kontakt zum Täter hat, gerät schnell in den Verdacht, auch in die Sache selbst verstrickt zu sein. Daher darf die Verdachtsschwelle für Medienangehörige nicht so niedrig gesetzt werden, dass eine Durchsuchung faktisch zur Regel und das Eingreifen des Beschlagnahmeverbots zur Ausnahme verkommt.

Dass das Risiko einer Umgehung des Beschlagnahmeschutzes durch die Behörden bei den anderen Berufsgruppen weniger groß ist ergibt sich daraus, dass diese Berufsgruppen bereits von vornherein weniger im Fokus der Ermittlungsbehörden stehen, weil weniger davon ausgegangen wird, dass sie über für die Strafverfolgungsbehörden interessante Informationen verfügen. Durch die Veröffentlichungen zu bestimmten strafrechtlich relevanten Geschehnissen legen die Medien offen, dass sie Kenntnisse über die näheren Umstände von Tat und Täter haben. Dadurch ziehen sie die Aufmerksamkeit der Ermittler zwangsläufig auf sich.

Nicht angemessen ist es, die Mitarbeiter von Presse und Rundfunk den Abgeordneten gleichzustellen und ihnen gleichsam einen Status der Immunität einzuräumen[500]. Eine solche Privilegierung würde die berechtigten Interessen an einer effektiven Strafverfolgung unverhältnismäßig einschränken. Doch sind die Medienangehörigen dadurch zu schützen, dass man die Anforderungen an die Schwelle des Tatverdachts nicht zu niedrig setzt.

Da sich im Zeitpunkt einer Durchsuchung die Ermittlungen regelmäßig noch in einem frühen Stadium befinden, kann aber kein hinreichender Tatverdacht i.S.d. §203 StPO verlangt werden. Dieser setzt voraus, dass auf Grund der bisherigen Ermittlungen eine Verurteilung in der Hauptverhandlung wahrscheinlich ist[501]. Im Zeitpunkt der Durchsuchungsanordnung stehen die Ermittlungen jedoch regelmäßig noch am Anfang der Erkenntnissammlung, so dass die Wahrscheinlichkeit einer Verurteilung im Rahmen der Hauptverhandlung noch nicht abzusehen ist.
Es muss jedoch ein dringender Tatverdacht als Schwelle in den Gesetzeswortlaut aufgenommen werden. Ein solcher wird auch für andere schwere Grundrechtseingriffe z.B. im Rahmen des Haftbefehls nach §112 I StPO verlangt. Ein dringender Tatverdacht liegt vor, wenn nach dem aktuellen Stand der Ermittlungen die hohe Wahrscheinlichkeit besteht, dass der Beschuldigte Täter oder Teilnehmer einer strafbaren Handlung ist[502]. Übertragen auf den in Frage stehenden Sachverhalt bedeutet das, dass der Medienangehörige nach dem jeweiligen Stand der Ermittlungen mit hoher Wahrscheinlichkeit an der zu untersuchenden Tat beteiligt gewesen sein muss. Der dringende Tatverdacht stellt also im Rahmen des Ermittlungsverfahrens hohe Anforderungen an den Verdachtsgrad und schmälert dadurch Missbrauchsmöglichkeiten.

b) Verdacht gegen einzelne Medienmitarbeiter

Hinsichtlich der personalen Strafverstrickung gehen einige Vertreter in der Literatur davon aus, dass es ausreiche, wenn ein einziger Mitarbeiter des in Frage stehenden Medienunternehmens teilnahmeverdächtig ist, um das

[500] a.A. Löffler, Lücken und Mängel im neuen Zeugnisverweigerungs- und Beschlagnahmerecht von Presse und Rundfunk, NJW 1978, 913 (916).
[501] Roxin, Strafverfahrensrecht, S. 279, Rdnr.13.
[502] Beulke, Strafprozessrecht, S. 127, Rdnr. 210.

Beschlagnahmeverbot entfallen zu lassen[503]. Das Hauptargument dabei ist, dass anderenfalls die Medienunternehmen zu rechtsfreien Räumen würden, in denen sich jeder Medienmitarbeiter der Strafverfolgung entziehen könne, indem er die in strafbarer Weise erlangten Gegenstände in den Gewahrsam der Redaktion oder der Rundfunkanstalt verbringt[504]. Das Medienunternehmen würde durch die Regelung zum rechtsfreien Raum. Wenn der Teilnahmeverdacht gegen einen Mitarbeiter nicht ausreichend wäre, um eine Durchsuchung der Redaktionsräume aufgrund der Ausnahme nach §97 V, II 3 StPO zu rechtfertigen, stünden diesem Mitarbeiter alle Missbrauchsmöglichkeiten unter dem Deckmantel der Pressefreiheit offen.

Die Gegenansicht sieht in dem Ausschluss der Beschlagnahmefreiheit aufgrund des Teilnahmeverdachts gegen einen einzigen Mitarbeiter eine zu starke Einschränkung der Pressefreiheit[505]. Diese Einschränkung bewirke u.a., dass das Beschlagnahmeverbot nicht greift, wenn in dem Verfahren wegen Verletzung der Geheimhaltungsvorschriften ermittelt wird[506]. In diesen Fällen versuchen die Behörden regelmäßig in erster Linie die undichte Stelle in den eigenen Reihen zu finden. Sie wollen wissen, auf welchem Weg die Information nach außen gelangt ist. Dabei werde oftmals ein Teilnahmeverdacht gegen Medienangehörige konstruiert, der dann nach Durchführung der Beschlagnahme unmittelbar wieder fallen gelassen werde.
Das Problem, dass ein Tatverdacht konstruiert wird, um andere Ziele zu erreichen, lässt sich nur auf der Ebene der Voraussetzungen lösen, die an den Verdachtsgrad gestellt werden, nicht aber über die Frage, ob der Teilnahmeverdacht gegen einen einzigen Medienangehörigen ausreicht oder nicht. Der Teilnahmeverdacht gegen einen einzelnen Medienmitarbeiter muss ausreichend sein, für den Wegfall des Beschlagnahmeverbots, will man die

---

503 Meyer-Goßner, Strafprozessrecht, §97, Rdnr. 45; Kunert, Das Gesetz über das Zeugnisverweigerungsrecht der Mitarbeiter von Presse und Rundfunk, MDR 1975, 885 (890).

504 Mensching, Das Zeugnisverweigerungsrecht der Medien, S. 141; Kunert, Das Gesetz über das Zeugnisverweigerungsrecht der Mitarbeiter von Presse und Rundfunk, MDR 1975, 885 (890).

505 Achenbach, in: Löffler, Presserecht, §23, Rdnr. 131.

506 Groß, Zum Zeugnisverweigerungsrecht der Mitarbeiter von Presse und Rundfunk, in: Festschrift für Gerhard Schiedermair, S. 223 (240).

Ausnahme nicht leer laufen lassen. Denn wenn ein Mitarbeiter in die Strafsache verstrickt ist, wird es regelmäßig ein einzelner sein, der den persönlichen Kontakt zu dem betreffenden Straftäter pflegt und sich im Rahmen dieses persönlichen Kontakts in strafbarer Weise mit ihm eingelassen hat. In den seltensten Fällen wird die gesamte Redaktion in solche Vorgänge verstrickt sein. Es muss jedoch verhindert werden, dass sich dieser Mitarbeiter der Strafverfolgung allein dadurch entziehen kann, dass er alle Beweismittel in die Räume der Redaktion verbringt. Daher ist es richtig, den Verdacht gegen einen einzelnen Mitarbeiter für das Entfallen des Beschlagnahmeverbots als ausreichend anzusehen.

2. Verdacht der Strafverstrickung der Gegenstände

Gem. §97 II a.E. StPO greift das Beschlagnahmeverbot nicht, wenn es sich um Gegenstände handelt, die durch eine Straftat hervorgebracht, zur Begehung einer Straftat gebraucht oder bestimmt sind oder die aus einer Straftat herrühren[507].

Dabei bezieht sich das Merkmal *„durch eine Straftat“* nur auf die Straftat, wegen der im konkreten Verfahren ermittelt wird[508]. Durch eine Straftat hervorgebracht sind nur die Druckwerke, bei denen bereits die Herstellung einen Straftatbestand erfüllt, nicht hingegen solche, bei denen erst die Verbreitung strafbar wäre[509]. Zur Begehung einer Straftat gebraucht und bestimmt sind Gegenstände, deren Veröffentlichung und Verbreitung unter Strafe gestellt ist[510]. Unter den Begriff der Gegenstände, die aus einer Straftat herrühren, fallen all jene, die aufgrund illegaler Informationsbeschaffung erlangt wurden[511]. Ein in der Praxis vorkommendes Beispiel sind die Unterlagen, die den Medien unter Verletzung der Geheimhaltungsvorschriften übergeben werden und daher aus einer Straftat gem. §353 b StGB stammen[512].

---

507 Stypmann, Rechtliche und tatsächliche Probleme bei staatsanwaltschaftlichen Durchsuchungs- und Beschlagnahmehandlungen, wistra 1982, 11 (13).

508 KMR Kommentar zur Strafprozessordnung, Band I, §97, Rdnr.15.

509 Löffler / Ricker, Handbuch des Presserechts, S. 213, Rdnr. 54.

510 Achenbach, in: Löffler, Presserecht, §23, Rdnr. 127.

511 Brömmekamp, Die Pressefreiheit und ihre Grenzen, S. 281.

512 Groß, Neuregelung des journalistischen Zeugnisverweigerungsrechts, NJW 1975, 1763 (1764); Dunkhase, Das Pressegeheimnis, S. 99.

V. Verhältnismäßigkeit und Subsidiarität

In den Fällen, in denen gem. §97 II 3 StPO von einer Ausnahme vom Beschlagnahmeverbot auszugehen ist, ist diese Ausnahme gem. §97 V 2 2. HS StPO an den Grundsätzen der Verhältnismäßigkeit zu messen und der Subsidiaritätsgrundsatz zu beachten.

Dabei ist die Verhältnismäßigkeitsklausel grundsätzlich rein deklaratorisch, da der Verhältnismäßigkeitsgrundsatz in Anbetracht der sich gegenüberstehenden verfassungsrechtlich geschützten Güter ohnehin zu beachten ist[513]. Die Schwere des Eingriffs in die Pressefreiheit ist zu der Bedeutung der aufzuklärenden Straftat und den Aussichten, durch die Beschlagnahme die Aufklärung der Sache fördern zu können, in Verhältnis zu setzen[514].

Der Verhältnismäßigkeitsgrundsatz wirkt sich auch dergestalt aus, dass die Anforderungen, die an die Konkretisierung des Verdachts der Tatbeteiligung durch bestimmte Tatsachen gestellt werden, um so höher sind, je schwerwiegender der Eingriff in die Pressefreiheit ist[515].
Wichtig ist die ausdrückliche Nennung des Verhältnismäßigkeitsgrundsatzes an dieser Stelle dafür, dass noch einmal klargestellt wird, dass das Beschlagnahmeverbot auch bei Vorliegen der Ausnahmetatbestände des §97 II StPO nicht zwingend entfällt. Die Beschlagnahme darf vielmehr auch in den Fällen, in denen diese Voraussetzungen vorliegen, nur dann durchgeführt werden, wenn die besonderen Anforderungen der Verhältnismäßigkeit hinreichend beachtet wurden[516].
Weiterhin enthält §97 V 2 StPO eine mit der Subsidiaritätsklausel des §53 II 2 a.E. StPO wortidentische Subsidiaritätsklausel. *Kunert* geht daher davon aus, dass sich aus dieser Klausel für den über die Beschlagnahme Entscheidenden

[513] Kunert, Erweitertes Zeugnisverweigerungsrecht der Medienmitarbeiter, NStZ 2002, 169 (173).

[514] Achenbach, in: Löffler, Presserecht, §23, Rdnr.119; Ranft, Strafprozessrecht, §39, Rdnr.938.

[515] Nack, in: Karlsruher Kommentar, StPO, §97, Rdnr. 35; zum erforderlichen Verdachtsgrad und den Auswirkungen des Verhältnismäßigkeitsgrundsatzes auf den Verdachtsgrad im Allgemeinen, vgl. auch: Schmidt, Die Ausnahme vom Beschlagnahmeverbot, S. 56 ff.

[516] BVerfG, 1 BvR 538/06 vom 27.02.2007, Absatz Nr. 52.

und den von der Beschlagnahme Betroffenen dieselben Unsicherheiten und Schwierigkeiten ergeben wie beim Zeugnisverweigerungsrecht[517]. Tatsächlich ist die Subsidiaritätsklausel an dieser Stelle jedoch weit weniger problematisch. Hinsichtlich der Anordnung der Beschlagnahme besteht ein Richtervorbehalt. Der Richter hat sich also in einem bestimmten Zeitpunkt ohnehin mit der derzeitigen Beweislage des Verfahrens auseinander zu setzen, um entscheiden zu können, ob eine Beschlagnahme stattfinden soll oder nicht. In diesem Stadium des Verfahrens kann die Subsidiaritätsklausel also nicht zu einer künstlichen Verfahrensverzögerung missbraucht werden und sie verlangt auch keine Zwischenbeweiswürdigung zu einem Zeitpunkt, in dem eine solche zwangsläufig zu Verzögerungen führen würde. Sie gibt dem Richter lediglich ein Kriterium an die Hand, das er bei seiner ohnehin erforderlichen umfassenden Prüfung der Verhältnismäßigkeit besonders zu beachten hat.

Zwar ist es richtig, dass für den Medienangehörigen auch zu diesem Zeitpunkt eine Beurteilung der Beweissituation und daher die Beantwortung der Frage, ob die Subsidiaritätsklausel einschlägig ist oder nicht, nicht möglich ist, doch ist auch hier die vom Zeugnisverweigerungsrecht abweichende Situation zu beachten. Der Medienmitarbeiter selbst soll im Gegensatz zum Fall des Aussagezwangs keine eigene Mitwirkungsleistung erbringen. Wenn er an die Erfüllung der Voraussetzungen nicht glaubt, steht es ihm frei, die Anordnung rechtlich überprüfen zu lassen. Die von einer Durchsuchung Betroffenen können regelmäßig nicht überprüfen, ob die Maßnahme angemessen ist, da sie nie den Stand der Ermittlungen kennen. Das betrifft nicht nur die Medienangehörigen, sondern gilt für alle, gegen die sich solche Strafverfolgungsmaßnahmen richten.

Die Rechtsunsicherheiten wären ohne die Subsidiaritätsklausel auch nicht geringer, denn hinsichtlich des Verhältnismäßigkeitsgrundsatzes gilt dasselbe. Dass der Betroffene die Gründe und Angemessenheit der Maßnahme ohne Kenntnisse des Standes der Ermittlungen nicht bis ins Detail nachvollziehen kann, ist nicht zu vermeiden. Die Subsidiaritätsklausel bewirkt in diesem

[517] Kunert, Erweitertes Zeugnisverweigerungsrecht der Medienmitarbeiter, NStZ 2002, 169 (173).

Zusammenhang lediglich, dass der Richter bei seiner Entscheidung ein besonderes Augenmerk auf die Angemessenheit der Maßnahme hat und die Prüfung nicht mit der Feststellung eines der Ausnahmetatbestände des §97 II 3 StPO beendet, ohne der Bedeutung des Grundrechts Rechnung zu tragen. Negative Folgen sind durch die Klausel an dieser Stelle nicht zu befürchten.

C. Zuständigkeit für die Anordnung

„**§98**

(1) Die Beschlagnahmen dürfen nur durch den Richter, bei Gefahr im Verzug auch durch die Staatsanwaltschaft und ihre Ermittlungspersonen (§152 des Gerichtsverfassungsgesetzes) angeordnet werden. Die Beschlagnahme nach §97 Abs. 5 Satz 2 in den Räumen einer Redaktion, eines Verlages, einer Druckerei oder einer Rundfunkanstalt darf nur durch den Richter angeordnet werden.

(2) - (4) [...]“

I. Zuständigkeit für die Beschlagnahme in Redaktion

Gem. §98 I 2 StPO darf die Beschlagnahme nach §97 V 2 in den Räumen einer Redaktion, eines Verlages, einer Druckerei oder einer Rundfunkanstalt nur durch den Richter angeordnet werden[518]. Ein Raum in diesem Sinne ist dabei jeder räumlich-gegenständlich begrenzte und organisatorisch zusammengefasste Bereich, in dem Redakteure mit ihren Hilfskräften im Rahmen eines Unternehmens zur Herstellung eines Druckwerks den Inhalt von Publikationen mit eigener Entscheidungsbefugnis über Beschaffung und Gestaltung des zu publizierenden Stoffes redigieren oder mitredigieren[519].

Der Richtervorbehalt soll eine vorbeugende Kontrolle der gesetzlichen Voraussetzungen durch eine unabhängige und neutrale Instanz gewährleisten[520]. Der Richter ist im strafrechtlichen Ermittlungsverfahren, das die Staatsanwaltschaft in eigener Verantwortung führt, entsprechend der im deutschen

[518] Gerhardt, Das neue Zeugnisverweigerungsrecht der Publizisten, AfP 1975, 843 (844).

[519] BGH NJW 1999, 2051 (2053); Schäfer, in: Löwe-Rosenberg, Die Strafprozessordnung, Band II, §98, Rdnr. 7.

[520] BVerfGE 103, 142 (151); 57, 346 (355); 76, 83 (91).

Strafprozess geltenden Trennung von Anklagebehörde und Gericht unbeteiligter Dritter, der nur auf Antrag der Staatsanwaltschaft tätig wird. Seine Einschaltung soll für eine gebührende Berücksichtigung der Interessen der Beteiligten sorgen[521]. Dabei ist das die Durchsuchung anordnende Gericht verpflichtet, durch eine geeignete Formulierung des Durchsuchungsbeschlusses im Rahmen des Möglichen und Zumutbaren sicherzustellen, dass der Eingriff in das Grundrecht der Pressefreiheit messbar und kontrollierbar bleibt[522]. Der Beschluss hat daher Ziel, Rahmen und Grenzen der Durchsuchung festzulegen[523].

II. Zuständigkeit für die Anordnung gem. §105 I StPO

„§105

(1) Durchsuchungen dürfen nur durch den Richter, bei Gefahr im Verzug auch durch die Staatsanwaltschaft und ihre Ermittlungspersonen (§152 des Gerichtsverfassungsgesetzes) angeordnet werden. Durchsuchungen nach §103 Abs. 1 Satz 2 ordnet der Richter an; die Staatsanwaltschaft ist hierzu befugt, wenn Gefahr im Verzug ist.

(2) - (3) [...]"

Aus §105 I StPO ergibt sich, dass die Zuständigkeit für die Anordnung der Durchsuchung zwar grundsätzlich ebenfalls beim Richter liegt, im Falle der Gefahr im Verzug diese Anordnung aber auch durch die Staatsanwaltschaft und ihre Ermittlungspersonen getroffen werden kann. Eine besondere Zuständigkeitszuweisung für die Anordnung der Durchsuchung in Redaktions-, Verlags-, und Druckereiräumen ist in §105 StPO nicht vorgesehen. Das bedeutet, dass in den Eilfällen für die Anordnung der Beschlagnahme von Beweismitteln gem. §98 I 2 StPO der Richter ausschließlich zuständig ist, die Durchsuchung zur Auffindung dieser Gegenstände bei Gefahr im Verzug aber durch die Staatsanwaltschaft und ihre Ermittlungsbeamten angeordnet werden kann.

521 BVerfGE 103, 142 (151).
522 BVerfG NJW 2005, 965 (966); BVerfGE 103, 142 (151).
523 BVerfGE 96, 44 (52).

Dieser Widerspruch im Rahmen der Kompetenzzuweisungen ist sachlich nicht gerechtfertigt[524]. Die Durchsuchung von Räumen gehört zu den Maßnahmen, die am empfindlichsten in die Sphäre des Einzelnen und in den grundgesetzlich gewährten Schutz der Pressefreiheit eingreifen[525]. Die Durchsuchung der Presseräume ist mit einer massiven Beeinträchtigung der Tätigkeit des Presseunternehmens und mit einem möglicherweise erheblichen Einschüchterungseffekt verbunden[526]. Für eine Ungleichbehandlung der Zuständigkeiten bei Durchsuchung und Beschlagnahme gibt es keine überzeugenden Argumente. Daher muss die Regelung des §105 StPO im Hinblick auf die Bedeutung von Art 5 I GG so ausgelegt werden, dass die Kompetenzen zur Anordnung der Durchsuchung der Regelung des §98 I StPO entsprechen[527]. Das Richtermonopol muss daher auch bei der Entscheidung über die Durchsuchung gelten, wenn die Durchsuchung zur Beschlagnahme von Gegenständen führen soll, für deren Anordnung das Richtermonopol gem. §98 I 2 StPO gilt. Auch wenn der Widerspruch im Rahmen der Zuständigkeiten im Wege der Auslegung lösbar ist, sollte eine entsprechende gesetzliche Anpassung erfolgen.

III. Beschlagnahme bei freien Mitarbeitern

Findet die Beschlagnahme in Privaträumen von Journalisten (z.B. bei freien Mitarbeitern, die überwiegend zu Hause arbeiten) statt, dann gilt der absolute Richtervorbehalt des §98 I 2 StPO nicht[528].

In diesen Fällen darf also bei Gefahr im Verzug die Beschlagnahme auch durch die Staatsanwaltschaft und ihre Ermittlungspersonen angeordnet werden[529]. Grund für die ausschließliche Zuständigkeit des Richters nach §98 I 2 StPO ist nach der Rechtsprechung und der darauf basierenden Gesetzesbegründung die

---

[524] Hennemann, Pressefreiheit und Zeugnisverweigerungsrecht, S.84.

[525] Rupp, Themen der Zeit, ZRP 1972, 237 (239).

[526] BVerfG, 1 BvR 538/06 vom 27.02.2007, Absatz Nr. 44.

[527] BGH NJW 1999, 2051 (2051); Großpietsch, Das Zeugnisverweigerungsrecht von Journalisten aus Anlass von Straftaten im Zusammenhang mit Demonstrationen, S. 84.

[528] Groß, Zum Zeugnisverweigerungsrecht der Mitarbeiter von Presse und Rundfunk, in: Festschrift für Gerhard Schiedermair, S. 223 (241); BGH wistra 1999, 187 (189).

[529] Birkner / Rösler, Pressefreiheit stärken – Strafprozessordnung ändern, ZRP 2006, 109 (110).

erhöhte Störanfälligkeit der Pressebetriebe[530] und die „besondere Empfindlichkeit der Fragen“, mit denen sich die Medien beschäftigen[531]. Vergleichbar empfindliche Störungen eines Pressebetriebs seien nach der Rechtsprechung bei der Durchsuchung des Büros eines freien Mitarbeiters jedoch nicht zu erwarten[532]. In diesen Fällen sei vielmehr nur ein Einzelner betroffen. Dieser sachliche Unterschied rechtfertige eine Ungleichbehandlung im Rahmen der Eilkompetenzen.

Kritiker halten die Differenzierung, die sich zu Lasten der von zu Hause aus arbeitenden Medienangehörigen auswirkt, nicht für gerechtfertigt[533].

Als Argument wird zunächst angeführt, auch die Arbeitsräume des freien Journalisten, der wie ein Redakteur tätig wird, fielen unter die Definition der „Redaktion“[534]. Denn auch in diesen Räumen werde publizistischer Stoff mit eigener Entscheidungsbefugnis seitens des freien Mitarbeiters redigiert. Auch vom Störungspotential her bestehe eine Vergleichbarkeit zwischen den Arbeitsräumen des freien Mitarbeiters und dem Verlag, da der freie Mitarbeiter in der Zeit der Maßnahme nicht recherchieren und arbeiten könne und möglicherweise Unterlagen beschlagnahmt würden, die er für seine nächste Veröffentlichung benötigt. Die Schlechterstellung von freien Journalisten entspreche auch nicht mehr den aktuellen Verhältnissen, da es Journalisten und Redakteure, die fest an einen Verlag oder Sender gebunden sind, nur noch in vermindertem Maße gebe.
Dieser Argumentation ist im Ergebnis zuzustimmen. Zwar sind die Wirkungen der Durchsuchung einer Redaktion im Bezug auf das Medienprodukt nicht mit den Wirkungen der Durchsuchung bei einem einzelnen Mitarbeiter vergleichbar, doch ist der Eingriff in das Grundrecht der Medienfreiheit aus anderen Gesichtspunkten nicht minder gravierend.

530 BT Dr 7/2539, S. 12.
531 BGH wistra 1999, 187 (189).
532 BVerfG NJW 1999, 2051 (2053).
533 Birkner / Rösler, Pressefreiheit stärken – Strafprozessordnung ändern, ZRP 2006, 109 (111); Dunkhase, Das Pressegeheimnis, S.101.
534 Rotsch, Der Schutz der journalistischen Recherche im Strafprozessrecht, S. 136.

Groß angelegte Durchsuchungs- und Beschlagnahmemaßnahmen, die eine ganze Redaktion oder Rundfunkanstalt betreffen, wirken sich gravierend auf das jeweilige Produkt aus. Sie dauern in der Regel länger als die Durchsuchung eines einzelnen Arbeitszimmers, es wird deutlich mehr Material eingesehen und der Betriebsablauf wird so nachhaltig gestört, dass es schwierig ist, das regelmäßige Erscheinen periodisch veröffentlichter Werke weiter zu gewährleisten[535]. Diese Schwierigkeiten stellen sich bei der Durchsuchung der Arbeitsräume eines einzelnen Journalisten unabhängig von einem Verlag nicht. Dennoch ist die Einschüchterungswirkung der Durchsuchung des Arbeitszimmers eines freien Mitarbeiters nicht zu unterschätzen. Ein Journalist, der vor allem im politischen Bereich tätig ist und investigative Artikel schreibt, könnte sich durch das massive Eindringen der Strafverfolgungsbehörden in seinen Arbeits- und Privatbereich veranlasst sehen, zukünftig nicht mehr in bis dahin praktizierter Weise offen zu schreiben.

Die Durchsuchung der Arbeitsräume in der privaten Wohnung wird den Journalisten unter Umständen härter treffen und eine größere Einschüchterungswirkung mit sich bringen als die Durchsuchung des Schreibtisches im Büro des Verlages. Zwar trifft diese gegen den freien Mitarbeiter gerichtete Maßnahme nicht so viele Journalisten und ein ganzes Medienprodukt gleichzeitig, doch kann genau das die Einschüchterungswirkung für den betroffenen Journalisten verstärken. Als freier Mitarbeiter ist er weitgehend allein mit der Macht des Staates konfrontiert. Er kann weniger auf die Rückendeckung durch Verlage oder die moralische Unterstützung gleichzeitig betroffener Kollegen hoffen. Befinden sich die Arbeitsräume zu Hause, sind neben dem Journalisten selbst möglicherweise noch weitere Mitglieder seiner Familie von der Maßnahme betroffen.

---

[535] Vgl. Durchsuchung bei der Zeitschrift „Spiegel“: Die Durchsuchung der Räume in Hamburg nahm vier Wochen in Anspruch, in denen die meisten Räume verschlossen waren und nur nach und nach frei gegeben werden konnten. BVerfGE 20, 162 (166). Das regelmäßige Erscheinen der Zeitschrift konnte in dieser Zeit nur durch die Hilfeleistung anderer Verlage ermöglicht werden. BVerfGE 20, 162 (200).

Auf diese Art können freie Journalisten, die sich besonders durch klare Kritik an bestehenden politischen Zuständen oder Handlungen hervortun, dazu gebracht werden, zukünftig eine größere Zurückhaltung zu üben. Das Ergebnis wäre eine personale Zensur. Der Kritiker wäre zum Schweigen gebracht. Das ist allerdings mit dem Grundsatz der Medienfreiheit nicht vereinbar.

Im Hinblick auf die Bedeutung der Pressefreiheit und im Hinblick darauf, dass es in allen Bereichen eine wachsende Zahl Journalisten gibt, die als freie Mitarbeiter ihre Artikel verkaufen, müssen die Arbeitsräume der freien Mitarbeiter den gleichen Schutz genießen wie Redaktionsräume. Eine Ungleichbehandlung durch unterschiedliche Zuständigkeiten ist nicht gerechtfertigt. Die Vorschriften des §98 I 2 StPO und dann entsprechend auch des §105 I StPO sind daher um die Arbeitsräume von nach §53 I Nr. 5 StPO Zeugnisverweigerungsberechtigten zu ergänzen.

IV. Erforderlichkeit des Richtervorbehalts

Durchsuchungen, Beschlagnahmen in einem Verlag, einer Redaktion, Druckerei oder Rundfunkanstalt und entsprechende Maßnahmen bei freien Mitarbeitern sind also zuständigkeitsrechtlich gleich zu behandeln. Es bleibt jedoch die Frage, ob es wirklich der absolute Richtervorbehalt ist, der in der Praxis das höchste Maß an Rechtsgüterschutz gewährleistet. Damit hängt vor allem in den problematischen Fällen der Eilzuständigkeit die Überlegung zusammen, wie viel mehr Schutz eine Entscheidung durch den Bereitschaftsrichter gegenüber einer Entscheidung durch die Staatsanwaltschaft wirklich bietet.

1. Notwendigkeit des Richtermonopols

Die ausschließliche Zuständigkeit des Richters hinsichtlich einer Anordnung der Beschlagnahme in Redaktionsräumen wird vereinzelt kritisiert[536]. Die Ungleichbehandlung in der Zuständigkeit gegenüber anderen zeugnisverweigerungsberechtigten Personen, deren Gegenstände ebenfalls gem. §97 I StPO beschlagnahmefrei sind, sei durch nichts zu rechtfertigen. Darüber hinaus widerspreche die Alleinzuständigkeit des Richters den Grundsätzen des Ersten

[536] Hennemann, Pressefreiheit und Zeugnisverweigerungsrecht, S. 81.

Gesetzes zur Reform des Strafverfahrensrechts vom 09. Dezember 1974, wonach die Rechte der Staatsanwaltschaft im Ermittlungsverfahren erheblich ausgeweitet worden sind[537].

Dieser Kritik ist im Ergebnis zu widersprechen. Zwar mag es nicht erwiesen sein, dass Medienangehörige öfter in den Verdacht der Strafverstrickung geraten als Verteidiger, doch spricht wie bereits ausgeführt einiges dafür, dass Journalisten, die mit Straftätern zu tun haben, mit ihnen eine andere Art der Beziehung pflegen müssen, als das bei Verteidigern der Fall ist. Das ergibt sich daraus, dass das Verhältnis zwischen Verteidigern und Straftätern dadurch geprägt ist, dass der Straftäter bereits mit den Strafverfolgungsbehörden zu tun hat und sich von dem Verteidiger rechtliche Hilfe und Unterstützung erhofft. Der Journalist hingegen will Informationen erhalten, die er von Straftätern, die sich noch keiner unmittelbaren Strafverfolgung ausgesetzt sehen, nur bekommen wird, wenn der Informant ein persönliches Vertrauen aufbaut.

Darüber hinaus geraten Medienangehörige, die Missstände in öffentlichen Institutionen mit Hilfe vertraulicher Informationen offen legen, schnell in den Verdacht, an einem Verrat von Amtsgeheimnissen beteiligt zu sein. Das Risiko, dass Journalisten in den Verdacht der Strafverstrickung kommen, ist daher gerade bei solchen aus dem Bereich der politischen und strafrechtlichen Berichterstattung hoch.
Hinzu kommt, dass die Strafverfolgungsbehörden durch die Berichterstattung im Einzelfall erfahren, dass die Medienangehörigen ihnen gegenüber möglicherweise einen Wissensvorsprung haben. Sie haben also konkrete Anhaltspunkte, dass sich die Information, nach der sie vielleicht schon lange suchen, in unmittelbarer Nähe befindet. Für einen Ermittler, der sich in einem Fall persönlich engagiert, ist der Umstand, dass ihm diese Information trotz ihres Vorliegens nicht zur Verfügung gestellt wird, möglicherweise schwer hinnehmbar. Dadurch besteht das Risiko, dass das persönliche Engagement eines Beamten bei der Ermittlung dazu führt, dass bei der Verhältnismäßigkeitsprüfung Fehler gemacht werden.

[537] BR-Drucksachen 134/1/75, S. 3.

Gerade deshalb ist die Trennung zwischen den ermittelnden Behörden und einer weiteren Instanz so wichtig. Im Hinblick auf die Bedeutung der Pressefreiheit für den demokratischen Staat ist es gerechtfertigt, die formellen Hürden für die Anordnung einer Beschlagnahme bei Medienangehörigen höher zu setzen als bei anderen zeugnisverweigerungsberechtigten Berufen. Daher ist die ausschließliche Zuständigkeit des Richters im Grundsatz gerechtfertigt.

Weiterhin gibt es auch nach dem Ersten Gesetz zur Reform des Strafverfahrensrechts Konstellationen, in denen der Ermittlungsrichter eine erhebliche Rolle spielt (z.B. §114 StPO). Auch wenn grundsätzlich die Rechte der Staatsanwaltschaft im Ermittlungsverfahren gestärkt wurden, heißt das nicht, dass der Ermittlungsrichter in allen Fällen entbehrlich ist.

2. Schutz durch ausschließliche Zuständigkeit?

Schwieriger ist die Frage zu beantworten, welche Zuständigkeitsverteilung in Eilfällen einen möglichst optimalen Schutz gewährleistet. Eilfälle sind dabei solche, in denen „Gefahr im Verzug" besteht und daher eine Entscheidung über die Strafverfolgungsmaßnahme innerhalb kürzester Zeit getroffen werden muss. Die Voraussetzungen für einen solchen Eilfall müssen auf konkreten einzelfallbezogenen Tatsachen beruhen[538]. Sie dürfen weder reine Spekulationen darstellen, noch reicht es aus, wenn sie sich auf hypothetische Erwägungen oder kriminalistische Alltagserfahrungen stützen.

Während in §98 I 1 StPO hinsichtlich der Zuständigkeit in Eilfällen und der Zuständigkeit im Regelfall ein Unterschied besteht, ist nach Satz 2 der Vorschrift im Falle einer Beschlagnahme nach §97 V 2 StPO in beiden Fällen der Richter zuständig. Trotz dieser identischen Zuständigkeit in Eilfällen und Regelfällen bestehen praktische Unterschiede zwischen beiden.

Über den Antrag auf Erlass eines Durchsuchungs- und Beschlagnahmebeschlusses wird in der Praxis in Eilfällen regelmäßig der Bereitschaftsrichter zu entscheiden haben. Die Länder sind verpflichtet, während des Tages zu jeder

[538] BVerfGE 103, 142 (142).

Zeit einen richterlichen Bereitschaftsdienst zu gewährleisten[539]. Auch wenn ein Richter erreichbar ist, besteht jedoch in Eilfällen oftmals das Problem, dass dieser Richter die Akten nicht kennt und im Rahmen seines regulären Dienstes mit Strafverfahren keine Berührungspunkte hat und daher gar nicht weiß, was er im Einzelnen zu prüfen hat[540].

Daher kann man sich die Frage stellen, wie viel besser die Entscheidung eines Bereitschaftsrichters im Vergleich zu einer Entscheidung durch die Staatsanwaltschaft in Eilfällen tatsächlich ist. *Peters* führt dazu aus, dass jedenfalls politisch bedeutsame Entscheidungen aufgrund des hierarchischen Aufbaus der Staatsanwaltschaft im Wege der gemeinsamen Erörterung von Sachbearbeiter, Abteilungsleiter, Oberstaatsanwalt als Behördenleiter und unter Umständen mit dem Generalstaatsanwalt getroffen würden[541]. Die Entscheidung sei oftmals Ausfluss einer Kollegialbesprechung. Daher hält *Peters* die Möglichkeit der Dringlichkeitsentscheidung durch die Staatsanwaltschaft für keine schlechte Lösung, weil die Prüfung durch mehrere Juristen im Rahmen einer Kollegialbesprechung die Rechte des Betroffenen im Zweifel am besten berücksichtigt. Ein absoluter Richtervorbehalt, wie ihn §98 I StPO für die Fälle der Pressebeschlagnahme vorsieht, wäre demnach gar nicht erforderlich.

Es stehen sich hier zwei Gesichtspunkte gegenüber. Grundsätzlich hat die Trennung von Anklagebehörde und Ermittlungsrichter eine wichtige Funktion[542]. Dabei geht es darum, dass jemand über die Zulässigkeit der Ermittlungsmaßnahme entscheidet, der sonst in die Ermittlungen noch nicht eingebunden war. Der Richter ist insofern eine neutrale Instanz, als dass er in der Lage ist, den Sachverhalt und den Stand der Ermittlungen ohne Vorkenntnisse mit einem gewissen Abstand zu betrachten.

---

539 BVerfG NJW 2004, 1442 (1442).

540 Vgl. Darstellung für das Haftbefehlsverfahren bei Schramm/Bernsmann, Haftrichter ohne Akten – rechtswidrige Zustände im Eildienst (§115 StPO)?, StV 2006, 442.

541 Peters, „Die Strafprozessordnung und das Zeugnisverweigerungsrecht“, in: Erkel/Appel/Theisen/Peters, Strafrechtlicher Schutz der Informationsquellen in Presse und Rundfunk, S. 51 (62).

542 BVerfGE 103, 142 (151).

Auf der anderen Seite ist die Problematik des Bereitschaftsdienstes der Gerichte nicht zu unterschätzen. Dabei haben auch Richter, die sonst nicht im strafrechtlichen Bereich tätig sind, wichtige Entscheidungen zu treffen. Die Gefahr dabei ist, dass sich das Gericht darauf verlässt oder sogar darauf verlassen muss, dass dem Antrag der Staatsanwaltschaft eine eingehende Prüfung der Rechtslage zu Grunde liegt. Die Staatsanwaltschaft ihrerseits stellt den Antrag jedoch möglicherweise ohne eine solche eingehende Prüfung, weil die Verantwortung für die Entscheidung letztlich nicht bei ihr, sondern beim Gericht liegt. Das Ergebnis wäre dann, dass die Voraussetzungen der Maßnahme von niemandem tatsächlich eingehend geprüft worden wären, was im Hinblick auf die Pressefreiheit ein unhaltbarer Zustand wäre.

Die Frage ist, wie man dem Risiko eines solchen Geschehensablaufs wirksam begegnen kann. Dabei sollten die von *Peters* aufgeworfenen Gedanken nicht außer Acht gelassen werden.
Die Staatsanwaltschaft ist hierarchisch gegliedert. Politisch brisante Entscheidungen haben im Rahmen dieser Gliederung eine besondere Bedeutung, da sie letztlich auf den zuständigen Minister zurückfallen, der dafür politisch zur Verantwortung gezogen werden kann. Aber auch unterhalb dieser ministeriellen Ebene können Fehlentscheidungen vor allem, wenn sie politischen und öffentlichen Protest nach sich ziehen, zu persönlichen Konsequenzen für den entscheidenden oder verantwortlichen Staatsanwalt führen.

Diese Konstellation haben wir bei Gerichten gerade nicht. Der Richter ist in seiner Entscheidung grundsätzlich frei. Auch eine Entscheidung, die sich hinterher als falsch herausstellt, zieht keine persönlichen Konsequenzen nach sich. Demnach ist es tatsächlich von Vorteil, die Entscheidungskompetenzen in Eilfällen bei der Staatsanwaltschaft zu belassen. Dadurch kann der Gefahr begegnet werden, dass sich letztlich keiner der ihm obliegenden Verantwortung für die zu treffende Entscheidung hinreichend bewusst ist.

Auch wenn die Gefahr bleibt, dass in einem besonderen Eilfall der Notdienst bei der Staatsanwaltschaft die Entscheidung allein und übereilt trifft, so ist dieses Risiko doch aufgrund der persönlichen Verantwortlichkeit gegenüber dem direkten Vorgesetzten weniger groß als im Rahmen des richterlichen Bereitschaftsdienstes.

Die meisten Staatsanwälte werden sich aufgrund der Tatsache, dass sie in ihrem Beruf immer wieder mit Medienberichterstattungen über laufende Verfahren konfrontiert werden, dessen bewusst sein, dass eine Ermittlungsmaßnahme gegen Medienunternehmen großes öffentliches Aufsehen erregen kann. Medienunternehmen verstehen sich darauf, die gegen sie durchgeführten Maßnahmen öffentlich zu verurteilen, der Allgemeinheit ihre diesbezügliche Sicht der Dinge nahe zu bringen und die Verantwortlichen an den Pranger zu stellen[543]. Demnach werden die meisten Staatsanwälte erkennen, dass die von ihnen zu treffende Entscheidung ein größeres Gewicht hat, als das bei der Anordnung einer Durchsuchung von Privaträumen der Fall ist. Dementsprechend wird der die Verantwortung im Bereitschaftsdienst tragende Staatsanwalt sich um eine genaue Prüfung bemühen und möglicherweise versuchen, die Entscheidung nicht allein treffen zu müssen, sondern sie von einem Vorgesetzten bestätigen zu lassen. So käme es dann trotz des Bereitschaftsfalls zu der von *Peters* angesprochenen Kollegialbesprechung, bevor eine entsprechende Anordnung erlassen wird.

Auch wenn der Bereitschaftsrichter sich seiner Verantwortung sehr bewusst ist, ändert das doch nichts daran, dass er sich möglicherweise in strafrechtlichen Bereichen nicht auskennt. Ihm steht eine Möglichkeit, sich mit Kollegen zu beraten, weniger leicht offen, da er keinen Vorgesetzten in diesem Sinne hat, an den er sich bei Unsicherheiten in der Entscheidungsfindung halten könnte. Er wird in seinem Bereitschaftsdienst erstmalig mit einem Fall konfrontiert, der möglicherweise mit einem erheblichen Aktenaufkommen verbunden ist. Selbst wenn es gelingen sollte, ihm die Akten in der Kürze der Zeit tatsächlich zur Verfügung zu stellen, so ist es doch eine große Herausforderung z.B. für einen

[543] Beispiel: Nach der Durchsuchung bei dem Politmagazin Cicero 2005: Skibowski, Der Staatsanwalt klingelt nur einmal, Journalist 11 / 2005, 30 ff; Darnstädt / Neubacher / Rosenbach, Stichwort „Cicero", Spiegel 40 / 2005, 36 ff.

Zivilrichter, sich in angemessener Zeit einen ausreichenden Überblick über den aktuellen Stand der Ermittlungen zu verschaffen. Es ist nicht zu vermeiden, dass sich ein Bereitschaftsrichter insofern in vielen Fällen auf die Darstellung der Staatsanwaltschaft wird verlassen müssen.

Der entscheidende Unterschied zwischen den hier in Frage stehenden Entscheidungen und beispielsweise solchen aus dem Haftrecht, in denen nach §114 I StPO auch der absolute Richtervorbehalt gilt, liegt in der besonderen politischen Brisanz. Diese politische Bedeutung und die mit ihr verbundenen Konsequenzen einer Fehlentscheidung für die Verantwortlichen in der Staatsanwaltschaft machen es aus, dass man davon ausgehen kann, dass in der Staatsanwaltschaft auch in Eilfällen ein besonderes Verantwortungsbewusstsein herrschen wird und Entscheidungen nicht übereilt getroffen werden. In Haftsachen geht es um das Schicksal einer einzelnen Person. Eine Fehlentscheidung hätte aber im Regelfall (wenn es sich nicht gerade um eine Person des öffentlichen Lebens handelt) nach ihrer Aufhebung keine weiteren politischen Konsequenzen. Das ist in den hier in Frage stehenden Fällen aufgrund der Bedeutung und der Macht der Medien in der Öffentlichkeit anders. Die Anordnung von Durchsuchung und Beschlagnahme in Medienunternehmen wird immer eine durch die Medien herbeigeführte besondere Aufmerksamkeit der Öffentlichkeit und der Politik nach sich ziehen. In diesem Zusammenhang ist die hierarchische Gliederung der Staatsanwaltschaft von Vorteil und sollte genutzt werden.
Daher ist es sinnvoll, die Eilentscheidungskompetenz für die Anordnung der Durchsuchung und Beschlagnahme der Staatsanwaltschaft zuzusprechen.

Eine Eilzuständigkeit der Ermittlungspersonen der Staatsanwaltschaft kommt nicht in Betracht. Ihnen fehlt die rechtliche Ausbildung, um in solchen Fällen eine umfassende rechtliche Prüfung und verfassungsrechtliche Abwägung durchführen zu können.
Für den Regelfall hat es bei dem Richtervorbehalt zu verbleiben, da im Regelfall die Vorteile einer unabhängigen richterlichen Kontrolle überwiegen. In den Fällen, in denen eine Entscheidung nicht außerhalb der üblichen

Geschäftszeiten zu treffen ist, entscheidet der zuständige Strafrichter über die durchzuführenden Ermittlungsmaßnahmen. Der Strafrichter ist den Umgang mit Strafvorschriften und den Umgang mit der Staatsanwaltschaft gewohnt und weiß, was er bei solchen Entscheidungen zu prüfen und welche Fragen er der Staatsanwaltschaft zu stellen hat, um sich ein Bild zu machen. Er bildet eine neutrale von der Ermittlungs- und Anklagebehörde unabhängige Instanz. Selbstverständlich sollte die Staatsanwaltschaft auch in diesen Fällen ihre Anträge verantwortungsbewusst und erst nach eingehender Prüfung stellen. Doch bildet das Gericht hier eine weitere Instanz, die sich auf die gesetzlichen Vorgaben konzentrieren kann, ohne sich den Blick durch die bisherigen (möglicherweise durchweg erfolglosen) Ermittlungsbemühungen zu sehr verstellen zu lassen.

Dabei wird nicht verkannt, dass es auch in diesen Bereichen praktische Probleme gibt. Die Verhältnismäßigkeitsprüfung wird oftmals nicht gewissenhaft genug durchgeführt. Die Staatsanwaltschaft arbeitet bei der Begründung ihrer Anträge manches Mal mit kurzen Textbausteinen und der Richter zeichnet die Anträge häufig zu schnell und ohne eine detaillierte Einzelfallprüfung ab[544]. Daher müssen die formellen Anforderungen, die an die Anordnung von Durchsuchung und Beschlagnahme gestellt werden, gesetzlich genauer festgeschrieben werden. Dadurch kann den Verantwortlichen eine Liste der Punkte zur Verfügung gestellt werden, mit denen sie sich bei der Prüfung besonders zu beschäftigen und die sie auch schriftlich auszuführen haben.

V. Entscheidungskompetenz der Strafkammer

Hinsichtlich der grundsätzlichen Zuständigkeit des Richters für die Frage der Durchsuchung und Beschlagnahme in Redaktionsräumen könnte man im Hinblick auf die Bedeutung der Pressefreiheit zu der Überlegung kommen, ob nicht vielleicht eine noch höhere Ebene zur Entscheidung über die Frage der Zulässigkeit solcher Strafverfolgungsmaßnahmen berufen sein sollte.

Daher gibt es einige Stimmen in der Literatur, die die Anordnungsbefugnis von der Ebene des Amtsgerichts auf die Strafkammer beim Landgericht übertragen

[544] Tillmanns, „Das Redaktionsgeheimnis muss besser geschützt werden", ZRP 2007, 37 (38).

wollen[545]. Begründet wird dies damit, dass eine Übertragung der Anordnungskompetenz auf ein Kollegialgericht eine größere Gewähr für eine sachgerechte Entscheidung mit sich brächte.
Mit dieser Forderung wird jedoch über das Ziel hinaus geschossen. Hinsichtlich keiner anderen Ermittlungsmaßnahme wird die Entscheidung durch ein Kollegialgericht für erforderlich gehalten. Das ist auch aufgrund der regelmäßig bestehenden Eilbedürftigkeit solcher Entscheidungen in der Regel unpraktikabel.

D. Prozessuale Verwertbarkeit

Der Verstoß gegen das Beschlagnahmeverbot zieht grundsätzlich auch ein prozessuales Verwertungsverbot hinsichtlich der beschlagnahmten Gegenstände nach sich[546]. Dabei umfasst das Verwertungsverbot nicht nur die unmittelbare Verwertung des Gegenstandes z.B. als Augenscheinsbeweis, sondern auch die mittelbare Verwertung z.B. durch eine Vernehmung des auswertenden Polizeibeamten über den Inhalt oder die Erscheinung des unzulässig beschlagnahmten Dokuments oder Gegenstandes.

Wird die Beschlagnahme trotz des Bestehens eines Beschlagnahmeverbots durchgeführt und fällt dieses Beschlagnahmeverbot nachträglich weg, dann darf der Gegenstand trotz der zunächst unzulässig durchgeführten Beschlagnahme im Prozess verwertet werden[547]. Das Beschlagnahmeverbot kann z.B. dadurch entfallen, dass nachträglich ein Teilnahme- oder Begünstigungsverdacht entsteht. Dabei reicht die objektive Strafverstrickung, d.h. die Erfüllung des objektiven Tatbestandes, aus. Das Beschlagnahmeverbot entfällt also auch dann, wenn der Täter wegen der in Frage stehenden Tat nicht bestraft werden kann[548]. Es besteht also eine nachträgliche Heilungsmöglichkeit der rechtswidrig durchgeführten Beschlagnahme. Ergibt sich der Teilnahmeverdacht jedoch erst aus den unzulässig beschlagnahmten Gegenständen selbst, bleibt es

[545] Mensching, Das Zeugnisverweigerungsrecht der Medien, S. 155.
[546] Brömmekamp, Die Pressefreiheit und ihre Grenzen, S. 280; Rudolphi, in: SKStPO, Band I, §97, Rdnr. 64.
[547] Nack, in: Karlsruher Kommentar zur Strafprozessordnung, §97, Rdnr. 9.
[548] BGHSt 25, 168 (169).

bei der Unzulässigkeit und es besteht ein Verwertungsverbot[549]. Die Maßnahme kann also nur durch äußere Umstände und nicht durch sich selbst geheilt werden.

Konnte der Beweisgegenstand beschlagnahmt werden, weil aufgrund eines Teilnahmeverdachts gegen den einzelnen Medienangehörigen kein Beschlagnahmeverbot bestand, so bleibt der Gegenstand auch nach Wegfall des Teilnahmeverdachts weiter verwertbar[550]. Das erst später entstandene Beschlagnahmeverbot entfaltet demnach keine Rückwirkung[551]. Diesen Grundsatz kritisiert *Mitsch* mit dem Argument, dass das durch §97 StPO geschützte Interesse an der Informationszurückhaltung erst durch den Verwertungsakt effektiv beeinträchtigt wird. Daher müsse, wenn das Beschlagnahmeverbot nach durchgeführter Beschlagnahme wieder greift, dies auch die entsprechenden Auswirkungen auf die Verwertbarkeit haben[552].

Dieses Argument hat für sich, dass durch einen Wegfall der Verwertbarkeit Missbrauch durch die Strafverfolgungsbehörden weitestgehend ausgeschlossen werden könnte. Gegen ein Verwertungsverbot spricht jedoch, dass im Zeitpunkt der Beschlagnahme alle Voraussetzungen für deren rechtmäßige Durchführung gegeben waren. Es wurden in rechtmäßiger Art und Weise Beweismittel gewonnen, die unter dem Gesichtspunkt der materiellen Gerechtigkeit auch verwertbar sein müssen. Die Beschränkungen der Beschlagnahme sollen die Medien vor staatlichen Übergriffen schützen. Der staatliche Übergriff hat mit der Durchsuchung und Beschlagnahme jedoch bereits in rechtmäßiger Art und Weise stattgefunden. Gerade die Durchsuchung der Redaktionsräume stellt aufgrund der damit verbundenen Störung der Redaktionstätigkeit und der einschüchternden Wirkung einer solchen Maßnahme eine Beeinträchtigung der

[549] BGH NStZ 2001, 604 (606); Meyer-Goßner, Strafprozessordnung, §98, Rdnr.48.

[550] Vgl. Meyer-Goßner, Strafprozessordnung, §97, Rdnr.47; BGH NStZ 1983, 85 (85); a.A. Fezer, Grundfälle zum Verlesungs- und Verwertungsverbot im Strafprozess, JuS 1978, 765 (768); Mitsch, Mitbeschuldigter und Zeugnisverweigerungsrecht, in: Festschrift für Lencker, S. 721 (737).

[551] Rudolphi, in: SKStPO, Band I, §97, Rdnr. 37.

[552] Mitsch, Mitbeschuldigter und Zeugnisverweigerungsrecht, in: Festschrift für Lencker, S. 721 (737).

Pressefreiheit dar[553]. Dieser schwerwiegende Eingriff ist im Zeitpunkt der Verwertung aber bereits abgeschlossen.

Die Verwertung des Beweismittels ist die Konsequenz seiner rechtmäßigen Gewinnung und kein erneuter schwerwiegender Eingriff in das Institut der freien Presse. So wie die fehlerhafte Beweisgewinnung im deutschen Recht keine Fernwirkungen im Bereich der Verwertbarkeit nach sich zieht, weil dem deutschen System eine solche Sanktion der fehlerhaften Beweisgewinnung durch die Strafverfolgungsbehörden über die Verwertbarkeit der mittelbar erlangten Beweise fremd ist, so ist es dem deutschen System auch fremd, Irrtümer der Strafverfolgungsbehörden bei der Beweisgewinnung über die Verwertbarkeit zu sanktionieren[554]. Wenn Beweise vorliegen, die rechtmäßig gewonnen wurden, müssen sie auch verwertbar sein. Dem Rechtsstaatsprinzip würde es nicht entsprechen, dass Straftäter, obwohl die ordnungsgemäß gewonnenen Beweise für ihre Schuld zur Verfügung stehen, nur deshalb nicht verurteilt werden können, weil die Strafverfolgungsbehörden im Rahmen der Ermittlungen hinsichtlich des Teilnahmeverdachts eines Medienangehörigen einem Irrtum unterlagen.

Es müssen daher Wege gefunden werden, um die Möglichkeiten des Missbrauchs und der irrtümlichen Verdächtigung bereits auf der Stufe der Durchführung der entsprechenden Strafverfolgungsmaßnahmen so gering wie möglich zu halten. Das kann aber nur über die Tatbestandsvoraussetzungen des Beschlagnahmeverbots erfolgen, d.h. durch eine Verschärfung der Voraussetzungen, die an den Tatverdacht zu stellen sind. Der nachträgliche Wegfall der Verwertbarkeit ist dazu nicht der richtige Weg.

War die Beschlagnahme im Zeitpunkt ihrer Durchführung zulässig und treten später Umstände ein, die sie unzulässig erscheinen lassen (z.B. Wegfall des Tatverdachts gegen den Zeugnisverweigerungberechtigten), bleibt der Beweisgegenstand dennoch verwertbar[555].

---

[553] BVerfG, NJW 2005, 965 (965).

[554] Für die Einführung der poisoned-fruit-doctrin und damit die Einführung einer Sanktionierung von Fehlern bei der Beschlagnahme: Rupp, Themen der Zeit, ZRP 1972, 237 (239).

[555] Vgl. Meyer-Goßner, Strafprozessordnung, §97, Rdnr. 47; BGH NStZ 1983, 85; a.A. Fezer, Grundfälle zum Verlesungs- und Verwertungsverbot im Strafprozess, JuS 1978, 765 (768); Mitsch, Mitbeschuldigter und Zeugnisverweigerungsrecht, in: Festschrift für Lencker, S. 721 (737).

ZWEITES KAPITEL: ZEUGNISVERWEIGERUNGSRECHT UND BESCHLAGNAHMEVERBOT

Die Diskussion um das Zeugnisverweigerungsrecht und das Beschlagnahmeverbot zugunsten der Medienangehörigen ist oftmals geprägt von gegenseitigen Vorwürfen. Die Medienangehörigen werfen den Strafverfolgungsbehörden eine gezielte Umgehung ihrer Privilegien vor und die Strafverfolgungsbehörden vermuten teilweise eine exzessive Ausnutzung bis hin zu einem missbräuchlichen Ausnutzen der Rechte durch die Medienangehörigen. Die Gefahren von Missbrauch und Umgehung bilden den Schwerpunkt der Betrachtung in diesem Kapitel.

A. GEFAHR DER UMGEHUNG

Es gibt Fälle, in denen eine Beschlagnahme trotz Bestehens eines Zeugnisverweigerungsrechts nach §53 I Nr. 5 StPO möglich ist. Das bestehende Zeugnisverweigerungsrecht kann in diesen Fällen dadurch umgangen werden, dass die Strafverfolgungsbehörden auf Notizen und Unterlagen des Zeugnisverweigerungsberechtigten im Wege der Beschlagnahme zugreifen.

I. Effektiver Weg der Beweisgewinnung

Die Beschlagnahme ist unter Umständen geeignet, Beweise hervorzubringen, die den Zeugenbeweis qualitativ weit übersteigen.

Insbesondere bei einer langen Verfahrensdauer kann einem Urkundsbeweis ein ungleich höherer Beweiswert zukommen als einem über den Inhalt dieser Urkunde vernommenen Zeugen[556]. Das ergibt sich bereits daraus, dass bei Zeugen durch fortschreitenden Zeitablauf mit immer größeren Erinnerungslücken zu rechnen ist. Weiterhin sind die Wahrnehmungen von Zeugen wegen ihrer subjektiven Prägung oftmals weniger zuverlässig als durch das Gericht zu würdigende Gegenstände, ganz davon abgesehen, dass bildliche Darstellungen oder Notizen über die Kenntnisse des Journalisten in der Regel ergiebiger sein

[556] Schmidt, Die Beschlagnahme von (Geschäfts-) Unterlagen beim Zeugnisverweigerungsberechtigten, wistra 1991, S. 245 (248).

werden als erzwungene Aussagen von aussageunwilligen Journalisten[557]. Ein Beweismittel, dessen Aussagegehalt sich dem Gericht erschließt, ohne dass es einer Mitwirkung des Journalisten bedarf, wird seinen Informationsgehalt eher vollständig enthüllen als Aussagen eines Zeugen, den man mit ganz gezielten Fragen dazu bringen muss, gegen seinen Willen Auskünfte zu erteilen.

Unter dem Gesichtspunkt des gesteigerten Beweiswertes von beschlagnahmten Gegenständen gegenüber bloßen Zeugenaussagen von Journalisten wird es für die Strafverfolgungsbehörden in der Regel sinnvoller erscheinen, eine Durchsuchung und Beschlagnahme durchzuführen, als sich darauf zu verlassen, dass der Medienmitarbeiter im Verfahren eine umfassende Aussage macht.

II. Missbrauch durch die Strafverfolgungsbehörden

Das Beschlagnahmeverbot ist gem. §97 V i.V.m. §97 II 3 StPO in Fällen der personalen oder gegenständlichen Strafverstrickung ausgeschlossen. Ein solcher Ausschlussgrund findet sich in §53 StPO nicht. Daher bietet diese Regelung Möglichkeiten, trotz Bestehens des Zeugnisverweigerungsrechts im Wege der Beschlagnahme auf Unterlagen der Medien zuzugreifen.

Die geringen Anforderungen an den Verdachtsgrad bei der personalen Strafverstrickung lassen befürchten, dass ein konstruierter Verdacht als Vorwand für groß angelegte Durchsuchungs- und Beschlagnahmemaßnahmen dienen könnte[558]. Insofern wird kritisiert, dass die weit gefasste Ausnahmevorschrift zum Missbrauch geradezu herausfordere[559].

Der Ausschluss des Beschlagnahmeverbots in Fällen der Strafverstrickung führt dazu, dass in den Fällen, in denen im Wege der Beschlagnahme von Unterlagen der Verletzung eines Dienstgeheimnisses nachgegangen wird, um primär nach der undichten Stelle in einer Behörde zu suchen, der Schutz des Beschlagnahmeverbots regelmäßig nicht greift. Selbst wenn keine personale

---

[557] Dunkhase, Das Pressegeheimnis, S. 175.

[558] Baumann, Pressefreiheit und Schutz der Presse im Ermittlungsverfahren gegen Dritte, S. 109; Janisch, Investigativer Journalismus und Pressefreiheit, S. 127.

[559] Gerhardt, Das neue Zeugnisverweigerungsrecht der Publizisten, AfP 1975, 843 (845).

Strafverstrickung angenommen wird, so kann doch häufig davon ausgegangen werden, dass hinsichtlich eines übergebenen Schreibens oder anderer Unterlagen eine gegenständliche Strafverstrickung besteht[560].

In den Fällen der Strafverstrickung setzt der Grundsatz der Verhältnismäßigkeit die Schranke, welche die Strafverfolgungsbehörden zur Zurückhaltung anhält. Um diesen Grundsatz, der für alle Zwangsmaßnahmen im Strafrecht zu beachten ist[561], gerade im Bereich der Ausnahme vom bestehenden Beschlagnahmeverbot zu stärken und besonders ins Bewusstsein der Ermittler und Ermittlungsrichter zu rücken, wurde er in den Wortlaut des §97 V StPO aufgenommen. An den zu prüfenden Punkten hat sich dadurch nichts geändert. Die Maßnahme darf nicht außer Verhältnis zur Bedeutung der Sache stehen. Der Richter hat also die Aufgabe, eine Abwägung zwischen dem Bedürfnis der Strafrechtspflege im Einzelfall und der wertsetzenden Bedeutung der Grundrechte vorzunehmen[562].
Leider hat die Vergangenheit gezeigt, dass die Ermittlungsrichter dieser Verantwortung nicht immer ausreichend gerecht werden[563]. Daher war es richtig, den Verhältnismäßigkeitsgrundsatz in den Wortlaut der Vorschrift aufzunehmen. Darüber hinaus müssen die formellen Anforderungen an die Darlegung der Verhältnismäßigkeitserwägungen im Rahmen der Beschlagnahmeanordnung erhöht werden.

III. Missbrauch durch die Medienmitarbeiter

Durch die Einräumung von Schutzrechten zu Gunsten des Journalismus bringt der Staat zum Ausdruck, dass er auf die Eigenverantwortlichkeit der Presse vertraut[564]. Doch werden durch die Ausgestaltung der Freiräume auch immer Schlupflöcher und Möglichkeiten des Missbrauchs oder der eigenständigen

---

560 Berg, Fahndung und Ermittlung mit Hilfe der Medien, AfP 1989, 416 (417).
561 Pfeiffer, in: Karlsruher Kommentar, StPO, Einleitung, Rdnr. 31.
562 BVerfGE 20, 162 (189).
563 Beispiel: Der Erlass von acht Durchsuchungsbeschlüssen gegen Medienunternehmen und Journalisten durch das Amtsgericht Bremen 1996. Dargestellt in: BVerfG NJW 1998, 2131.
564 Janisch, Investigativer Journalismus und Pressefreiheit, S. 55.

Ausweitung dieser Rechte geschaffen. Wie es bei jeder Freiheit Missbrauch gibt, so gibt es Missbrauch auch im Rahmen der Pressefreiheit[565]. Einige dieser Fälle lassen sich durch eine gesetzliche Anpassung verhindern, denn je eindeutiger eine gesetzliche Vorschrift gefasst ist, desto eher sind die Betroffenen gewillt, sich auch daran zu halten. Andere Missbrauchsfälle sind hinzunehmen, da nur eine Abschaffung von Freiheiten alle Missbrauchsfälle auszumerzen in der Lage ist. Die Abschaffung von Freiheiten ist im Hinblick auf das Rechtsstaatsprinzip und das demokratische System jedoch weder wünschenswert noch möglich.

Das Zusammenspiel von Zeugnisverweigerungsrecht und Beschlagnahmeverbot wirkt sich besonders in den Fällen der Gemengelage aus. Durch die Vermischung von Fremdinformationen mit selbst recherchiertem Material kann der Medienangehörige das Gesamtpaket jederzeit einer Beschlagnahme entziehen[566]. Dem kann jedoch dadurch begegnet werden, dass die Differenzierung zwischen eigen recherchiertem und von Dritten stammenden Materialien endgültig aufgehoben wird. Dadurch würde die Vorschrift auch vereinfacht und somit ein Beitrag zur erhöhten Rechtssicherheit geleistet.

IV. Problem: Zufallsfunde bei Durchsuchungen

„§108

(1) Werden bei Gelegenheit einer Durchsuchung Gegenstände gefunden, die zwar in keiner Beziehung zu der Untersuchung stehen, aber auf die Verübung einer anderen Straftat hindeuten, so sind sie einstweilen in Beschlag zu nehmen. Der Staatsanwaltschaft ist hiervon Kenntnis zu geben. [...]

(2) [...]"

Grundsätzlich sind alle Gegenstände, auf die sich die Beschlagnahme erstrecken soll, im Beschlagnahmebeschluss ausdrücklich zu bezeichnen[567]. Nach §108 I StPO besteht jedoch darüber hinaus die Möglichkeit, Gegenstände

[565] Holzer, „Investigativer Journalismus“, in: Wilke, Ethik der Massenmedien, 187 (189).

[566] Kunert, Erweitertes Zeugnisverweigerungsrecht der Medienmitarbeiter, NStZ 2002, 169 (174).

[567] Jescheck, Rechtsvergleichendes Generalgutachten für den 46. Deutschen Juristentag, Band I, Teil 3 B, S. 1 (46).

vorläufig in Beschlag zu nehmen, die nicht im Beschlagnahmebeschluss aufgeführt sind, wenn sie als Beweismittel für ein anderes als das die Durchsuchung veranlassende Verfahren relevant sind[568]. Dabei geht das Gesetz davon aus, dass die Kenntnis der Strafverfolgungsbehörden von der Existenz des Gegenstandes anderenfalls ohnehin zu einer Wiederholung der Maßnahme mit neuem Ziel führen würde[569]. Eine solche Wiederholung wäre dann aber ein unnötiger Formalismus, der durch die zweimalige Durchführung zu einer doppelten Belastung des Betroffenen und zu einem gesteigerten Risiko der zwischenzeitlichen Beweismittelvernichtung führen würde.

1. Verwertbarkeit von Zufallsfunden

Zufallsfunde, die nach §108 StPO im Rahmen einer ordnungsgemäß und rechtmäßig durchgeführten Durchsuchung einstweilen beschlagnahmt werden, können im Prozess verwertet werden. Die Vorschrift des §108 StPO gestattet jedoch nicht eine gezielte und systematische Suche nach Gegenständen, die mit der im Durchsuchungsbeschluss genannten Sache in keinem Zusammenhang stehen[570]. Indizien für eine solche systematische Suche können sich z.B. daraus ergeben, dass bei einer Durchsuchung zum Zweck der Auffindung von Brandlegungsmitteln Beamte der Steuerfahndung in die Maßnahme mit einbezogen werden[571]. Der darin liegende Verstoß gegen die Grundsätze des fairen Verfahrens hat ein Verwertungsverbot hinsichtlich der aufgefundenen Gegenstände zur Folge[572].

Aus Sinn und Zweck der Regelung über die Zufallsfunde ergibt sich weiterhin, dass die vorläufige Beschlagnahme der Zufallsfunde nur möglich ist, wenn ein hypothetischer Wiederholungseingriff zum Zweck der Beschlagnahme dieser

568 Stypmann, Rechtliche und tatsächliche Probleme bei staatsanwaltschaftlichen Durchsuchungs- und Beschlagnahmehandlungen, wistra 1982, 11 (12).

569 Welp, Entscheidungen: Strafprozess, Verfassungsrecht, JZ 1973, 288 (289).

570 Krekeler, Beeinträchtigung der Rechte des Mandanten durch Strafverfolgungsmaßnahmen gegen den Rechtsanwalt, NJW 1977, 1417 (1423); Kindhäuser, Strafprozessrecht, S. 109.

571 LG Bremen wistra, 1984, 241.

572 Krekeler, Beweisverwerungsverbote bei fehlerhaften Durchsuchungen, NStZ 1993, 263 (267).

Gegenstände auch zulässig wäre[573]. Es muss also überprüft werden, ob die Beschlagnahme, wenn sie im Rahmen eines Ermittlungsverfahrens erfolgt wäre, in dem die durch sie hervorgebrachten Gegenstände als Beweismittel dienen könnten, rechtmäßig gewesen wäre[574]. Die einstweilige Beschlagnahme dient ausschließlich der Sicherung der endgültigen Zwangsmaßnahme[575]. Daher hindert das Beschlagnahmeverbot gem. §97 V StPO auch die einstweilige Beschlagnahme von Gegenständen i.S. des §108 I StPO[576]. Hinsichtlich der einstweiligen Beschlagnahme gelten die gleichen Regeln wie bei einer unmittelbaren Anwendung des §97 V StPO. Das Beschlagnahmeverbot besteht daher nicht, wenn die Voraussetzungen des §97 II 3 StPO vorliegen oder der Medienangehörige auch hinsichtlich der Tat, für die diese zufällig gefundenen Gegenstände als Beweise dienen können, als Beschuldigter anzusehen ist[577]. Besteht aber das Verbot und findet eine Beschlagnahme dennoch statt, sind die so gewonnenen Beweismittel im Prozess nicht verwertbar.

2. Fernwirkung des Verwertungsverbots

Problematisch ist die Frage, ob dem Verwertungsverbot auch eine Fernwirkung hinsichtlich der mittelbar gefundenen Beweise zukommt. Ohne eine Fernwirkung des Verwertungsverbotes sorgt das Beschlagnahmeverbot zwar dafür, dass die Zufallsfunde selbst nicht unmittelbar als Beweismittel verwertet werden dürfen. Werden aus dem gedanklichen Inhalt der Gegenstände aber Erkenntnisse gewonnen, so können diese ausgewertet und die mit Hilfe dieser Erkenntnisse gefundenen Beweise im Prozess verwertet werden[578].

---

573 Rudolphi, Grenzen der Überwachung des Fernmeldeverkehrs nach den §§100a,b StPO, in: Festschrift für Schaffstein, S.433 (450); Welp, Entscheidungen: Strafprozess, Verfassungsrecht, JZ 1973, 288 (290).

574 Maiwald, Zufallsfunde bei zulässiger strafprozessualer Telefonüberwachung, JuS 1978, 379 (382).

575 Krekeler, Zufallsfunde bei Berufsgeheimnisträgern und ihre Verwertbarkeit, NStZ 1987, 199 (200).

576 Meyer-Goßner, Strafprozessordnung, §108, Rdnr. 4; Maiwald, Zufallsfunde bei zulässiger strafprozessualer Telefonüberwachung, JuS 1978, 379 (382).

577 Krekeler, Zufallsfunde bei Berufsgeheimnisträgern und ihre Verwertbarkeit, NStZ 1987, 199 (202).

578 Krekeler, Beeinträchtigung der Rechte des Mandanten durch Strafverfolgungsmaßnahmen gegen den Rechtsanwalt, NJW 1977, 1417 (1423).

a) Stand der Diskussion

Während die „*fruit of the poisonous tree-doctrine*“[579], die beispielsweise in den USA Anwendung findet, die Fernwirkung aller Beweisverwertungsverbote festlegt[580], ist dieser Grundsatz in Deutschland umstritten[581]. Die Rechtsprechung lehnt eine solche Fernwirkung ab[582], wohingegen die Literatur sie teilweise unter bestimmten Abwägungsvoraussetzungen bejaht[583] oder in jedem Fall für richtig hält[584]. Letzteres wird insbesondere mit dem Argument angenommen, dass der ratio der verletzten Vorschrift nur dadurch Rechnung getragen werden könne, dass unmittelbar und mittelbar erlangte Beweise hinsichtlich der Frage ihrer Verwertbarkeit gleichgestellt werden[585].

Das Hauptargument der Befürworter einer Fernwirkungslehre ist weiterhin das Bedürfnis, die Disziplin der Strafverfolgungsbehörden und der Gerichte sicherzustellen[586]. Denn nur, wenn ein Verstoß gegen Verfahrensvorschriften zu einer umfassenden Unverwertbarkeit der unmittelbar und mittelbar auf diesem Wege gewonnenen Beweise führe, würden sich die Strafverfolgungsbehörden ausreichend veranlasst sehen, die Verfahrensvorschriften auch dann einzuhalten, wenn ihre Einhaltung die Ermittlungsarbeit erheblich erschwert. Sinn und Zweck der Verwertungsverbote sei es, den Strafverfolgungsbehörden jeden Anreiz zu nehmen, verfahrensrechtlich unzulässige Beweisgewinnungsmethoden anzuwenden. Lehne man aber eine Fernwirkung dieser Verbote ab, werde dadurch ein Beweggrund geschaffen, die verbotenen Methoden so lange anzuwenden, bis aufgrund der Anwendung dieser Methoden Informationen

---

579 Meyer-Goßner, Strafprozessordnung, Einl. Rdnr. 57.

580 Jescheck, Rechtsvergleichendes Generalgutachten für den 46. Deutschen Juristentag, Band I, Teil 3 B, S. 1 (14).

581 Maiwald, Zufallsfunde bei zulässiger strafprozessualer Telefonüberwachung, JuS 1978, 379 (384); Fahl, Beweisverbote im Strafprozess, JuS 1996, 1013 (1017).

582 OLG Stuttgart, NJW 1973,1941 (1942); BGHSt 27, 355 (358); 32, 68 (71); 34 362 (364).

583 Maiwald, Zufallsfunde bei zulässiger strafprozessualer Telefonüberwachung, JuS 1978, 379 (385).

584 Grünwald, Anmerkung zu BGH Urt. v. 20.01.1987 5 StR 666/86, StV 1987, 470 (472).

585 Grünwald, Beweisverbote und Verwertungsverbote im Strafverfahren, JZ 1966, 489 (500); Otto, Grenzen und Tragweite der Beweisverbote, GA 1970, 289 (294).

586 Fahl, Beweisverbote im Strafprozess, JuS 1996, 1013 (1017); Neuhaus, Zur Fernwirkung von Beweisverwertungsverboten, NJW 1990, 1221 (1221).

erlangt wurden, auf deren Grundlage weitere verwertbare Beweise gefunden werden können.
Unter diesen Voraussetzungen reiche es also den Strafverfolgungsbehörden nicht, nur ein unmittelbares Beweismittel zu erhalten, das ohnehin unverwertbar ist. Sie würden sich vielmehr veranlasst sehen, darüber hinaus auch andere Beweismittel oder neue Ermittlungsansätze offen zu legen, um auf diese Art zumindest mittelbar einen Nutzen von der unzulässigen Beweisgewinnungsmethode zu haben[587]. Im Übrigen dürfe es insbesondere im Bezug auf Aussagen, die unter Verstoß gegen §136 a StPO gewonnen werden, keinen Unterschied machen, ob die Aussage selbst oder lediglich ihr Inhalt verwertet werde[588]. Denn nutze man den Inhalt der Aussage, um neue Beweismittel zu finden, laufe das Beweiserhebungsverbot im Ergebnis leer. Die Strafverfolgungsbehörden hätten alles erreicht, was sie erreichen wollten.

Die Vertreter der vermittelnden Ansicht bilden z.T. eine Hypothese. Dabei wird untersucht, ob die mittelbar aus den Zufallsfunden gewonnenen Beweise mit überwiegender Wahrscheinlichkeit auch auf anderem Wege hätten gewonnen werden können, insbesondere weil diesbezügliche Ermittlungsansätze bereits erkennbar waren[589]. Nur in den Fällen, in denen das Beweisergebnis mit hoher Wahrscheinlichkeit auch bei ordnungsgemäßem Vorgehen erreicht worden wäre, sei danach eine Fernwirkung abzulehnen[590]. Dabei sei die Kausalitätsfrage jeweils im Wege des Freibeweisverfahrens zu klären. In Zweifelsfällen sei der Grundsatz in dubio pro reo anzuwenden, der auch sonst im Strafverfahren gilt[591]. Andere Vertreter der vermittelnden Ansicht nehmen jeweils eine Interessenabwägung vor. So spricht sich z.B. *Maiwald* dafür aus, die Fernwirkung von Verwertungsverboten da aufhören zu lassen, wo es um die Aufklärung eines Delikts der Hochkriminalität geht, wenn das mittelbar

---

587 Grünwald, Anmerkung zu BGH Urt. v. 28.04.1987 - 5 StR 666/86, StV 1987, 470 (473); Neuhaus, Zur Fernwirkung von Beweisverwertungsverboten, NJW 1990, 1221 (1222).

588 Otto, Grenzen und Tragweite der Beweisverbote im Strafverfahren, GA 1970, 289 (294).

589 Schlüchter, Strafprozessrecht, S.14; Rogall, Hypothetische Ermittlungsverläufe im Strafprozess, NStZ 1988, 385 (392).

590 Klug, Beweisverbote im Strafprozess, Referat zum 46. Dt. Juristentag Band II Teil F, Seite F 30 (F 47).

591 Neuhaus, Zur Fernwirkung von Beweisverwertungsverboten, NJW 1990, 1221 (1222).

erlangte Beweismittel zur Aufklärung beitragen kann[592]. Wieder andere sprechen sich zwar grundsätzlich dafür aus, dass bei der Frage nach der Fernwirkung eines Beweisverwertungsverbots der Schutzzweck der verletzten Norm, die Schwere und die Irreparabilität des Normverstoßes, der Rang des verletzten Rechtsguts, der Grad der Beeinträchtigung und das Fairnisgebot zu beachten seien. Gerade unter diesen Gesichtspunkten sehen es die Vertreter dieser Ansicht aber als zwingend an, dass es im Hinblick auf das durch §97 StPO geschützte Rechtsgut der Medienfreiheit ein Beweisverwertungsverbot auch für mittelbar erlangte Beweise geben müsse[593].

Die Gegner des Fernwirkungsgrundsatzes berufen sich darauf, dass eine weitreichende Fernwirkung zu kriminalpolitisch unerträglichen Ergebnissen führe, wenn der Schuldige einer schweren Straftat aufgrund der Fernwirkung des Verwertungsverbots nicht verurteilt werden kann[594]. Über die Fernwirkung des Beweisverwertungsverbots könnte jeder Verfahrensfehler das Strafverfahren insgesamt lahmlegen[595]. Den Ermittlungsbehörden könne es daher nicht verwehrt werden, den sich aus dem rechtswidrig erhobenen Beweis ergebenen neuen Ermittlungsansätzen nachzugehen.

b) Stellungnahme

In Deutschland haben Beweiserhebungs- und Verwertungsverbote das Ziel, die Rechtsstaatlichkeit des Verfahrens zu sichern[596]. Beweisverwertungsverbote werden zu recht nicht als taugliche Mittel für eine Disziplinierung der Strafverfolgungsbehörden angesehen[597]. Eine solche Disziplinierung der Behörden über Beweisverwertungsverbote ist dem deutschen Strafverfahrensrecht insgesamt fremd[598]. Den Beamten werden durch materiell rechtliche Normen

---

592 Maiwald, Zufallsfunde bei zulässiger strafprozessualer Telefonüberwachung, JuS 1978, 379 (385).

593 Krekeler, Zufallsfunde bei Berufsgeheimnisträgern und ihre Verwertbarkeit, NStZ 1987, 199 (203).

594 OLG Stuttgart NJW 1973, 1941 (1942).

595 BGHSt 27, 355 (358).

596 Meyer-Goßner, Strafprozessordnung, Einl. Rdnr. 57.

597 Otto, Grenzen und Tragweite der Beweisverbote im Strafverfahren, GA 1970, 289 (292).

598 Ranft, Strafprozessrecht, S. 510, Rdnr. 1617.

Grenzen gesetzt. Im Übrigen ist davon auszugehen, dass sie ihre Aufgabe in der Regel gewissenhaft erfüllen und die Rechte der Zeugen und Beschuldigten wahren, ohne dass es einer verfahrensrechtlichen „Sanktion" von möglichen Verstößen bedarf.

Die Fernwirkung von Verwertungsverboten passt nicht in das Rechts- und Rollenverständnis der Beteiligten des deutschen Strafverfahrens. Im amerikanischen Rechtssystem sind Staatsanwaltschaft und Polizei Partei des Verfahrens. Ihr Ziel ist es, einen Prozess zu gewinnen, indem sie eine Verurteilung herbeiführen. Dem deutschen Rechtssystem liegt ein anderes Verständnis der Rolle von Strafverfolgungsbehörden im Ermittlungsverfahren zu Grunde. Danach ist die Staatsanwaltschaft die Hüterin der Verfahrensordnung und hat die Ermittlungen so zu führen und die Anklage so zu vertreten, dass verfahrensrechtliche Bestimmungen gewahrt werden. Die Polizeibeamten werden dabei zu ihrer Unterstützung tätig. Der Staatsanwalt gewinnt oder verliert keinen Prozess. Eine Verurteilung bringt ihm keinen persönlichen Vorteil. Zwar ist nicht zu bestreiten, dass es Fälle geben mag, in denen die Strafverfolgungsbehörden ihre Macht missbrauchen und entgegen den verfahrensrechtlichen Regelungen, die dem Schutz der Rechtsstaatlichkeit zu dienen bestimmt sind, Beweise erheben. Diese Ausnahmefälle sind jedoch grundsätzlich nicht in der Lage, das hiesige Verständnis von der Rolle der Strafverfolgungsbehörden in sein Gegenteil zu verkehren.

Auch dem Vorschlag, dass eine grundsätzlich bestehende Fernwirkung des Verwertungsverbotes nur dann entfallen soll, wenn aufgrund konkreter Ermittlungsansätze oder anderer besonderer Umstände feststeht, dass das Beweismittel auch anders gefunden worden wäre, kann nicht gefolgt werden. Es lässt sich im Einzelfall nicht zuverlässig überprüfen, ob die Strafverfolgungsbehörden das Beweismittel auch ohne den entgegen einem Beweiserhebungsverbot ermittelten Beweis gefunden hätten[599]. Der Hinweis, in diesen Fällen sei der Grundsatz in dubio pro reo anzuwenden, ist nicht überzeugend. Die Anwendung dieses Grundsatzes würde zu rechtsstaatlich

[599] BGHSt 34, 362 (365).

unerträglichen Ergebnissen führen. Die Betrachtung hypothetischer Geschehensabläufe wird kaum jemals zu einem eindeutigen Ergebnis führen, so dass der Grundsatz in dubio pro reo in annähernd jedem Fall anzuwenden wäre. Dadurch liefe die Ausnahme leer und es bliebe bei einer umfassenden Fernwirkung des Beweisverwertungsverbotes.

Ein solches umfassendes Beweisverwertungsverbot auch für mittelbar gewonnene Beweise hätte für den Strafprozess jedoch Folgen, die nicht hinnehmbar sind. Gerade bei Verfahrensfehlern im Rahmen von Vernehmungen könnte es den sofortigen Stillstand der Ermittlungen bedeuten. Ein einmal gemachter Fehler wäre nicht mehr zu korrigieren. Denn wenn eine Person im Rahmen einer Vernehmung, die gegen Beweisverbote verstößt, umfassende Angaben zu Tatumständen und Tatwerkzeugen macht, hat sie im Zweifel auf alle beweiserheblichen Gegenstände und Personen hingewiesen. Geht man dann von einer Fernwirkung des aufgrund der unzulässigen Vernehmung bestehenden Beweisverwertungsverbotes aus, bleibt unter Umständen kein Beweis übrig, der nicht aufgrund des Hinweises im Rahmen der Vernehmung dem Verwertungsverbot unterfiele. Alle Beweismittel, die im Rahmen der Vernehmung angesprochen wurden, wären von der Fernwirkung erfasst. Ob sie auch ohne den Hinweis gefunden worden wären, wird sich nicht mehr ermitteln lassen. Damit würde das gesamte Verfahren durch den Verfahrensfehler lahm gelegt. Dieses Ergebnis wäre in den meisten Fällen unverhältnismäßig und mit den Grundsätzen des Rechtsstaates nicht vereinbar. Daher ist im Grundsatz eine Fernwirkung von Beweisverwertungsverboten abzulehnen.

3. Verstöße gegen §97 V StPO und §108 StPO

Vor dem Hintergrund dieser grundsätzlichen Erwägungen ist ein genauerer Blick auf die im Rahmen dieser Arbeit konkret in Frage stehenden Beweisverwertungsverbote zu werfen.

a) Fernwirkungsverbot bei §97 V StPO

Grundsätzlich besteht ein Beweisverwertungsverbot immer dann, wenn eine Beschlagnahme entgegen dem Beschlagnahmeverbot des §97 V StPO durchgeführt wird. In diesem Zusammenhang kann es insbesondere, was die Frage der Beschuldigteneigenschaft und der personalen oder gegenständlichen Strafverstrickung betrifft, zu Missbrauchsfällen durch die Strafverfolgungsbehörden kommen. Dennoch bleibt es diesbezüglich bei dem Grundsatz, dass eine Fernwirkung von Beweisverwertungsverboten nicht der richtige Weg ist, um Strafverfolgungsbehörden zu disziplinieren oder Missbrauchsfälle zu verhindern. Es bieten sich andere Wege an, um einem Missbrauch entgegenzuwirken.

Ein Weg besteht in der Verschärfung der Voraussetzungen einer Beschlagnahme und einer Verbesserung der Prüfung dieser Voraussetzungen vor Erlass einer Beschlagnahmeanordnung. Alle Gegenstände, auf die sich die Beschlagnahme bezieht, müssen im Beschlagnahmebeschluss ausdrücklich genannt sein. Damit besteht eine juristische Kontrollinstanz durch das Gericht oder die Staatsanwaltschaft, der es obliegt, Missbrauchsfälle durch eine sorgfältige Prüfung der Voraussetzungen zu verhindern. Der Anordnungsbeschluss muss durch eine konkrete Formulierung Rahmen, Grenzen und Ziel der Ermittlungsmaßnahme genau definieren[600]. Auf dieser Ebene besteht Handlungsbedarf, um das Bewusstsein für die Bedeutung der zu treffenden Entscheidung weiter zu schärfen. Eine Übertragung von Verwertungsverboten auf mittelbar gewonnene Beweise ist dazu jedoch nicht der richtige Weg und daher abzulehnen.

b) Fernwirkungsverbot bei §108 StPO

Etwas anders stellt sich die Situation im Zusammenhang mit Zufallsfunden gem. §108 StPO dar. Zufallsfunde, die entgegen dem Verbot in §97 V StPO oder auf Grundlage einer systematischen Suche einstweilen in Beschlag genommen wurden, dürfen zwar nicht unmittelbar verwertet werden; ergeben sich aber aufgrund dieser Funde neue Ansätze für weitere Ermittlungen, so dürfen diese durchgeführt werden. Im Gegensatz zur Durchführung einer regulären Beschlagnahme hat bei der Beschlagnahme von Zufallsfunden keine Überprüfung der Voraussetzungen durch ein Mitglied der Justiz stattgefunden. Verfahrensfehler oder Missbrauchsfälle konnten daher nicht bereits im Vorfeld

600 BVerfGE 103, 142 (151); BVerfG StV 2003, 205 (205).

der Maßnahme durch eine sorgfältige Prüfung vermieden werden. Darüber hinaus verleiht die Regelung des §108 StPO insgesamt sehr weitreichende Befugnisse.

Die rechtsstaatlichen Voraussetzungen für die Durchsuchung und Beschlagnahme sind bewusst eng gefasst. In der Regel liegt in einer rechtswidrig durchgeführten Durchsuchung und Beschlagnahme auch ein schwerwiegender Grundrechtseingriff. Sei es wie in den hier zu betrachtenden Fällen ein Eingriff in Art 5 I GG oder in anderen Fällen ein solcher in Art 13 GG. *Rupp* sieht daher die Regelung des §108 StPO insgesamt als unter rechtsstaatlichen Gesichtspunkten bedenklich an[601].

Dem ist entgegenzuhalten, dass es auch unter rechtsstaatlichen Gesichtspunkten richtig ist, dass die Ermittlungsbeamten nicht an Beweisen vorbeigehen müssen, die offen vor ihnen liegen und hinsichtlich derer offensichtlich kein Beschlagnahmeverbot besteht (wie z.B. eine zufällig entdeckte Leiche im Kopierraum der Redaktion). Dennoch ist *Rupp* insofern zuzustimmen, dass den weitreichenden Befugnissen, die §108 StPO den Strafverfolgungsbehörden verleiht, gewisse Grenzen gesetzt werden müssen.
Fraglich ist jedoch, ob diese Grenzen in einer Fernwirkung des Beweisverwertungsverbots liegen sollten. Dabei sind zunächst drei verschiedene Formen der Auffindung von Zufallsfunden zu unterscheiden. Es gibt „Zufallsfunde", nach denen unter einem Vorwand gezielt gesucht wurde. Davon zu differenzieren sind solche Zufallsfunde, die von den Ermittlern bewusst als solche wahrgenommen und einstweilen in Beschlag genommen wurden. Weiterhin gibt es auch Zufallsfunde, die sich in den Unterlagen befinden, welche die Strafverfolgungsbehörden im Rahmen des bestehenden Beschlagnahmebeschlusses ohne explizite Prüfung mit sich nehmen, weil eine umfassende Sichtung und Sortierung des Materials vor Ort aus tatsächlichen Gründen nicht möglich ist.

[601] Rupp, Gutachten für den 46. Deutschen Juristentag „Beweisverbote im Strafprozess in verfassungsrechtlicher Sicht", Band I, Teil 3 A, S. 165 (183).

Die gezielte Suche nach „Zufallsfunden“ unter dem Deckmantel vorgeschobener Ermittlungen in anderer Sache, stellt einen offenen Missbrauch der Befugnisse der Strafverfolgungsbehörden dar. Diesen offensichtlichen Missbrauchsfällen kann nur dadurch begegnet werden, dass die Zufallsfunde, die bewusst entgegen dem Beschlagnahmeverbot des §97 V StPO einstweilen in Beschlag genommen werden, um dadurch neue Ermittlungsansätze zu finden, einem weitgehenden Verwertungsverbot unterliegen. Unter diesen besonderen Voraussetzungen muss bei strenger Anwendung des Verhältnismäßigkeitsgrundsatzes entschieden werden, welche Erkenntnisse die Grundlage für weitere Ermittlungen bieten können und welche nicht. Gerade wenn es sich lediglich um leichtere Straftaten handelt, muss unter dem Gesichtspunkt des Grundsatzes vom fairen Verfahren erwogen werden, ob die Ermittlungen aufgrund des Verfahrensfehlers einzustellen sind.

Bei Zufallsfunden, die als solche erkannt werden und in dem Glauben an ein rechtmäßiges Handeln bewusst einstweilen sichergestellt werden, muss dem Problem an anderer Stelle begegnet werden. Sinn und Zweck des §108 StPO ist es in erster Linie, die Wiederholung des Eingriffs durch eine erneute Durchsuchung auf neuer Grundlage zu vermeiden, und darüber hinaus, eine Beweisvereitelung zu verhindern.

In einer Redaktion oder einem Verlag, der mit politischen oder strafrechtlichen Bereichen zu tun hat, werden sich für die Ermittlungsbeamten oftmals sehr viele Unterlagen finden lassen, die Hinweise auf andere Straftaten enthalten können oder in anderen Verfahren als Beweis zu dienen geeignet erscheinen. Die Wahrscheinlichkeit, solche Zufallsfunde im Rahmen einer Durchsuchung von Redaktionsgebäuden zu finden, ist höher als im Rahmen von Durchsuchungen bei Privatpersonen oder Angehörigen anderer Berufsgruppen, die diesbezüglich weniger starke Berührungspunkte aufweisen.
Die Kombination aus der Schwierigkeit einer richtigen Beurteilung der Gesetzeslage durch die Beamten und der Vielzahl der sich möglicherweise anbietenden Zufallsfunde macht die Vorschrift des §108 StPO bei der Durchsuchung von Medienanstalten besonders problematisch.

Der Eingriff in die Grundrechte der Medien ist durch eine Wiederholung der Durchsuchung auf Grundlage eines neuen Durchsuchungs- und Beschlagnahmebeschlusses, der von juristischer Seite umfassend geprüft wurde, geringer, als wenn eine umfassende rechtswidrige Beschlagnahme von Zufallsfunden stattfindet. Während es bei der Durchsuchung von Privaträumen anderer Bürger richtig sein mag, dass die Wiederholung der Maßnahme als besonders belastend empfunden wird und deshalb vermieden werden sollte, tritt diese Belastung durch eine mögliche Wiederholung bei Maßnahmen, die sich gegen Medienanstalten und Journalisten richten, hinter der Belastung durch eine umfassende unberechtigte Beschlagnahme von Recherchematerialien zurück. Das allgemeine Ziel des §108 StPO, einen Wiederholungseingriff zu vermeiden, rechtfertigt in den vorliegend zu betrachtenden Konstellationen eine Beschlagnahme von Zufallsfunden also nicht.

Es bleibt daher lediglich das Problem einer möglichen Beweisvereitelung durch die Medienangehörigen. Die Gefahr einer solchen Beweisvereitelung besteht, wenn die Unterlagen, die gefunden wurden, nicht sofort mitgenommen werden. Dieses Risiko ist jedoch zum einen dadurch begrenzt, dass eine Redaktion nicht unbedingt damit rechnet, dass einer Durchsuchungs- und Beschlagnahmemaßnahme die nächste innerhalb kürzester Zeit folgt. Selbst wenn das aber der Fall sein sollte, ist das mögliche Risiko einer Beweisvereitelung im Interesse eines angemessenen Schutzes der Medienfreiheit in diesem Zusammenhang hinzunehmen. Es erscheint jedenfalls geringer als die Gefahr, dass die Polizeibeamten bei der Prüfung der Voraussetzungen einer Beschlagnahme von Zufallsfunden unbewusst Fehler machen. Die vor Ort anwesenden Polizeibeamten sind keine Juristen. Daher wird es ihnen in Anbetracht der komplizierten Gesetzeslage von Zeugnisverweigerungsrecht und Beschlagnahmeverbot im Einzelfall schwer fallen spontan zu beurteilen, ob ein Zufallsfund einstweilen in Beschlag genommen werden kann oder nicht.
Im Ergebnis sollte daher die Zulässigkeit der Beschlagnahme von Zufallsfunden auf die Fälle beschränkt werden, in denen die Beschlagnahmefähigkeit des Gegenstandes offensichtlich erkennbar ist. Das wird vor allem dann der Fall sein, wenn es sich um einen strafverstrickten Gegenstand handelt.

§108 StPO ist daher für die Fälle der Beschlagnahme von Zufallsfunden bei Durchsuchungen in Redaktionen, Verlagen oder Rundfunkanstalten dahingehend zu ergänzen, dass eine solche einstweilige Beschlagnahme nur zulässig ist, wenn es sich um strafverstrickte Gegenstände handelt, die auf den ersten Blick als solche zu erkennen sind. Es müsste daher ein Verweis auf die Voraussetzungen des §97 V, II 3 StPO erfolgen mit dem Hinweis, dass diese Voraussetzungen offensichtlich gegeben sein müssen, um von einer zulässigen einstweiligen Sicherstellung der Gegenstände ausgehen zu können.

Die größten Probleme stellen sich bei der Frage, wie in solchen Fällen zu verfahren ist, in denen im Rahmen einer Durchsuchungs- und Beschlagnahmeaktion aus praktischen Gründen große Mengen an Unterlagen mitgenommen werden. Oftmals ist es den Ermittlern nicht möglich, vor Ort alle Unterlagen zu sichten und zu unterscheiden, auf welche sich der Beschlagnahmebeschluss erstreckt und auf welche nicht. Sie sehen es daher als ein praktisches Erfordernis an, das gesamte Archiv des betroffenen Journalisten oder zumindest große Teile davon einstweilen in Beschlag zu nehmen[602]. Auch ohne einen bewussten Missbrauch sind in diesem Zusammenhang Verfahrensfehler geradezu die Regel. Da die Beamten aber in diesen Fällen nicht unter der Legitimation des §108 StPO handeln, sondern im Rahmen des §97 II 3 StPO, kann diesen Schwierigkeiten auch nur im Rahmen dieser Vorschrift begegnet werden. Das muss zum einen dadurch geschehen, dass die Anwendbarkeit des §97 II 3 StPO, wie bereits dargelegt, durch eine Erhöhung der Anforderungen an den Tatverdacht eingeschränkt wird. Zum anderen müssen die Voraussetzungen an die Konkretisierung des Beschlagnahmebeschlusses möglichst hoch gesetzt werden, um die wahllose oder willkürliche Beschlagnahme von großen Mengen an Unterlagen zu verhindern. Vollständig wird sich dieses Problem gerade bei sehr umfangreichen Ermittlungen jedoch kaum vermeiden lassen.

---

602 Schmidt-De Caluwe, Pressefreiheit und Beihilfe zum Geheimnisverrat, NVwZ 2007, 640 (640).

V. Bewertung der möglichen Umgehungsgefahr

Gem. §98 I 2 StPO steht die Beschlagnahme nach §97 V StPO in den Räumen einer Redaktion, eines Verlages, einer Druckerei oder einer Rundfunkanstalt unter einem Richtervorbehalt. Das vermag jedoch die Unsicherheiten, die durch den Verweis in §97 V StPO auf §97 II 3 StPO entstehen, nicht auszugleichen. Denn die Vergangenheit hat immer wieder gezeigt, dass die Ermittlungsrichter in vielen Fällen der Prüfung des Verhältnismäßigkeitsgrundsatzes nicht die erforderliche Aufmerksamkeit zuwenden, obwohl dieser Grundsatz Verfassungsrang besitzt[603] und im Einzelfall die einzige Möglichkeit darstellt, bei Vorliegen der sonstigen Voraussetzungen den Schutz der Pressefreiheit über das in dem konkreten Verfahren bestehende Strafverfolgungsinteresse zu stellen.

Ein besonders deutliches Beispiel der diesbezüglichen Defizite zeigte sich bei einem Sachverhalt aus dem Jahr 1996[604]:

Der Rechnungshof des Landes Bremen verfasste am 05. Juni 1998 einen Bericht zur „*Prüfung der Haushaltsüberschreitung im Rahmen des Modellversuchs "Schulbauinvestitionen"*". Der Bericht mit zahlreichen Beanstandungen wurde am 07. Juni 1996 bzw. am 11. Juni 1996 dem Senatsressort für Finanzen und dem Senatsressort für Bildung, Wissenschaft, Kunst und Sport mit der Bitte um Stellungnahme zugesandt. Besonders brisant an dem Bericht war, dass er dem Chef der Senatskanzlei vorwarf, in seinem früheren Amt als Leiter der Bildungsbehörde durch Verstöße gegen das Haushaltsrecht eine Finanzlücke von 15,4 Mio. DM verursacht zu haben[605].

Am 08. Juni 1996 erschien in zwei Tageszeitungen desselben Zeitungsverlages ein Artikel, der diesen Bericht zur Grundlage hatte. Am 11. Juni 1996 berichtete darüber hinaus eine Rundfunkanstalt über die Mitteilung des Rechnungshofes.

---

[603] Meyer-Goßner, Strafprozessordnung, Einl. Rdnr. 20; LG Bremen NStZ-RR 2000, 174 (175).

[604] Darstellung des Sachverhalts in: BVerfG NJW 1998, 2131; LG Bremen NStZ-RR 2000, 174.

[605] Kunert, Recht, Presse und Politik, DRiZ 1997, 325 (325).

Im Rahmen dieser Berichterstattung wurde der Präsident des Landesrechnungshofes im persönlichen Interview mit einer Kopie des Berichts konfrontiert. In Folge dessen erstattete der Präsident des Landesrechnungshofes Anzeige gegen unbekannt wegen des Verdachts der Verletzung von Dienstgeheimnissen.

Das Amtsgericht Bremen erließ daraufhin auf Antrag der Staatsanwaltschaft am 07. August 1996 gem. §§103, 105 StPO insgesamt acht Durchsuchungsbeschlüsse. Es wurde die Durchsuchung eines Zeitungsverlages, zweier Zeitungen und eines Fernsehsenders sowie die Durchsuchung von vier Wohn- und Nebenräumen der beteiligten Journalisten angeordnet. Der kopierte Bericht wurde auf dem Schreibtisch der Journalistin, die das Interview mit dem Präsidenten des Landesrechnungshofes geführt hatte, gefunden und beschlagnahmt. Die Durchsuchung der Redaktion, des Arbeitsplatzes, der Aktentasche sowie der Privatwohnung des Journalisten und Ressortleiters der Redaktion Lokales der Tageszeitung, die den Artikel veröffentlicht hatte, verliefen hingegen ergebnislos.
Insgesamt wurden zwei Exemplare des Berichts sichergestellt und untersucht. Die Untersuchung ergab, dass die Ablichtungen der Berichte aus dem Geschäftsbereich des Senators für Finanzen stammen könnten. Dieser lehnte jedoch die Erteilung der Verfolgungsermächtigung ab, woraufhin das Verfahren gem. §170 II StPO eingestellt und die beschlagnahmten Ablichtungen des Berichts zurück-gegeben wurden.

Beide betroffenen Journalisten gingen gegen die Durchsuchungsanordnungen im Wege der Beschwerde vor, die jedoch vom Landgericht wegen tatsächlicher Erledigung und somit Wegfall der Beschwer als unzulässig verworfen wurden[606].

In diesem Beschluss vom 07. Oktober 1996 führte das Landgericht aus, dass sich Bedenken hinsichtlich des Grundsatzes der Verhältnismäßigkeit zum einen aus der fehlenden Strafverfolgungsermächtigung ergeben. Darüber hinaus bestünden aber auch Bedenken gegen die Verhältnismäßigkeit der

[606] LG Bremen AfP 1997, 561 (562).

Durchsuchung, da die angezeigte Tat nicht sehr schwer wiege. Nach Durchführung der Anhörung habe der Bericht ohnehin öffentlich gemacht werden sollen. Bereits zuvor sei er durch die Übergabe an die betroffenen Ressorts in viele Hände geraten. Zwar seien Beteiligungsrechte der zuständigen Dienststellen verletzt worden und es sei auch nicht auszuschließen, dass ein Verrat von Dienstgeheimnissen gem. §353 b I StGB vorgelegen habe. Allerdings sei die Straftat im Hinblick auf die für einen späteren Zeitpunkt ohnehin geplante Veröffentlichung des Berichts nicht als so schwerwiegend anzusehen. Daher bestünden Bedenken hinsichtlich der Verhältnismäßigkeit der Durchsuchungsanordnungen. Von willkürlichen Entscheidungen sei jedoch nicht auszugehen, da mildere Mittel mit gleichen Erfolgsaussichten nicht ersichtlich gewesen seien.

Auch die betroffene Redaktion legte Beschwerde gegen die Durchsuchungsanordnung ein. Diese wurde durch das Landgericht Bremen am 04. November 1996 mit identischer Begründung wie bereits im Rahmen der Entscheidung vom 07. Oktober 1996 für gegenstandslos und somit unzulässig erklärt[607].
Gegen diese Entscheidungen des Landgerichts Bremen legten die Betroffenen erfolgreich Verfassungsbeschwerde ein[608]. Das Bundesverfassungsgericht stellte fest, dass die Beschwerden nicht als gegenstandslos hätten verworfen werden dürfen, da trotz der tatsächlichen Erledigung durch die Freigabe der beschlagnahmten Gegenstände ein Rechtsschutzinteresse bestanden habe. In Fällen tief greifender Grundrechtseingriffe, in denen die direkte Beschwer nach dem typischen Verfahrensablauf bereits entfallen ist, bevor der Betroffene die Möglichkeit hatte, die gerichtliche Entscheidung in der von der Prozessordnung vorgesehenen Instanz zu erlangen, gebiete es der effektive Grundrechtsschutz, dem Geschädigten die Möglichkeit der gerichtlichen Feststellung des schweren Grundrechtseingriffs trotz tatsächlicher Erledigung zu erhalten. Daher verwies das Bundesverfassungsgericht die Sache zur erneuten Entscheidung an das Landgericht Bremen zurück.

607 LG Bremen NJW 1997, 1168 ff.
608 BVerfG NJW 1998, 2131.

Das Landgericht stellte daraufhin die Rechtswidrigkeit der in der Rundfunkanstalt durchgeführten Durchsuchung und Beschlagnahme fest[609]. In dieser Entscheidung sah das Gericht jedoch den Grundsatz der Verhältnismäßigkeit im Hinblick auf die Wahl der Mittel und das Ausmaß der durchgeführten Maßnahmen als gewahrt an. Die Erwägungen zur Verhältnismäßigkeit in den aufgehobenen Beschlüssen seien von untergeordneter Bedeutung. Insbesondere stehe entgegen der damals vertretenen Ansicht die Höhe der Straferwartung der Verhältnismäßigkeit nicht im Wege. Ein Verstoß gegen den Verhältnismäßigkeitsgrundsatz sei allein darin zu sehen, dass diese Maßnahmen durchgeführt wurden, bevor der Fortgang des Ermittlungsverfahrens ansonsten, d.h. im Hinblick auf die fehlenden Verfolgungsermächtigungen der anderen beiden beteiligten Behörden, gesichert gewesen war.
Mit diesem Beschluss hat das Gericht der an den ersten beiden Beschlüssen geäußerten Kritik Rechnung getragen. So ist *Kunert* der Ansicht, dass sich das Landgericht mit den ursprünglich geäußerten Zweifeln an der Verhältnismäßigkeit der Maßnahme lediglich der Kritik in der Politik angeschlossen habe, ohne eine haltbare rechtliche Kritik begründen zu können[610]. Die politische Kritik sei aber nur das Ergebnis dessen, dass die Medien im Anschluss an die Maßnahmen aus eigennützigen Motiven eine „Schmäh-Linie" angezettelt hätten, die von der Politik weiter verfolgt worden sei. Die Rechtslage sei nicht ruhig und unvoreingenommen reflektiert worden, sondern aus Angst vor der Presse sei eine allgemeinpolitisch und pressepolitisch motivierte Kritik an der Staatsanwaltschaft geübt worden, die rechtlich nicht haltbar sei. An der Verhältnismäßigkeit der Maßnahme bestünden daher keine berechtigten rechtlichen Zweifel.

Dieser Kritik von *Kunert* kann jedoch nicht zugestimmt werden. Bereits bei Betrachtung des Sachverhalts erscheint ein Verstoß gegen den Verhältnismäßigkeitsgrundsatz offensichtlich.
Es wurde ein Bericht veröffentlicht, der zwar vertraulich war, an dem die Allgemeinheit aber ein Interesse hatte, da er sich mit haushaltsrechtlichem

[609] LG Bremen NStZ-RR 2000, 174 (175).
[610] Kunert, Recht, Presse und Politik, DRiZ 1997, 325 (333).

Fehlverhalten eines Politikers beschäftigte. Das festgestellte Defizit im Haushalt betrifft in seiner Auswirkung die Bevölkerung, die daher ein berechtigtes Interesse an einer umfassenden Information hat. Nach der Stellungnahme der jeweiligen Senatoren wäre der Fall ohnehin bekannt gemacht worden, auch wenn der Bericht möglicherweise zuvor kleinere Änderungen erfahren hätte. Dennoch wurden zur Auffindung der undichten Stelle innerhalb der Behörden acht Durchsuchungsbeschlüsse für Redaktionen und Privaträume erlassen.

Das Gericht argumentierte damit, dass der Bericht zur „Unzeit" veröffentlicht worden sei. Darüber hinaus seien darin hochrangige Persönlichkeiten vehement kritisiert worden, was geeignet sei, „gezielt politischen Unfrieden" zu stiften[611]. Diese Argumente können jedoch die Verhältnismäßigkeit der Maßnahmen nicht hinreichend begründen. Der politische Unfrieden wurde durch den massiven Schlag gegen Medienunternehmen lediglich verstärkt. Während durch den Bericht und das Fernsehinterview noch die Möglichkeit bestand, sich öffentlich mit der Sache selbst auseinanderzusetzen und dadurch vielleicht einige Eindrücke im Sinne des betroffenen Politikers richtig zu stellen, wurde diese Möglichkeit durch die massiven Maßnahmen gegen Angehörige der Medien beseitigt.

Darüber hinaus kann das politische Ansehen einer Person, die dem Anschein nach schwere Fehler begangen hat, kein ausreichendes Argument für so schwer wiegende Eingriffe in die Pressefreiheit sein. Zwar ist es richtig, dass die Empörung der Presse über gegen sie gerichtete Maßnahmen in vielen Fällen überzogen und nur darauf gerichtet ist, in ihrem Sinne in Politik und Bevölkerung eine emotional geprägte Debatte über die Rechte der Presse auszulösen[612], doch darf auch nicht vergessen werden, dass die Durchsuchung von Medieninstituten und Privatwohnungen immer einen erheblichen Schaden für das Vertrauensverhältnis zwischen der Presse und ihren Informanten, Einschüchterungseffekte und eine Behinderung der journalistischen Arbeit mit sich bringt und somit einen erheblichen Eingriff in Grundrechte darstellt.

[611] LG Bremen NStZ-RR 2000, 174 (176).

[612] Kunert, Recht, Presse und Politik, DRiZ 1997, 325 (331).

Das Strafverfolgungsinteresse war vorliegend nicht in der Lage, diese Eingriffe zu rechtfertigen. Im Rahmen der Verhältnismäßigkeitsprüfung muss das im Einzelfall bestehende Ausmaß des Strafverfolgungsinteresses ebenso Berücksichtigung finden wie die Frage, wie schwer das Grundrecht der Medienfreiheit durch die konkrete anzuordnende Maßnahme betroffen wird.
Die vorliegend in Frage stehenden Delikte wogen auch unter Berücksichtigung des öffentlichen Interesses an der Verschwiegenheit der Verwaltung nicht schwer. Die Qualifikation als Delikt außerhalb des Bagatellbereichs bekam die Verletzung des Dienstgeheimnisses vorliegend nur aufgrund der äußeren Umstände. Auch das Argument, dass ein hochrangiger Mitarbeiter einer Behörde als Täter in Betracht kam, reicht nicht aus, um Maßnahmen gegen Medienmitarbeiter zu rechtfertigen. Dass solche Durchsuchungsmaßnahmen gegen Medienangehörige nicht mit dem primären Ziel, die undichte Stelle in den Reihen der Behörde zu suchen angeordnet werden dürfen, hat das Bundesverfassungsgericht bereits in der Spiegel-Entscheidung 1966 festgestellt[613].

Entgegen der Ansicht des Landgerichts sind in diesem Fall die Verstöße gegen den Verhältnismäßigkeitsgrundsatz nicht nur im Hinblick auf die fehlende Verfolgungsermächtigung, sondern auch bei der Abwägung zwischen dem Interesse an einer effektiven Strafverfolgung und der Pressefreiheit offensichtlich zu Tage getreten.

Die Verhältnismäßigkeitsprüfung kann in diesen Fällen nicht nur abstrakt anhand der Kriterien der Geeignetheit, Erforderlichkeit und Angemessenheit erfolgen, sondern es muss im Hinblick auf die sich im konkreten Fall gegenüber stehenden Rechtsgüter geprüft werden, ob die Maßnahmen verhältnismäßig sind. Erforderlich ist also eine konkrete Betrachtung des Ausmaßes von Eingriffen in die Pressefreiheit auf der einen und dem Maß des Strafverfolgungsinteresses auf der anderen Seite. Dabei spielt das zu erwartende Strafmaß und die abstrakte Schwere des Delikts ebenso eine Rolle wie das konkrete Ausmaß der geplanten Durchsuchungsmaßnahmen.

[613] BVerfGE 20, 162 (192).

Zwar konnte vorliegend der Pressebetrieb trotz Durchführung der Maßnahmen weiter fortgeführt werden, das schließt aber entgegen der Ansicht von *Lisken*[614] das Vorliegen eines Eingriffs in die Pressefreiheit nicht aus. Ein solcher ergibt sich vielmehr aus dem mit der Maßnahme verbundenen Einschüchterungseffekt und der Schädigung des Vertrauens der Informanten in eine von staatlichen Einflüssen unabhängige und freie Presse. Mit einer solchen großflächig angelegten Durchsuchungsaktion mit acht gleichzeitig durchgeführten Durchsuchungen bei Angehörigen der Medien waren ein erheblicher Einschüchterungseffekt und ein Vertrauensschaden verbunden, die zu der in Frage stehenden Straftat außer Verhältnis standen.

Die Gefahr einer Umgehung der Medienprivilegien ist daher insbesondere deshalb als hoch einzustufen, weil dem Verhältnismäßigkeitsgrundsatz in der Praxis der Justiz häufig nicht die erforderliche Bedeutung beigemessen wird. Diesbezüglich müssen höhere Anforderungen an die Begründung der Beschlüsse gestellt werden, um die Richter zu einer verantwortungsbewussten Einzelfallprüfung anzuhalten.

B. Konsequenz der freiwilligen Herausgabe

Werden Gegenstände durch den Zeugnisverweigerungsberechtigten freiwillig herausgegeben, liegt darin grundsätzlich ein Verzicht auf das Beschlagnahme- und Verwertungsverbot[615]. Erfolgt die freiwillige Herausgabe aufgrund eines entsprechenden Herausgabeverlangens durch die Strafverfolgungsbehörden, dann muss die Aufforderung mit der Belehrung verbunden werden, dass die Sache nur mit Einwilligung und nicht zwangsweise in amtliche Verwahrung genommen werden darf[616].

Problematisch sind hierbei besonders die Fälle, in denen die freiwillige Herausgabe nicht durch den verantwortlichen Redakteur, sondern durch einen Medienmitarbeiter erfolgt, der in einem anderen als dem unmittelbar journalistisch arbeitenden Bereich tätig ist. Dieser Mitarbeiter aus Druckerei, Archiv

---

[614] Lisken, Anmerkung zum Beschluss des LG Bremen vom 04.11.1996, StV 1997, 396 (397).

[615] Meyer-Goßner, Strafprozessordnung, §97, Rdnr.5; BGHSt 18, 227 (230).

[616] Meyer-Goßner, Strafprozessordnung, §97, Rdnr.6; Wohlers, Alkoholbefund aus Operationsvorbereitung, NStZ 1990, 245 (246).

oder Sekretariat wird sich der Konsequenzen seines Handelns möglicherweise nicht in allen Fällen bewusst sein. So wie eine Belehrungspflicht hinsichtlich des Zeugnisverweigerungsrechts anzunehmen ist, wenn offensichtlich ist, dass der betreffende Mitarbeiter sein berufsbezogenes Recht zur Zeugnisverweigerung möglicherweise nicht kennt, so muss auch in diesen Fällen eine Belehrungspflicht angenommen werden. Die Strafverfolgungsbehörden müssen den Medienmitarbeiter, bevor sie einen Gegenstand von ihm entgegennehmen daher darauf hinweisen, dass er zu der Herausgabe des Gegenstandes nicht verpflichtet ist.

Drittes Kapitel: Beschuldigtenstatus der Medienangehörigen

Grundsätzlich gelten für Medienangehörige die gleichen strafrechtlichen Vorschriften wie für alle anderen Bürger auch[617]. Daher können sich strafrechtliche Ermittlungen auch konkret gegen sie als Beschuldigte richten. Werden die Medienangehörigen selbst zu Beschuldigten im Strafverfahren, wirkt sich das auch auf die prozessualen Vorschriften zum Schutz der Pressefreiheit im Strafverfahren aus.

A. Erwägungen zum Beschuldigtenstatus

Das Zeugnisverweigerungsrecht nach §53 I Nr. 5 und das Beschlagnahmeverbot nach § 97 V StPO bestehen nicht, wenn der Angehörige der Medien, gegen den sich die Strafverfolgungsmaßnahmen richten, Beschuldigter ist[618].

I. Voraussetzungen für den Status als Beschuldigter

Daher stellt sich zunächst die Frage, unter welchen Voraussetzungen eine solche Beschuldigteneigenschaft vorliegt.

Die Beschuldigteneigenschaft wird durch einen Willensakt der zuständigen Strafverfolgungsbehörde begründet[619]. Dieser Willensakt drückt sich in der Regel durch die förmliche Einleitung eines Ermittlungsverfahrens aus[620]. Voraussetzung für die Einleitung eines Ermittlungsverfahrens sind zureichende tatsächliche Anhaltspunkte für das Vorliegen einer verfolgbaren Straftat gem. §152 II StPO. Liegt nach kriminalistischer Erfahrung die Möglichkeit einer strafbaren Handlung vor, so besteht ein Anfangsverdacht, der die Einleitung eines Ermittlungsverfahrens rechtfertigt[621]. Unter den Voraussetzungen der §§152 II, 160 I, 163 I StPO sind die Strafverfolgungsbehörden dann nach pflichtgemäßem Ermessen verpflichtet, den Willensakt zur Begründung der

[617] Rose, Grenzen der journalistischen Recherche im Strafrecht und Strafverfahrensrecht, S. 50.

[618] BVerfG, 1 BvR 538/06 vom 27.2.2007, Absatz Nr. 53

[619] BGHSt 34, 138 (140); Artzt, Begründung der Beschuldigteneigenschaft, Kriminalistik 1970, 379 (380).

[620] Meyer-Goßner, Strafprozessordnung, Einl. Rdnr. 76.

[621] Meyer-Goßner, Strafprozessordnung, §152, Rdnr. 4.

Beschuldigteneigenschaft zu vollziehen[622]. Bei der Frage, ob die tatsächlichen Anhaltspunkte zureichend im Sinne des §152 II StPO sind, um einen Anfangsverdacht zu begründen, steht den Strafverfolgungsbehörden ein Beurteilungsspielraum zu, der einer gerichtlichen Kontrolle nicht zugänglich ist[623].

Die Voraussetzungen, unter denen die Beschuldigteneigenschaft des Medienangehörigen begründet werden kann sind demnach tatsächliche Anhaltspunkte, die es als möglich erscheinen lassen, dass er an einer strafbaren Tat beteiligt gewesen ist und ein entsprechender Willensakt der Strafverfolgungsbehörde.
Die geringen Voraussetzungen der Beschuldigteneigenschaft sowie die Tatsache, dass der Beurteilungsspielraum der Staatsanwaltschaft gerichtlich nicht überprüft werden kann, führen dazu, dass die Medienangehörigen bei den meisten Ermittlungsverfahren gegen Angehörige ihres Berufsstandes befürchten, es könne ein Fall des Missbrauchs und der Konstruktion einer Beschuldigteneigenschaft durch die Strafverfolgungsbehörden aus sachfremden Erwägungen vorliegen. Vor allem im Zusammenhang mit dem Straftatbestand des Verrats von Dienstgeheimnissen befürchten die Medienangehörigen, dass der Tatverdacht gegen sie nur vorgeschoben wird, um herauszufinden, wer die Haupttat begangen hat. Diese Befürchtung hat sich in der Vergangenheit auch bereits mehrfach als begründet erwiesen[624]. Daher ist auf diesen Straftatbestand noch gesondert einzugehen.

II. Missbrauch durch die Strafverfolgungsbehörden

Dass für die Strafverfolgungsbehörden die Möglichkeit besteht, das Zeugnisverweigerungsrecht des §53 I Nr.5 StPO, das Beschlagnahmeverbot nach §97 V StPO sowie die damit verbundenen Verfahrensvorschriften gem. §98 StPO zu umgehen[625], ist seit langem bekannt[626].

---

[622] Rogall, Zur Verwertbarkeit einer Aussage einer noch nicht beschuldigten Person, MDR 1977, 978 (978).

[623] Schoreit, in: Karlsruher Kommentar, StPO, §152, Rdnr. 28.

[624] BVerfG, 1 BvR 538/06 vom 27.02.2007, Absatz Nr. 62; BVerfGE 20, 162 (217).

[625] Kramer, Das gespaltene Zeugnisverweigerungsrecht der Medienangehörigen in der StPO, Kriminalistik 2004, 756 (760).

[626] Vgl. BVerfGE 20, 162 (192).

Dabei gibt es im Wesentlichen zwei Varianten.
Zum einen wird ein Anfangsverdacht bejaht und ein Ermittlungsverfahren gegen den Medienangehörigen eingeleitet, obwohl die zu Grunde liegenden Anhaltspunkte sehr gering sind. Das Ermittlungsverfahren wird dann regelmäßig im Anschluss an die durchgeführte Durchsuchung und Beschlagnahme unmittelbar eingestellt[627].

Da die Voraussetzungen für einen Anfangsverdacht gering sind, ist die Konstruktion eines Anfangsverdachts aus sachfremden Erwägungen mit wenigen Argumenten möglich. Wenn die Strafverfolgungsbehörden den Antrag auf Erlass eines Durchsuchungsbefehls auf solche Verdachtsmomente stützen, ist es schwer, dem Antrag noch etwas entgegenzuhalten.
In der Entscheidung des Bundesverfassungsgerichts von 2007 klingt an, dass in diesen Fällen an den für das Ermittlungsverfahren grundsätzlich ausreichenden Anfangsverdacht im Hinblick auf die Bedeutung von Art 5 I GG höhere Anforderungen zu stellen sind[628]. Welche Anforderungen aber genau an den Verdachtsgrad oder die dem Verdacht zu Grunde liegenden Tatsachen zu stellen sind, lässt sich der Entscheidung nicht entnehmen. Sie beschränkt sich darauf festzustellen, dass die Anhaltspunkte in dem zu Grunde liegenden Fall für eine Durchsuchung nicht zureichend waren.
Für den Ermittlungsrichter und die Strafverfolgungsbehörden ist daher schwer erkennbar, welche Schwelle der Verdachtsgrad gegen den Medienangehörigen erreicht haben muss, damit eine Durchsuchung zur Auffindung von Beweismitteln verfassungsrechtlich nicht zu beanstanden ist.

Die andere Möglichkeit des Missbrauchs liegt darin, dass es zwar ausreichende Anhaltspunkte für einen Anfangsverdacht gibt, die Durchsuchung aber nicht dem Zweck dient, in der Sache des Verdachts weiter zu ermitteln, sondern ausschließlich das Ziel hat, Verdachtsgründe gegen noch unbekannte Dritte weiter zu verfolgen.

---

[627] Kaiser, Risiken und Nebenwirkungen, Journalist 4 / 2007, 30 (30); Koschnik / Kaiser, Staatsaktionen, Journalist 5 / 1996, 32 (34).
[628] BVerfG, 1 BvR 538/06 vom 27.2.2007, Absatz Nr. 54.

Diesem Missbrauch des Beschuldigtenstatus versuchen die Gerichte, insbesondere das Bundesverfassungsgericht, durch klare Worte entgegenzuwirken. Auch in seiner Entscheidung im Februar 2007 äußerte sich das Bundesverfassungsgericht zu diesem Problemfeld. Dabei wiederholte es im Wesentlichen die Grundsätze, die bereits im Rahmen der Spiegel-Entscheidung 1966 aufgestellt wurden[629]. Es beanstandete in dieser Entscheidung zwar die Begründung der Beschuldigteneigenschaft an sich nicht, stellte aber höhere Anforderungen an den Verdachtsgrad, als es darum ging, die Durchsuchung einer Redaktion einzuleiten[630]. Zumindest müsse in den Fällen, in denen die Durchsuchung unabhängig von §97 V StPO auf Grundlage der Beschuldigteneigenschaft des Journalisten durchgeführt werden soll, die Aufklärung der dem Journalisten zur Last gelegten Tat das Primärziel der Durchsuchung sein und nicht lediglich das Auffinden einer „undichten Stelle“ in einer Behörde[631]. Wenn der Medienangehörige als Beschuldigter behandelt und daher die Durchsuchung unabhängig von §53 und §97 StPO angeordnet wird, diese Durchsuchung dann aber nicht zu dem Zweck erfolgt, den Medienangehörigen der ihm zu Last gelegten Straftat zu überführen, sondern zu dem Zweck einen Informanten zu ermitteln, liege darin eine unzulässige Umgehung des §97 V StPO[632].

Die Tatsache, dass diese Grundsätze bereits in der Entscheidung des Bundesverfassungsgerichts von 1966 betont und offenbar 2005 bei Beantragung und Erlass der Durchsuchungsbeschlüsse dennoch nicht beachtet wurden, zeigt, dass die Gefahr der Umgehung über diesen Weg weiterhin besteht. Dies gilt um so mehr, weil es auch bei Beachtung der Grundsätze im praktischen Fall nicht schwer fallen dürfte, vordergründige Argumente vorzutragen, warum die Durchsuchung zum Auffinden von Beweisen gegen den Medienangehörigen erforderlich ist.

---

629 BVerfGE 20, 162 (192).

630 BVerfG, 1 BvR 538/06 vom 27.2.2007, Absatz Nr. 62.

631 BVerfG, 1 BvR 538/06 vom 27.2.2007, Absatz Nr. 61.

632 BVerfGE 20, 162 (192).

III. Stellungnahme

Bestehen tatsächliche Anhaltspunkte für eine strafrechtlich relevante Beteiligungshandlung des Medienangehörigen an einem Delikt, aufgrund dessen bereits Ermittlungen geführt werden, hängt die Frage, ob die Zulässigkeit der Durchsuchung nach §102 StPO oder nach §103 StPO zu prüfen ist, davon ab, ob die Strafverfolgungsbehörden bereits den entsprechenden Willensakt, der den betreffenden Medienangehörigen zum Beschuldigten macht, gefasst haben oder nicht. Richtet sich die Durchsuchung nach §103 StPO, dann ist hinsichtlich der Beschlagnahme §97 V StPO zu prüfen. Hinsichtlich der Regelung des §97 II 3 StPO wurde bereits festgestellt, dass ein dringender Tatverdacht erforderlich sein sollte, um das Beschlagnahmeverbot des §97 V StPO entfallen zu lassen. Ist kein Ermittlungsverfahren eingeleitet, bedarf es demnach für eine wirksame Beschlagnahme eines dringenden Tatverdachts.

Für eine Durchsuchung im Rahmen des §102 StPO ist jedoch lediglich das Bestehen der Beschuldigteneigenschaft gefordert. Insofern reicht also ein einfacher Anfangsverdacht aus, um die Voraussetzungen einer wirksamen Beschlagnahme zu begründen.

Hält man in §97 II StPO einen dringenden Tatverdacht für erforderlich, um das Beschlagnahmeverbot entfallen zu lassen, hängt es also allein von dem Willensakt der Strafverfolgungsbehörden zur Begründung der Beschuldigteneigenschaft ab, ob ein dringender Tatverdacht erforderlich ist oder ob ein einfacher Anfangsverdacht für die Durchsuchung und Beschlagnahme entgegen dem sonst bestehenden Beschlagnahmeverbot des §97 V StPO ausreicht.

Diese unterschiedlichen Anforderungen sind nicht gerechtfertigt. Daher muss §102 StPO für den Fall der Durchsuchung von Arbeitsplätzen von Medienmitarbeitern entsprechend erweitert werden. Die Voraussetzungen, die an den Tatverdacht gestellt werden, müssen verschärft werden, auch wenn der Medienangehörige bereits den Status eines Beschuldigten erreicht hat, um das Missbrauchsrisiko zu minimieren. Dabei ist aber dem Sinn und Zweck des Schutzes von Medienangehörigen Rechnung zu tragen. Es geht nicht darum, sie persönlich zu privilegieren und ihnen einen rechtsfreien Raum und einen absoluten Schutz vor Strafverfolgung zu gewähren. Im Mittelpunkt steht vielmehr der Schutz der Institution einer freien Presse. Daher muss in §102 StPO eine Differenzierung hinsichtlich der in Frage kommenden Straftaten vorgenommen werden.

Wird gegen den Medienmitarbeiter wegen eines Verbrechens oder eines schweren Vergehens i.S. des §53 II StPO ermittelt, dann ist es nicht gerechtfertigt, an den Grad des Tatverdachts, auf dessen Grundlage Ermittlungsmaßnahmen gegen den Beschuldigten durchgeführt werden, zu hohe Anforderungen zu stellen. Werden die Ermittlungen jedoch wegen eines Vergehens oder gar lediglich wegen der Beteiligung an einem Vergehen durchgeführt, gebietet es das Grundrecht der Pressefreiheit, einen einfachen Anfangsverdacht für eine Durchsuchung nicht ausreichen zu lassen. Hier ist daher ebenso wie im Rahmen des §97 II 3 StPO ein dringender Tatverdacht zu fordern.

IV. Zuständigkeit für die Anordnung

Da §98 I 2 StPO sich nur auf Beschlagnahmen gem. §97 V 2 StPO bezieht, entfällt in Fällen, in denen der Medienangehörige nicht Zeuge, sondern Beschuldigter ist, grundsätzlich auch die Einschränkung der Eilkompetenz der Staatsanwaltschaft und ihrer Ermittlungspersonen gem. §98 StPO[633].

Es wird jedoch vertreten, dass §98 I 2 StPO analog auf alle Beschlagnahme- und Durchsuchungsanordnungen für die in der Vorschrift genannten Räume der Redaktion, des Verlages, der Druckerei und der Rundfunkanstalt anzuwenden sei[634].

Begründet wird diese Ansicht zum einen damit, dass der Gesetzgeber mit der neuen Regelung des Zeugnisverweigerungsrechts deutlich gemacht habe, dass nicht nur das Vertrauensverhältnis zwischen der Presse und ihren Informanten schutzwürdig ist, sondern die Vorschriften darüber hinaus den Schutz des Redaktionsgeheimnisses bezwecken. Diesem Zweck entsprechend sei die

633 Schäfer, in: Löwe-Rosenberg, Die Strafprozessordnung, Band II, §98, Rdnr.7.
634 Achenbach, in: Löffler, Presserecht, §23, Rdnr. 134.

analoge Anwendung des Richtervorbehalts gem. §98 I StPO auf alle Beschlagnahme- und Durchsuchungsmaßnahmen geboten. Zum anderen müsse der Mindestschutz durch den Richtervorbehalt für alle Beschlagnahmemaßnahmen in Redaktions- und Verlagsräumen gelten, um einen Missbrauch durch die Strafverfolgungsbehörden möglichst zu verhindern[635].

Die Gegenansicht sieht die Missbrauchsmöglichkeiten durch das Erfordernis, dass die Durchsuchung nach §102 StPO nur zum Auffinden von Beweisen für die dem Beschuldigten selbst zur Last gelegte Tat durchgeführt werden darf, als ausreichend minimiert an[636]. Eine entsprechende Anwendung des §98 I 2 StPO auf diese Fälle sei daher nicht erforderlich.

Dem ist im Ergebnis zuzustimmen. Die Missbrauchsmöglichkeiten müssen auf der Ebene der Durchsuchungsvoraussetzungen reduziert werden. So sind vor allem besondere Anforderungen an den Grad des Tatverdachts und die Schwere des dem Beschuldigten zur Last gelegten Delikts zu stellen. Besteht aber ein dringender Tatverdacht gegen den Journalisten, an einer schweren Tat beteiligt zu sein, dann ist es nicht mehr gerechtfertigt, noch weitere formelle Hürden aufzubauen.

Die Problematik hat sich auch dadurch entschärft, dass nach den Entscheidungen des Bundesverfassungsgerichts zumindest tagsüber jederzeit die Erreichbarkeit eines Bereitschaftsrichters zu gewährleisten ist[637]. Die Fälle, in denen auf die Eilkompetenzen der Staatsanwaltschaft und ihrer Ermittlungsbeamten zurückgegriffen werden muss, sollten sich daher auf sehr wenige Ausnahmefälle reduzieren.

B. Strafbarkeit gem. §§353 b, 27 StGB

Die häufigste Konstellation, in der Journalisten zu Beschuldigten werden, ist die, dass Unterlagen veröffentlicht oder Beiträge auf solchen Unterlagen aufgebaut werden, die den Aufdruck „*Verschlusssache - nur für den Dienstgebrauch*“ oder eine ähnliche Kennzeichnung des Geheimhaltungsstatus tragen. Diese Unterlagen wurden dann möglicherweise entgegen §353 b StGB

---

[635] Dunkhase, Das Pressegeheimnis, S.181.
[636] Rotsch, Der Schutz der journalistischen Recherche im Strafprozessrecht, S.133.
[637] BVerfG NJW 2004,1442 (1442).

aus der jeweiligen Behörde an die Medienmitarbeiter weitergegeben. Durch die Veröffentlichung sollen sich die Medienangehörigen der Beihilfe oder genauer der sukzessiven Beihilfe zu diesem Delikt strafbar gemacht haben.

So erstattete z.B. am 18. April 2007 Bundestagspräsident Norbert Lammert bei der Berliner Staatsanwaltschaft Strafanzeige gegen 17 Journalisten u.a. des *Spiegel*, der *Zeit* und der *Süddeutschen Zeitung* wegen Verdachts der Beihilfe zur Verletzung des Dienstgeheimnisses[638]. Hintergrund ist der Vorwurf, dass Journalisten bei Ihrer umfassenden Berichterstattung über den BND-Untersuchungsausschuss aus Geheimakten zitiert haben sollen. Der Ausschuss beschäftigt sich mit den Aktivitäten des Bundesnachrichtendienstes und anderer deutscher Sicherheitsbehörden[639] bezüglich der Ereignisse um den in Guantanamo inhaftierten türkischstämmigen Deutschen Murat Kurnaz[640]. Zwar wird auch gegen diejenigen ermittelt, von denen die Journalisten ihre Informationen erhalten haben, aber diese sind (noch) unbekannt. Daher können nur die Journalisten, deren Namen bekannt sind, unmittelbar als Beschuldigte geführt werden. Die mit den Ermittlungen befassten Staatsanwaltschaften halten die Ermittlungen im Ergebnis für aussichtslos[641], sind aber aufgrund des Legalitätsprinzips verpflichtet, sie gewissenhaft durchzuführen. Die Aussichtslosigkeit der Ermittlungen ergibt sich in Fällen wie dem vorliegenden in der Regel zum einen daraus, dass die Haupttäter nicht ermittelt werden können. Ohne Täter ist aber die Haupttat selbst, die eine notwendige Voraussetzung der Beihilfe darstellt, nur schwer nachweisbar. Dies hat sich auch im Rahmen des Cicero-Falls gezeigt, in dem eine Anklageerhebung gegen die Medienmitarbeiter abgelehnt wurde, weil ausreichende Anhaltspunkte für das Vorliegen einer entsprechenden Haupttat nicht gegeben waren[642].

[638] Leyendecker, Im Zweifel vertraulich, Süddeutsche Zeitung vom 04.08.2007, S. 5; Hanfeld, Die wilde 17, FAZ vom 04.08.2007, S. 39.
[639] Dpa/AFP/SZ, Scharfe Kritik an Ermittlungen, Süddeutsche Zeitung vom 04.08.2007, S. 5.
[640] Hanfeld, Die wilde 17, FAZ vom 04.08.2007, S. 39.
[641] Müller, Praktisch aussichtslos, FAZ vom 04.08.2007, S. 1; Hanfeld, Die wilde 17, FAZ vom 04.08.2007, S. 39.
[642] BVerfG, 1 BvR 538/06 vom 27.02.2007, Absatz Nr. 22.

Zum anderen ist die Strafbarkeit des Verhaltens der Journalisten selbst bei Vorliegen und Nachweisbarkeit der entsprechenden Haupttat stark umstritten[643]. Die Strafverfolgungsmaßnahmen in der Redaktion der Zeitschrift *Cicero* und die Anzeigen gegen die Journalisten im Fall der Berichterstattung über den BND-Untersuchungsausschuss haben die Diskussionen um dieses Thema neu entfacht[644]. Daher werden der Straftatbestand der Verletzung von Dienstgeheimnissen und die Voraussetzungen der (sukzessiven) Beihilfe nachfolgend näher erläutert.

I. Strafbarkeit gem. §353 b StGB

„§353 b Verletzung des Dienstgeheimnisses und einer besonderen Geheimhaltungspflicht

(1) Wer ein Geheimnis, das ihm als

1. Amtsträger,

2. für den öffentlichen Dienst besonders Verpflichteten oder

3. Person, die Aufgaben oder Befugnisse nach dem Personalvertretungsrecht wahrnimmt,

anvertraut worden oder sonst bekanntgeworden ist, unbefugt offenbart und dadurch wichtige öffentliche Interessen gefährdet, wird mit Freiheitsstrafe bis zu fünf Jahren oder mit Geldstrafe bestraft. Hat der Täter durch die Tat fahrlässig wichtige öffentliche Interessen gefährdet, so wird er mit Freiheitsstrafe bis zu einem Jahr oder mit Geldstrafe bestraft.

(2) Wer, abgesehen von den Fällen des Absatzes 1, unbefugt einen Gegenstand oder eine Nachricht, zu deren Geheimhaltung er

1. auf Grund des Beschlusses eines Gesetzgebungsorgans des Bundes oder eines Landes oder eines seiner Ausschüsse verpflichtet ist oder

2. von einer anderen amtlichen Stelle unter Hinweis auf die Strafbarkeit der Verletzung der Geheimhaltungspflicht förmlich verpflichtet worden ist,

---

[643] Noske, Verbesserter Schutz für Journalisten?, ZRP 2006, 25 (25).

[644] Dpa, Zu viel Aufregung?, FAZ vom 06.08.2007, S. 36; Hanfeld, Die wilde 17, FAZ vom 04.08.2007, S. 39.

an einen anderen gelangen lässt oder öffentlich bekanntmacht und dadurch wichtige öffentliche Interessen gefährdet, wird mit Freiheitsstrafe bis zu drei Jahren oder mit Geldstrafe bestraft.
(3) Der Versuch ist strafbar.
(4) Die Tat wird nur mit Ermächtigung verfolgt. [...]"

§353 b I StGB setzt demnach im objektiven Tatbestand voraus, dass eine Gefährdung wichtiger öffentlicher Interessen durch Offenbarung eines Geheimnisses eingetreten ist[645]. Das Geheimnis muss dem Täter als Amtsträger oder als ein nach Nr. 2 oder 3 zur besonderen Geheimhaltung Verpflichteten anvertraut oder sonst bekanntgegeben worden sein. Demnach kann Täter nur sein, wer zur Zeit der Kenntniserlangung die geforderten besonderen persönlichen Eigenschaften aufweist[646]. Die Begriffe des Amtsträgers und des *„für den öffentlichen Dienst besonders Verpflichteten"* sind in §11 Nr. 2 und Nr. 4 StGB legal definiert:

*„**§11 Personen und Sachbegriffe***
(1) Im Sinne dieses Gesetzes ist
1. [...]
2. Amtsträger:
wer nach deutschem Recht
a) Beamter oder Richter ist
b) in einem sonstigen öffentlich-rechtlichen Amtsverhältnis steht oder
c) sonst dazu bestellt ist, bei einer Behörde oder bei einer sonstigen Stelle oder in deren Auftrag Aufgaben der öffentlichen Verwaltung unbeschadet der zur Aufgabenerfüllung gewählten Organisationsform wahrzunehmen;
3. [...]
4. für den öffentlichen Dienst besonders Verpflichteter:
wer, ohne Amtsträger zu sein,

[645] Lenckner / Perron, in: Schönke / Schröder, Strafgesetzbuch, §353 b, Rdnr. 2.
[646] Fischer, Strafgesetzbuch. §353 b, Rdnr. 2.

a) bei einer Behörde oder bei einer sonstigen Stelle, die Aufgaben der öffentlichen Verwaltung wahrnimmt, oder

b) bei einem Verband oder sonstigen Zusammenschluss, Betrieb oder Unternehmen, die für eine Behörde oder für eine sonstige Stelle Aufgaben der öffentlichen Verwaltung ausführen,

beschäftigt oder für sie tätig und auf die gewissenhafte Erfüllung seiner Obliegenheiten auf Grund eines Gesetzes förmlich verpflichtet ist;

5. - 9. [...]

II. - III. [...]"

Unter einem Dienstgeheimnis versteht man Tatsachen, Gegenstände oder Erkenntnisse, die lediglich einem begrenzten Personenkreis bekannt sind und auf Grund ihrer Natur, einer Rechtsvorschrift oder einer besonderen Anordnung der Geheimhaltung bedürfen[647]. Im Rahmen der Behördenarbeit gibt es in Deutschland mehrere Abstufungen der Geheimhaltungsbedürftigkeit von Unterlagen. Der Katalog reicht von „*streng geheim*" bis hin zu „*Verschlusssache – Nur für den Dienstgebrauch*"[648]. Das Gesetz differenziert insofern nicht. Also ist auch bei Offenbarung einer Tatsache, die unter die niedrigste Geheimhaltungsstufe fällt, der Tatbestand bei Vorliegen der übrigen Voraussetzungen erfüllt.

Dabei kritisieren die Medienangehörigen, dass sich der Stempel der Verschlusssache in manchen Zusammenhängen auf beinahe jeder behördlichen Unterlage befinde, auch wenn nicht wirklich ein qualifiziertes Geheimhaltungsbedürfnis hinsichtlich dieser Unterlagen besteht. So behauptet *Leyendecker*, dass der Stempel „*VS-NfD*" sogar auf Zeitungsausschnitten im BND-Ausschuss zu finden sei[649]. Auch wenn Tatsachen, die nach ihrer Bedeutung keiner Geheimhaltung bedürfen, grundsätzlich keine Geheimnisse sind[650], hilft diese Tatsache zunächst wenig, wenn die Unterlagen durch den VS-Stempel gekennzeichnet sind. Dabei handelt es sich ihrer Bedeutung nach oftmals um Grenzfälle, bei denen die Anordnung der Geheimhaltung, die durch den

[647] Lackner / Kühl, StGB, §353 b, Rdnr. 6.
[648] Leyendecker, Im Zweifel vertraulich, Süddeutsche Zeitung vom 04.08.2007, S. 5.
[649] Leyendecker, Im Zweifel vertraulich, Süddeutsche Zeitung vom 04.08.2007, S. 5.
[650] Kuhlen, in: Nomos Kommentar, Strafgesetzbuch, Band 2, §353 b, Rdnr. 12.

Stempel zum Ausdruck gebracht wird, ausreicht, um die Unterlagen im Zweifel als „*Geheimnisse*“ im Sinne des Gesetzes einzustufen. Es handelt sich nur dann nicht mehr um ein „*Geheimnis*“, wenn die entsprechenden Tatsachen bereits vorveröffentlicht wurden oder allgemein bekannt sind.

Eine Ausnahme davon stellen grundsätzlich sogenannte „Mosaikgeheimnisse“ dar, die ebenfalls Dienstgeheimnisse sein können[651]. Das Vorliegen eines „Mosaikgeheimnisses“ wird dann angenommen, wenn bereits bekannte (vorveröffentlichte) oder offenkundige Tatsachen in einer Art und Weise zusammengetragen werden, dass dadurch eine auswertbare Zusammenstellung entsteht[652]. Das wäre also der einzige Gesichtspunkt, unter dem auch die entsprechend gekennzeichneten Zeitungsartikel im Rahmen von Ausschussakten unter den Geheimnisbegriff fallen könnten. Die Einzelheiten werden bei Mosaikgeheimnissen in einen inneren Zusammenhang gebracht, der zuvor nicht offensichtlich war. Dadurch kann aus an sich öffentlich zugänglichen oder vorveröffentlichten Einzelheiten ein Staats- oder Dienstgeheimnis entstehen.

Allerdings hat das Bundesverfassungsgericht in der Spiegel-Entscheidung zumindest für den Landesverrat nach §99 I StGB klar gestellt, dass die „Mosaiktheorie“ im publizistischen Bereich keine Anwendung findet[653]. Fraglich ist, ob das auch für die Definition des Dienstgeheimnisses in §353 b StGB gelten muss, wenn es um die Frage der Strafbarkeit einer publizistischen Tätigkeit geht. In der genannten Entscheidung hat das Bundesverfassungsgericht festgestellt, dass die Anwendbarkeit der „Mosaiktheorie“ auf Presseveröffentlichungen den Aufgabenbereich der Presse unerträglich beschränken würde. Es sei die ureigenste Aufgabe der Presse, Informationen zusammenzutragen, zueinander in Beziehung zu setzen, zu interpretieren und Schlüsse zu ziehen. Die Medien erstellen Gesamtbilder und decken Zusammenhänge auf, um die Menschen zu informieren und ihnen zu ermöglichen, gesellschaftliche und politische Vorgänge besser zu verstehen. Wenn die Presse

[651] Graf, in: Münchener Kommentar, Strafgesetzbuch Band 4, §353 b, Rdnr. 19.
[652] BGHSt 7, 234 (235).
[653] BVerfGE 20, 162 (180).

Gefahr liefe, durch diese ihrer öffentlichen Aufgabe immanente Tätigkeit Dienst- oder Staatsgeheimnisse zu verraten, wäre sie in ihrer öffentlichen Aufgabe stark beschnitten.

Die Zusammenstellung der Informationen in der beschriebenen Art findet bei Verrat eines Dienstgeheimnisses jedoch nicht durch die Medien, sondern durch den Amtsträger statt. Der Straftatbestand kann nur erfüllt sein, wenn eine Person, die die besonderen persönlichen Voraussetzungen des Amtsdelikts aufweist, ein Geheimnis verrät. Ein Geheimnis stellen die an sich bekannten Tatsachen nach der „Mosaiktheorie" aber nur dar, wenn der Amtsträger, also der Haupttäter selbst, sie bei ihrer Offenbarung so zueinander in Beziehung setzt, dass sich daraus ein neues auswertbares Gesamtbild im Sinne einer über die bekannten Tatsachen hinausgehenden neuen Erkenntnis ergibt.

Die „Mosaiktheorie" wurde im Zusammenhang mit Spionagedelikten entwickelt, wo sie auch durchaus eine Berechtigung hat. Im Bereich der Medien ergeben sich hingegen starke Abgrenzungsprobleme. Es ist die Aufgabe der Medien, nach Zusammenhängen zu suchen. Wenn ein Dienstgeheimnisträger mit den Medien über bereits bekannte Tatsachen spricht, wird sich kaum klären lassen, ob die Erstellung des Zusammenhangs und die entsprechende Auslegung durch ihn oder erst durch die Medien erfolgt ist. Daher ist kaum ein praktischer Fall denkbar, bei dem ein „Mosaikgeheimnis", das den Medien offenbart wurde, auch zu einer Strafbarkeit führen kann. Im Übrigen wird man zumindest nicht von einer Strafbarkeit der Medienangehörigen wegen Beihilfe ausgehen können, wenn sie ein entsprechendes Geheimnis veröffentlichen. Wenn den Medienangehörigen lediglich bereits bekannte Tatsachen mitgeteilt werden, kann ihnen kein Vorsatz hinsichtlich einer Beihilfe zum Dienstgeheimnisverrat unterstellt werden, denn im Zweifel wird es für sie gar nicht erkennbar sein, dass es sich bei den ihnen mitgeteilten Tatsachen um ein Dienstgeheimnis handelt.

Tathandlung des §353 b I StGB ist das Offenbaren des Geheimnisses. Ein solches liegt vor, wenn der Täter einem anderen Kenntnis von dem Geheimnis

verschafft. Dies kann durch öffentliche Bekanntgabe oder durch die Mitteilung an einen Unbefugten geschehen[654].
In §353 b II StGB besteht die Tathandlung im Gelangenlassen des Gegenstandes bzw. der Nachricht an einen anderen oder im öffentlichen Bekanntmachen. Unter dem Gelangenlassen an einen anderen versteht man bei körperlichen Gegenständen die Überführung des Gegenstandes in den Gewahrsam des Empfängers unabhängig davon, ob der Empfänger von dem Gegenstand tatsächlich Kenntnis nimmt. Wird kein Gewahrsam übertragen, reicht jede Form der Ermöglichung einer inhaltlichen Kenntnisnahme von der Information durch den Empfänger aus, um die Tathandlung zu bejahen[655].

Entscheidend für eine Strafbarkeit ist weiterhin, dass durch die jeweilige Tathandlung wichtige öffentliche Interessen gefährdet werden. Diese Voraussetzung wird aufgrund ihrer Unbestimmtheit vielfach kritisiert. Sie stellt die entscheidende Begrenzung des Tatbestandes dar, ist aber zu unbestimmt, um eine eindeutige Abgrenzung zwischen strafbarem und straflosem Handeln zu ermöglichen[656].
Besonders umstritten ist dabei, ob eine unmittelbare Gefährdung wichtiger öffentlicher Interessen erforderlich ist[657] oder ob eine bloß mittelbare Gefährdung ebenfalls ausreicht[658], um die Strafbarkeit zu begründen[659]. Eine unmittelbare Gefährdung wichtiger öffentlicher Interessen liegt vor, wenn gerade die Interessen durch die Geheimnispreisgabe gefährdet werden, der die Geheimnispflicht im konkreten Fall dient.

Beispiele sind die Informationen über eine bevorstehende Razzia oder ein laufendes Ermittlungsverfahren[660]. In diesen beiden Fällen dient die Geheimhaltungspflicht dem wichtigen öffentlichen Interesse an einer effektiven

---

[654] Fischer, Strafgesetzbuch, §353 b, Rdnr.9.
[655] Lenckner / Perron, in: Schönke / Schröder, Strafgesetzbuch, §353 b, Rdnr. 17.
[656] Kuhlen, in: Nomos Kommentar, Strafgesetzbuch, Band 2, §353 b, Rdnr. 24.
[657] So z.B. Lenckner / Perron, in: Schönke / Schröder, Strafgesetzbuch, §353 b, Rdnr. 9.
[658] So z.B. Bay OLG NStZ-RR 1999, 299 (299).
[659] Umfassende Darstellung m.w.N.: Kuhlen, in: Nomos Kommentar, Strafgesetzbuch, Band 2, §353 b, Rdnr. 25 ff.
[660] Kuhlen, in: Nomos Kommentar, Strafgesetzbuch, Band 2, §353 b, Rdnr. 37.

Strafverfolgung. Genau dieses Interesse ist jedoch unmittelbar gefährdet, wenn die geplanten Strafverfolgungsmaßnahmen vor ihrer Durchführung den betroffenen Personen offenbart werden.
Unter einer mittelbaren Gefährdung versteht man in diesem Zusammenhang insbesondere die Gefahr, dass das Vertrauen der Bevölkerung in die Integrität, die Verschwiegenheit und die Verlässlichkeit der öffentlichen Verwaltung erschüttert werden könnte[661]. Für eine solche Gefährdung des Vertrauens der Allgemeinheit in die öffentliche Verwaltung ist die Offenbarung jedes Geheimnisses unabhängig von dessen genauem Inhalt ausreichend. Denn bei jeder Tatsache, die an die Öffentlichkeit dringt, obwohl sie für diese offensichtlich nicht gedacht war, wird die fehlende Verschwiegenheit der Verwaltung offensichtlich.

Dementsprechend kann auch die Offenbarung eines Geheimnisses, welches nur dem Schutz eines Privaten zu dienen bestimmt ist, oder ein innerdienstliches Geheimnis (z.B. Verfehlungen eines Beamten, die keine Außenwirkung gegenüber der Öffentlichkeit entfalten) diese Voraussetzung erfüllen[662].

Die Rechtsprechung hält eine solche mittelbare Gefährdung wichtiger öffentlicher Interessen seit jeher für ausreichend[663]. Dass die Wahrung der Amtsverschwiegenheit an sich ein wichtiges öffentliches Interesse darstellt, findet auch in der Literatur teilweise Zustimmung[664]. In der jüngeren Rechtsprechung zeigen sich jedoch Tendenzen, die lediglich mittelbare Gefährdung nur noch ausreichen zu lassen, soweit konkrete Anhaltspunkte für eine drohende Vertrauenseinbuße der betroffenen Behörde in der Öffentlichkeit bestehen[665]. Durch eine Verschärfung der Konkretisierungsanforderungen soll dem Vorwurf der Unbestimmtheit einer mittelbaren Gefährdung und einer

---

[661] Kellermann, Zur Unverhältnismäßigkeit einer Durchsuchungsanordnung im Presse- und Rundfunkbereich, AfP 1997, 561 (563); Martin, Beihilfe zur Verletzung von Dienstgeheimnissen, JuS 2000, 301 (302).

[662] Behm, Das Dresdener Cicero Urteil und die Auslegung des §353 b I StGB, KJ 2002, 441 (443).

[663] BGHSt 11, 401 (404).

[664] Kunert, Recht, Presse und Politik, DRiZ 1997, 325 (329).

[665] Martin, Beihilfe zur Verletzung von Dienstgeheimnissen, JuS 2000, 301 (302).

starken Aushöhlung des Erfordernisses der Gefährdung öffentlicher Interessen entgegengewirkt werden. Daher wird nun jeweils eine Abwägung im Einzelfall anhand konkreter Anhaltspunkte gefordert, durch die überprüft werden soll, ob tatsächlich eine konkrete Gefährdung des Vertrauens der Bevölkerung in die öffentliche Verwaltung besteht oder nicht. Dadurch soll dem Merkmal der Gefährdung öffentlicher Interessen ein eigener Bedeutungsgehalt erhalten bleiben[666].

Dass die bloß mittelbare Gefährdung wichtiger öffentlicher Interessen für die Deliktsverwirklichung ausreichend sein soll, wird von der Literatur zu einem großen Teil abgelehnt[667].

Gegen die Ansicht der Rechtsprechung wird vorgebracht, dass diese die Voraussetzung der Gefährdung öffentlicher Interessen im Ergebnis leer laufen ließe. Denn immer, wenn eine unmittelbare Gefährdung öffentlicher Interessen aufgrund des Inhaltes des konkret verkündeten Geheimnisses nicht vorliegt, lasse die Rechtsprechung es für die Gefährdung öffentlicher Interessen ausreichen, dass überhaupt ein Geheimnis offenbart wurde[668]. Mit der Begründung, dass allein das Bekanntwerden einer Tatsache, die nicht für die Öffentlichkeit bestimmt war, die Bevölkerung beunruhigen und ihr in die Verwaltung gesetztes Vertrauen erschüttern könne, wird die Strafbarkeit bejaht[669]. Das bedeute aber im Ergebnis, dass an die „*Gefährdung der öffentlichen Interessen*" durch das Geheimnis keine besonderen Anforderungen gestellt werden. Letztlich führe diese weite Auslegung der Rechtsprechung sogar dazu, dass die Gefährdung der öffentlichen Interessen nicht durch den Geheimnisverrat an sich verwirklicht werde, sondern durch die Bekanntgabe dessen, dass ein solcher stattgefunden hat[670], da erst durch diese Bekanntgabe das Vertrauen der Öffentlichkeit in die Verschwiegenheit der Verwaltung erschüttert wird. Es hätte dann nicht der verratende Amtsträger für die Gefährdung der öffentlichen

---

[666] BGHSt 48, 126 (132).

[667] Perron, Anmerkung zu BGH Urteil v. 23.03.2001, JZ 2002, 48 (50).

[668] Kuhlen, in: Nomos Kommentar, Strafgesetzbuch, §353 b, Rdnr. 28.

[669] Behm, Das Dresdener Giesen-Urteil und die Auslegung des §353 b I StGB, KJ 2002, 441 (444).

[670] Behm, Verletzung von Dienstgeheimnissen und Beihilfe durch Journalisten?, AfP 2000, 421 (425).

Interessen gesorgt, sondern z.B. der Journalist, der den Geheimnisverrat öffentlich bekannt gemacht hat. Dies entspreche jedoch nicht dem Sinn und Zweck der Vorschrift.
Die Einbeziehung der mittelbaren Gefährdung widerspreche zudem der Gesetzessystematik. Denn die systematische Stellung des §353 b StGB und die Tatsache, dass das Merkmal der Gefährdung öffentlicher Interessen der entscheidende Unterschied zu §203 II StGB ist, mache deutlich, dass diesem Merkmal eine eigene Bedeutung zukommen müsse[671]. Die Tatbestandsvoraussetzung hat eine strafschärfende Wirkung und müsse daher entsprechend eng ausgelegt werden. Darüber hinaus sei der Begriff der mittelbaren Gefährdung zu unbestimmt und führe daher zu Rechtsunsicherheiten[672]. Mit der Einschränkung, dass eine Einzelfallabwägung zu erfolgen hat, habe die Rechtsprechung zwar gezeigt, dass ihr bewusst ist, dass sie dem Merkmal der Gefährdung öffentlicher Interessen eine eigenständige Bedeutung belassen müsse. Aber die Rechtsunsicherheiten seien dadurch nicht kleiner geworden. Letztlich sei nämlich für niemanden erkennbar, wie eine „Einzelfallabwägung" der Rechtsprechung im Ergebnis ausfallen wird.

Dem ist zuzustimmen. Die mittelbare Gefährdung öffentlicher Interessen höhlt das strafschärfende Merkmal zu weit aus. Die von der Rechtsprechung eingeführten Einschränkungen über die Einzelfallabwägung bringen ein großes Maß an Rechtsunsicherheit mit sich, das dazu führt, dass es für den Amtsträger kaum noch zu beurteilen ist, ob er sich im Einzelfall tatsächlich nach §353b StGB strafbar macht oder nicht, wenn er Informationen offenbart. Die Gefahr, dass das Systemvertrauen der Öffentlichkeit erschüttert werden könnte, lässt sich in jedem Fall begründen und führt daher zu einer nicht nachvollziehbaren Ausweitung des Merkmals der Gefährdung öffentlicher Interessen. Die Ratio der Vorschrift fordert eine enge Auslegung, die die unmittelbare Gefährdung öffentlicher Interessen durch die Offenbarung eines Dienstgeheimnisses verlangt. Das Merkmal der Gefährdung der öffentlichen Interessen bildet einen Schwerpunkt des Tatbestandes, der nicht entwertet werden darf.

---

[671] Perron, Anmerkung zu BGH Urteil v. 23.03.2001, JZ 2002, 48 (51).
[672] Kuhlen, in: Nomos Kommentar, Strafgesetzbuch, §353 b, Rdnr. 28.

Ob die gefährdeten Interessen die erforderliche Wichtigkeit aufweisen, unterliegt der tatrichterlichen Beurteilung[673]. Allgemein wird lediglich angenommen, dass die Gefährdung rein privater Interessen nicht ausreichend ist, sowie, dass die gefährdeten öffentlichen Interessen einigen Rang aufweisen müssen[674]. Im subjektiven Tatbestand reicht jede Form des Vorsatzes aus[675]. Die Verfolgung der Tat setzt eine Ermächtigung voraus, deren Vorliegen die Staatsanwaltschaft vor der Einleitung konkreter Ermittlungsmaßnahmen zu prüfen hat[676].

II. Beihilfe durch Nichtgeheimnisträger

Auch nach der Streichung des §353 c StGB durch das 17. Strafrechtsänderungsgesetz, das am 01. Januar 1980 in Kraft getreten ist, ist eine strafbare Beteiligung an der Verletzung von Dienstgeheimnissen weiterhin möglich[677]. Der Teilnehmer muss die besonderen persönlichen Merkmale, aus denen sich die Geheimhaltungspflicht ergibt, nicht verwirklichen. Demnach kann auch ein Außenstehender wegen einer Teilnahme strafbar sein[678]. Die Strafbarkeit des Extraneus wird in der Literatur gerade im Hinblick auf eine mögliche Strafbarkeit der Presseangehörigen vielfach kritisiert[679]. Dennoch hat sich der Gesetzgeber im Rahmen der letzten Reform bewusst dagegen entschieden, auch §353 b StGB zu streichen und den Geheimnisschutz außerhalb von Staatsgeheimnissen allein durch §203 StGB zu gewährleisten.

In Fällen der Anstiftung ist eine Strafbarkeit wie bei der Anstiftung zu jedem anderen Delikt nach der bestehenden Gesetzeslage unzweifelhaft gegeben. Wenn der Journalist bei dem Amtsträger erstmalig den Tatentschluss hervorruft,

---

[673] BGHSt 10, 276 (278).

[674] Graf, in: Münchener Kommentar, Strafgesetzbuch Band 4, §353 b, Rdnr. 37.

[675] Lackner / Kühl, StGB, §353 b, Rdnr. 12.

[676] Tröndle / Fischer, Strafgesetzbuch. §353 b, Rdnr.16.

[677] Möhrenschlager, Das Siebzehnte Strafrechtsänderungsgesetz, JZ 1980, 161 (165); a.A. Rogall, Der neue strafrechtliche Schutz der Geheimnissphäre, NJW 1980, 751 (752), der von einer „Sperrwirkung" des aufgehobenen Tatbestandes ausgeht.; Lenckner / Perron, in: Schönke /Schröder, Strafgesetzbuch, §353, Rdnr. 23, die insbesondere hinsichtlich einer möglichen Strafbarkeit von Journalisten wegen Beihilfe von einem entgegenstehenden Willen des Gesetzgebers ausgehen.

[678] Träger, in: Leipziger Kommentar zum StGB, Band 9, §353 b, Rdnr. 39.

[679] Schelberg, Watchdog oder Schoßhund?, Journalist 8 / 2006, 32 (34); Grünwald, Meinungsfreiheit und Strafrecht, KJ 1979, 291 (301).

indem er ihn möglicherweise sogar unter Zusage eines bestimmten Vorteils auffordert, ein Geheimnis zu offenbaren, dann bestimmt er ihn zur Tat im Sinne des §26 StGB[680] und ist deswegen zu bestrafen. Genauso eindeutig hinsichtlich ihrer Strafbarkeit sind die Fälle, in denen der Helfer den Täter unmittelbar beim Vollzug der Tathandlung des Offenbarens oder Gelangenlassens unterstützt. Das ist anzunehmen, wenn der Helfer dem Täter unmittelbar hilft, die Gegenstände an die Öffentlichkeit gelangen zu lassen, indem er sie z.B. selbst aus dem Behördengebäude hinausträgt, wenn der Helfer eine Pressekonferenz organisiert, bei der der Täter der Öffentlichkeit die Geheimnisse mitteilt, oder auch wenn der Helfer den Täter durch finanzielle Zuwendungen in seinem Tatentschluss bestärkt[681]. In diesen Fällen wird eine Beihilfe zur Unterstützung der Haupttathandlung geleistet, die auch entsprechend strafbar ist.

Rechtlich schwieriger zu bewerten sind hingegen die Fälle, in denen der Amtsträger dem Journalisten ein Geheimnis offenbart, das dieser dann in den Medien ganz oder teilweise veröffentlicht.

1. Zulässigkeit des Instituts der sukzessiven Beihilfe

Die Schwierigkeit der rechtlichen Bewertung in diesen Fällen liegt zunächst in der Frage, in welchem Stadium sich die Haupttat befinden muss, damit eine Beihilfe (noch) möglich ist. Wurde das Geheimnis einem Außenstehenden offenbart, ist die Haupttat in diesem Moment zumindest vollendet. Der Amtsträger hat alle Tatbestandsvoraussetzungen erfüllt. Wäre die Tat in diesen Momenten auch bereits beendet, wäre eine Beihilfe unstreitig nicht mehr möglich[682]. Dann käme es auf die weitere Veröffentlichung des Dienstgeheimnisses durch den Außenstehenden gar nicht mehr an. Streitig ist jedoch die Möglichkeit einer Beihilfe in der Phase zwischen Vollendung und Beendigung bzw. die Frage, ob es eine solche Phase rechtlich überhaupt geben kann.

---

680 Brüning, Beihilfe zum „Geheimnisverrat“ durch Journalisten und die strafprozessualen Folgen, NStZ 2006, 253 (253)

681 Kuhlen, in: Nomoskomentar Strafgesetzbuch, §353 b, Rdnr. 57.

682 Möhrenschlager, Das Siebzehnte Strafrechtsänderungsgesetz, JZ 1980, 161 (165); Brüning, Beihilfe zum „Geheimnisverrat“ durch Journalisten und die strafprozessualen Folgen, NStZ 2006, 253 (253).

a) Beihilfe nach Vollendung des Delikts

Es stellt sich also zunächst unabhängig von dem konkreten Straftatbestand die Frage, in welchem zeitlichen Rahmen eine Beihilfe möglich ist.

Dabei gehen einige Vertreter in der Literatur und der BGH in ständiger Rechtsprechung[683] davon aus, dass der Zeitraum einer möglichen Beihilfe weit bemessen ist. Danach sei Beihilfe nicht nur bis zur formellen Vollendung, sondern darüber hinaus bis zur materiellen Beendigung des Delikts möglich[684]. Von einer materiellen Beendigung kann nach einer verbreiteten Definition nur ausgegangen werden, wenn das Geschehen, soweit es eine Einheit bildet, abgeschlossen ist und vor allem auch die Umstände verwirklicht sind, die nach dem jeweiligen Deliktstypus zwar nicht mehr zur Tatbestandsbeschreibung gehören, aber das Unrecht der Tat noch mitprägen[685]. Das Hilfeleisten im Sinne einer Förderung der Haupttat könne daher in einer Verstärkung der tatbestandlichen Unwertverwirklichung liegen, auch wenn die Verwirklichung der Tathandlung bereits vollendet ist[686]. Letztlich sei es eine Frage der Auslegung, ob die Beendigungsphase noch als Teil der Tatbestandsverwirklichung angesehen werden kann, obwohl sie als solche nicht formell in den Wortlaut eingeführt und die tatbestandliche Handlung an sich schon abgeschlossen ist[687]. Nur bei den Delikten, bei denen eine Auslegung in diesem Sinne möglich ist, könne die Beendigungsphase Anknüpfungspunkt für eine Strafbarkeit sein, ohne gegen Art 103 GG zu verstoßen. Dabei wird davon ausgegangen, dass das tatbestandliche Geschehen nicht allein in einem tatbestandlichen Verhalten liegt, sondern darüber hinaus die Gefährdung und Verletzung des geschützten Rechtsguts umfasst[688]. Wenn die Gefährdung und

---

683 BGHSt 3, 40 (43); 6, 248 (251); 14, 280 (281).

684 Jescheck / Weigend, Lehrbuch des Strafrechts AT, § 64, S. 692; Wessels / Beulke, Strafrecht Allgemeiner Teil, §13, Rdnr. 583; Baumann / Weber / Mitsch, Strafrecht Allgemeiner Teil, §31, Rdnr. 25; Tröndle / Fischer, Strafgesetzbuch, §27, Rdnr. 4.

685 Kühl, in: Lackner / Kühl, StGB, vor §22, Rdnr. 2.

686 Gropp, Strafrecht Allgemeiner Teil, §10, Rdnr. 143.

687 Jescheck, Wesen und rechtliche Bedeutung der Beendigung der Straftat, in: Festschrift für Hans Welzel, 683 (684).

688 Rudolphi, Die zeitlichen Grenzen der sukzessiven Beihilfe, in: Festschrift für Hans-Heinrich Jescheck, 559 (561).

Verletzung des Rechtsguts nicht zwingend mit dem tatbestandlichen Verhalten zusammenfällt, liege danach eine abgrenzbare Beendigungsphase vor. Diese Beendigungsphase sei dann Teil des tatbestandlichen Geschehens und könne daher Anknüpfungspunkt für eine Beihilfe sein. Für eine Abgrenzung zwischen Beihilfe zur Haupttat und Begünstigung sei in diesem Stadium der Haupttat allein die innere Willensrichtung des Handelnden entscheidend[689]. Danach komme es darauf an, ob dieser zur Tat Hilfe leisten oder lediglich helfen wolle, die Vorteile aus der Tat zu sichern.

Beihilfe ist nach dieser Ansicht noch möglich, wenn mit Vollendung des Delikts das durch die Norm geschützte Rechtsgut noch nicht endgültig beeinträchtigt ist. Wenn der Gehilfe die endgültige Rechtsgutsverletzung oder -gefährdung fördert[690], sei demnach eine Beihilfe bis zur endgültigen Rechtsgutsverletzung noch möglich[691].
Andere Vertreter in der Literatur gehen davon aus, dass eine Beihilfe nur bis zur formellen Deliktsvollendung möglich ist[692]. Sie halten die Konstruktion einer Phase der materiellen Beendigung, die dafür sorgt, dass eine Strafbarkeit wegen Beihilfe noch ermöglicht wird, obwohl der Helfer erst nach der Tatbestandserfüllung tätig wird und keine Tatbestandsmerkmale verwirklicht oder fördert, für unzulässig[693]. Die Unterscheidung zwischen formeller Vollendung und materieller Beendigung sei im Gesetz nicht vorgesehen und verstoße daher gegen Art 103 II GG, soweit dadurch eine Strafbarkeit begründet werden soll[694]. Weiterhin sei die Annahme eines nach Vollendung einsetzenden Beendigungszeitraums nicht deutlich abgrenzbar und führe daher zu untragbaren Rechtsunsicherheiten. Beihilfe setze voraus, dass die Haupttat vor Eintritt des letzten tatbestandsmäßigen Erfolgs gefördert werde[695]. Ist der Tatbestand jedoch

---

689 Hauf, Strafrecht Allgemeiner Teil, S. 94.

690 BGHSt 3, 40 (43).

691 Cramer / Heine, in: Schönke / Schröder, Strafgesetzbuch, §27, Rdnr.17.

692 Kindhäuser, Strafrecht Allgemeiner Teil, §42, Rdnr. 27; Geppert, Die Beihilfe (§27 StGB), Jura 1999, 266 (272).

693 Roxin, Strafrecht Allgemeiner Teil Band II, §26, Rdnr. 260; Kühl, in: Lackner /Kühl, StGB, vor §22, Rdnr. 2.

694 Maurach / Gössel / Zipf, Strafrecht Allgemeiner Teil, Teilband 2, §39, Rdnr. 36.

695 Kühl, Grundfälle zu Vorbereitung, Versuch, Vollendung und Beendigung, JuS 1982, 189 (189)

vollständig abgeschlossen, kommt nach dieser tatbestandskonformen Beendigungslehre eine Beihilfe nicht mehr in Betracht[696]. Von einem Abschluss des Tatbestandes ist nach dieser Ansicht mit Abschluss des Haupttäterverhaltens auszugehen[697]. Auch kriminalpolitisch sei die Ausweitung des Zeitraums, in dem eine Beihilfe noch möglich ist, nicht erforderlich, da der Zeitraum nach Abschluss des Delikts durch die Anschlussdelikte der §§ 257, 258 und 259 StGB hinreichend abgedeckt sei[698]. Eine anerkannte Ausnahme seien lediglich die sog. Dauerdelikte, bei denen eine Beihilfe auch zu einem späteren Zeitpunkt noch möglich sein soll[699].

Grundsätzlich ist es richtig, von der Möglichkeit einer Strafbarkeit der sukzessiven Beihilfe bei einer deutlichen Trennbarkeit von Vollendung und Beendigung des Delikts auszugehen. Wenn jemand die Herbeiführung des Deliktserfolgs vor dessen Eintritt wesentlich voranbringt, muss er für diese Beihilfe bestraft werden können, auch wenn der Haupttäter die Tathandlung bereits verwirklicht hat. Darin liegt so lange kein Verstoß gegen Art 103 GG, wie der Beitrag des Helfers die Unrechtstiefe des konkret in Frage stehenden Haupttatdelikts tatsächlich verstärkt, indem er den Erfolgseintritt fördert. Dann ist das Geschehen noch als einheitliche Tatbestandsverwirklichung anzusehen, auch wenn die Tathandlung an sich bereits abgeschlossen ist. Solange die Beihilfehandlung noch als Teil des so verstandenen Tatbestandes erscheint, ist sie von der strafrechtlichen Vorschrift der Haupttat erfasst und es liegt kein Verstoß gegen den Grundsatz „nulla poena sine lege“ vor. Eine Trennung von Vollendung und Beendigung ist jedoch dann nicht möglich, wenn Tathandlung und deliktischer Erfolg gleichzeitig eintreten. Daher hängt es letztlich vom jeweiligen Delikt ab, ob im konkreten Fall eine sukzessive Beihilfe möglich ist oder nicht.

---

696 Kühl, Die Beendigung des vollendeten Delikts, in: Festschrift für Claus Roxin, 665 (675).

697 Rudolphi, Die zeitlichen Grenzen der sukzessiven Beihilfe, in: Festschrift für Hans-Heinrich Jescheck, 559 (576).

698 Geppert, Die Beihilfe (§27 StGB), Jura 1999, 266 (272).

699 Kindhäuser, Strafrecht Allgemeiner Teil, §42, Rdnr. 27.

b) Vollendung oder Beendigung des §353 b StGB

Nach dem Beendigungsbegriff der Rechtsprechung muss die Unterscheidung zwischen Vollendung und Beendigung anhand des jeweiligen Delikts erfolgen, da es von der jeweiligen Deliktstruktur abhängt, ob Vollendung und Beendigung zwei voneinander unterscheidbare Stufen darstellen[700]. Vollendung liegt dabei grundsätzlich mit der Erfüllung aller gesetzlichen Merkmale vor. Je nach Deliktstruktur ist es aber möglich, dass Wirkungen, die zur Tat gehören, erst zu einem späteren Zeitpunkt eintreten[701]. Dann wird erst nach Eintritt dieser zweiten Stufe von der Beendigung der Tat ausgegangen.

Bei §353 b StGB handelt es sich um ein konkretes Gefährdungsdelikt. Insbesondere bei Gefährdungsdelikten hat der Gesetzgeber den Vollendungszeitpunkt vorverlagert, denn die tatbestandsmäßige Handlung führt noch nicht den vollen Unrechtstatbestand herbei, sondern zeigt lediglich entsprechende Tendenzen[702]. Dadurch besteht aber nach dieser Ansicht die Möglichkeit, dass es nach Vollendung zu einem Fortwirken der tatbestandsmäßigen Handlung kommen könne, durch die der volle Unrechtsgehalt im Wege der Herbeiführung der Verletzung des geschützten Handlungsobjekts erst verwirklicht oder durch eine weitere Verdichtung der Gefahr die Wahrscheinlichkeit einer Rechtsgutsverletzung gesteigert wird. In dieser Phase, in der eine Steigerung oder gar die Verwirklichung des tatbestandlichen Unrechts nach Abschluss der Tathandlung herbeigeführt wird, muss nach Auffassung der Rechtsprechung eine Beihilfe noch möglich sein[703]. Durch die Vorverlagerung des Vollendungszeitpunkts habe der Gesetzgeber nach dieser Ansicht lediglich die Mindestanforderungen für eine Strafbarkeit festgelegt. Wenn es jedoch tatsächlich zu einer Unrechtsverwirklichung komme, die erst nach Vollendung endgültig herbeigeführt wird, so liege darin erst recht ein strafwürdiges

---

[700] Jescheck, Wesen und rechtliche Bedeutung der Beendigung der Straftat, in: Festschrift für Hans Welzel, 683 (688).

[701] BGHSt 3, 40 (43).

[702] Jescheck, Wesen und rechtliche Bedeutung der Beendigung der Straftat, in: Festschrift für Hans Welzel, 683 (686).

[703] Martin, Beihilfe zur Verletzung von Dienstgeheimnissen, JuS 2000, 301 (302).

Unrecht[704]. Ob die Haupttat lediglich vollendet oder bereits beendet ist, hänge davon ab, ob es dem Amtsträger bei der Offenbarung des Geheimnisses lediglich darum ging, dieses z.B. als Hintergrundinformation herauszugeben, oder ob es ihm gerade auf eine Veröffentlichung des Geheimnisses durch die Medien ankam[705].

Die Kritiker des tatbestandsbezogenen Beendigungsbegriffs gehen davon aus, dass diese von der Rechtsprechung angewandte Ausweitung des Zeitraums, in dem eine Beihilfe möglich sein soll, zu einer Strafbarkeit wegen Beihilfe ohne eine zeitliche Begrenzung führe[706]. Im Rahmen des §353 b StGB fehle es an eindeutigen Kriterien, in welchem Zeitpunkt eine endgültige Rechtsgutsverletzung eingetreten ist. Jede Kenntnisnahme eines Dritten von den geheimhaltungsbedürftigen Tatsachen erhöhe die Gefahr für die öffentlichen Interessen[707]. Auf diesem Wege könne sich ein Journalist daher wegen Beihilfe strafbar machen, selbst wenn er die Informationen erst Jahre später veröffentlichte.

Auch wäre eine Kettenbeihilfe dergestalt denkbar, dass ein Journalist das Geheimnis offenbart bekäme und es an einen anderen Journalisten weitergäbe, der es dann veröffentlichte. Die Tatbestandsverwirklichung könne nach diesem Beendigungsbegriff zeitlich unbefristet intensiviert werden, was einen eindeutigen Verstoß gegen Art 103 II GG darstelle.
Dass die Beihilfe zum Geheimnisverrat nicht strafbar sein soll, ergebe sich weiterhin aus der Streichung des §353 c StGB im Jahr 1979[708]. Dieser Paragraph stellte die öffentliche Bekanntmachung von Dienstgeheimnissen durch Nichtgeheimnisträger unter Strafe. Mit seiner Streichung habe der Gesetzgeber

[704] Jescheck, Wesen und rechtliche Bedeutung der Beendigung der Straftat, in: Festschrift für Hans Welzel, 683 (690).
[705] Träger, in: Leipziger Kommentar zum StGB, Band 9, §353 b, Rdnr. 40; LG Potsdam NJ 2006, 225 (225).
[706] Brüning, Beihilfe zum „Geheimnisverrat" durch Journalisten und die strafprozessualen Folgen, NStZ 2006, 253 (255).
[707] Schmidt-De Caluwe, Pressefreiheit und Beihilfe zum Geheimnisverrat, NVwZ 2007, 640 (644).
[708] Dunkhase, Das Pressegeheimnis, S. 177.

gezeigt, dass er die Strafbarkeit von Nichtgeheimnisträgern wegen einer Verletzung von Dienstgeheimnissen gerade nicht mehr will. Dementsprechend sei von einer abschließenden Wirkung der Regelung in §353 d StGB auszugehen, wonach öffentliche Mitteilungen über Gerichtsverhandlungen, die unter Ausschluss der Öffentlichkeit stattfinden, verboten sind[709]. Die Konstruktion einer darüber hinaus gehenden Strafbarkeit der Nichtgeheimnisträger durch sukzessive Beihilfe sei unzulässig.

2. Stellungnahme

Grundsätzlich ist es richtig, dass eine Beihilfe an einer Verletzung von Dienstgeheimnissen möglich und strafbar ist. Das gilt zumindest hinsichtlich der Anstiftung und der Formen der Beihilfe, bei denen die unmittelbare Tathandlung durch einen Nichtgeheimnisträger unterstützt wird. Wer einen Amtsträger dazu überredet Dienstgeheimnisse zu offenbaren oder wer in Kenntnis der Dienstgeheimniseigenschaft selbst Hand anlegt, um die Offenbarung zu ermöglichen, der unterstützt ganz unmittelbar eine strafbare Handlung. Wenn dadurch wichtige öffentliche Interessen gefährdet werden, liegt strafbares Verhalten vor und ist auch als solches zu behandeln, unabhängig davon, ob es sich um Medienangehörige handelt oder nicht. Wollte man die Strafbarkeit der Medienangehörigen in diesem Zusammenhang ausschließen, müsste man die Strafbarkeit des gesamten Vorgangs auch hinsichtlich der Geheimnisträger überdenken. Der Straftatbestand des §353 b StGB hat jedoch seine Berechtigung, weil es wichtige Gründe geben kann, einige Informationen im öffentlichen Interesse nur einem beschränkten Kreis von Personen zur Verfügung zu stellen. Besonders deutlich wird das bei Maßnahmen der Strafverfolgungsbehörden in Bereichen der organisierten Kriminalität. Wenn diese Maßnahmen vor ihrer Durchführung bekannt würden, hätten die Strafverfolgungsbehörden kaum noch Möglichkeiten, in diesem Bereich effektiv tätig zu werden.

Als fragwürdig anzusehen sind jedoch die Fälle der sukzessiven Beihilfe. Das wirkliche Problem der Strafbarkeit wegen sukzessiver Beihilfe zum Verrat von

---

709 Brüning, Beihilfe zum „Geheimnisverrat" durch Journalisten und die strafprozessualen Folgen, NStZ 2006, 253 (255).

Dienstgeheimnissen durch Medienangehörige liegt darin, dass es bei der Strafverfolgung fast ausschließlich darum geht, den Haupttäter und damit das Leck in den jeweiligen Behörden zu finden. Die Medien veröffentlichen die Informationen, die sie bekommen, weil die Unterrichtung der Bevölkerung über aktuelle Geschehnisse ihre Aufgabe ist. Die Vollstreckungsmaßnahmen gegen sie im Zusammenhang mit einem Verdacht der sukzessiven Teilnahme sind regelmäßig nur Mittel zum Zweck[710]. Zwar ist es richtig, dass es immer wieder Fälle gibt, in denen die Medien geheimhaltungsbedürftige Tatsachen veröffentlichen, ohne dass ein öffentliches Interesse an diesen Tatsachen erkennbar wäre[711]. Das allein reicht aber nicht aus, um eine Strafbarkeit zu begründen.

Richtig ist, dass bei den Gefährdungsdelikten der Vollendungszeitpunkt vorverlagert ist. So kann man auch ohne den Eintritt eines konkreten Schadens die Strafbarkeit des Haupttäters wegen vollendetem Delikt und nicht bloß wegen Versuchs begründen. Prinzipiell liegt in der Steigerung der in dem Tatbestand konkret beschriebenen Gefahr oder auch in der Herbeiführung eines tatbestandlichen Erfolgs durch einen Dritten ein Unrecht. Wenn ein konkreter Deliktserfolg herbeigeführt wird, ist darin allerdings oftmals ein eigenes strafbares Unrecht zu sehen. Wenn z.B. bei §221 StGB ein Täter einen anderen Menschen im Wege der Aussetzung in die Gefahr des Todes bringt und ein Dritter führt den Todeserfolg herbei, dann macht dieser Dritte sich selbst wegen Totschlags strafbar. Wenn aber ein Dritter nach Abschluss der Tathandlung durch den Haupttäter hinzutritt und die Todesgefahr des Opfers, indem er es z.B. versteckt, so dass hilfsbereite Personen es nicht finden können, steigert, ohne dass der Tod letztlich eintritt, dann liegt darin ein Unrecht, das nicht straflos bleiben darf, letztlich aber nur über das Institut der sukzessiven Beihilfe bestraft werden kann. Die Kritik an dem Institut der sukzessiven Beihilfe ist in diesen Fällen nicht gerechtfertigt. Denn gerade bei den konkreten Gefährdungsdelikten gibt es in der Regel einen abgrenzbaren Beendigungszeitpunkt. Beendigung tritt dann ein, wenn sich die konkrete Gefahr, die das Delikt beschreibt, realisiert hat oder sich nicht mehr realisieren kann.

---

[710] Tillmanns, „Das Redaktionsgeheimnis muss besser geschützt werden", ZRP 2007, 37 (37).

[711] So z.B. der Vorwurf von Jutzi im Hinblick auf den Cicero-Fall: Jutzi, Durchsuchung und Beschlagnahme bei Presseunternehmen, NJW 2007, 217 (219).

Die konkreten Gefährdungsdelikte sind regelmäßig auf Gefahren für Körper und Gesundheit eines anderen Menschen ausgerichtet. In diesen Fällen muss eine Handlung, die ein Dritter begeht, um die vom Haupttäter gesetzte Gefahr gezielt zu steigern, auch strafbar sein. Von einer fehlenden zeitlichen Begrenzung kann dabei nicht ausgegangen werden, denn die Steigerung der Gefahr ist eindeutig ermittelbar ebenso wie der Erfolgseintritt oder die Beendigung der Gefahr.

Problematisch sind daher lediglich die konkreten Gefährdungsdelikte, bei denen die Realisierung der umschriebenen Gefahr nicht punktgenau festgestellt werden kann. Das ist insbesondere dann der Fall, wenn sich die konkrete Gefahr nicht auf einen bestimmten Menschen oder Gegenstand bezieht, der einer Gefahr ausgesetzt wird, sondern auf die Allgemeinheit. Darin liegt die Besonderheit des §353 b StGB. „*Die Gefährdung wichtiger öffentlicher Interessen*" ist an sich bereits ein stark auslegungsbedürftiges Tatbestandsmerkmal. Es ist konturlos und von individuellen Wertungen abhängig. Für die Realisierung oder Steigerung dieses Merkmals gibt es keine eindeutigen Kriterien. Die Tatsache, dass sich ein Erfolgseintritt im Sinne der Verletzung wichtiger öffentlicher Interessen kaum zuverlässig wird ermitteln lassen, könnte einer der Gründe sein, warum es sich hier um ein Gefährdungsdelikt handelt und das Delikt nicht als Erfolgsdelikt ausgestaltet wurde. Bei Gefährdungsdelikten ist von einem eindeutigen Beendigungszeitpunkt auszugehen, wenn sich die konkret beschriebene Gefahr realisiert hat oder nicht mehr realisiert werden kann. Genau dieser Zeitpunkt ist bei §353 b StGB jedoch nicht ermittelbar. Wenn das Geheimnis einmal offenbart wurde, kann es jederzeit an eine größere Öffentlichkeit gelangen und dadurch die Gefahr der Verletzung wichtiger öffentlicher Interessen noch steigern. Auch die Frage, wann tatsächlich von einer Verletzung wichtiger öffentlicher Interessen in Abgrenzung zu einer bloßen Gefährdung ausgegangen werden kann, ist nicht eindeutig zu beantworten. Nach der Natur dieses besonderen Delikts ist eine von dem Vollendungszeitpunkt abgrenzbare Beendigungsphase nicht ermittelbar. Demnach muss davon ausgegangen werden, dass bei diesem Delikt beide Zeitpunkte zusammenfallen und die Offenbarung des Geheimnisses unter Gefährdung wichtiger öffentlicher Interessen bereits den Erfolg darstellt.

Das ergibt sich auch daraus, dass es für die objektive Bestimmung des Beendigungszeitpunkts eines Delikts nicht auf die subjektive Tätervorstellung ankommen kann. Nach Ansicht der Rechtsprechung ist die Tat nur in den Fällen mit der Offenbarung des Geheimnisses noch nicht beendet, in denen der Täter mit der Offenbarung eine Veröffentlichung des Geheimnisses bezweckt. Will er lediglich Hintergrundinformationen liefern, sei hingegen mit der Offenbarung des Geheimnisses gegenüber einem Journalisten das Delikt bereits beendet[712]. Nach dieser Ansicht hängt die Strafbarkeit des Journalisten demnach von der subjektiven Vorstellung des Haupttäters ab. Das würde im Ergebnis jedoch dazu führen, dass sich der Journalist, wenn er sich berufsethisch falsch verhält, indem er Informationen veröffentlicht, obwohl er seinem Informanten diesbezüglich Vertraulichkeit zugesagt hat, straffrei bleibt. Veröffentlicht er die Informationen hingegen so, wie er es mit seinem Informanten abgesprochen hat, würde er sich nach dieser Ansicht strafbar machen. Eine solche Unterscheidung ist dogmatisch und rechtspolitisch nicht haltbar. Eine Beihilfe ist nach einer Offenbarung des Dienstgeheimnisses daher nicht mehr möglich.

Trotz dieser Erkenntnis wäre in Anbetracht der davon abweichenden Rechtsauffassung der Gerichte eine gesetzgeberische Klarstellung wünschenswert und auch dringend geboten. Dabei sollte festgeschrieben werden, dass eine weitere Bekanntgabe des Dienstgeheimnisses nach dessen Offenbarung nicht zu einer Strafbarkeit wegen Beihilfe führen kann.

III. Möglichkeiten bei fehlender Strafbarkeit

Werden die Medienangehörigen aufgrund des geringen Verdachtsgrades oder aufgrund der fehlenden Strafbarkeit wegen Beihilfe zum Verrat von Dienstgeheimnissen (noch) nicht als Beschuldigte behandelt, entfällt das Beschlagnahmeverbot des §97 V StPO möglicherweise dennoch gem. §97 II 3 StPO[713]. Übergibt der Amtsträger Unterlagen aus der Behörde, deren Inhalt ein Dienstgeheimnis darstellt, handelt es sich um strafverstrickte

[712] Schmidt-De Caluwe, Pressefreiheit und Beihilfe zum Geheimnisverrat, NVwZ 2007, 640 (642).

[713] Brosius-Gersdorf, Dienstgeheimnis versus Presse- und Rundfunkfreiheit, AfP 1998, 25 (33).

Gegenstände, da sie zu einer Straftat gem. §353 b StGB gebraucht wurden[714]. Das gilt auch hinsichtlich aller verkörperter Erklärungen über das Dienstgeheimnis wie z.B. Kopien von vertraulichen Akten, die der Amtsträger den Medien übergibt[715].

Dabei ist es zwar prinzipiell richtig, dass strafverstrickte Gegenstände keinen besonderen Schutz genießen sollen. Allerdings ist auch in diesen Fällen der Verhältnismäßigkeitsgrundsatz zu beachten. Dabei kommt es auf der einen Seite darauf an, inwiefern der Staat ein legitimes Geheimhaltungsinteresse gerade an diesen veröffentlichten Tatsachen hat, das möglicherweise sogar ebenfalls eine verfassungsrechtliche Wertigkeit besitzt[716]. Auf der anderen Seite steht dem unter Umständen ein besonderes öffentliches Informationsinteresse der Bevölkerung gegenüber, dem die Medien mit der Veröffentlichung gerecht geworden sind. Beide Rechte sind miteinander in Abwägung zu bringen. Überwiegt die Bedeutung der Medienfreiheit aufgrund des hohen öffentlichen Informationsinteresses, ist es gerechtfertigt, die Möglichkeit der Beschlagnahme entfallen zu lassen.

---

714 Dunkhase, Das Pressegeheimnis, S. 180.

715 Kunert, Recht, Presse und Politik, DRiZ 1997, 325 (330).

716 Brosius-Gersdorf, Dienstgeheimnis versus Presse- und Rundfunkfreiheit, AfP 1998, 25 (34).

Viertes Kapitel: Sonderproblem Bekennerschreiben

In Literatur und Rechtsprechung stellt sich die Frage, ob ein Zeugnisverweigerungsrecht und ein Beschlagnahmeverbot auch hinsichtlich solcher Tatsachen und Unterlagen besteht, die den Medien von Tätern schwerer Straftaten zum Zweck ihrer Veröffentlichung zugespielt werden. Dabei geht es besonders um Bekennerschreiben oder anderweitig verkörperte Bekenntnisse und Bekenneranrufe von Tätern oder Tätergruppen. Solche Bekenntnisse stammen überwiegend aus dem Bereich der organisierten Kriminalität. Die Täter wollen über die Tat hinaus der Öffentlichkeit eine Botschaft übermitteln und wenden sich dafür an die Medien, die ihnen als Sprachrohr dienen sollen. Die meisten der Bekenntnisse kommen von terroristischen Organisationen. Daher wird zunächst der Begriff des „Terrorismus" näher beleuchtet.

A. Terrorismus als (neue?) Form der Kriminalität

Spätestens seit dem 11. September 2001 wird in der Öffentlichkeit und das heißt vor allem in den Medien die Bezeichnung von Gewalttaten als „Terrorismus" vermehrt verwendet. Dabei ist das Phänomen an sich nicht neu. Auch Europa kennt die Bedrohung durch den Terrorismus bereits seit Jahrzehnten[717].

Im Mai 1970 beispielsweise gründete sich die Rote Armee Fraktion, in den späten 1960er und frühen 1970er Jahren konnte man die Gründungsphase des Linksterrorismus verfolgen[718].

Die Klassifizierung bestimmter Gewalttaten als „terroristisch" wird im Rahmen des öffentlichen Diskurses vorgenommen[719]. Die wenigsten Gruppierungen bezeichnen sich selbst als terroristisch, weil sie diesen Begriff in Anbetracht der von ihnen im Rahmen ihrer Ideologie verfolgten Ziele als abwertend empfinden.

---

717 Schily, „Eröffnung und Festvortrag", in: BKA-Herbsttagung 2004, Netzwerke des Terrors – Netzwerke gegen den Terror, S. 5 (5).

718 Weinhauer / Requate, „Die Herausforderung des Linksterrorismus", in: Weinhauer / Requate / Haupt, Terrorismus in der Bundesrepublik, S. 10 (11).

719 Musolff, „Terrorismus im öffentlichen Diskurs der BRD: Seine Deutung als Kriegsgeschehen und die Folgen", in: Weinhauer / Requate / Haupt, Terrorismus in der Bundesrepublik, S. 302 (303).

Eine eindeutige Definition dieses Begriffes lässt sich in der Literatur nicht finden. Doch wird in der Regel davon ausgegangen, dass Terroristen im Gegensatz zu sonstigen kriminellen Gruppierungen politische Ziele verfolgen[720]. Daraus ergibt sich, dass es ihnen bei ihren Gewalttaten nicht auf die Wirkung auf das primäre Opfer ankommt. Die unmittelbaren Opfer können die gestellten Forderungen regelmäßig gar nicht erfüllen. Die „schreckenseinflößende" Wirkabsicht der Täter richtet sich vielmehr an die Gesamtöffentlichkeit[721], um dadurch Druck auf die Politik auszuüben. Die Gewaltanwendung erfolgt ohne Rücksichtnahme auf das direkte Opfer und dessen Verhalten, da der Adressaten-Kreis und der Opfer-Kreis auseinanderfallen[722]. Das Opfer wird instrumentalisiert und hat daher keine Möglichkeit durch sein Verhalten, seine Geschichte, seine individuellen Verhältnisse oder sein Leid auf das Verhalten der Täter Einfluss zu nehmen. Es ist nicht selbst Adressat, der eine Bedingung zu erfüllen hat, um mit einem Ende der Gewalt oder der Freilassung aus der Geiselnahme rechnen zu können. Adressaten sind vielmehr die Politik und die Öffentlichkeit.

Terroristen agieren nicht allein, sondern im Rahmen von terroristischen Vereinigungen. Die Bildung einer terroristischen Vereinigung ist in §129 a StGB unter Strafe gestellt. Dabei knüpft das Gesetz an charakteristischen Erscheinungsformen terroristischer Aktivitäten an, ohne den Begriff zur spezifischen Kennzeichnung einer eigenständigen Erscheinungsform sozialschädlichen Verhaltens zu verwenden[723]. Das Gesetz hat zum Ziel, alle Vereinigungen zu erfassen, deren Gefährlichkeit durch die Begehung schwerster Straftaten gekennzeichnet ist. Daher setzt die Vorschrift nicht voraus, wie es sonst für das Merkmal „terroristisch" verlangt wird, dass die Betätigung der Vereinigung einen politisch-ideologischen Hintergrund hat.

---

720 Beermann, Der Begriff „Terrorismus" in deutschen Printmedien, S. 16.

721 Elitz, „Friedensjournalismus – das Böse nicht schlimmer machen", in: Klußmann, Terrorismus und Medien, S. 61 (61).

722 Kästner, Statement, in: BKA-Herbsttagung 2004, Netzwerke des Terrors – Netzwerke gegen den Terror, S. 131 (131).

723 Bubnoff, in: Leipziger Kommentar Strafgesetzbuch, Vierter Band, §129 a, Rdnr. 14.

Dennoch bietet die Vorschrift für die charakteristischen Merkmale einer terroristischen Vereinigung gewisse Anhaltspunkte, die helfen, den Terrorismus von anderen strafrechtlichen Erscheinungsformen der Bandentätigkeit abzugrenzen. Eine Vereinigung liegt danach vor, wenn sich mindestens drei Personen mit einem Mindestmaß an fester Organisationsstruktur und mit gegenseitiger Verpflichtung sowie einer Aufgaben- und Kompetenzaufteilung zu einem gemeinsamen Zweck auf Dauer angelegt zusammenschließen[724].

Ein wesentliches Element ist dabei die gemeinsame Willensbildung unter Zurückstellung individueller Einzelmeinungen[725]. Innerhalb der Vereinigung müssen von den Mitgliedern respektierte Entscheidungsstrukturen bestehen, deren organisierter Willensbildung sich alle als verbindlich unterwerfen[726]. Dass alle Mitglieder das gleiche politisch-ideologische Ziel verfolgen, ist ein wesentliches Element terroristischer Vereinigungen. Gleichzeitig ist dies eines der wichtigsten Abgrenzungsmerkmale von anderen kriminellen Gruppierungen. In anderen kriminellen Vereinigungen ist es möglich, dass jedes Bandenmitglied ein eigenes egoistisches Ziel verfolgt, das mit den Absichten der anderen Bandenmitgliedern nicht identisch zu sein braucht. In einer kriminellen Vereinigung könnte z.B. ein Täter den Erwerb einer ganz bestimmten Summe anstreben, während ein anderer Täter sich lediglich an dem Opfer rächen will, der nächste hat vielleicht ausschließlich den Wunsch, eine selbst gebaute Waffe auszuprobieren oder einfach Macht zu demonstrieren. Sie wirken zusammen und verfolgen dabei individuelle Ziele und Absichten. Terroristische Vereinigungen hingegen eint immer das primäre Ziel, ihre Ideologie zu verbreiten.

Weiterhin geht §129 a Absatz II StGB näher auf die Vorgehensweise der Täter ein, wie sie insbesondere im terroristischen Bereich zu finden ist. Danach liegt eine Strafbarkeit dann vor, wenn sich die Vereinigung zur Begehung bestimmter in der Vorschrift enumerativ aufgezählter Vergehen zusammengeschlossen

[724] Ostendorf, in: Nomos Kommentar, Strafgesetzbuch, Band 1, §129, Rdnr. 12; Kühl, in: Lackner / Kühl, StGB, §129, Rdnr. 2.

[725] Miebach/ Schäfer, in: Münchener Kommentar Strafgesetzbuch Band 2 / 2, §129 a, Rdnr. 31.

[726] Lenckner, in: Schönke / Schröder, Strafgesetzbuch, §129, Rdnr. 4.

hat und wenn die Tat bestimmt ist, *„[...] die Bevölkerung auf erhebliche Weise einzuschüchtern, eine Behörde oder internationale Organisation rechtswidrig mit Gewalt oder durch Drohung mit Gewalt zu nötigen oder die politischen, verfassungsrechtlichen, wirtschaftlichen oder sozialen Grundstrukturen eines Staates oder einer internationalen Organisation zu beseitigen oder erheblich zu beeinträchtigen, und durch die Art ihrer Begehung oder ihre Auswirkungen einen Staat oder eine internationale Organisation erheblich schädigen kann."*

Die in Absatz II aufgezählten Bestimmungen und Eignungen der Taten zur Verfolgung weitergehender Ziele ist darauf gerichtet, die Vereinigungen mit im weiteren Sinne politisch motivierter Zielsetzung zu erfassen[727]. Hier beschreibt das Gesetz die Vorgehensweisen, die im Allgemeinen als „terroristisch" bezeichnet werden, weil sie darauf angelegt sind, einen vom Opferkreis zu unterscheidenden Adressaten-Kreis zu erreichen. Charakteristisch für terroristische Taten ist die Verfolgung ihrer Ziele wie z.B. revolutionäre Umwälzung des bestehenden Systems, Untergrabung des Gewaltmonopols des Staates, gewaltsame Veränderung der bestehenden verfassungsmäßigen Ordnung im eigenen oder in einem dritten Staat, seperatistische Bestrebungen, kontrarevolutionäre Bewahrung, aber auch die gewaltsame Erhaltung und Festigung von wirtschaftlichen Macht- und Gruppeninteressen mit Hilfe von Einschüchterung und politischem Druck[728]. Um diese Ziele zu erreichen sind die Täter darauf angewiesen, ihre Vorstellungen bekannt zu machen. Ein Terroranschlag ist demnach immer nur so erfolgreich wie der Umfang an Publizität, den er genießt[729]. Denn nur durch die Bekanntmachung des Anschlags und der dahinter stehenden Vorstellung kommt man dem Ziel einer politischen Veränderung im eigenen oder einem anderen Staat wirklich näher.

Darin liegt auch die besondere Bedeutung der Medien für diese Form der Kriminalität begründet. Denn über die Massenmedien haben Terroristen eine einfache Möglichkeit, ihren wahren Adressatenkreis zu erreichen. Die journalistischen Massenmedien sind mit ihren Darstellungen und Deutungen

[727] Fischer, Strafgesetzbuch, §129 a, Rdnr. 14.
[728] Bubnoff, in: Leipziger Kommentar Strafgesetzbuch, Vierter Band, vor §129 a, Rdnr. 2.
[729] Laqueur, Terrorismus, S. 105.

verschiedener Ereignisse und deren Zusammenhänge ein konstitutiver Bestandteil von Terrorismus als gesellschaftlichem Phänomen[730].

Terroristen verbreiten Ihre Botschaften mittlerweile über Texte, Bilder und Videos. Sie produzieren Bilder z.B. von Entführungen zur massenmedialen Veröffentlichung, um mit ihrer Hilfe ihre Macht zu demonstrieren. Diese Bilder oder Videos werden an die Medien geschickt, die sie veröffentlichen und damit die von den Terroristen geschaffenen Informationen weiter verbreiten[731]. Dabei kommt die Tendenz der Medien zum Sensationalismus besonders kleineren terroristischen Gruppierungen zu Gute[732]. Denn gerade diese, denen sonst aufgrund ihrer geringen Größe wenig Beachtung geschenkt wird, können sich durch eine umfassende Berichterstattung über ihre Anschläge die gewünschte Aufmerksamkeit verschaffen.

Das wirkt sich auf die Wahl der Anschlagsziele aus. Es werden besonders solche Ziele ausgewählt, von denen man sich eine möglichst breite Medienaufmerksamkeit verspricht. Wichtiger ist daher, dass das Ziel prominent ist, als dass ein innerer Zusammenhang dieses Ziels zu den hinter dem Anschlag stehenden Interessen der Terroristen besteht. *Laqueur* weist in diesem Zusammenhang zu Recht darauf hin, dass selbst ein offensichtlich unlogischer oder sinnloser Angriff dadurch effektiv werden kann, dass er von den Medien aufgegriffen und breit behandelt wird[733]. Der Anschlag selbst enthält in vielen Fällen also keine weitere Botschaft als die, dass die verübende Gruppe auf sich aufmerksam machen und ernst genommen werden will. Die Botschaft, die dann über das Bekenntnis zu dem Anschlag verbreitet wird, hat mit der Tat selbst darüber hinaus nichts zu tun.

---

730 Steinseifer, „Terrorismus als Medienereignis im Herbst 1977: Strategien, Dynamiken, Darstellungen, Deutungen, in: Weinhauer / Requate / Haupt, Terrorismus in der Bundesrepublik, S. 350 (378).

731 Rötzer, „Aufmerksamkeitsterrorismus und die Medien", in: Klußmann, Terrorismus und Medien, S. 21 (26).

732 Laqueur, Terrorismus, S. 106.

733 Laqueur, Terrorismus, S. 106.

Mit dem Begriff „Terrorismus“ wird deshalb oftmals der Begriff „Medienereignis“ verbunden[734]. Durch die umfassenden Berichte in den Medien werden die Entführungen und Anschläge der Terroristen zu Medienereignissen. Terroristen und Medien stehen in einer engen Verbindung, weil beide den Kontakt auf ihre Weise nutzen.

Die Terroristen nutzen die Medien zur Verbreitung ihrer Botschaften, Ideologien und Forderungen. Dabei wird die Zeitspanne zwischen Forderung, Erfüllung oder Nichterfüllung und der entsprechenden Reaktion der Täter möglichst kurz gehalten, um die Aufmerksamkeit der Medien nicht zu verlieren[735].

Die Medien selbst wiederum sehen ihre Aufgabe in der Information der Bevölkerung über Ereignisse, die die Öffentlichkeit in besonderem Maße berühren. Wenn es Gruppierungen gibt, die Menschen bedrohen, Gewaltverbrechen verüben und versuchen den Staat oder die Politik zu erpressen, dann haben die Menschen ein Bedürfnis und auch ein Recht, dies zu erfahren. Darüber hinaus haben auch die Opfer selbst und ihre Angehörigen gerade in Entführungsfällen ein berechtigtes Interesse daran, dass über ihren Fall berichtet wird. Wird eine Berichterstattung aus Angst vor einer Instrumentalisierung durch die Terroristen grundsätzlich abgelehnt, nimmt man damit den Betroffenen die Möglichkeit, sich zu Wort zu melden und gehört zu werden[736].

Über Ereignisse zu informieren, die den Staat, die Gesellschaft und den einzelnen berühren, ist eine der ureigensten Aufgaben der Medien. Deshalb sind Journalisten bereit, trotz der Tatsache, dass sie sich dessen bewusst sind, dass sie teilweise von den Terroristen zu eigenen Zwecken instrumentalisiert werden, immer wieder über die Anschläge zu berichten, Videobotschaften ganz oder teilweise auszustrahlen und die an sie übermittelten Botschaften an die Öffentlichkeit weiterzugeben.

---

[734] Steinseifer, „Terrorismus als Medienereignis im Herbst 1977: Strategien, Dynamiken, Darstellungen, Deutungen, in: Weinhauer / Requate / Haupt, Terrorismus in der Bundesrepublik, S. 350 (350).

[735] Rötzer, „Aufmerksamkeitsterrorismus und die Medien“, in: Klußmann, Terrorismus und Medien, S. 21 (27).

[736] Stephan Wels im Rahmen eines persönlichen Gesprächs am 05.10.2007.

B. Schutz der Schreiben durch §§ 53 und 97 StPO

Fraglich ist, ob terroristische Bekennerschreiben vom Schutz des Zeugnisverweigerungsrechts und des Beschlagnahmeverbots erfasst sind.

I. Besonderheiten der Bekennerschreiben

Terroristische Bekennerschreiben sind Mitteilungen an die Medien und über diese an die Öffentlichkeit. Sie nehmen regelmäßig auf einen zuvor begangenen Anschlag Bezug und rühmen die terroristische Tat[737]. Weiterhin sind die Schreiben nicht mit dem individuellen Namen des Verfassers, sondern allenfalls mit dem Namen der Organisation unterzeichnet. Neben der Aussage, welche Gruppierung für den Anschlag verantwortlich ist, wird auf die mit der Gewalttat verfolgten Ziele aufmerksam gemacht und es werden häufig neue Anschläge angedroht. Die Schreiben oder auch Videobotschaften, Faxe oder Tonbänder werden den Medien zugeleitet, damit diese sie abdrucken oder anhand des erhaltenen Bekenntnisses über die gerade verübte Tat und deren Hintergründe berichten. Der Versender der Botschaften bleibt in der Regel anonym. Somit handelt es sich bei den Schreiben um Mitteilungen, die ein anonymer Informant der Presse zur Verfügung stellt. Fraglich ist daher, ob diese Mitteilungen vom Schutzbereich des §53 I Nr. 5 und des § 97 V StPO erfasst sind.

II. Schutz nach dem Wortlaut des Gesetzes

Nach §53 I 2 StPO steht den Medienmitarbeitern ausdrücklich das Recht zu, das Zeugnis zu verweigern über *„die ihnen im Hinblick auf ihre Tätigkeit gemachten Mitteilungen“*. Mit dem Begriff der Mitteilungen ist dabei jeder kommunikative Vorgang gemeint, der die Übermittlung von Informationen zum Gegenstand hat[738]. Dabei sind sowohl verbale Kommunikationsleistungen als auch deren Ersetzung durch Überlassung von Materialien oder Unterlagen wie z.B. Briefe, Kopien, Augenscheinsobjekte etc erfasst. Im Rahmen des Zeugnisverweigerungsrechts spielt es auch keine Rolle, ob der Inhalt der Mitteilung strafbar ist[739]. Demnach sind die Mitteilungen, die Terroristen den Medien zum

[737] Rebmann, „Beschlagnahme von terroristischen Bekennerschrei-ben“, in: Gamm / Raisch / Tiedemann, Festschrift für Gerd Pfeiffer 1988, 225 (227).

[738] Rogall, in: SKStPO, Band I, §53, Rdnr. 173.

[739] Dahs, in: Löwe-Rosenberg, Die Strafprozessordnung, Band I, §53, Rdnr. 62.

Zweck ihrer Veröffentlichung machen, grundsätzlich vom Wortlaut des Zeugnisverweigerungsrechts gemäß §53 I Nr. 5 StPO umfasst.
Gemäß §97 V StPO ist, soweit das Zeugnisverweigerungsrecht reicht, eine Beschlagnahme im Grundsatz ebenfalls ausgeschlossen. Etwas anderes kann sich daher nur aus der Anwendbarkeit des §97 II 3 StPO ergeben, wenn es sich bei den Bekennerschreiben um strafverstrickte Gegenstände handelt. Das ist im Einzelfall zu prüfen. Davon abgesehen jedoch bleibt es bei dem Grundsatz, dass Mitteilungen der Terroristen unabhängig davon, in welcher Form sie erfolgen, nach dem Wortlaut der Vorschriften vom Zeugnisverweigerungsrecht der Medienangehörigen und somit auch von dem damit verknüpften Beschlagnahmeverbot erfasst sind. Demgegenüber steht die Bedeutung, die die Bekenntnisse für die Strafverfolgung haben können. Diese Bedeutung ergibt sich in erster Linie aus den besonderen Möglichkeiten der modernen Kriminaltechnik.

III. Möglichkeiten durch Kriminaltechnik

Die verkörperten Erklärungen wurden regelmäßig durch die Täter selbst erstellt. Daher besteht die Möglichkeit, mittels einer Untersuchung der verwendeten Materialien festzustellen, woher die Erklärungen kommen, wie alt sie sind und ob sie Ähnlichkeiten zu anderen Erklärungen der in ihnen genannten Gruppierung aufweisen.
Mit Hilfe dieser Erkenntnisse kann ihre Authentizität bestätigt oder widerlegt werden. Es kann festgestellt werden, ob verschiedene Erklärungen vom gleichen Täter stammen oder nicht. All diese Erkenntnisse können bereits Hinweise für die Ermittler sein, an welcher Stelle sie mit ihren Ermittlungen ansetzen müssen. Darüber hinaus besteht bei Originalschreiben aufgrund verfeinerter kriminalistischer Untersuchungsmethoden die Möglichkeit, dass Straftaten durch die Sicherung und Auswertung von Spuren am Originalschreiben weiter aufgeklärt werden[740]. Neben daktyloskopischen Untersuchungen können die Gegenstände auf Haut- oder Speichelrückstände untersucht werden, die bei Vorhandensein eines entsprechenden Verdächtigen bis zu einer Identifizierung führen können.

[740] BGHSt 41, 363 (364).

Die Bekenntnisse der Terroristen sind oftmals der einzige Ansatzpunkt, den die Ermittler für ihre Untersuchungen haben. Deshalb sind die Strafverfolgungsbehörden auf diese Erklärungen, vor allem wenn sie in verkörperter Form vorliegen, besonders angewiesen.

Trotz der Tatsache des hohen Beweiswertes dieser Gegenstände bleibt das Problem, dass sie grundsätzlich unter das Beschlagnahmeverbot des §97 V StPO fallen. Daher gilt es, die Stellungnahmen von Rechtsprechung und Literatur zu dem Thema näher zu beleuchten.

IV. Stellungnahme der Rechtsprechung

Der Bundesgerichtshof hat entschieden, dass es verfassungsrechtlich nicht geboten sei, den Strafverfolgungsbehörden den Zugriff auf die verkörperten Mitteilungen zu Beweiszwecken zu verwehren. Das gelte zumindest in den Fällen, in denen die Presseangehörigen die Identität des Informanten preisgegeben haben, der Inhalt der Mitteilung in der Presseveröffentlichung offen gelegt wurde und dies mit dem Willen des Verfassers geschehen ist[741]. Diese Kriterien treffen auf die meisten Bekennerschreiben zu. Zwar ist die Identität des Informanten nicht immer bekannt, doch wird regelmäßig zumindest eine Gruppierung genannt, was eine Einschränkung des Informantenkreises bedeutet.

Das Bundesverfassungsgericht hat für die Fälle der anonymen „Bekenneranrufe“ oder „Bekennerschreiben“ zu schweren Straftaten, bei denen sich eine bestimmte Organisation zu den Straftaten bekennt, bislang offen gelassen, ob von einem durch Art 5 I GG geschützten Vertrauensverhältnis zwischen Presse und Informanten auszugehen ist[742]. Die Besonderheit dieser Schreiben gegenüber anderen Mitteilungen wurde darin gesehen, dass sich die anonymen Informanten gezielt der Presse bedienen, um die Öffentlichkeit auf die Ziele der Organisation, die sie für die Tat verantwortlich zeichnen, hinzuweisen. Dabei stellte das Gericht generell darauf ab, dass das Risiko einer zukünftigen

[741] BGH, NJW 1999, 2051 (2052).

[742] BVerfG NJW 2001, 507 (508).

Austrocknung solcher Informationsquellen durch Maßnahmen der Strafverfolgung als gering anzusehen sei[743]. Der anonyme Informant werde sein Material in jedem Fall an die Medien geben, auch wenn er damit rechnet, dass die Strafverfolgungsbehörden Einblick in das Material bekommen[744]. Er will das Material mit Hilfe der Presse unbedingt veröffentlicht haben. Dieses Ziel kann er aber nur erreichen, wenn er seine Materialien und Mitteilungen auch zukünftig an die Presse weitergibt. Eine eindeutige Entscheidung des Bundesverfassungsgerichts, ob nach diesen Erwägungen das Zeugnisverweigerungsrecht und das Beschlagnahmeverbot bei terroristischen Bekenntnissen tatsächlich entfällt, gab es jedoch bislang nicht.

V. Die Auffassung der Literatur

In der Literatur wird die Ansicht vertreten, dass auch im Falle des Vorliegens eines terroristischen Bekennerschreibens das Zeugnisverweigerungsrecht bestehen bleiben müsse[745]. Die Abwägung, welche Informationen bekannt gegeben werden könnten und welche nicht, solle den Redaktionen überlassen bleiben. Den Medien sei bewusst, dass es ihrem Ansehen mehr schaden könne, sich zum Schutz eines Terroristen auf das Zeugnisverweigerungsrecht zu berufen, als es dem Vertrauensverhältnis zum Informanten und dem Ansehen der Presse schaden könne, die Informationen herauszugeben[746].

Ein Entfallen des Zeugnisverweigerungsrechts in diesen Fällen könne im Übrigen dem Gesetzeswortlaut gerade nicht entnommen werden. Eine insofern verfassungskonforme Auslegung contra legem sei nicht zulässig[747]. Ihr stehe der Vorbehalt des Gesetzes entgegen[748]. Gerade im Strafrecht könnten rechtsstaatliche Garantien nicht aufgrund einer Güterabwägung eingeschränkt werden. Das Prinzip „Der Zweck heiligt die Mittel" dürfe im Strafprozess keine Anwendung finden, sonst könnte das im Ergebnis zu untragbaren Einschränkungen

---

743 BVerfG NJW 2001, 507 (508).
744 BVerfG MDR 1982, 635 (636).
745 Rotsch, Der Schutz der journalistischen Recherche im Strafprozessrecht, S.64.
746 Rotsch, Der Schutz der journalistischen Recherche im Strafprozessrecht, S.64.
747 Dunkhase, Das Pressegeheimnis, S.102.
748 Achenbach, in: Löffler, Presserecht, §23, Rdnr. 132.

von Grundrechten bis hin zur Rechtfertigung von Eingriffen in das Recht auf körperliche Unversehrtheit schwerer Straftäter führen. Der Beschlagnahmeschutz könne daher allenfalls in den Fällen entfallen, in denen es sich bei den Bekennerschreiben um producta et instrumenta sceleris handelt und der Schutz deshalb nach §97 V 2 i.V.m. II 3 StPO ohnehin entfalle. Das sei bei Bekennerschreiben regelmäßig der Fall, bei Bekenneranrufen jedoch zu verneinen[749].

Das Anfertigen und Versenden der terroristischen Bekennerschreiben oder in sonstiger Form verkörperten Erklärungen der Terroristen stellt eine nach §129 a StGB strafbare Betätigung in einer terroristischen Vereinigung dar. Die verkörperte Mitteilung ist daher durch eine Straftat hervorgebracht (producta sceleris). Gleichzeitig ist sie auch Tatmittel (instrumentum sceleris), da die öffentliche Propagierung der Ziele und Ansichten der terroristischen Vereinigung wesentlicher Teil der mitgliedschaftlichen Betätigung i.S.d. §129 a StGB ist[750]. Dieser Ansicht hat sich ein Großteil der Literatur angeschlossen und geht auf diesem Weg von der Zulässigkeit der Beschlagnahme von Bekennerschreiben aus[751].

Da Bekenneranrufe hingegen nicht von den Terroristen erstellt werden, sondern durch die Medienmitarbeiter aufgezeichnet werden, kann eine Strafverstrickung hinsichtlich der Tonbänder nicht angenommen werden und das Beschlagnahmeverbot bleibt nach dieser Ansicht bestehen. *Dunkhase* verweist jedoch darauf, dass es auch bei den Anrufen regelmäßig an einem Geheimhaltungsinteresse seitens der Medienangehörigen fehle, weswegen ohnehin mit einer Übergabe der Tonbänder durch die Medienmitarbeiter an die Strafverfolgungsbehörden zu rechnen sei[752].

Andere Vertreter in der Literatur sind jedoch der Ansicht, dass das Zeugnisverweigerungsrecht in den Fällen der terroristischen Bekennerschreiben generell restriktiv ausgelegt werden müsse[753]. Dabei wird darauf abgestellt, dass das

---

[749] Dunkhase, Das Pressegeheimnis, S.103.

[750] Rebmann, Beschlagnahme von terroristischen Bekennerschreiben, in: Festschrift für Gerd Pfeiffer 1988, 225 (236).

[751] Achenbach, in: Löffler, Presserecht, §23, Rdnr. 132.; Rudolphi, in: SKStPO, Band II, §97, Rdnr. 36; Großpietsch, Das Zeugnisverweigerungsrecht von Journalisten, S.72.

[752] Dunkhase, Das Pressegeheimnis, S.103.

[753] Rebmann, Beschlagnahme von terroristischen Bekennerschreiben, in: Festschrift für Gerd Pfeiffer 1988, 225 (234).

Bundesverfassungsgericht mehrfach festgestellt habe, dass der Gesetzgeber in den Normen der §§53, 97 StPO lediglich eine generalisierende Bestimmung darüber getroffen hat, wann dem Geheimhaltungsinteresse der Presse als Schutzgut des Art. 5 I GG typischerweise der Vorrang vor dem staatlichen Strafverfolgungsinteresse gebührt[754]. So wie es aber in Einzelfällen ein über diese gesetzliche Regelung hinausgehendes Zeugnisverweigerungsrecht unmittelbar aus Art 5 I GG geben müsse, so müsse es auch umgekehrt möglich sein, ein Zeugnisverweigerungsrecht zu versagen, wenn der Grundsatz der Verhältnismäßigkeit im Bezug auf das Rechtsstaatsgebot eine solche restriktive Auslegung verlangt[755]. In den Fällen der terroristischen Rechtfertigungsschreiben erfolge die Übergabe der Schreiben an die Medien gerade nicht in der Erwartung einer vertraulichen Behandlung, sondern mit der Zielsetzung einer Bekanntgabe[756]. Daher bestehe kein schutzwürdiges Vertrauensverhältnis zwischen der Presse und dem privaten Informanten, so dass der Schutz durch das Zeugnisverweigerungsrecht nicht erforderlich sei. Außerdem stelle das Bekennerschreiben regelmäßig ein unverzichtbares Beweismittel zur Ermittlung der Terroristen dar[757]. Daher überwiege das Strafverfolgungsinteresse das Geheimhaltungsinteresse der Presse.

VI. Stellungnahme

Auch wenn es auf den ersten Blick einleuchtend zu sein scheint, dass die Medien im Hinblick auf die ihnen übermittelten Bekennerschreiben kein Interesse daran haben, diese den Strafverfolgungsbehörden vorzuenthalten, ist genau das in der Vergangenheit bereits mehrfach vorgekommen[758]. Mit der Begründung, sich nicht zum verlängerten Arm der Staatsanwaltschaft machen zu wollen, hat z.B. die taz 1995 ein terroristisches Bekennerschreiben

[754] BVerfGE 64, 108 (119).

[755] Rebmann, Beschlagnahme von terroristischen Bekennerschreiben, in: Festschrift für Gerd Pfeiffer 1988, 225 (234).

[756] Schäfer, in: Löwe-Rosenberg, Die Strafprozessordnung, Band II, §97, Rdnr. 135

[757] Rebmann, Beschlagnahme von terroristischen Bekennerschreiben, in: Festschrift für Gerd Pfeiffer 1988, 225 (237).

[758] Rebmann, Beschlagnahme von terroristischen Bekennerschreiben, in: Festschrift für Gerd Pfeiffer 1988, 225 (225).

zurückgehalten[759]. Daher hat die Frage, ob die Bekennerschreiben beschlagnahmefrei sind oder nicht, durchaus eine praktische Bedeutung.

In den meisten Fällen der terroristischen Bekennerschreiben wird es sich tatsächlich um strafverstrickte Gegenstände handeln, weswegen der Beschlagnahmeschutz nach §97 V 2 i.V.m. II 3 StPO entfällt. Fraglich ist jedoch, ob das ausreicht, um der Diskussion die Relevanz zu entziehen. Würde man es bei dieser Feststellung belassen, so hätte das zur Konsequenz, dass die Frage, ob eine Beschlagnahmefreiheit besteht oder nicht, davon abhängt, welches Kommunikationsmittel der Terrorist verwendet. Bei Telefonanrufen, die von der Redaktion aufgezeichnet werden, Faxen, SMS, Emails und anderen Möglichkeiten der Zur-Verfügung-Stellung von Informationen über das Internet könnte eine Beschlagnahme der Aufzeichnungen in den Räumen der Redaktion wegen eines Verstoßes gegen §97 V StPO in keinem Fall stattfinden. Würde allerdings ein Brief oder Videoband geschickt, wäre eine Beschlagnahme aufgrund der Ausnahme für strafverstrickte Gegenstände möglich. Aufgrund der immer größeren Verbreitung moderner Kommunikationsmittel insbesondere durch die gesteigerte Nutzung des Internets ist eine solche Sachlage wenig zufriedenstellend.

Des Weiteren setzt man sich bei der Beschränkung auf diese rechtliche Lösung auch nicht mit der Frage auseinander, ob dem Medienangehörigen im Hinblick auf die Umstände der Übergabe des Schriftstücks oder im Hinblick auf über das Schreiben hinausgehende Informationen ein Zeugnisverweigerungsrecht zusteht.

Zwar stehen in diesem Zusammenhang regelmäßig schwere Straftaten im Raum, die unter den Katalog des §53 II StPO fallen, doch greift dieser Katalog von Delikten, bei denen eine Ausnahme vom sonst bestehenden Zeugnisverweigerungsrecht gemacht wird, nur im Bezug auf selbst erarbeitetes Material und gerade nicht hinsichtlich der Mitteilungen eines Informanten, wie sie in den hier in Frage stehenden Fällen regelmäßig vorliegen. Im Übrigen kommt in diesen

[759] Stengel, Briefe als Tatmittel, Der Journalist 10 / 1995, 44 (44).

Fällen die Rückausnahme des §53 II 2 StPO zum Tragen, weil es den Ermittlern bei einer Befragung des Medienangehörigen immer darum gehen wird, die Identität des Terroristen und somit des Informanten festzustellen.

Nach alledem wird offensichtlich, dass es in den vorliegenden Fällen um die grundsätzliche Frage geht, ob hinsichtlich terroristischer Bekenntnisse von dem bestehenden Zeugnisverweigerungsrecht und dem Beschlagnahmeverbot eine Ausnahme zu machen ist oder nicht. Der kurze Hinweis auf die angeblich regelmäßig vorliegende Strafverstrickung der Bekennerschreiben reicht entgegen der Ansicht einiger Vertreter in der Literatur[760] nicht aus, um diese Problematik zufriedenstellend zu lösen. Der wesentliche Unterschied zwischen einem Terroristen und einem anderen Informanten liegt nicht darin, dass der Terrorist den Medien eine Botschaft zum Zweck ihrer Veröffentlichung zukommen lässt und die Medien für eigene Ziele instrumentalisiert. Das werden im Zweifel viele Informanten tun.
Ein Politiker, der den Medien geheime Unterlagen zukommen lässt, um dem politischen Gegner zu schaden, übergibt diese Unterlagen ebenfalls mit dem Ziel der Veröffentlichung und um die Medien zu seinen Zwecken zu missbrauchen. Dennoch sind die Medien auf solche Informanten angewiesen und diese Informanten haben regelmäßig ein schutzwürdiges Vertrauen zu den Medien im Hinblick auf die Wahrung ihrer Anonymität.

Der Unterschied zwischen Terroristen, die ein Bekenntnis abgeben, und anderen Informanten liegt vielmehr darin, dass bei Terroristen nicht davon ausgegangen werden kann, dass sie den Medien die Informationen auf Grundlage eines besonderen Vertrauensverhältnisses zukommen lassen. Sie geben die Informationen weiter, weil es sich dabei um einen notwendigen Teil ihrer ideologischen Betätigung handelt. Es ist daher nicht davon auszugehen, dass sie ihre Bekenntnisse nicht mehr übergeben würden, nur weil diese durch die Medien für kriminaltechnische Untersuchungen zur Verfügung gestellt werden. Von dem Bestehen eines schutzwürdigen Vertrauensverhältnisses

[760] z.B. Achenbach, in: Löffler, Presserecht, §23, Rdnr. 132; Meyer-Goßner, Strafprozessordnung, §97, Rdnr.23.

zwischen Terroristen und den Medien kann daher nicht ausgegangen werden. Die einzige Konsequenz aus der Weitergabe der Bekenntnisse an die Strafverfolgungsbehörden würde vermutlich darin liegen, dass sich die Täter noch mehr als bisher bemühen, keine ermittelbaren Spuren zu hinterlassen. Das wirkt sich auf die Pressefreiheit aber nicht negativ aus.
Auch die Gefahr eines grundsätzlichen Vertrauens- oder Ansehensverlustes der Medien bei anderen Informanten durch eine Herausgabe der mit den Bekennerschreiben zusammenhängenden Informationen ist als gering anzusehen. Das ergibt sich daraus, dass die besondere Gefährlichkeit der Täter und der erhebliche Schweregrad der verübten Taten für jeden offensichtlich sind. Auch die Allgemeinheit hat in diesen Fällen regelmäßig ein gesteigertes Interesse an der Ausschöpfung aller denkbaren Ermittlungsmöglichkeiten. Das Strafverfolgungsinteresse ist sehr hoch. Hinzu kommt der besondere kriminalistische Wert der terroristischen Bekenntnisse. Sie können Anhaltspunkte für das Auffinden von Terroristen geben, die mit ihren Handlungen regelmäßig eine Vielzahl von Menschen bedrohen und das Sicherheitsgefühl der Allgemeinheit schwer erschüttern. Daher ist es richtig, in diesen Fällen davon auszugehen, dass das Strafverfolgungsinteresse ein höheres Gewicht hat als die von einer Beschlagnahme der entsprechenden Mitteilungen betroffene Pressefreiheit.

Trotz dieser grundsätzlichen Erkenntnis stellt sich jedoch die Frage, ob auf Grundlage der bestehenden Gesetzessituation von einem Wegfall des Zeugnisverweigerungsrechts und des Beschlagnahmeverbots hinsichtlich terroristischer Bekenntnisse ausgegangen werden kann.

Wie bereits dargelegt, sind die terroristischen Bekenntnisse vom Zeugnisverweigerungsrecht und dem damit korrespondierenden Beschlagnahmeverbot grundsätzlich erfasst. Der Einwand, dass es als problematisch anzusehen ist, das bestehende Recht aufgrund verfassungsrechtlicher Erwägungen einzuschränken, ist nicht unberechtigt. Zwar hat der Gesetzgeber mit der Regelung des Zeugnisverweigerungsrechts und des Beschlagnahmeverbots lediglich eine generalisierende Regelung treffen wollen, wann typischerweise die Pressefreiheit dem Strafverfolgungsinteresse vorzugehen habe, doch besagt diese

Feststellung zunächst einmal nur, dass noch weitere Fälle denkbar sind, in denen die Pressefreiheit dem Strafverfolgungsinteresse vorzugehen hat. Fraglich bleibt jedoch, ob es auch möglich ist, mit dieser Erklärung die Rechte der Medien aufgrund verfassungsrechtlicher Erwägungen einzuschränken.

Das Grundrecht der Medienfreiheit steht unter Gesetzesvorbehalt. Die entsprechende gesetzliche Grundlage, die diese Schranke ausfüllt, findet sich in §70 StPO, der jedoch seinerseits im Hinblick auf die Bedeutung des Grundrechts durch §53 I Nr. 5 StPO eingeschränkt wird. Den sich daraus ergebenden Umfang des Medienprivilegs ohne ausdrückliche gesetzliche Grundlage weiter einzuschränken ist verfassungsrechtlich nur dann tragbar, wenn man im Wege einer verfassungskonformen Auslegung ohne eine Änderung des Wortlauts zu dem Ergebnis gelangen könnte, dass das Zeugnisverweigerungsrecht in den Fällen der Bekennerschreiben entfällt.

Dagegen wurde zunächst vorgebracht, dass eine Einschränkung von (Grund-)Rechten im Wege der Analogie oder aufgrund einer Güterabwägung im Strafrecht und auch im Strafverfahrensrecht nicht zulässig sei, weil dies im Ergebnis zu einem Wegfall jeglicher Rechte schwerer Straftäter führen könne[761]. Dem ist zuzustimmen, so weit es um Beschuldigtenrechte geht. Denn die Rechte des Beschuldigten im Strafverfahren dienen regelmäßig dazu zu verhindern, dass er zum bloßen Objekt der Strafverfolgung gemacht wird. Es geht also darum, dem Beschuldigten, der bei der Strafverfolgung in vielen gewichtigen Grundrechten bis hin zu seiner persönlichen Freiheit stark beschnitten wird, die Menschenwürde und das Recht auf körperliche Unversehrtheit zu bewahren. Diese Grenzen dürfen durch das Strafverfahren nicht überschritten werden, damit weiterhin von einem rechtsstaatlichen Verfahren ausgegangen werden kann. Sie sind in jedem Fall einzuhalten, ohne dass es einer gesonderten Abwägung zu dem staatlichen Strafverfolgungsinteresse bedarf oder Platz für eine solche Abwägung ist.

[761] Dunkhase, Das Pressegeheimnis, S. 102 f.

Im Zusammenhang mit Zeugenrechten ist die Situation jedoch regelmäßig eine andere. In diesem Zusammenhang geht es nicht um die Menschenwürde und die Rechte auf körperliche Unversehrtheit. Die Gesetze zum Schutz der Zeugen sind das Ergebnis einer generalisierten Abwägung zwischen den Rechten des Zeugen und dem staatlichen Strafverfolgungsinteresse. Es handelt sich immer um eine Befreiung von den grundsätzlich bestehenden Zeugenpflichten aufgrund einer Abwägung für bestimmte typisierte Fälle. Daran sieht man bereits, dass die Grenzen dieser Rechte weniger absolut sind als die Grenzen der Beschuldigtenrechte.

Das zeigt sich auch bei verschiedenen Auslegungen der Gesetze, die mittlerweile anerkannt sind, wie z.B. die Auslegung des §252 StPO. Dieser enthält nach herrschender Meinung ein umfassendes Verwertungsverbot, das aber nicht für den Fall gilt, in dem eine richterliche Vernehmung mit ordnungsgemäßer Belehrung stattgefunden hat[762]. Diese Ausnahme ergibt sich nicht aus dem Gesetz. Dennoch wird sie kaum noch angezweifelt. Eine generalisierte gesetzgeberische Abwägung kann nicht alle Einzelfälle erfassen und muss daher immer anhand der sich gegenüber stehenden verfassungsrechtlichen Rechte überprüft werden können.

Soweit es um Beschuldigtenrechte und das darin enthaltene Recht geht, nicht zum Objekt eines staatlichen Verfahrens gemacht zu werden, ist eine Abwägung nicht denkbar. Im Gegensatz dazu ist eine solche im Rahmen der Zeugenrechte jedoch grundsätzlich möglich.
Eine verfassungskonforme Auslegung muss jedoch immer die vom Gesetzgeber vorgegebenen Grenzen des Wortlauts einhalten. Nur soweit dieser eine bestimmte Auslegung zulässt, ist eine solche auch möglich.

Der Wortlaut des §53 StPO lässt insofern jedoch keine Spielräume. Es handelt sich bei den terroristischen Bekenntnissen um „gemachte Mitteilungen", deren Vertraulichkeit nach §53 I Nr. 5 StPO umfassend und ausnahmslos geschützt

[762] Martis in: Anwaltkommentar StPO, §252, Rdnr. 9; Gollwitzer, in: Löwe-Rosenberg, Die Strafprozessordnung, Band II, §252, Rdnr. 18.

wird. Einem Eingriff in diesen Schutz aufgrund verfassungsrechtlicher Erwägungen steht die Wortlautgrenze entgegen. Im Gegensatz zu den Fällen, in denen ein Zeugnisverweigerungsrecht unmittelbar aus Art 5 I GG hergeleitet wird, indem auf die Auslegung des insofern offenen Wortlauts des § 70 StPO abgestellt wird, steht ein solcher offener, auslegungsfähiger Wortlaut in der vorliegenden Frage nicht zur Verfügung. Der Wortlaut des §53 I Nr. 5 StPO ist in dieser Frage eindeutig und abschließend.

Daher ist eine gesetzgeberische Klarstellung in diesem Zusammenhang wünschenswert. Eine solche könnte sich bereits daraus ergeben, dass der Ausnahmekatalog hinsichtlich schwerer Straftaten aus §53 II StPO auf die Fälle der Drittmitteilungen erstreckt wird. Damit würde dem gesteigerten Strafverfolgungsinteresse in den Fällen der Bekenntnisse zu schweren Straftaten Rechnung getragen.

Dritter Abschnitt: aktuelle Diskussion

Die aktuelle Diskussion um die Rechte der Medien und die Frage, ob die Medienfreiheit in der Praxis durch die Strafverfolgungsbehörden und die Gerichte in ausreichendem Maße berücksichtigt wird, ist aufgrund jüngster Ereignisse neu angefacht worden. Daher soll im Folgenden der Fall einer Durchsuchung der Redaktion des Magazins „Cicero" im September 2005 näher beleuchtet werden. Darüber hinaus wird die aktuelle Diskussion auch von den vorliegenden Gesetzesentwürfen beeinflusst, die im Hinblick auf die aus der bisherigen Arbeit gewonnenen Erkenntnisse kritisch zu würdigen sind.

Erstes Kapitel: Der Cicero-Fall

Dem Fall liegen strafprozessuale Maßnahmen zu Grunde, die durch das Amtsgericht Potsdam Ende August 2005 angeordnet wurden. Nach Durchlaufen des Instanzenzuges im Hinblick auf die Frage der Rechtmäßigkeit dieses Beschlusses hat der Chefredakteur des von den Maßnahmen betroffenen Magazins Verfassungsbeschwerde erhoben, der das Bundesverfassungsgericht am 27. Februar 2007 stattgab.

A. Sachverhaltsdarstellung[763]

Die Zeitschrift *Cicero* ist ein im Raum Potsdam erscheinendes Politmagazin. Dieses veröffentlichte in seiner Ausgabe für April 2005 einen Artikel, verfasst von dem freien Journalisten *Bruno Schirra*, über den Terroristen Abu Moussab Al Zarqawi[764]. In dem Artikel wurde detailliert aus einem Auswertungsbericht des BKA von September 2004 zitiert und auf diesen Bericht Bezug genommen.

Dabei wies der Autor des Artikels zunächst darauf hin, dass auf jeder Seite des von ihm zitierten Berichts der Vermerk „*VS – nur für den Dienstgebrauch. Nicht gerichtsverwertbar – nur für die Handakte*" angebracht war. Der Artikel zählte Details wie z.B. die vom Bundesnachrichtendienst überwachten

[763] Vgl. den ausführlichen Tatbestand der Entscheidung: BVerfG, 1 BvR 538/06 vom 27.02.2007.

[764] Schirra, Der gefährlichste Mann der Welt, Cicero Heft April 2005.

Telefonnummern Al Zarqawis[765], die von ihm verwendeten Namen und die Aktivitäten seiner Anhänger auf. Es wurde deutlich gemacht, wie das Bundeskriminalamt den Terroristen Zarqawi einschätzte[766], und auch, über welche diesbezüglichen Erkenntnisse ausländische Nachrichtendienste verfügten[767]. In der Folgezeit versuchten die Strafverfolgungsbehörden zunächst innerhalb des BKA zu ermitteln, auf welchen Wegen der vertrauliche Bericht an den Autor des Artikels gelangt sein konnte. Im Juni 2005 erstattete das BKA Strafanzeige gegen unbekannt wegen Verdachts einer Verletzung des Dienstgeheimnisses nach §353 b StGB[768]. Die Ermächtigung zur Strafverfolgung nach §353 b IV StGB hatte das Bundesministerium des Inneren erteilt. Nach den Erkenntnissen des Bundeskriminalamts lag dem Journalist *Schirra* ein Entwurf des Berichts in elektronischer Form vor, zu dem 192 Mitarbeiter des Bundeskriminalamts Zugang gehabt hatten.

Gegen den Journalisten *Schirra* und den Chefredakteur des Magazins *Cicero*, *Wolfram Weimer*, leitete die Staatsanwaltschaft Potsdam Ende August 2005 ein Ermittlungsverfahren wegen Beihilfe zur Verletzung des Dienstgeheimnisses gem. §§353 b, 27 StGB ein.

Am selben Tag erließ das Amtsgericht Potsdam auf Antrag der Staatsanwaltschaft einen Beschluss, in dem die Durchsuchung der Redaktionsräume der Zeitschrift *Cicero* und der Wohnung von *Schirra* in Berlin sowie die Beschlagnahme eventuell gefundener Beweismittel angeordnet wurde. Die Anordnung bezog sich dabei u.a. auf „*Notizen und schriftliche Aufzeichnungen über Kontakte des Beschuldigten S. zu Mitarbeitern des Bundeskriminalamts,*

[765] „Die Kommunikation läuft über Mittelsmänner und per Telefon. Mit in der Leitung: der deutsche Bundesnachrichtendienst, der Zarqawis schweizer Satellitentelefon mit der Nummer 0041-793686306 ebenso überwacht wie dessen iranische Mobiltelefone mit der Nummer 0098-9135153994 und 0098-218757638."

[766] „ „Nach hiesiger Einschätzung wird al Zarqawi als Führer eines eigenständigen, autonom arbeitenden terroristischen Netzwerkes gesehen", so die deutsche Analyse."

[767] „Was deutsche Sicherheitsbehörden unter der Hand bestätigen, ist auch für ihre jordanischen Kollegen der Grund, warum Zarqawi so erfolgreich war." [...] „Wie weit Zarqawis Versuche tatsächlich gediehen sind, in Europa Terroranschläge mit chemischen Kampfstoffen zu begehen, wissen die europäischen Dienste nicht genau."

[768] BVerfG, 1 BvR 538/06 vom 27.02.2007, Absatz Nr. 3.

aus denen sich ergibt, aus welcher Quelle er den o.g. Auswertungsbericht bzw. die entsprechende Datei erhalten hat"[769].

Begründet wurde der Beschluss unter anderem damit, dass der Bericht, der ausdrücklich als Verschlusssache gekennzeichnet gewesen sei, dem Beschuldigten *Schirra* von bis dahin nicht ermittelten Beamten des Bundeskriminalamts übergeben worden sei. Insbesondere aufgrund der Offenlegungen von Erkenntnissen ausländischer Kriminalämter habe das Bundeskriminalamt mit erheblichen Vertrauenseinbußen zu rechnen, die sich mit hoher Wahrscheinlichkeit negativ auf eine zukünftige Zusammenarbeit zwischen den Kriminalämtern der verschiedenen Länder auswirken werde. Bereits durch die Weitergabe des vertraulichen Berichts an die Medien hätten die Mitarbeiter des Bundeskriminalamts sich der Verletzung des Dienstgeheimnisses gem. §353 b StGB schuldig gemacht. Durch die Veröffentlichung des Geheimnisses hätten sich der Beschuldigte *Schirra* als Autor des Artikels und der Chefredakteur als die für eine Veröffentlichung der Informationen verantwortliche Person der Beihilfe zur Verletzung des Dienstgeheimnisses schuldig gemacht.

Die Durchsuchung der Redaktionsräume und der Privaträume von *Bruno Schirra* sollte am 12. September 2005 durchgeführt werden. Von einer Durchsuchung der Redaktionsräume wurde jedoch abgesehen, nachdem der Chefredakteur der Zeitschrift die gewünschten Datenträger freiwillig herausgab. In diesem Zusammenhang kopierten die Ermittler die vollständige Festplatte eines Computers aus der Redaktion.

Aus der Journalistenwohnung, die von LKA- und BKA-Beamten durchsucht wurde, nahmen die Ermittler 12 Kisten mit Unterlagen mit[770]. Darunter befanden sich einige Zufallsfunde, die für das laufende Verfahren keine Bedeutung hatten[771]. Sie wurden als mögliche Beweismittel sichergestellt. Nach Durchsicht der Unterlagen gab die Staatsanwaltschaft einige Dokumente wieder

[769] BVerfG, 1 BvR 538/06 vom 27.02.2007, Absatz Nr. 8.
[770] Schmidt-De Caluwe, Pressefreiheit und Beihilfe zum Geheimnisverrat, NVwZ 2007, 640 (641).
[771] LG Potsdam NJ 2006, 225 (225).

frei und beantragte hinsichtlich der übrigen Unterlagen die gerichtliche Beschlagnahme. Mit Beschluss vom 11. November 2005 bestätigte das Amtsgericht Potsdam die Beschlagnahme der Unterlagen richterlich. Die Beschwerde des Beschuldigten *Schirra* gegen den Durchsuchungs- und Beschlagnahmebeschluss des Amtsgerichts Potsdam vom 31. August 2005 hat das Landgericht Potsdam am 27. Januar 2006 als unbegründet verworfen.

Im Anschluss an die Beschlagnahme in den Redaktionsräumen legte der Chefredakteur *Weimer* beim Landgericht Potsdam gegen den Beschluss vom 31. August 2007 ebenfalls Beschwerde ein, die jedoch vom Landgericht am 27. Januar 2006 verworfen wurde[772]. Das Landgericht führte zur Begründung unter anderem aus, dass gegen beide Beschuldigte ein begründeter Anfangsverdacht wegen Beihilfe zur Verletzung des Dienstgeheimnisses bestehe. Danach stehe §97 V StPO der Beschlagnahme nicht mehr entgegen, denn diese Vorschrift sei auf Beschuldigte nicht anwendbar[773]. Die angeordneten Maßnahmen seien auch nicht unverhältnismäßig gewesen, da aufgrund der Veröffentlichung erheblicher und für die Bundesrepublik sicherheitsrelevanter Geheimnisse eine besonders schwer wiegende Verletzung des Dienstgeheimnisses vorgelegen habe. Unter diesen Voraussetzungen überwiege das staatliche Interesse an der Durchführung der Ermittlungshandlung und gehe dem Grundrecht der Pressefreiheit vor.

Im Laufe der weiteren Ermittlungen wurde bekannt, dass der Journalist *Schirra* den Bericht von dem Auslandschef der Schweizer Zeitung *Sonntagsblick* erhalten haben soll[774]. Daher wurde gegen beide Journalisten Anklage wegen Beihilfe zur Verletzung von Dienstgeheimnissen erhoben. Das Landgericht lehnte jedoch die Eröffnung des Hauptverfahrens ab, da ein hinreichender Tatverdacht aus tatsächlichen Gründen nicht bestehe[775]. Im Nachhinein soll sich herausgestellt haben, dass bereits 2004 in einem Buch des französischen Journalisten *Jean-Charles Brisard* aus dem BKA-Bericht zitiert wurde[776].

---

772 BVerfG, 1 BvR 538/06 vom 27.02.2007, Absatz Nr. 16.

773 BVerfG, 1 BvR 538/06 vom 27.02.2007, Absatz Nr. 18.

774 Schmidt-De Caluwe, Pressefreiheit und Beihilfe zum Geheimnisverrat, NVwZ 2007, 640 (641).

775 LG Potsdam AfP 2006, 396 (396); Brandenburgisches Oberlandesgericht AfP 2006, 484 (485); BVerfG, 1 BvR 538/06 vom 27.02.2007, Absatz Nr. 22.

B. Die Entscheidung des BVerfG vom 27.02.2007[777]

Die Verfassungsbeschwerde wurde von dem Chefredakteur der Zeitschrift *Cicero* eingelegt. Er rügte auf diesem Weg die Verletzung seiner Grundrechte aus Art 5 I 2 GG und Art. 19 IV GG.

In seiner Begründung führte er aus, dass §353 b StGB im Lichte des Art 5 I 2 GG dahingehend auszulegen sei, dass sich Journalisten nicht wegen Beihilfe zur Verletzung des Dienstgeheimnisses strafbar machten, wenn sie ihnen offenbarte Dienstgeheimnisse offen legen. Weiterhin sei mit der Durchsuchung in erster Linie bezweckt worden, die Person des Haupttäters, d.h. eines Informanten, zu ermitteln, und nicht, Beweismittel gegen die Medienangehörigen in dem gegen sie geführten Ermittlungsverfahren sicherzustellen. Zu diesem Zweck, der Ermittlung der Person des Informanten, seien die vorgenommenen Maßnahmen aber offensichtlich ungeeignet gewesen. Es habe sich bei dem Journalisten, der den Artikel geschrieben hat, um einen freien Mitarbeiter gehandelt. Von solchen erwerbe die Redaktion immer nur den Artikel als fertiges Endprodukt, ohne Quellen und Hintergrundmaterialien zur Verfügung gestellt zu bekommen. Daher habe man dieses in der Redaktion ohnehin nicht sicherstellen können. Im Übrigen sei die Auffassung nicht vertretbar, dass §97 V StPO nicht zur Anwendung käme, wenn die Journalisten selbst Beschuldigte sind.

Das Bundesverfassungsgericht gab der Verfassungsbeschwerde am 27. Februar 2007 statt. In seiner Urteilsbegründung ging das Gericht davon aus, dass die Anordnung der Durchsuchung der Redaktion und die Beschlagnahme der dort gefundenen Beweismittel einen nicht gerechtfertigten Eingriff in die Pressefreiheit darstellte. Dabei wurde zunächst allgemein darauf abgestellt, dass eine Durchsuchung eine Störung der redaktionellen Arbeit und die Möglichkeit einer einschüchternden Wirkung mit sich bringe. Auch könnten sich potentielle Informanten durch die Maßnahme davon abgehalten fühlen, der Zeitschrift Informationen zukommen zu lassen. Weiterhin stelle der staatliche Eingriff eine

[776] Schmidt-De Caluwe, Pressefreiheit und Beihilfe zum Geheimnisverrat, NVwZ 2007, 640 (642).

[777] BVerfG, 1 BvR 538/06 vom 27.02.2007.

Verletzung des Redaktionsgeheimnisses dar, da den Ermittlungsbehörden dadurch die Möglichkeit des Zugangs zu redaktionellem Datenmaterial eröffnet worden sei[778].

Allerdings sei die Strafbarkeit der Medienangehörigen gem. §§253 b, 27 StGB für sich genommen kein Verstoß gegen die Pressefreiheit, da es sich bei den Strafvorschriften um Allgemeine Gesetze handele. Art. 5 I GG stehe unter dem Vorbehalt der allgemeinen Gesetze, auch wenn bei der Auslegung dieser Gesetze der Bedeutung des Grundrechts Rechnung zu tragen sei. Weiterhin sei es richtig, dass das Landgericht davon ausgegangen ist, dass §97 V StPO auf Beschuldigte keine Anwendung findet. Dies entspreche der herrschenden Meinung in Rechtsprechung und Literatur und sei verfassungsrechtlich nicht zu beanstanden.

Das Bundesverfassungsgericht ging davon aus, dass der der gerichtlichen Anordnung zu Grunde liegende Tatverdacht gegen den Chefredakteur des Magazins unter Berücksichtigung des Grundrechts der Pressefreiheit nicht ausreichend gewesen ist, um die auf §§102, 94 StPO gegründeten Maßnahmen zu rechtfertigen. Dabei ließ es die Frage, ob die Veröffentlichung des Dienstgeheimnisses überhaupt als Beihilfe zum Geheimnisverrat nach §353 b StGB angesehen werden kann, ausdrücklich offen[779].

Es stellte vielmehr darauf ab, dass ausreichende Hinweise für das Vorliegen der Haupttat fehlten, weil nicht gesichert sei, dass eine unzulässige vorsätzliche Offenbarung des Berichts stattgefunden habe. Nur wenn ein Geheimnisträger den Bericht zum Zwecke seiner Veröffentlichung bewusst an die Medien geleitet hat, lägen überhaupt die Voraussetzungen einer beihilfefähigen Haupttat vor. Um dies feststellen zu können, habe es aber an spezifischen tatsächlichen Anhaltspunkten gefehlt[780]. Gem. §102 und §94 StPO könne eine Durchsuchung und Beschlagnahme zwar angeordnet werden, um die dem Journalisten als

---

778 BVerfG, 1 BvR 538/06 vom 27.02.2007, Absatz Nr. 44.

779 BVerfG, 1 BvR 538/06 vom 27.02.2007, Absatz Nr. 54.

780 BVerfG, 1 BvR 538/06 vom 27.02.2007, Absatz Nr. 62.

Beschuldigten zur Last gelegte Straftat aufzuklären, nicht aber zu dem vorrangigen oder ausschließlichen Zweck, Verdachtsgründe gegen den Informanten zu finden. Darin liege anderenfalls ein Unterlaufen des von der Pressefreiheit umfassten Informantenschutzes. So liege der Sachverhalt aber hier. Aus dem Wortlaut des Beschlusses des Amtsgerichts Potsdam ergebe sich, dass es keine hinreichenden Anhaltspunkte für die erforderliche Haupttat gegeben habe. Die Durchsuchung habe vorwiegend die Ermittlung des mutmaßlichen Informanten aus den Reihen des Bundeskriminalamtes ermöglichen sollen, weil alle bisherigen Ermittlungen in dieser Hinsicht erfolglos geblieben waren[781].

C. Diskussion in der Literatur

Die Entscheidung des Bundesverfassungsgerichts hat überwiegend Zustimmung gefunden[782].

Dennoch wird die Bedeutung der Aussagen des Gerichts in dieser Entscheidung von der Literatur unterschiedlich bewertet.

Die Medien selbst werten die Entscheidung grundsätzlich als Erfolg und als Stärkung der Pressefreiheit[783]. Sie betonen auf Grundlage dieses Urteils aber auch erneut ihre Forderung, die Strafbarkeit von Journalisten wegen Beihilfe zum Geheimnisverrat grundsätzlich auszuschließen[784]. Denn letztlich habe das Bundesverfassungsgericht in dieser Entscheidung lediglich seine bisherige Rechtsprechung bestätigt und bekräftigt[785].

Das Bundesverfassungsgericht hat sich nicht gegen eine Strafbarkeit der Medienangehörigen gem. §§353b, 27 StGB ausgesprochen, sondern ist von einem Bestehen der Strafbarkeit bei Vorliegen ausreichender tatsächlicher Anhaltspunkte ausgegangen. In diesem Punkt hat die Entscheidung vielfach Kritik geerntet.

---

781 BVerfG, 1 BvR 538/06 vom 27.02.2007, Absatz Nr. 65.

782 Kaiser, Risiken und Nebenwirkungen, Journalist 4 / 2007, S. 30 (30).

783 Pöppelmann, Das Urteil muss Konsequenzen haben, Journalist 4 / 2007, S. 31 (31).

784 Kaiser, Risiken und Nebenwirkungen, Journalist 4 / 2007, S. 30 (32).

785 Jutzi, Durchsuchung und Beschlagnahme bei Presseunternehmen, NJW 2007, 217 (219).

So betont *Schmidt-De Caluwe*, die Medien könnten ihre Wächterfunktion nur ausüben, wenn sie sich nicht nur auf offizielle Informationen der öffentlichen Organe verlassen, sondern auch Tatsachen recherchieren, auswerten und veröffentlichen, die Regierung und Behörden als „geheim" einstufen[786]. Deshalb sei es falsch gewesen, dass sich das Bundesverfassungsgericht in seiner Entscheidung ausschließlich auf die prozessuale Situation konzentriert und zur materiell-rechtlichen Situation gar nicht Stellung genommen habe. In der Entscheidung selbst habe das Gericht lediglich darauf hingewiesen, dass es aufgrund der Bedeutung der Pressefreiheit erforderlich sei, dass übereilte, auf keiner ausreichenden Tatsachenbasis beruhende Maßnahmen der Strafverfolgungsorgane unterbunden werden. Darin liege jedoch keine neue Erkenntnis, sondern die Anwendung des Verhätnismäßigkeitsgrundsatzes[787].

Im Ergebnis sehen daher einige Vertreter der Medien den Gesetzgeber erneut in der Pflicht zu handeln und die Pressefreiheit zu stärken, indem er dieses „Schlupfloch" der Strafverfolgungsbehörden schließt[788].

Jutzi versäumt es in seinem Beitrag nicht, trotz grundsätzlicher Zustimmung hinsichtlich der Grundsätze der Entscheidung auch eine gewisse Kritik an der Berichterstattung der Medien allgemein und des Magazins *Cicero* im konkreten Fall anklingen zu lassen[789]. Danach seien die detaillierten Zitate aus dem Bericht des BKA teilweise allenfalls für die des Terrors Verdächtigen selbst, nicht jedoch für die Öffentlichkeit von Interesse gewesen. Die Tatsache, dass Politik und Gesellschaft die Medien gegenwärtig als übermächtig und unangemessen empfänden, sei nicht unbegründet, auch wenn dies an der Richtigkeit der Cicero-Entscheidung im Bezug auf die Rechtswidrigkeit des Grundrechtseingriffs nichts ändere.

---

[786] Schmidt-De Caluwe, Pressefreiheit und Beihilfe zum Geheimnisverrat, NVwZ 2007, 640 (642).
[787] Jutzi, Durchsuchung und Beschlagnahme bei Presseunternehmen, NJ 2007, 217 (219).
[788] Pöppelmann, Das Urteil muss Konsequenzen haben, Journalist 4 / 2007, 31 (31).
[789] Jutzi, Durchsuchung und Beschlagnahme bei Presseunternehmen, NJ 2007, 217 (219).

D. Stellungnahme

Die Kritik an der Entscheidung ist berechtigt. Das Bundesverfassungsgericht hat die Frage, auf deren Entscheidung die Betroffenen gewartet haben, umgangen und letztlich nicht eindeutig Stellung bezogen. Nach dem zugrunde liegenden Sachverhalt schien zunächst alles auf die Frage hinauszulaufen, ob eine Strafbarkeit wegen sukzessiver Beihilfe an §353 b StGB überhaupt möglich ist, und wenn dem so ist, welche Aspekte im Rahmen der Verhältnismäßigkeitsprüfung zu berücksichtigen sind. Dazu jedoch hat das Bundesverfassungsgericht keine eindeutige Stellungnahme abgegeben. Diese Fragen wurden vielmehr offen gelassen.

Stattdessen wurden Grundsätze betont, die bereits bekannt waren. Eine Erweiterung im Sinne der Medienfreiheit hat nicht stattgefunden. Dass Strafverfolgungsmaßnahmen unter Berufung auf die Beschuldigteneigenschaft von Medienangehörigen nur zum Zweck ihrer Überführung und nicht mit dem primären Ziel der Aufdeckung des Informanten durchgeführt werden dürfen, ist keine neue Erkenntnis. Vielmehr wurde bereits 1966 im Rahmen der *Spiegel*-Entscheidung durch das Bundesverfassungsgericht betont, dass genau diese Form der Umgehung der Medienrechte unzulässig ist[790]. Daher ist es zwar bedauerlich, dass die Gerichte diese Grundsätze offenbar noch immer nicht hinreichend berücksichtigen; die Grundsätze selbst sind jedoch nicht neu. Auch die Tatsache, dass Medienangehörige nicht von jeder Strafbarkeit frei gestellt sind, sondern den Strafvorschriften wie jeder andere Bürger unterworfen sind, wurde nicht zum ersten Mal betont[791]. Die Entscheidung bringt also keine neuen Erkenntnisse und ist daher auch kein eindeutiges Signal für oder gegen die Pressefreiheit.

Die in diesem Zusammenhang streitigen Fragen wurden einer abschließenden Klärung nicht näher gebracht. Das gilt auch für die Voraussetzungen, unter denen die einstweilige Beschlagnahme von Zufallsfunden zulässig sein soll. Dadurch, dass lediglich der Chefredakteur und nicht der Journalist, bei dem die

---

[790] BVerfGE 20, 162 (192).

[791] Rose, Grenzen der journalistischen Recherche im Strafrecht und Strafverfahrensrecht, S. 50.

zwölf Kisten Recherchematerial beschlagnahmt wurden, Verfassungsbeschwerde eingelegt hat, sah sich das Gericht nicht veranlasst, zu diesem Themenkomplex Stellung zu beziehen.

Die Entscheidung des Bundesverfassungsgerichts war demnach zwar geeignet, die Diskussion um mögliche Gesetzesänderungen neu anzuheizen und das Problemfeld des Spannungsverhältnisses zwischen Pressefreiheit und Strafverfolgung in Erinnerung zu rufen, wie aber die neue Gesetzeslage aussehen sollte, hat das Gericht nicht deutlich gemacht. Insofern ist die Situation mit der im Jahre 2002 durchaus vergleichbar. Die neuen Gesetzesvorschläge von *FDP*[792] und der Fraktion *Bündnis 90 / Die Grünen*[793] berufen sich auf den Cicero-Fall, um die Notwendigkeit einer Gesetzesänderung darzulegen. Da das Bundesverfassungsgericht sich in der Entscheidung über die gegenwärtige Gesetzeslage jedoch gar nicht negativ geäußert hat, könnte man die Entscheidung genauso als Argument gegen die Notwendigkeit einer erneuten Gesetzesänderung anführen. Letztlich muss eingestanden werden, dass die Entscheidung weder für noch gegen eine Gesetzesänderung spricht und es Sache des Gesetzgebers ist zu entscheiden, ob die gegenwärtige Gesetzessituation geeignet ist, die Probleme der praktischen Konkordanz zwischen Pressefreiheit und Strafverfolgungsinteresse zufriedenstellend zu lösen oder nicht.

Nach den bisherigen Erkenntnissen dieser Arbeit ist von einem gesetzgeberischen Handlungsbedarf auszugehen, der im Folgenden näher konkretisiert wird.

---

[792] BT-Drucksache 16/956.

[793] BT-Drucksache 16/576.

Zweites Kapitel: Erneuter Reformbedarf

Trotz der Tatsache, dass die Gesetzesänderung von 2002 den Anwendungsbereich des Zeugnisverweigerungsrechts und des Beschlagnahmeverbots sowohl in Fragen des personalen Anwendungsbereichs als auch hinsichtlich des geschützten Materials wesentlich erweitert hat, halten die Diskussionen über diese Vorschriften an. Gestärkt durch Maßnahmen wie die Durchsuchung in den Redaktionsräumen des Magazins *Cicero* werden erneute Änderungen der gesetzlichen Vorschriften gefordert.

In Anbetracht der Ergebnisse dieser Arbeit ist die Forderung nach erneuten Änderungen als berechtigt anzusehen. Im Folgenden werden daher die bereits bestehenden Gesetzesinitiativen erläutert und letztlich ein eigener Vorschlag präsentiert.

A. Gesetzesentwürfe der Opposition

Im Jahr 2006 wurden zu den im Rahmen dieser Arbeit erörterten Fragen drei Gesetzesentwürfe in den Deutschen Bundestag eingebracht. Die folgende Darstellung beschränkt sich auf den Entwurf der Fraktion *Bündnis 90 / Die Grünen* und den Vorschlag der *FDP*. Der Entwurf des Landes Baden-Württemberg enthält hinsichtlich der Regelung des §98 StPO den gleichen Vorschlag wie der Entwurf der Fraktion der *FDP*. Die weiteren vorgeschlagenen Änderungen des Landes beziehen sich auf §100 h StPO, der nicht Gegenstand dieser Arbeit ist. Daher wird auf die Darstellung dieses Gesetzesentwurfes verzichtet.

I. Entwurf der Fraktion Bündnis 90 / Die Grünen

Die Abgeordneten *Montag, Ströbele, Wieland, Beck, Bettin, Lazar, Stokar von Neuforn* und die Fraktion *Bündnis 90 / Die Grünen* legten im Februar 2006 den „*Entwurf eines Gesetzes zum Schutz von Journalisten und der Pressefreiheit in Straf- und Strafprozessrecht*“ vor[794].

[794] BT-Drucksache 16/576.

1. Änderungsvorschläge des vorgelegten Entwurfs

Der Entwurf sieht hinsichtlich der in dieser Arbeit relevanten Punkte folgende Änderungen vor:

„Änderung des Strafgesetzbuches

[...]

1. Nach §353 b Abs.4 wird der folgende Absatz 5 eingefügt:

„(5) Wer bei der Vorbereitung, Herstellung oder Verbreitung von Druckwerken, Rundfunksendungen, Filmberichten oder der Unterrichtung oder Meinungsbildung dienenden Informations- und Kommunikationsdiensten berufsmäßig mitwirkt oder mitgewirkt hat und dabei zu der Tat angestiftet oder Hilfe geleistet hat, handelt nicht rechtswidrig.

[...]"

Änderung der Strafprozessordnung

„[...]

1. §98 wird wie folgt geändert:

a) Der bisherige Absatz 1 Satz 1 wird Absatz 1.

b) Absatz 2 wird wie folgt gefasst:

„(2) Die Beschlagnahme nach §97 Abs. 5 Satz 2 in den Räumen einer Redaktion, eines Verlags, einer Druckerei, einer Rundfunkanstalt oder einer Wohnung von Personen, die nach §53 Abs.1 Satz 1 Nr. 5 das Zeugnis verweigern dürfen, darf nur durch den Richter angeordnet werden. In der schriftlichen Begründung des Gerichts sind einzelfallbezogen darzulegen:

1. die Straftaten, auf Grund derer die Maßnahme angeordnet wird,
2. die konkreten Anhaltspunkte für den Tatverdacht und
3. die wesentlichen Erwägungen zur Erforderlichkeit und Verhältnismäßigkeit unter Berücksichtigung der Grundrechte aus Artikel 5 I Satz 1 des Grundgesetzes.

[...]

3. §105 wir wie folgt geändert:

a) Nach Absatz 1 Satz 1 wird folgender Satz 2 eingefügt:

„§98 Abs.2 gilt entsprechend."

[...]

4. Nach §108 Abs 1 Satz 3 wird folgender Satz 4 eingefügt:

„§97 Abs. 5 gilt entsprechend."

[...]"

2. Problemstellung und Begründung des Entwurfs

a) Problemstellung

Die Fraktion *Bündnis 90 / Die Grünen* geht davon aus, dass die Medien wiederholt einer Ermittlungspraxis der Strafverfolgungsbehörden ausgesetzt sind, die die Pressefreiheit in erheblichem Maße verletzt und geeignet ist, die Arbeit von Journalisten zu gefährden[795]. Dabei wird das Hauptproblem darin gesehen, dass bei der Veröffentlichung geheimer Unterlagen ein Beihilfe- oder Anstiftungsverdacht konstruiert werde. Dieser Verdacht werde dann zur Begründung von Maßnahmen gegen die Angehörigen der Medien ausgenutzt, obwohl das eigentliche Ziel darin liege, den Verantwortlichen für die Verletzung des Dienstgeheimnisses zu finden und mögliche Informanten der Presse aufzudecken.

Bei der Anordnung von Durchsuchungs- und Beschlagnahmemaßnahmen werde der Verhältnismäßigkeitsgrundsatz nicht hinreichend beachtet. Darüber hinaus würden systematisch Zufallsfunde in erheblicher Anzahl beschlagnahmt, was die Arbeit der Medien nachhaltig beeinträchtige.

Aufgrund dieser Schwachstellen der bestehenden Gesetzeslage hält die Fraktion es für erforderlich, die Pressefreiheit gegenüber den Erfordernissen der Strafverfolgung weiter zu stärken und den Schutz der Medienmitarbeiter zu erweitern.

[795] BT Drucksache 16/576, S. 1.

b) Begründung der vorgeschlagenen Änderungen

Der Vorschlag der Fraktion *Bündnis 90 / Die Grünen* enthält sowohl materiellrechtliche als auch prozessrechtliche Änderungen. Zur Begründung wurde neben der gesteigerten Schutzbedürftigkeit der Mitarbeiter der Medien gegenüber anderen zeugnisverweigerungsberechtigten Berufsgruppen vor allem auf das Risiko der Umgehung der Medienprivilegien durch die Strafverfolgungsbehörden abgestellt[796]:

So liege im Rahmen des §353 b StGB das strafwürdige Verhalten allein bei dem Amtsträger, der ein Dienstgeheimnis preisgebe, nicht aber bei den veröffentlichenden Journalisten. Daher solle die Rechtswidrigkeit ausgeschlossen werden, wenn ein Berufsgeheimnisträger im Sinne des §53 I Satz 1 Nr. 5 StPO zur Verletzung von Dienstgeheimnissen anstiftet oder Hilfe leistet. Eine Beschränkung auf die Beihilfe sei wegen der schwierigen Abgrenzung zwischen Anstiftung und Beihilfe nicht ratsam. Des Weiteren sei die Ausgestaltung als Rechtfertigungsgrund einer Ausgestaltung als persönlichem Strafausschließungsgrund vorzuziehen, da nur so sichergestellt werden könne, dass ein Tatverdacht gar nicht erst begründet werden kann.

Das Richterprivileg soll nach diesem Vorschlag auf Fälle, in denen die Beschlagnahme von Gegenständen in der Wohnung eines nach §53 I 1 Nr. 5 StPO Zeugnisverweigerungsberechtigten angeordnet wird, erstreckt werden. Begründet wird die Erweiterung des §98 StPO damit, dass sich aufgrund moderner Arbeitsorganisation und Kommunikationsmittel das Recherchematerial und der Arbeitsplatz des Medienangehörigen oftmals in dessen Privaträumen befinde. Betreffe die Beschlagnahmeanordnung Gegenstände aus diesen Privaträumen, sei die Pressefreiheit davon betroffen, was eine Prüfung durch den Richter erforderlich mache. Dabei solle das Gericht durch das Gesetz gezwungen werden, eine detaillierte Einzelfallabwägung unter besonderer Berücksichtigung der Erfordernisse aus Art 5 GG vorzunehmen. Dementsprechend wurde in den Gesetzesvorschlag des §98 StPO aufgenommen, dass das Gericht seine Anordnung schriftlich, einzelfallbezogen und qualifiziert zu begründen habe.

796 Vgl. BT Drucksache 16/576, S. 5 ff.

Durch den Verweis auf §98 II StPO in §105 StPO soll sichergestellt werden, dass für die Anordnung der Durchsuchung bei nach §53 I Nr. 5 StPO Zeugnisverweigerungsberechtigten dieselben Anforderungen zu gelten haben wie bei der Anordnung einer Beschlagnahme bei diesen Personen. Die Fraktion will die Beschlagnahme und Verwertung von Zufallsfunden bei Medienangehörigen weitestgehend ausschließen, indem sie in §108 StPO einen Verweis auf §97 V StPO aufnimmt. Es soll klargestellt werden, dass die einstweilige Beschlagnahme von Gegenständen nur unter denselben Voraussetzungen zulässig ist wie eine angeordnete Beschlagnahme bei nach §53 I Nr. 5 StPO Zeugnisverweigerungsberechtigten. Im Ergebnis sei eine einstweilige Beschlagnahme von Zufallsfunden danach grundsätzlich ausgeschlossen, wenn nicht das Zeugnisverweigerungsrecht nach §53 II 2 StPO entfalle.

3. Bewertung des Gesetzesentwurfs

Zu Recht stellt die Fraktion *Bündnis 90 / Die Grünen* bei der Begründung ihres Gesetzesvorschlags auf die Praxis ab, dass Durchsuchungs- und Beschlagnahmemaßnahmen gegen Medienmitarbeiter oftmals mit der Begründung durchgeführt werden, es bestehe der Verdacht der Teilnahme an dem Verrat von Dienstgeheimnissen. In diesem Zusammenhang ist eine gesetzliche Klarstellung trotz der Tatsache, dass durch die Veröffentlichung eines Dienstgeheimnisses keine Teilnahmestrafbarkeit begründet werden kann, erforderlich, weil die Gerichte diesbezüglich eine andere Rechtsauffassung vertreten.

Das Problem liegt nicht nur darin, dass ein Tatverdacht von den Strafverfolgungsbehörden künstlich konstruiert wird. Vielmehr berichten Journalisten davon, dass ihnen gegenüber die Möglichkeit der Einleitung eines Ermittlungsverfahrens in den Raum gestellt worden sei, wenn es darum ging, dass die Strafverfolgungsbehörden Informationen von ihnen wollten[797]. Dadurch wird dieses Delikt verwendet, um eine Art Drohkulisse aufzubauen.

Des Weiteren ist davon auszugehen, dass zahlreiche Fälle so gelagert sind, dass sich die Strafverfolgungsbehörden aufgrund der derzeitigen Gesetzeslage in

[797] Stephan Wels im Rahmen eines persönlichen Gesprächs am 05.10.2007.

Verbindung mit der entsprechenden Rechtsprechung nach dem Legalitätsprinzip verpflichtet fühlen, gegen die Medienmitarbeiter, die Dienstgeheimnisse veröffentlichen, zu ermitteln. Dieser Verpflichtung kann nur durch eine gesetzgeberische Klarstellung wirksam begegnet werden.

Allerdings ist die Ausgestaltung der Regelung, wie sie der Gesetzesentwurf der Fraktion *Bündnis 90 / Die Grünen* vorsieht, nicht optimal. Es sollte im Wortlaut der Vorschrift grundsätzlich klargestellt werden, dass eine Beihilfe nach Offenbarung des Dienstgeheimnisses durch den Amtsträger nicht mehr möglich ist. Insofern ist eine Beschränkung auf die Angehörigen der Medien nicht erforderlich.

Richtig ist zwar, dass ein persönlicher Strafausschließungsgrund nicht ausreicht, um die Medien zu schützen. Denn um sicherzustellen, dass die Ausnahme vom Beschlagnahmeverbot gem. §97 II 3 StPO nicht eingreift, muss der Strafbarkeitsausschluss bereits auf Tatbestandsebene erfolgen. Dennoch ist die Ausgestaltung als Rechtfertigungsgrund ungewöhnlich, wenn nicht gar systemwidrig. Es sollte daher eine Formulierung gewählt werden, die tatbestandsausschließende Wirkung entfaltet.

Weiterhin bestehen Bedenken hinsichtlich der Einbeziehung der Anstiftung in die Strafausschließung. Zwar ist eine eindeutige Abgrenzung zwischen Anstiftung und Beihilfe möglicherweise in einigen Fällen schwierig, wenn man die Strafausschließung aber auf die Fälle der sukzessiven Beihilfe beschränkt, ist eine Abgrenzung durch die zusätzlich zu den Unterschieden bei der Tathandlung hinzutretende zeitliche Komponente nicht unmöglich. Ein Strafausschluss für Fälle der Anstiftung ist nicht zu befürworten, da mit einer Anstiftungshandlung unter Umständen ein erhebliches Maß an krimineller Energie verbunden ist. Durch das Hervorrufen des Tatentschlusses im Haupttäter wird dafür Sorge getragen, dass es überhaupt zu einer Straftat, nämlich dem Verrat von Dienstgeheimnissen, kommt. Stellt man dieses Verhalten straffrei, könnte es zu einem Wettlauf unter den konkurrierenden Journalisten kommen, die sich bemühen jemanden zu finden, den sie zu einem Dienstgeheimnisverrat unter Zusicherung der Wahrung der Anonymität überreden können. Von da aus ist auch der Schritt, für die richtigen Informationen Geldzahlungen zu leisten, nicht mehr weit und man hätte die Grundlage für ein Korruptionsgeflecht. Es besteht ein erheblicher qualitativer Unterschied, ob ein Medienangehöriger eine Information, die ihm zugetragen wird, für eine Veröffentlichung verwertet, oder ob er einen Amtsträger durch eigene Initiativen erst dazu bringt, ihm das Dienstgeheimnis zu verraten. Wird die Tatbegehung durch den Medienangehörigen herbeigeführt, dann liegt darin ein Unrecht, das auch entsprechend unter Strafe zu stellen ist.

Richtig ist der Ansatz im Rahmen der Zuständigkeitsregelung des §98 I 2 StPO, den modernen Arbeitsorganisationen bei Medienbetrieben Rechnung zu tragen. Ein Journalist ist in vielen Fällen nicht mehr in eine feste Redaktionsstruktur eingegliedert[798]. Viele Journalisten, Kameraleute oder Fotografen sind als freie Mitarbeiter selbständig für verschiedene Medienunternehmen tätig. Sie haben kein festes Büro in den Räumlichkeiten einer Redaktion, sondern arbeiten von zu Hause aus oder in privat angemieteten Büroräumen. Sie sind genauso schutzwürdig wie ihre fest angestellten Kollegen und gegen sie gerichtete Maßnahmen stellen einen ebenso schwerwiegenden Eingriff in die Pressefreiheit dar wie Maßnahmen, die sich gegen Medienunternehmen richten.

Zwar wird bei der Beeinträchtigung freier Mitarbeiter in der Regel keine ganze Produktion lahm gelegt, doch sind die Einschüchterungswirkungen unter Umständen dadurch erhöht, dass sich der betroffene Journalist allein mit den Strafverfolgungsbehörden konfrontiert sieht und sich nicht auf die Unterstützung eines Unternehmens verlassen kann. Bei Maßnahmen gegen einzelne Journalisten konzentriert sich der Vertrauensverlust der Informanten auf diese Person, was einen beruflichen Stillstand bedeuten kann. So hat z.B. der Journalist *Bruno Schirra* nach der Durchsuchung seiner Wohnung die Erfahrung machen müssen, dass sich viele seiner Informanten zurückzogen und eine weitere Zusammenarbeit als für sie zu riskant ansahen[799]. Die freien

---

[798] Nach einer Statistik von 2005 sind knapp 1/3 aller hauptberuflich tätigen Journalisten als freie Journalisten tätig. Weischenberg / Malik, Nachgeforscht, Journalist 8 / 2006, 10 (14).

[799] Bruno Schirra im Rahmen eines persönlichen Gesprächs am 26.09.2007.

Mitarbeiter oder Angestellten, die nicht ausschließlich in einem in die Redaktion eingegliederten Büro tätig werden, müssen deshalb in die Zuständigkeitsregelung des §98 I 2 StPO aufgenommen werden.
Dabei sollte jedoch entgegen dem Vorschlag der Fraktion *Bündnis 90 / Die Grünen* keine Beschränkung auf „*Wohnraum*" erfolgen. Denn ein von dem freien Mitarbeiter privat angemietetes Büro, das er allein oder in Bürogemeinschaft mit anderen als Arbeitsraum nutzt, ist nicht weniger schutzwürdig als ein Arbeitszimmer in seiner Wohnung. Daher muss eine neutralere Formulierung gewählt werden, die alle Arbeitsplätze der nach §53 I Nr. 5 StPO Zeugnisverweigerungsberechtigten erfasst.
Uneingeschränkt zu befürworten ist der Zusatz, durch den festgelegt wird, welche formalen Anforderungen an den Beschlagnahmebeschluss zu stellen sind. Die Durchführung einer Einzelfallabwägung unter Berücksichtigung des Verhältnismäßigkeitsgrundsatzes und der Bedeutung von Art 5 I GG sollte zwar auch ohne gesetzliche Klarstellung gewissenhaft erfolgen, da die Vergangenheit jedoch gezeigt hat, dass gerade im Hinblick auf die Verhältnismäßigkeitsprüfung in der Praxis vielfach nicht sorgfältig genug gearbeitet wurde, kann eine gesetzliche Konkretisierung geeignet sein, das diesbezügliche Bewusstsein der prüfenden Richter und Staatsanwälte zu stärken.
Ebenso ist eine Angleichung der Zuständigkeitsregelung des §105 StPO an die des §98 StPO richtig. Eine Ungleichbehandlung der Zuständigkeiten zur Anordnung der Durchsuchung und zur Anordnung der Beschlagnahme ist durch keinen sachlichen Grund gerechtfertigt.
Der Vorschlag, in §108 StPO den einfachen Verweis auf §97 V StPO aufzunehmen, wird zu keiner Verbesserung der Rechtslage hinsichtlich der Zufallsfunde führen. Auch nach der derzeitigen Rechtslage darf eine einstweilige Beschlagnahme nur erfolgen, wenn die Voraussetzungen vorliegen, unter denen trotz §97 V StPO eine endgültige Beschlagnahme ebenfalls zulässig wäre[800]. Denn die einstweilige Beschlagnahme dient der Sicherung der endgültigen Zwangsmaßnahme[801] und steht daher unter den gleichen Voraussetzungen. Das Problem

[800] Maiwald, Zufallsfunde bei zulässiger strafprozessualer Telefonüberwachung, JuS 1978, 379 (382).
[801] Krekeler, Zufallsfunde bei Berufsgeheimnisträgern und ihre Verwertbarkeit, NStZ 1987, 199 (200).

liegt darin, dass die komplizierte Prüfung, ob die Voraussetzungen vorliegen, unter denen das Beschlagnahmeverbot zu entfallen hat, durch die Polizeibeamten vor Ort kaum angemessen vorgenommen werden kann. Daher sollte die Beschlagnahme von Zufallsfunden auf die Fälle beschränkt werden, in denen eine ordentliche Beschlagnahme trotz des grundsätzlich bestehenden Beschlagnahmeverbots offensichtlich zulässig wäre, weil das Vorliegen eines der Ausnahmetatbestände ohne nähere rechtliche Prüfung sofort erkennbar ist. Durch diesen Zusatz wird den Erfordernissen einer vereinfachten und beschleunigten Prüfung bei Durchführung der Maßnahme Rechnung getragen und im Zweifel das Bestehen des Beschlagnahmeverbots angenommen.
Im Ergebnis zeigt der Gesetzesentwurf der Fraktion *Bündnis 90 / Die Grünen* einige gute Ansätze, die jedoch in ihrer Umsetzung in den Gesetzeswortlaut der Nachbesserung bedürfen. Darüber hinaus wurden Änderungen zu Gunsten der Strafverfolgung wie z.B. die Erweiterung der Anwendbarkeit der Ausnahme vom Zeugnisverweigerungsrecht beim Vorliegen schwerer Straftaten völlig außen vor gelassen. Auch solche Änderungen sind jedoch im Hinblick auf die jeweilige Bedeutung der sich gegenüber stehenden Rechtsgüter zwingend erforderlich.

II. Entwurf der Fraktion der FDP

Die Abgeordneten *Leutheusser-Schnarrenberger, van Essen, Dyckmans* u.a. und die Fraktion der *FDP* haben im März 2006 den „*Entwurf eines Gesetzes zur Sicherung der Pressefreiheit*“ vorgelegt[802].

1. Änderungsvorschläge des vorgelegten Entwurfs

Dieser Entwurf der *FDP*-Fraktion sieht hinsichtlich der für die in der vorliegenden Arbeit relevanten Punkte folgende Änderungen vor:

„Änderung der Strafprozessordnung

[...]

1. §97 Abs. 2 Satz 3 wird wie folgt gefasst:

„Die Beschränkungen der Beschlagnahme gelten nicht, wenn die zur

[802] BT-Drucksache 16/956.

Verweigerung des Zeugnisses Berechtigten einer Teilnahme oder einer Begünstigung, Strafvereitelung oder Hehlerei dringend verdächtig sind oder wenn es sich um Gegenstände handelt, die durch eine Straftat hervorgebracht oder zur Begehung einer Straftat gebraucht oder bestimmt sind oder die aus einer Straftat herrühren, soweit sich die zu beschlagnahmenden Gegenstände unmittelbar auf die Tat beziehen, wegen derer eine Beschlagnahme erfolgen soll."

2. *§98 Abs. 1 Satz 2 wird wie folgt gefasst:*
   „Die Beschlagnahme nach §97 Abs. 5 Satz 2 in Räumen einer Redaktion, eines Verlages, einer Druckerei, einer Rundfunkanstalt oder einer Wohnung oder anderer Räume von Personen, die ein Zeugnisverweigerungsrecht nach §53 Abs. 1 Satz 1 Nr. 5 haben, darf nur durch den Richter angeordnet werden."
3. *[...]*

Änderung des Strafgesetzbuches

[...]

1. *§353 b wird folgender Absatz 5 angefügt:*
   „(5) Beihilfehandlungen der in §53 Abs. 1 Satz 1 Nr. 5 StPO genannten Personen sind dann nicht strafbar, wenn sie sich auf Veröffentlichung des Geheimnisses beschränken oder mit dieser in unmittelbarem Zusammenhang stehen."

[...]"

2. Problemstellung und Begründung des Entwurfs

a) Schwachstellen der Gesetzeslage

Die Fraktion der *FDP* geht davon aus, dass die gegenwärtige Gesetzeslage den Schutz der journalistischen Recherche nicht ausreichend gewährleiste und dass es straf- und strafprozessrechtliche Lücken gebe[803]. Dazu beruft sie sich zum einen auf den oben dargestellten Fall im Zusammenhang mit der Veröffentlichung im Politmagazin *Cicero* sowie auf einen anderen Fall aus dem Jahr

[803] BT-Drucksache 16/956, S. 1.

2005, bei dem das Foto eines sächsischen Politikers am Tag einer Hausdurchsuchung, die als „*streng vertraulich*“ eingestuft war, veröffentlicht wurde, woraufhin die Staatsanwaltschaft Chemnitz die Telekommunikationsverbindungsdaten eines Journalisten hat abfragen lassen. Beide Fälle zeigen nach Ansicht der *FDP*-Fraktion die deutlichen Lücken im Gesetz bezüglich des Schutzes der Pressefreiheit.
Das Beschlagnahmeverbot entfalle unberechtigt bereits bei einfachem Tatverdacht, das Gesetz unterscheide zu Unrecht zwischen fest angestellten und freien Journalisten und gegen Journalisten werde aufgrund ihres Kontaktes zu Informanten und der Veröffentlichung der ihnen bekannt werdenden Tatsachen zu oft wegen Teilnahme am Verrat von Dienstgeheimnissen ermittelt. Diese Lücken im Schutz der journalistischen Recherche müssten nach Ansicht der FDP-Fraktion im Wege der Gesetzesänderung geschlossen werden.

b) Begründung der vorgeschlagenen Änderungen

Der Vorschlag der Fraktion der *FDP* sieht daher zunächst vor, in §97 II 3 StPO das Erfordernis eines dringenden Tatverdachts einzufügen. Zur Begründung wird ausgeführt, die journalistische Tätigkeit dürfe nicht zum Anlass genommen werden, Journalisten einer höheren Gefahr auszusetzen, Objekte der Strafverfolgungsbehörden bei der Verfolgung Dritter zu werden, als andere Grundrechtsträger. Art. 5 I 2 GG gebiete es, die Hürden an einen Eingriff in die Pressefreiheit hoch anzusetzen. Die Strafprozessordnung fordere auch an anderer Stelle den dringenden Tatverdacht als Voraussetzung wie z.B. bei der Verhängung der Untersuchungshaft und bei einer vorläufigen Festnahme durch die Staatsanwaltschaft. Durch das Heraufsetzen der Anforderungen an den Grad des Tatverdachts solle deutlich werden, dass die Pressefreiheit nur in krassen Ausnahmefällen Einschränkungen erfahren und hinter den Erfordernissen der Strafrechtspflege zurücktreten müsse. Durch die Ergänzung im letzten Halbsatz trete eine zusätzliche Beschränkung der Beschlagnahmefreiheit ein. Diese wirke sich auch auf die Zulässigkeit der einstweiligen Beschlagnahme von Zufallsfunden aus, da eine solche einstweilige Beschlagnahme ebenfalls nur zulässig sei, wenn kein Beschlagnahmeverbot gem. §97 V StPO vorliegt.

Die Änderung des §98 I 2 StPO wird damit begründet, dass eine Ungleichbehandlung von fest angestellten und freien Journalisten sachlich nicht gerechtfertigt sei. Die derzeitige Regelung lasse die Entwicklungen der letzten Jahre außer Acht, in denen immer mehr freie Journalisten den Medien zuarbeiteten. Werde Recherchematerial in Privaträumen von Journalisten beschlagnahmt, sei diese Maßnahme ebenfalls geeignet, eine Beeinträchtigung der Tätigkeiten in Verlag oder Rundfunkanstalt entstehen zu lassen, wenn der Journalist durch die Maßnahme gehindert sei, seine Beiträge zu liefern. Der Richtervorbehalt diene aufgrund der persönlichen und sachlichen Unabhängigkeit der Richter und deren strikter Unterwerfung unter das Gesetz dem Interesse des Betroffenen an einem effektiven Grundrechtsschutz am besten. Durch die Erweiterung der Zuständigkeitsregelung auf *„andere Räume“* werde der Schutz auf alle Räume erweitert, die der Journalist tatsächlich innehabe.
Da der Richtervorbehalt des §98 I 2 StPO für Durchsuchungen entsprechend gelte, wirke sich die Erweiterung auf Wohnungen und andere Räume der Medienangehörigen auch auf die Zuständigkeit im Hinblick auf die Durchsuchung aus.
Mit der Änderung des Strafgesetzbuches werde die Strafbarkeit der Journalisten wegen Beihilfe am Geheimnisverrat durch die Entgegennahme oder Veröffentlichung von erhaltenem Material ausgeschlossen. Journalisten, die sich lediglich ihrer öffentlichen Aufgabe gemäß verhalten und das ihnen zugeleitete Material auswerten und publizieren, stünden bislang automatisch in dem Verdacht einer Beihilfe am Dienstgeheimnisverrat ihrer Informanten. Mit der Abschaffung des §353 c I StGB a.F. habe der Gesetzgeber aber dafür Sorge tragen wollen, dass die öffentliche Bekanntmachung von Dienstgeheimnissen durch Nichtgeheimnisträger gerade nicht mehr unter Strafe gestellt werde. Gehe es dem Amtsträger jedoch um die Veröffentlichung des Dienstgeheimnisses, sei der Dienstgeheimnisbruch nach derzeit herrschender Auffassung in Rechtsprechung und Literatur nicht bereits mit der Offenbarung des Geheimnisses an einen Dritten, sondern erst mit dessen Veröffentlichung beendet. Dadurch sei Schutzobjekt des §353 b StGB das Interesse daran, dass die Öffentlichkeit vom Bruch der Amtsverschwiegenheit nichts erfahre, und nicht mehr das öffentliche Interesse, aufgrund dessen eine bestimmte Information als geheimhaltungsbedürftig

eingestuft wurde. Die Begründung der herrschenden Meinung für eine Strafbarkeit der Journalisten wegen Beihilfe zum Verrat von Dienstgeheimnissen sei aus verfassungsrechtlicher Sicht im Hinblick auf Art 103 II GG bedenklich. Durch die Ausdehnung der Beihilfestrafbarkeit auf die Zeit nach der Vollendung der Haupttat werde die Strafbarkeit eines sonst nicht strafbaren Verhaltens begründet.

Im Ergebnis habe diese Praxis zur Folge, dass gegen jeden Journalisten, der ein Dienstgeheimnis veröffentliche, ein Ermittlungsverfahren eingeleitet und eine Durchsuchung angeordnet werde, mit dem Ziel, letztlich an den Haupttäter heranzukommen. Nach Durchführung der Maßnahme käme es zwar nicht zu einer Verurteilung des Journalisten, der Eingriff in das Redaktionsgeheimnis sei aber bereits erfolgt. Daher müsse die Strafbarkeit der Journalisten, die Materialien von Amtsträgern entgegennehmen, auswerten und veröffentlichen, im Wege einer Gesetzesänderung ausgeschlossen werden.

3. Bewertung des Gesetzesentwurfs

Die Voraussetzungen für ein Entfallen des Beschlagnahmeverbots gem. §97 V StPO i.V.m. §97 II 3 StPO durch das Erfordernis eines dringenden Tatverdachts heraufzusetzen, ist richtig. Reichen jegliche tatsächlichen Anhaltspunkte für eine Beteiligung an der Haupttat durch den Medienangehörigen aus, um das Beschlagnahmeverbot entfallen zu lassen, verkommt die Ausnahme zur Regel. Journalisten haben häufig einen engen vertraulichen Kontakt zu ihren Informanten. Steht dieser Informant im Verdacht eine Straftat begangen zu haben, wird dieser enge Kontakt regelmäßig bereits ausreichend sein, um tatsächliche Anhaltspunkte dafür zu bieten, dass der Journalist seinen Informanten (vor oder nach der Tat) in irgendeiner Art unterstützt hat.

Die Ergänzung des §97 II 3 2. HS StPO dahingehend, dass die strafverstrickten Gegenstände nur dann der Beschlagnahme unterliegen, wenn sie sich unmittelbar auf die Tat beziehen, wegen derer die Beschlagnahme erfolgen soll, ist nicht erforderlich. Der zweite Halbsatz schließt sich insofern unmittelbar an den ersten Halbsatz an. So wie der erste Halbsatz eine Beteiligung an der Tat verlangt, wegen der die Beschlagnahme durchgeführt wird, so greift auch die

Ausnahme wegen strafverstrickter Gegenstände nur, wenn sich die Strafverstrickung gerade auf die Tat bezieht, wegen der die Beschlagnahme durchgeführt wird[804]. Die Ergänzung bedeutet daher allenfalls eine Klarstellung, aber keine Änderung der bestehenden Rechtslage. Eine solche in der Sache nicht erforderliche Ergänzung des Wortlauts sollte schon deshalb unterbleiben, weil eine weitere Ergänzung zu einer gesteigerten Unübersichtlichkeit des Paragraphen führen würde.

Richtig ist es auch, die Ungleichbehandlung zwischen fest angestellten und freien Journalisten aufzuheben. Die weitere Formulierung des Gesetzesentwurfs der *FDP*-Fraktion gegenüber dem Entwurf der Fraktion *Bündnis 90 / Die Grünen* ist insofern besser, als dass sie sich nicht auf den Wohnraum der Medienangehörigen beschränkt, sondern durch die Erweiterung auf *„andere Räume"* auch Büroräume außerhalb der Privatwohnungen der Journalisten mit einbezieht.

Allerdings ist diese Formulierung zu ungenau und in Folge dessen zu weitgehend. Mit *„anderen Räumen von Personen, die ein Zeugnisverweigerungsrecht nach §53 I Satz 1 Nr. 5 haben"* erstreckt sich die Regelung auf sämtliche Räume also auch solche, die zur Tätigkeit des Journalisten keinerlei Bezug aufweisen. Dabei wird nicht berücksichtigt, dass die Privilegien der nach §53 I 1 Nr. 5 StPO Zeugnisverweigerungsberechtigten diesen nicht um ihrer selbst willen, sondern stets ausschließlich im Hinblick auf ihre öffentliche Aufgabe gewährt werden. Daher muss auch im Rahmen des §98 StPO eine Formulierung gefunden werden, die alle Arbeitsplätze der Journalisten erfasst, weil deren Schutz im Hinblick auf Art 5 I 2 GG zur Wahrnehmung der öffentlichen Aufgabe unbedingt zu gewährleisten ist, nicht aber der Schutz rein privat genutzter Räumlichkeiten.

Die Änderung des Strafgesetzbuches ist im Rahmen des Vorschlags der *FDP*-Fraktion zu Recht auf Fälle der Beihilfe beschränkt. Die Anstiftungsstrafbarkeit bleibt im Gegensatz zu der von der Fraktion *Bündnis 90 / Die Grünen*

---

[804] KMR Kommentar zur Strafprozessordnung, Band I, §97, Rdnr.15; Schäfer, in: Löwe-Rosenberg, Die Strafprozessordnung, Band II, §97, Rdnr. 42.

vorgeschlagenen Regelung unberührt. Durch das Beschreiben der Tathandlung, bei der eine Strafbarkeit ausgeschlossen sein soll, wurde eine Eingrenzung auf die Fälle der sukzessiven Beihilfe vorgenommen, die grundsätzlich zu begrüßen ist. Allerdings sollte die Regelung nicht als Strafausschließungsgrund ausgestaltet werden. Ein Strafausschließungsgrund lässt den Tatbestand an sich nicht entfallen. Das bedeutet aber, dass tatsächliche Anhaltspunkte für die Verwirklichung eines Teilnahmetatbestands bestehen könnten, die ausreichend sind, um gem. §97 V i.V.m. §97 II 3 StPO das Beschlagnahmeverbot entfallen zu lassen, auch wenn eine Bestrafung in der Sache letztlich nicht erfolgen könnte. Daher muss die Formulierung des Paragraphen zu einem Tatbestandsausschluss und nicht bloß zu einem Strafbarkeitsausschluss führen.
Des Weiteren ist die Beschreibung der Tathandlung zu ungenau. Insbesondere soweit es um eine Strafbarkeit der Recherchehandlung geht. Eine Abgrenzung, wann eine Handlung mit der Veröffentlichung in einem „*unmittelbaren Zusammenhang*“ steht und wann nicht, ist kaum möglich. Das Entscheidende darf an dieser Stelle nicht der Zweck der Handlung sein, die als Teilnahmehandlung qualifiziert werden soll, sondern die Tatsache, dass nach Offenbarung des Geheimnisses eine Teilnahme am Dienstgeheimnisverrat grundsätzlich überhaupt nicht mehr möglich ist. Das müsste durch den Wortlaut klargestellt werden. Insofern trifft auch der Vorschlag der *FDP*-Fraktion letztlich den Kern des Problems nicht optimal.

B. Stellungnahme und eigener Vorschlag

Sowohl der Gesetzesvorschlag der Fraktion der *FDP* als auch der Gesetzesvorschlag der Fraktion *Bündnis 90 / Die Grünen* enthalten brauchbare Ansätze. Letztlich ist jedoch keiner der beiden Vorschläge geeignet, die in dieser Arbeit herausgearbeiten Schwachstellen der derzeitigen Gesetzeslage vollständig zu beheben.

I. Problemstellung

Die Lücken der vorliegenden Gesetzesentwürfe ergeben sich vor allem daraus, dass beide Vorschläge die Bedürfnisse der Strafrechtspflege nicht ausreichend berücksichtigen. Die Medienprivilegien sind erforderlich, um zu gewährleisten, dass die Medien ihre öffentliche Aufgabe erfüllen können. Dafür muss ihnen Freiheit von staatlichen Einflüssen eingeräumt werden. Sie müssen in der Lage sein, ihren Informanten Vertraulichkeit zuzusichern und das Redaktionsgeheimnis zu schützen.

Diese Grundsätze müssen uneingeschränkte Geltung haben, wenn es darum geht, auf politische oder wirtschaftliche Missstände aufmerksam zu machen, die Bevölkerung über die öffentliche Verwaltung, das Handeln großer Unternehmen oder anderer Mächte im Land aufzuklären. Davon zu unterscheiden ist jedoch der Bereich, in dem es um schwere Straftaten geht.

Hinter den Ermittlungen der Strafverfolgungsbehörden in diesen Bereichen steht ein hohes öffentliches Interesse an einer funktionierenden Strafrechtspflege, der die Bevölkerung ein gewisses Vertrauen im Hinblick auf ihre Effektivität entgegenbringen können muss. Um eine effektive Strafrechtspflege gewährleisten zu können, sind die Strafverfolgugsbehörden auf Informationen und Beweismittel angewiesen, die ihnen die Ermittlungsansätze liefern, die sich benötigen oder dafür sorgen, dass einem Straftäter im Prozess die Tat auch nachgewiesen werden kann.

Die Berufung auf das Argument, dass man nicht als verlängerter Arm der Strafverfolgungsbehörden gesehen werden möchte, dient den Medien in diesem Bereich als Begründung dafür, dass die Journalisten nicht mehr im Einzelfall prüfen, ob die Berufung auf das Zeugnisverweigerungsrecht unter den gegebenen Umständen tatsächlich angemessen ist. Statt dessen lehnen es einige Medienangehörige grundsätzlich und ohne Ausnahmen ab, den Strafverfolgungsbehörden irgendwelche Informationen zukommen zu lassen[805]. Dabei geht es dann, wie die Extrembeispiele der terroristischen Bekennerschreiben gezeigt haben, nicht immer darum, einen Informanten zu schützen, sondern manches Mal auch nur um die Einhaltung eines selbst auferlegten Prinzips. Für dieses ausnahmslose Prinzip ist in Anbetracht schwerer Straftaten jedoch kein Raum. Bei einer Berufung auf dieses Prinzip und den Pressekodex, in dem dieses Prinzip durch die ausnahmslose Anweisung, von seinem Zeugnisverweigerungsrecht immer Gebrauch zu machen, ausgedrückt wird, findet die

[805] Bruno Schirra im Rahmen eines persönlichen Gesprächs am 26.09.2007.

notwendige Abwägung zwischen den Bedürfnissen der Medienfreiheit und dem im Einzelfall bestehenden Strafverfolgungsinteresse nicht mehr statt. In diesem Bereich kann es daher nicht dem freien Ermessen des Medienangehörigen überlassen bleiben, von seinem Zeugnisverweigerungsrecht Gebrauch zu machen, weil eine Ermessensausübung und die entsprechende Abwägung zu oft gar nicht vorgenommen wird.
Es sind verschiedene Differenzierungen zu treffen: Geht es um staatliche und politische Missstände, deren Aufdeckung die ureigenste Aufgabe der Medien in ihrer Wächterfunktion betrifft, dann müssen die Medien von jeglichen staatlichen Übergriffen und Einblicken frei gehalten und umfassend geschützt werden. Das betrifft insbesondere die Frage der Strafbarkeit wegen Beihilfe zum Dienstgeheimnisverrat und den Regelfall von Zeugnisverweigerungsrecht und Beschlagnahmeverbot.
Anders ist die Situation jedoch zu bewerten, wenn es um die Aufklärung schwerer Straftaten geht. Sind die Medienangehörigen in diesem Bereich nicht zu einer freiwilligen Herausgabe der ihnen vorliegenden Informationen bereit, muss es möglich sein, dass die Strafverfolgungsbehörden sich die für die Ermittlungen notwendigen Informationen zwangsweise beschaffen. Das betrifft vor allem die Fälle, in denen sich Straftäter zu Informanten machen, nur um sich ihrer Taten öffentlich zu brüsten.

Davon gesondert zu betrachten sind jedoch Fälle, bei denen die Straftäter als Informanten herangezogen werden, weil der Journalist mit ihrer Hilfe Schwachstellen im Bereich der Strafverfolgung aufzeigen will. Ein Beispiel dafür ist der von *Wels* geschilderte Fall, in dem es darum ging, dass der Betreiber eines illegalen Spielkasinos vor den Augen der Behörden ein Imperium aufbaute[806]. In diesem Fall wollte *Wels* mit seinem Beitrag aufzeigen, dass die Behörden aktiv die Augen verschlossen haben und den Betreiber des illegalen Glücksspiels haben gewähren lassen. Im Rahmen seiner Recherchen hatte *Wels* persönlichen Kontakt zu dem betreffenden Straftäter. Der Betreiber des Glücksspielimperiums wurde zu seinem Informanten, dem er auch dann noch Anonymität zusagte, als dieser sich vor den Behörden auf der Flucht befand.

[806] Stephan Wels im Rahmen eines persönlichen Gesprächs am 05.10.2007.

In diesen Fällen ist der Schutz des Vertrauensverhältnisses zwischen Journalisten und Informanten die einzige Möglichkeit, den Journalisten auch Beiträge über Schwachstellen und Missstände im Strafverfolgungsapparat selbst zu ermöglichen. Hier steht nicht die Tat an sich im Mittelpunkt, sondern das, was diese Tat über die Arbeit der Strafverfolgungsbehörden aussagt.
Solchen Fällen kann letztlich nur im Rahmen der Einzelfallentscheidungen angemessen begegnet werden. Der Katalog der schweren Straftaten, die das Zeugnisverweigerungsrecht grundsätzlich entfallen lassen, versucht dem bereits dadurch zu begegnen, dass vor allem solche Straftaten aufgezählt sind, bei denen eine besondere Gefahr für die Opfer besteht, die ein gesteigertes Strafverfolgungsinteresse begründet. Aber dennoch kann durch eine generelle Regelung nicht gewährleistet werden, dass allen in der Praxis auftretenden Fällen damit angemessen begegnet wird. Daher muss in Fällen wie dem oben geschilderten der Grundsatz der Verhältnismäßigkeit aufmerksam geprüft werden.
Grundsätzlich jedoch überwiegt in den Fällen der Ermittlungen wegen schwerer Straftaten das Strafverfolgungsinteresse die Medienfreiheit und eine generelle Ausnahme vom Zeugnisverweigerungsrecht ist von daher gerechtfertigt.
Die weiteren Schwachstellen der derzeitigen Gesetzeslage wurden von den Oppositionsparteien *FDP* und *Bündnis 90 / Die Grünen* zutreffend aufgezeigt. Diesbezüglich weisen aber die vorgelegten Gesetzesentwürfe einige redaktionelle Schwachstellen auf, die es zu vermeiden gilt.

II. Entwurf eines Gesetzes

Unter Berücksichtigung der Ergebnisse dieser Arbeit schlage ich folgende Änderungen der Strafprozessordnung und des Strafgesetzbuches vor:

Artikel 1
Änderung des Strafgesetzbuches

§ 353 b wird wie folgt geändert:

a) Absatz 1 Satz 1 wird wie folgt gefasst:

(1) Wer ein Geheimnis, das ihm als

1. Amtsträger,
2. für den öffentlichen Dienst besonders Verpflichteten oder
3. Person, die Aufgaben oder Befugnisse nach dem Personalvertretungsrecht wahrnimmt,

anvertraut worden oder sonst bekanntgeworden ist, unbefugt offenbart und dadurch *unmittelbar* wichtige öffentliche Interessen gefährdet, wird mit Freiheitsstrafe bis zu fünf Jahren oder mit Geldstrafe bestraft.

b) Absatz 2 wird wie folgt gefasst:

(2) Wer, abgesehen von den Fällen des Absatzes 1, unbefugt einen Gegenstand oder eine Nachricht, zu deren Geheimhaltung er

1. auf Grund des Beschlusses eines Gesetzgebungsorgans des Bundes oder eines Landes oder eines seiner Ausschüsse verpflichtet ist oder
2. von einer anderen amtlichen Stelle unter Hinweis auf die Strafbarkeit der Verletzung von der Geheimhaltungspflicht förmlich verpflichtet worden ist,

an einen anderen gelangen lässt oder öffentlich bekanntmacht und dadurch *unmittelbar* wichtige öffentliche Interessen gefährdet, wird mit Freiheitsstrafe bis zu drei Jahren oder mit Geldstrafe bestraft.

c) die Vorschrift wird durch folgenden Absatz 5 ergänzt:

(5) Nach Vollendung der Tathandlung im Sinne des Absatzes 1 oder 2 ist eine Tatbeteiligung im Wege der Beihilfe nicht mehr möglich.

Artikel 2
Änderung der Strafprozessordnung

1. **§53** wird wie folgt geändert:

a) Absatz 1 Satz 3 wird wie folgt neu gefasst:

Dies gilt nur, soweit es sich um Beiträge, Unterlagen, Mitteilungen und Materialien für den redaktionellen Teil oder redaktionell aufbereitete Informations- und Kommunikationsdienste handelt, *die jeweils darauf gerichtet sind, einen Beitrag zur öffentlichen Aufgabe der Medien zu leisten.*

b) Absatz 2 Satz 2 wird wie folgt gefasst:

Die Berechtigung zur Zeugnisverweigerung der in Absatz 1 Satz 1 Nr. 5 *Genannten entfällt*, wenn die Aussage zur Aufklärung eines Verbrechens beitragen soll oder wenn Gegenstand der Untersuchung

1. eine Straftat des Friedensverrats und der Gefährdung des demokratischen Rechtsstaates oder des Landesverrats und der Gefährdung der äußeren Sicherheit (§§ 80a, 85, 87, 88, 95, auch in Verbindung mit §97b, §§97a,98 bis 100a des Strafgesetzbuches),
2. eine Straftat gegen die sexuelle Selbstbestimmung nach den §§ 174 bis 176, 179 des Strafgesetzbuches oder
3. eine Geldwäsche, eine Verschleierung unrechtmäßig erlangter Vermögenswerte nach §261 Abs.1 bis 4 des Strafgesetzbuches

ist und die Erforschung des Sachverhalts oder die Ermittlung des Aufenthaltsortes des Beschuldigten auf andere Weise aussichtslos oder wesentlich erschwert wäre.

c) Absatz 2 Satz 3 entfällt.

2. **§ 97** Absatz 5 Satz 2 wird wie folgt geändert:

a) Der Verweis auf Absatz 2 Satz 3 entfällt.

b) Folgender *Satz 2* wird eingefügt:

Die Beschränkungen der Beschlagnahme gelten nicht, wenn die zur Verweigerung des Zeugnisses Berechtigten einer Teilnahme oder einer Begünstigung, Strafvereitelung oder Hehlerei *dringend* verdächtig sind oder wenn es sich um Gegenstände handelt, die durch eine Straftat hervorgebracht oder zur Begehung einer Straftat gebraucht oder bestimmt sind oder aus einer Straftat herrühren.

c) Satz 2 2. Halbsatz wird zu Satz 3.

3. **§98** wird wie folgt gefasst:

a) Abs. 1 Satz 1 wird Absatz 1

b) Absatz 2 wird wie folgt gefasst:

Die Beschlagnahme nach §97 Abs. 5 Satz 2 in den Räumen einer Redaktion, eines Verlages, einer Druckerei, einer Rundfunkanstalt oder

in anderen Arbeitsräumen von Personen, die ein Zeugnisverweigerungsrecht nach §53 Abs. 1 Satz 1 Nr. 5 haben, darf nur durch den Richter, bei Gefahr im Verzug auch durch die Staatsanwaltschaft angeordnet werden. In der schriftlichen Anordnungsbegründung sind einzelfallbezogen darzulegen:
1. die Straftaten, aufgrund derer die Maßnahme angeordnet wird,
2. die konkreten Anhaltspunkte für das Eingreifen der Ausnahme vom Beschlagnahmeverbot
3. die wesentlichen Erwägungen zur Verhältnismäßigkeit unter Berücksichtigung des Grundrechts aus Art. 5 Abs. 1 Satz 1 des Grundgesetzes.
c) Die Absätze 2 bis 4 werden zu Absätzen 3 bis 5.

4. **§102** wird um folgenden Satz 2 ergänzt:
Werden Personen, die grundsätzlich nach §53 I Nr. 5 zeugnisverweigerungsberechtigt sind, einer Tat beschuldigt, die nicht im Ausnahmekatalog des §53 II enthalten ist, ist eine Durchsuchung ihrer Arbeitsräume nur zulässig, wenn ein dringender Tatverdacht gegen sie besteht.

5. **§105** wird wie folgt geändert:
a) Nach Absatz 1 Satz 1 wird folgender Satz 2 eingefügt:
§98 Abs. 2 StPO gilt entsprechend.
b) Absatz 1 Satz 2 wird zu Absatz 1 Satz 3.

6. **§108** wird wie folgt geändert:
a) Nach Absatz 1 wird folgender Absatz 2 eingefügt:
Befinden sich die nach Absatz 1 Satz 1 einstweilen in Beschlag zu nehmenden Gegenstände im Gewahrsam einer Person, der ein Zeugnisverweigerungsrecht nach §53 Abs. 1 Satz 1 Nr. 5 zusteht, ist die einstweilige Beschlagnahme nur zulässig, wenn die Beschlagnahme nach §97 Abs. 5 Satz 2 offenkundig ebenfalls zulässig wäre.
b) Der bisherige Absatz 2 wird Absatz 3.

III. Begründung des Entwurfs

Die Begründung des Entwurfs ergibt sich im Wesentlichen aus den im ersten und zweiten Abschnitt gewonnenen Erkenntnissen. Dennoch werden die wesentlichen Aspekte in der Einzelbegründung noch einmal zusammengefasst:

1. Zu Artikel 1

§353 b StGB ist in den Absätzen eins und zwei um das Wort „unmittelbar“ zu ergänzen.

Eine Strafbarkeit nach dieser Vorschrift soll nur gegeben sein, wenn die Offenbarung des Dienstgeheimnisses selbst unmittelbar zu einer Gefährdung wichtiger öffentlicher Interessen führt, und nicht schon dann, wenn das Bekanntwerden des Dienstgeheimnisverrats das Vertrauen der Bevölkerung in die Integrität und Verschwiegenheit der öffentlichen Verwaltung erschüttert. Das Merkmal der Gefährdung öffentlicher Interessen stellt den wesentlichen und strafschärfenden Unterschied zwischen §203 II StGB und §353 b StGB dar. Daher darf dieses Merkmal nicht zu weit ausgelegt und dadurch entwertet werden. Reicht bereits die bloße Erschütterung des Systemvertrauens der Bevölkerung aus, um den Tatbestand zu erfüllen, dann kommt es auf die Qualität des offenbarten Geheimnisses nicht mehr an. Jeder Dienstgeheimnisverrat wäre geeignet, das Vertrauen der Bevölkerung in die Verschwiegenheit der Verwaltung zu erschüttern und somit den Tatbestand zu erfüllen.

Ohne das Merkmal der Unmittelbarkeit tritt die Gefährdung der öffentlichen Interessen in erster Linie dadurch ein, dass bekannt wird, dass eine Offenbarung von Dienstgeheimnissen stattgefunden hat, nicht aber durch die Offenbarung des Dienstgeheimnisses an sich. Denn würde der Verrat nicht bekannt gemacht werden, könnte die mittelbare Gefährdung der Verletzung öffentlicher Interessen durch eine Vertrauenseinbuße in der Bevölkerung nicht eintreten. Den Täter jedoch dafür zu bestrafen, dass das Folgeverhalten eines Dritten (z.B. die Bekanntgabe des Dienstgeheimnisverrats durch die Presse) den Taterfolg herbeiführt, ist systemwidrig und unter rechtsstaatlichen Gesichtspunkten unzulässig.

Um der Auslegungspraxis entgegenzuwirken, die eine mittelbare Gefährdung der öffentlichen Interessen ausreichen lässt, um von einem Dienstgeheimnisverrat auszugehen, muss das Merkmal der Unmittelbarkeit der Gefährdung in den gesetzlichen Tatbestand aufgenommen werden.

Weiterhin ist der Paragraph um einen Absatz 5 zu ergänzen, der sicherstellt, dass sich Medienangehörige nicht allein dadurch wegen Beihilfe strafbar machen, dass sie ihrer Arbeit der öffentlichen Aufgabe der Medien entsprechend nachgehen. Hat sich ein Dienstgeheimnisträger aus eigener Motivation dazu entschlossen, den Medien ein Dienstgeheimnis zu offenbaren, dann ist der Medienangehörige berechtigt, dieses Geheimnis zur Veröffentlichung zu nutzen, ohne dass er sich dadurch strafbar macht. Eine sukzessive Beihilfe an diesem Delikt ist bereits de lege lata ausgeschlossen, da bei §353b StGB keine klare Abgrenzung zwischen Vollendung und Beendigung vorgenommen werden kann. Dennoch sollte eine gesetzliche Klarstellung erfolgen, denn es muss verhindert werden, dass die Staatsanwaltschaft sich aufgrund der bisherigen Rechtsprechung zu dieser Frage nach dem Legalitätsprinzip verpflichtet sieht, gegen die Medienangehörigen zu ermitteln und Strafverfolgungsmaßnahmen vorzunehmen.

An der Strafbarkeit der Anstiftung und Beihilfe im Übrigen muss nichts geändert werden. Wenn ein Medienangehöriger einen Amtsträger dazu überredet, ein Dienstgeheimnis zu offenbaren, ihm Geld bietet oder ihn bei der Tathandlung des Offenbarens unmittelbar unterstützt, obwohl durch die Offenbarung wichtige öffentliche Interessen unmittelbar gefährdet werden, dann verwirklicht er strafbares Unrecht.

Eine solche Handlung des Medienangehörigen weist einen erheblich höheren Unrechtsgehalt auf als die bloße Veröffentlichung eines von einem Dienstgeheimnisträger aus eigener Motivation heraus offenbarten Dienstgeheimnisses. Es muss verhindert werden, dass Journalisten sich aktiv auf die Suche nach solchen Amtsträgern begeben, die sich möglicherweise unter Entgegennahme persönlicher Vorteile dazu bereit erklären, Dienstgeheimnisse zu verraten.

Treten Journalisten in diesem Bereich in einen aktiven Wettbewerb zueinander, kann das im schlimmsten Fall zu Korruption innerhalb des Beamtenapparates führen, was unbedingt verhindert werden muss. Hinsichtlich der Anstiftung und der unmittelbaren Beihilfe muss es daher bei der Strafbarkeit des entsprechenden Verhaltens seitens der Medienangehörigen bleiben.

2. Zu Artikel 2

a) Zu Nummer 1

Das Zeugnisverweigerungsrecht der Medienmitarbeiter wird ihnen im Hinblick auf die von ihnen übernommene öffentliche Aufgabe gewährt. Daher ist es auch berechtigt, das Bestehen des Zeugnisverweigerungsrechts eng mit dieser Aufgabe zu verknüpfen. Die Schutzbedürftigkeit der Medien ergibt sich daraus, dass sie die Öffentlichkeit über alle politisch und gesellschaftlich wichtigen Vorgänge informieren und der Bevölkerung durch die Darstellung der bestehenden Meinungsvielfalt die Möglichkeit geben, sich selbst mit den aktuellen Ereignissen auseinander zu setzen und sich eine eigene Meinung zu bilden. Um diese Aufgabe wahrnehmen zu können, müssen die Medien frei von staatlichem Zwang und Einfluss arbeiten können. Das gilt aber nur, soweit ihre Arbeit auf die Erfüllung dieser Aufgabe gerichtet ist. Nur in diesen Fällen ist die Einräumung eines Zeugnisverweigerungsrechts im Sinne des Art 5 I GG notwendig und trotz der damit verbundenen Einschränkung der Möglichkeiten der Strafverfolgung auch berechtigt. Daher ist in das Gesetz die Einschränkung aufzunehmen, dass Beiträge, Unterlagen, Mitteilungen und Materialien nur soweit vom Zeugnisverweigerungsrecht erfasst sind, wie sie für den redaktionellen Teil und die Erfüllung der öffentlichen Aufgabe bestimmt sind.

Darüber hinaus ist die im Jahr 2002 in §53 II StGB aufgenommene Ausnahme vom Bestehen eines Zeugnisverweigerungsrechts in Fällen, in denen wegen eines Verbrechens oder wegen eines der in der Vorschrift enumerativ aufgezählten Vergehen ermittelt wird, auf fremd mitgeteilte Materialien zu erstrecken. Eine Abgrenzung zwischen selbst recherchiertem und fremd mitgeteiltem Material kann in der Praxis nicht zuverlässig vorgenommen werden. Im Rahmen der für einen journalistischen Beitrag durchgeführten Recherchen wird

immer eine Gemengelage entstehen oder künstlich herbeigeführt werden können. Eine Unterscheidung zwischen Fremd- und Eigenmaterial entspricht nicht den praktischen Gegebenheiten und ist daher als gesetzliche Voraussetzung zu vermeiden. Bleibt es bei der Differenzierung, ist davon auszugehen, dass die Ausnahmen des Absatz 2 kaum zur Anwendung kommen werden, da in den meisten Fällen zumindest eine Gemengelage zwischen fremd übermitteltem und eigen recherchiertem Material vorliegen wird. Letztlich würde dadurch die Entscheidung, ob von dem Zeugnisverweigerungsrecht Gebrauch gemacht wird oder nicht also allein dem Medienangehörigen überlassen.
Bei der vom Gesetzgeber vorzunehmenden Abwägung zwischen Medienfreiheit und Strafverfolgungsinteresse muss jedoch die Schwere der die Ermittlungen begründenden Tat berücksichtigt werden. Bei besonders schweren Straftaten ist von einem generellen Überwiegen der Interessen an einer effektiven Strafverfolgung gegenüber der Medienfreiheit auszugehen. Das gilt unabhängig davon, ob es sich um selbst recherchiertes oder fremd mitgeteiltes Material handelt. Daher müssen die Ausnahmen bei Verbrechen und den genannten schweren Vergehen immer und nicht nur im Bezug auf eigen recherchiertes Material greifen. Den Fällen, in denen der Informantenschutz trotz des Vorliegens einer schweren Straftat, z.B. im Hinblick darauf, dass nur auf diesem Weg Missstände in den Reihen der Strafverfolgungsbehörden aufgedeckt werden können, den Vorrang der Medienfreiheit gebietet, ist im Rahmen der Verhältnismäßigkeitsprüfung Rechnung zu tragen.

Die Subsidiaritätsklausel bleibt im Wortlaut erhalten, obwohl sie keine über den Grundsatz der Verhältnismäßigkeit hinausgehenden Voraussetzungen normiert und möglicherweise zur Herbeiführung von Verfahrensverzögerungen ausgenutzt werden könnte. Der Grund dafür liegt darin, dass dem Verhältnismäßigkeitsgrundsatz in der Praxis oftmals nicht die angemessene Beachtung zukommt. Durch die Aufnahme des Subsidiaritätsgrundsatzes in den Wortlaut wird es den Zeugnisverweigerungsberechtigten erleichtert, sich auf diesen Aspekt der Verhältnismäßigkeit zu berufen, und dem prüfenden Richter wird dieser wichtige Aspekt der Verhältnismäßigkeitsprüfung noch einmal besonders ins Bewusstsein gerufen.

Absatz 2 Satz 3 wird hinfällig, wenn man die Ausnahmen des Absatz 2 nicht mehr auf selbst recherchiertes Material beschränkt, sondern alle Informationen mit einbezieht. Die Rückausnahme diente lediglich dem Schutz der Informationen, die die Medienangehörigen von Dritten erhalten. Fällt die diesbezügliche Differenzierung weg, kann auch Satz 3 gestrichen und die Vorschrift dadurch deutlich vereinfacht werden.
Durch diese Änderungen wird die Regelung des Zeugnisverweigerungsrechts wieder übersichtlich und verständlich und sorgt somit für eine erhöhte Rechtssicherheit in diesem Bereich. Außerdem wird den Erfordernissen der praktischen Konkordanz auch im Hinblick auf das Strafverfolgungsinteresse Rechnung getragen.

b) Zu Nummer 2

Im Rahmen der Ausnahme vom Beschlagnahmeverbot ist ein dringender Verdacht der Teilnahme, Begünstigung, Strafvereitelung oder Hehlerei zu fordern, um das Verbot entfallen zu lassen. Würde man diese Änderung direkt in §97 II 3 StPO vornehmen, würde sie für alle zeugnisverweigerungsberechtigten Berufsgruppen gelten.

Es ist jedoch zu berücksichtigen, dass gerade die Medienangehörigen durch ihre berufliche Tätigkeit leichter in den Verdacht einer Tatbeteiligung geraten als andere zeugnisverweigerungsberechtigte Berufsgruppen. Daher sind sie auch vor Beschlagnahmemaßnahmen besonders zu schützen.

Bei der Durchsuchung und Beschlagnahme handelt es sich um einen schweren Eingriff in Artikel 5 I GG, da die Redaktionsarbeit beeinträchtigt und das Vertrauensverhältnis zwischen den Medien und ihren Informanten möglicherweise stark geschädigt wird. Außerdem kann aufgrund der mit der Maßnahme verbundenen Einschüchterungswirkung eine Beeinträchtigung der Medienarbeit insgesamt eintreten. Die Maßnahme darf daher nur dann ausnahmsweise durchgeführt werden, wenn die Tatbeteiligung des Medienmitarbeiters mit hoher Wahrscheinlichkeit anzunehmen ist. Würde man in diesem Bereich jeden Anhaltspunkt für eine Tatbeteiligung ausreichen lassen, um eine Ausnahme von

dem grundsätzlich bestehenden Zeugnisverweigerungsrecht anzunehmen, würde das Beschlagnahmeverbot regelmäßig dann entfallen, wenn der Medienangehörige irgendeinen Kontakt zu einem Straftäter hatte, den er nicht völlig offen legen will. Das hätte eine nicht hinnehmbare Beeinträchtigung des Vertrauensverhältnisses zwischen dem Medienmitarbeiter und seinem Informanten zur Folge.
Eine Ungleichbehandlung zwischen den Medienangehörigen und anderen zeugnisverweigerungsberechtigten Berufsgruppen ist aufgrund der Besonderheiten ihrer Tätigkeit und dem damit verbundenen Kontakt zu Straftätern gerechtfertigt. Daher sollte das Beschlagnahmeverbot der Medienangehörigen und die davon zu machenden Ausnahmen in Absatz 5 umfassend geregelt und auf Verweise auf die Regelungen zum Beschlagnahmeverbot anderer zeugnisverweigerungsberechtigter Berufsgruppen verzichtet werden.

c) Zu Nummer 3

Im Rahmen des §98 I Satz 2 StPO ist eine Ergänzung um die Arbeitsräume von Mitarbeitern der Medien vorzunehmen. Dadurch wird gewährleistet, dass die Arbeitsräume von freien und fest angestellten Journalisten hinsichtlich der Zuständigkeit für die Anordnung einer Beschlagnahme gleich behandelt werden.

Eine Ungleichbehandlung von freien und fest angestellten Journalisten ist aus sachlichen Gründen nicht gerechtfertigt. Richten sich die Maßnahmen gegen einen freien Journalisten und nicht gegen eine ganze Redaktion, bedeutet das zwar, dass nicht ein Medienprodukt als Ganzes von der Maßnahme betroffen ist, den betroffenen Journalisten kann die Maßnahme aber um so schwerer treffen. Er sieht sich allein den staatlichen Maßnahmen ausgesetzt. Der Vertrauensverlust möglicher Informanten konzentriert sich auf ihn als Person und kann daher eine erhebliche Einschränkung seiner publizistischen Tätigkeit bedeuten. Da die Redaktionen inzwischen vermehrt auf die Arbeiten freier Mitarbeiter zurückgreifen, werden sie darüber hinaus mittelbar ebenfalls betroffen. Um sowohl solche freien Mitarbeiter zu schützen, die zu Hause arbeiten, als auch solche, die Büroräume angemietet haben oder innerhalb einer Bürogemeinschaft tätig sind, muss die Erweiterung der Zuständigkeitsregelung alle Arbeitsräume der zeugnisverweigerungsberechtigten Medienangehörigen erfassen.

Als Regelzuständigkeit kommt nur ein Richtervorbehalt in Betracht. Der Richter bildet eine gegenüber den Ermittlungsorganen neutrale Instanz. Er konzentriert sich auf die rechtliche Bewertung der Maßnahme, ohne von bisherigen Ermittlungsbemühungen oder anderen Erwägungen beeinträchtigt zu sein. Seine persönliche Unabhängigkeit gewährleistet eine freie Entscheidung, ohne sich politischen Zwängen fügen zu müssen.

Obwohl diese Erwägungen grundsätzlich auch in Eilfällen gelten, überwiegen in Eilfällen die praktischen Bedenken, die gegen einen absoluten Richtervorbehalt sprechen.

Ein Bereitschaftsrichter ist oftmals mit der Prüfung von Strafverfolgungsmaßnahmen und mit dem Umgang mit der Staatsanwaltschaft nicht vertraut. Er hat in Eilfällen keine Zeit, die Akten zu studieren und sich in das System der Strafverfolgungsmaßnahmen einzudenken. In dieser Situation ist die hierarchische Gliederung und die politische Verantwortlichkeit der Staatsanwaltschaft für ihre Entscheidungen von Vorteil. Entscheidungen, die mit hoher Wahrscheinlichkeit eine besondere öffentliche Aufmerksamkeit erregen, werden nicht übereilt getroffen. Jeder Staatsanwalt wird versuchen, sich so weit wie möglich mit Vorgesetzten zu besprechen, um die Verantwortung für die Durchführung einer Strafverfolgungsmaßnahme gegen Medienangehörige zu teilen oder gar abzugeben.

Durch die Zuständigkeit der Staatsanwaltschaft in Eilfällen wird die missliche Situation vermieden, dass sich der Bereitschaftsrichter seinerseits auf die Position zurückzieht, der Antrag der Staatsanwaltschaft werde seine Berechtigung haben, und die Staatsanwaltschaft ihrerseits die alleinige Prüfungsverantwortung bei dem entscheidenden Richter sieht. Vielmehr sind die Verantwortlichkeiten eindeutig verteilt, wodurch von einer gewissenhafteren Prüfung ausgegangen werden kann. An Recht und Gesetz gebunden sind Richter und Staatsanwälte gleichermaßen. Es kann also nicht davon ausgegangen werden, dass die Staatsanwaltschaft eine weniger fundierte Rechtsprüfung durchführen würde als ein Richter.

Die weitere Ergänzung des Absatzes 2, durch die bestimmte formelle Anforderungen an die Beschlagnahmeanordnung konkretisiert werden, gewährleistet, dass die Entscheidung nachvollziehbar dargelegt werden muss. Durch diese Formerfordernisse wird derjenige, der die Anordnung trifft, gezielt auf die Punkte aufmerksam gemacht, die er bei seiner Prüfung zu beachten hat, insbesondere auf den Verhältnismäßigkeitsgrundsatz und auf Art 5 I GG. Auch wenn diese Voraussetzungen ohnehin zu berücksichtigen sind, kann die Änderung der Vorschrift einer Praxis entgegenwirken, in der die Verhältnismäßigkeitserwägungen vielfach vernachlässigt werden.

d) Zu Nummer 4

Das Bundesverfassungsgericht hat in der Cicero-Entscheidung festgestellt, dass an den Tatverdacht, der einer Durchsuchung und Beschlagnahme bei nach §53 I Nr. 5 StPO zeugnisverweigerungsberechtigten Personen zu Grunde liegt, unter Berücksichtigung des Grundrechts aus Art 5 I GG höhere Anforderungen zu stellen sind, als das sonst für die Begründung der Beschuldigteneigenschaft der Fall ist[807]. Dieser Grundsatz muss durch eine Ergänzung des §102 StPO zum Ausdruck gebracht werden, um zukünftig eine Umgehung des Beschlagnahmeverbots des §97 V StPO im Wege der Begründung der Beschuldigteneigenschaft zu verhindern. Da die Medienangehörigen aber nur im Hinblick auf ihre öffentliche Aufgabe besonders vor Strafverfolgungsmaßnahmen zu schützen sind, ist es berechtigt, die erhöhten Anforderungen an den Grad des Tatverdachts nur dann zu fordern, wenn sie nicht selbst im Verdacht stehen, eine schwere Straftat begangen zu haben.

Bei den Taten, die in §53 II StPO aufgezählt sind, überwiegt in der Regel das Strafverfolgungsinteresse die Interessen der Medien, ihr Pressegeheimnis zu wahren. In diesen Fällen ist es daher auch nicht gerechtfertigt, die Anforderungen an den Grad des Tatverdachts für eine Durchsuchung bei einem einer solchen Tat verdächtigen Beschuldigten heraufzusetzen. Sinn und Zweck der Änderung ist es zu verhindern, dass lediglich aufgrund geringer tatsächlicher Anhaltspunkte für eine Tatbeteiligung eines Medienangehörigen an einem

---

[807] BVerfG, 1BvR 538/06 vom 27.02.2007, Absatz Nr. 54.

geringfügigen Vergehen alle Zeugenrechte des Betroffenen ausgehebelt werden können. Nicht beabsichtigt ist es jedoch, den Medienangehörigen von jeder Strafverfolgung freizustellen, die aufgrund der Schwere des Delikts ein hohes Strafverfolgungsinteresse auslöst.

e) Zu Nummer 5

§105 StPO ist um einen Verweis auf §98 II StPO zu ergänzen. Es gibt keinen sachlichen Grund, die Zuständigkeit für die Durchsuchung anders zu regeln als die der Beschlagnahme. Bislang wurde §98 StPO auf die Durchsuchung entsprechend angewendet, ohne dass es dafür eine gesetzliche Grundlage gegeben hätte. Eine gesetzliche Anpassung ist daher geboten.

f) Zu Nummer 6

In §108 StPO ist ein Absatz 2 einzufügen, nach dem die einstweilige Beschlagnahme von Zufallsfunden, die sich im Gewahrsam der Medien befinden, nur zulässig ist, wenn das Beschlagnahmeverbot des §97 V StPO offenkundig nicht greift. Die einstweilige Beschlagnahme ist ohnehin nur zulässig, wenn der Beschlagnahme kein Beschlagnahmeverbot entgegensteht. Allerdings ist die Entscheidung, ob §97 V StPO im konkreten Fall greift oder nicht, manchmal schwer zu treffen. Daher muss die einstweilige Beschlagnahme von Zufallsfunden auf die Fälle beschränkt werden, in denen offenkundig kein Beschlagnahmeverbot besteht. Dadurch soll die Beschlagnahmemöglichkeit von Zufallsfunden auf Extremfälle begrenzt werden. So kann einer exzessiven Beschlagnahmepraxis entgegengewirkt und verhindert werden, dass eine große Anzahl von Zufallsfunden zur Sichtung einstweilen beschlagnahmt wird, um dann die daraus gewonnenen Erkenntnisse weiter zu verwerten.

Mit diesen Änderungen könnten den im Rahmen dieser Arbeit gewonnenen Erkenntnissen optimal Rechnung getragen werden.

Schlussbetrachtung und Ausblick

Die Untersuchung hat gezeigt, dass die gesetzlichen Regelungen, die das Verhältnis zwischen den Medien und den Strafverfolgungsbehörden betreffen, der Nachbesserung bedürfen. Diese Nachbesserungen sind sowohl im Interesse der Medien als auch im Interesse der Strafverfolgung geboten, da die derzeitigen Regelungen den beiden sich in einem verfassungsrechtlichen Spannungsverhältnis gegenüber stehenden Rechten aus Art 5 I 2 GG und Art 20 III GG nicht hinreichend gerecht werden.

Gesetzliche Regelungen, die sich an einer Idealgesellschaft und nicht an den tatsächlich bestehenden Zuständen orientieren, sind nicht tauglich, ein solches verfassungsrechtliches Spannungsverhältnis angemessen aufzulösen. Deshalb darf die Neukonzeption der gesetzlichen Regelung nicht von einem Idealbild Presse[808] und nicht von einem Idealbild der Strafverfolgungsorgane und Gerichte ausgehen, sondern sie muss sich an der Realität und den praktischen Erfahrungen beider Seiten mit der bestehenden Gesetzeslage orientieren.

In der Vergangenheit haben sich in der Praxis Probleme gezeigt, die zum Teil auf missbräuchliches Verhalten der Medienangehörigen und der Strafverfolgungsbehörden und teilweise auf Rechtsunsicherheiten zurückzuführen sind, die sich aus der bestehenden Gesetzeslage ergeben. Diesen tatsächlichen Gegebenheiten muss eine gute gesetzliche Regelung entgegenwirken. Dabei sollte die Regelung geeignet sein zu verhindern, dass diejenigen, die sich angemessen verhalten, zu weit in ihren Rechten beschnitten werden. Gegen diejenigen jedoch, die zu ständigen Grenzüberschreitungen neigen, muss eine neue Regelung sowohl einerseits den Medien als auch andererseits den Strafverfolgungsbehörden, jeweils entsprechend der Bedeutung des zu schützenden verfassungsmäßigen Rechts im konkreten Fall, eindeutige Rechte an die Hand geben.

Zu Recht wird vielfach kritisiert, dass Strafverfolgungsmaßnahmen gegen Mitarbeiter der Medien zur Anwendung kommen, obwohl lediglich die Ermittlung leichter Vergehen oder ein Verdacht der Beihilfe zum Dienstgeheimnisverrat im

[808] a.A.: Dunkhase, Das Pressegeheimnis, S. 212.

Raum steht[809]. Diesem Vorgehen der Strafverfolgungsbehörden muss entgegengewirkt werden, weil ein schwerwiegender Eingriff in den Freiheitsbereich der Presse bei Strafermittlungen wegen Taten von geringer Bedeutung nicht gerechtfertigt ist[810].

Auf der anderen Seite darf die Bedeutung der Ermittlungen wegen schwerer Straftaten nicht unterschätzt werden. Dabei ist es zwar richtig, dass schwere Straftaten nur in wenigen Fällen Auslöser für Strafverfolgungsmaßnahmen sind[811], in diesen wenigen Fällen jedoch muss es Strafverfolgungsbehörden im Interesse an einer effektiven Rechtspflege möglich sein, allen sich bietenden Ermittlungsansätzen nachzugehen. Gerade weil diese Fälle nur selten vorkommen und die Medienangehörigen keiner Schweigepflicht unterliegen, so dass sie der Durchführung der Maßnahme immer durch eine freiwillige Herausgabe der relevanten Informationen entgegenwirken können, ist die Einschränkung, die mit den Ausnahmen der Medienprivilegien in den Fällen schwerer Straftaten verbunden ist, im Hinblick auf die Bedeutung des Strafverfolgungsinteresses in diesen Fällen zu akzeptieren.
Bei einer Neukonzeption des Gesetzes ist es erforderlich, dass diejenigen gehört werden, die in der Praxis mit den entsprechenden Regelungen zu tun haben. Das gilt sowohl für Vertreter der Staatsanwaltschaften als auch für investigativ arbeitende Journalisten. Diese Personen können zwar regelmäßig keine juristische Lösung für die auftretenden Schwierigkeiten im Umgang mit den derzeit geltenden Gesetzen bieten, sie können aber das Bewusstsein für die bestehenden praktischen Probleme schärfen und so dazu beitragen, dass eine neue Regelung nicht nur ein wissenschaftlich ermitteltes Optimum darstellt, sondern auch tatsächlich für einen Gewinn an Rechtssicherheit sorgt.
Es bleibt zu hoffen, dass die verantwortlichen Entscheidungsträger in der Politik bald die vorliegenden Gesetzesvorschläge aufgreifen und zu einer konstruktiven Diskussion kommen, damit sich im Interesse der Medienfreiheit und im Interesse einer effektiven Strafrechtspflege etwas bewegt.

---

809 Koschnick / Kaiser, Staatsaktionen, Journalist 5 / 96, S. 32 (34).
810 Löffler / Ricker, Handbuch des Presserechts, S. 200, Rdnr. 5.
811 Dunkhase, Pressegeheimnis, S. 211.

Literaturverzeichnis

Amelung, Knut

Grenzen der Beschlagnahme notarieller Unterlagen, DNotZ 1984, S. 195

Anwaltkommentar

Herausgeber: Krekeler, Wilhelm / Löffelmann, Markus, Strafprozessordnung, Deutscher Anwaltsverlag, 1. Auflage, Bonn 2007

Appel, Reinhard

Der Schutz des Informanten aus der Sicht von Presse und Rundfunk in: Erkel, Günter / Appel, Reinhard / Theisen, Otto / Peters, Karl, Strafrechtlicher Schutz der Informationsquellen in Presse und Rundfunk, C.H. Beck'sche Verlagsbuchhandlung, München 1975, S. 19

Artzt, Heinz

Begründung der Beschuldigten-Eigenschaft, Kriminalistik 1970, S. 379

Baumann, Christian

Pressefreiheit und Schutz der Presse im Ermittlungsverfahren gegen Dritte, Dissertation 1989

Baumann, Jürgen / Weber, Ulrich / Mitsch, Wolfgang

Strafrecht Allgemeiner Teil, Verlag Ernst und Werner Gieseking, 11. Auflage, Bielefeld 2003

Beermann, Torsten

Der Begriff „Terrorismus“ in deutschen Printmedien, Lit Verlag, Münster 2004

Behm, Ulrich

Das Dresdener Giesen-Urteil und die Auslegung des §353 b StGB, KJ 2002, S. 441

Behm, Ulrich

Verletzung von Dienstgeheimnissen und Beihilfe durch Journalisten?, AfP 2000, S. 421

Berg, Klaus

Fahndung und Ermittlung mit Hilfe der Medien, AfP 1989, S. 416

Bettermann, Karl August

Publikationsfreiheit für erschlichene Informationen? - Kritische Bemerkungen zum Wallraff-Urteil des BGH, NJW 1981, S. 1065

Beulke, Werner

Strafprozessrecht, C. F. Müller Verlag, 9. Auflage, Heidelberg 2006

Beuthner, Michael

Wie wenig Zeit braucht guter Journalismus?, in: Weichert, Stephan A. (Herausgeber), Bilder des Terrors – Terror der Bilder?, Herbert von Halem Verlag, Köln 2003, S. 134

Birkner, Stefan / Rösler, Philipp

Pressefreiheit stärken – Strafprozessordnung ändern, ZRP 2006, S. 109

Birmanns, Martin

Die Beschlagnahme von Buchführungsunterlagen beim Steuerberater, MDR 1981, S. 102

Bleckmann, Albert

Staatsrecht II – Die Grundrechte, Carl Heymann Verlag KG, 4. Auflage, München 1997

Bornkamm, Joachim

Die Berichterstattung über schwebende Strafverfahren und das Persönlichkeitsrecht des Beschuldigten, NStZ 1983, S. 102

Bringewat, Peter

Zeugnisverweigerungsrecht und Beschlagnahmeprivileg des Verteidigers, NJW 1974, 1740

Brömmekamp, Birgit

Die Pressefreiheit und ihre Grenzen in England und der Bundesrepublik Deutschland, Dissertation, Peter Lang GmbH, Frankfurt am Main 1997

Brosius-Gersdorf, Frauke

Dienstgeheimnis versus Presse- und Rundfunkfreiheit, AfP 1998, S. 25

Brüning, Janique

Beihilfe zum „Geheimnisverrat“ durch Journalisten und die strafprozessualen Folgen, NStZ 2006, S. 253

Buttler, Joachim

Ästhetik des Terrors – Die Bilder des 11. Septembers 2001, in: Weichert, Stephan A. (Herausgeber), Bilder des Terrors – Terror der Bilder?, Herbert von Halem Verlag, Köln 2003, S. 26

Cario, Ingmar

Der Deutschland-Ermittler, Lit Verlag, Berlin 2006

Carstens, Peter / Löwenstein, Stephan

Steinmeier wehrt sich gegen Anschuldigungen im Fall Kurnaz, Frankfurter Allgemeine Zeitung vom 24. Januar 2007, S. 1

Cramer, Peter

Das Zeugnisverweigerungsrecht von Presse und Rundfunk, J.C.B. Mohr (Paul Siebeck), Tübingen 1968

Dachs, Gisela

Journalismus in Nahost: Warum Bilder und Wirklichkeit nicht selten divergieren, Die Zeit 25/1997 vom 13.06.1997

Dallinger, Wilhelm

Aus der Rechtsprechung des Bundesgerichtshofs in Strafsachen, MDR 1958, S. 12

Darnstädt, Thomas / Neubacher, Alexander / Rosenbach, Marcel

Stichwort „Cicero", Der Spiegel 40 / 2005, S. 36

Degenhart, Christoph

Staatsrecht I, C.F. Müller Verlag, 23. Auflage, Heidelberg 2007

Delitz, Manfred

Zweifelsfragen zum neuen strafprozessualen Zeugnisverweigerungsrecht der Presse, AfP 1976, S. 106

Dörr, Dieter

Durchsuchungen und Beschlagnahmen bei Medienunternehmen, AfP 1995, S. 378

dpa / AFP / SZ

Scharfe Kritik an Ermittlungen, Süddeutsche Zeitung vom 04.08.2007, S. 5

dpa

Zu viel Aufregung?, Frankfurter Allgemeine Zeitung vom 06.08.2007, S. 36

Dreier, Horst

Grundgesetz Kommentar Band I, J.C.B. Mohr Verlag, Tübingen 1996

Dunkhase, Dirk

Das Pressegeheimnis, Dissertation, Duncker & Humblot GmbH, Berlin 1998

Dürr, Tobias

Bei Robinson Crusoe, Die Zeit 23/2006 vom 01.06.2006

Eidam, Gerd

Unternehmen und Strafe, Luchterhand Verlag, 3. Auflage, Köln 2008

Emcke, Carolin / Hoyng, Hans / Koch, Dirk / Simons, Stefan / Spörl, Gerhard

„Wir werden zurück schlagen", Der Spiegel, 38 / 2001, S. 16

Erkel, Günter

Der Bundesgesetzgeber und das Zeugnisverweigerungsrecht
in: Erkel, Günter / Appel, Reinhard / Theisen, Otto / Peters, Karl, Strafrechtlicher Schutz der Informationsquellen in Presse und Rundfunk, C.H. Beck'sche Verlagsbuchhandlung, München 1975, S. 5

Ernst, Stefan

Zu den Rechtsfragen einer verfälschten Bildberichterstattung, AfP 2006, 529

Fahl, Christian

Beweisverbote im Strafprozess – Ploceman Donavan und die Früchte des vergifteten Baumes, JuS 1996, S. 1013

Fechner, Frank

Medienrecht, Mohr Siebeck, 8. Auflage, Tübingen 2007

Fezer, Gerhard

Anmerkung zu BVerfG Beschluss vom 10.05.1983 – 1 BvR 385 / 81, JZ 1983, 795

Fezer, Gerhard

Grundfälle zum Verlesungs- und Verwertungsverbot im Strafprozess, JuS 1978, 765

Fischer, Thomas

Strafgesetzbuch, Verlag C.H. Beck, 55. Auflage, München 2008

Fundermann, Willi

Thesen zum Verhältnis zwischen Polizei und Medien – Versuch einer Situationsbeschreibung

in: Dölling, Dieter / Gössel, Karl-Heinz / Stanislaw, Waltos, Kriminalberichterstattung in der Tagespresse, Kriminalistik Verlag Heidelberg 1998, S. 323

Gas, Tonio / Körner, Felizitas

Mit wahren Worten das Falsche sagen, AfP 2007, S. 17

Geppert, Klaus

Die Beihilfe (§27 StGB), Jura 1999, S. 266

Gerhardt, Erwin

Das neue Zeugnisverweigerungsrecht der Publizisten, AfP 1975, 843

Gerhardt, Erwin

Einschränkung des Zeugnisverweigerungsrechts der Publizisten durch die Rechtsprechung, AfP 1979, S. 234

Gerhardt, Erwin

Medienrechtliche Gesetze und Gesetzesentwürfe, AfP 1975, S. 755

Gerhardt, Rudolf

Wann Journalisten schweigen dürfen, ZRP 2001, 319

Gerhardt, Erwin

Zur Unbeschränktheit des Zeugnisverweigerungsrechts der Mitarbeiter von Presse und Rundfunk, MDR 1976, S. 461

Gerschel, Alfred

Beschlagnahme von selbstrecherchiertem Fernsehmaterial verfassungsgemäß, AfP 1987, S. 679

Greitemann, Georg

Das Forschungsgeheimnis im Strafprozess, NStZ 2002, 572

Gropp, Walter

Strafrecht Allgemeiner Teil, Springer-Verlag, 3. Auflage, Berlin 2005

Groß, Rolf

Neuregelung des journalistischen Zeugnisverweigerungsrechts, NJW 1975, 1763

Groß, Rolf

Zum Zeugnisverweigerungsrecht der Mitarbeiter von Presse und Rundfunk,in: Lüke, Gerhard / Jauernig, Othmar, Festschrift für Gerd Schiedermair zum 70. Geburtstag, C.H. Beck'sche Verlagsbuchhandlung, München 1976, S. 223

Großpietsch, Georg

Das Zeugnisverweigerungsrecht von Journalisten aus Anlass von Straftaten im Zusammenhang mit Demonstrationen, Dissertation, 1990

Grünwald, Gerald

Anmerkung zu BGH, Urt. v. 28.4.1987 – 5 StR 666/86, StV 1987, S. 470

Grünwald, Gerald

Beweisverbote und Verwertungsverbote im Strafverfahren, JZ 1966, S. 489

Grünwald, Gerald

Meinungsfreiheit und Strafrecht, KJ 1979, S. 291

Hamm, Rainer

Große Strafprozesse und die Macht der Medien, Nomos-Verlagsgesellschaft, 1. Auflage, Baden-Baden 1997

Hamm, Rainer

Vom Grundrecht der Medien auf das Fischen im Trüben, NJW 2001, S. 269

Hammerstein, Gerhard

Bemerkungen zur Kriminalberichterstattung aus Sicht des Strafverteidigers, in: Dölling, Dieter / Gössel, Karl-Heinz / Stanislaw, Waltos, Kriminalberichterstattung in der Tagespresse, Kriminalistik Verlag Heidelberg 1998, S. 359

Hanfeld, Michael

Die wilde 17, Frankfurter Allgemeine Zeitung vom 04.08.2007, S. 39

Hassemer, Winfried

Der Einfluss der Medien auf das Strafverfahren aus strafrechtlicher Sicht, in: Oehler, Dietrich / Jahn, Friedrich-Adolf / Gerhardt, Rudolf / Burgstaller, Manfred / Hassemer, Winfried, Der Einfluss der Medien auf das Strafverfahren, C.H.Beck'sche Verlagsbuchhandlung, München 1990, S. 61

Hassemer, Winfried
Fahndung und Ermittlung mit Hilfe der Medien?, AfP 1989, S. 418

Hassemer, Winfried
StPO §53 I Nr. 5 Grenzen des Zeugnisverweigerungsrechts von Presse und Rundfunk, JuS 1979, S. 520

Hassemer, Winfried
Vorverurteilung durch die Medien?, NJW 1985, S. 1921

Hassemer, Winfried
Zeugnisverweigerungsrecht der Journalisten (Beschluss des BGH vom 20.11.1989), JuS 1990, S. 503

Hauf, Claus-Jürgen
Strafrecht Allgemeiner Teil, Hermann Luchterhand Verlag, 2. Auflage, Neuwied 2001

Heidelberger Kommentar zur Strafprozessordnung
Herausgeber: Lemke, Michael / Julius, Karl-Peter / Krehl, Christoph / Kurth, Hans-Joachim / Rautenberg, Erardo Cristoforo / Temming, Dieter, C.F. Müller Verlag, 3. Auflage, Heidelberg 2001

Hennemann, Ludwig
Pressefreiheit und Zeugnisverweigerungsrecht, Dissertation, Duncker & Humblot, Berlin 1978

Hesse, Konrad
Grundzüge des Verfassungsrechts der Bundesrepublik Deutschland, C.F. Müller Verlag, 20. Auflage, Heidelberg 1999

Holtz, Günter
Aus der Rechtsprechung des Bundesgerichtshofs in Strafsachen, MDR 1980, S. 812

Holzer, Werner
Investigativer Journalismus, in: Wilke, Ethik der Massenmedien, Wilhelm Braumüller Universitäts-Verlagsbuchhandlung GmbH, Wien 1996

Höser, Jürgen
Nochmals: Die Beschlagnahme von Buchführungsunterlagen bei dem Steuerberater – Entgegnung auf den Beitrag von Birmanns, MDR 1981, S. 102 f, MDR 1982, S. 535

Janisch, Wolfgang

Investigativer Journalismus und Pressefreiheit, Dissertation, Nomos Verlagsgesellschaft, Baden-Baden 1998

Jarass, Hans D.

Konflikte zwischen Polizei und Presse bei Demonstrationen, JZ 1983, S. 280

Jarass, Hans D. / Pieroth, Bodo

Grundgesetz Kommentar, C.H. Beck, 9. Auflage, München 2007

Jescheck, Hans-Heinrich

Rechtsvergleichendes Generalgutachten zum 46. Deutschen Juristentag Band I Teil 3 B, C.H. Beck'sche Verlagsbuchhandlung, München 1966

Jescheck, Hans-Heinrich

Wesen und rechtliche Bedeutung der Beendigung der Straftat, in: Stratenwerth, Günter / Kaufmann, Armin / Geilen, Gerd / Hirsch, Hans Joachim / Schrciber, Hans-Ludwig / Jakobs, Günther / Loos, Fritz, Festschrift für Hans Welzel zum 70. Geburtstag, Walter de Gruyter GmbH & Co.KG, Berlin 1974, S. 683

Jescheck, Hans-Heinrich / Weigend, Thomas

Lehrbuch des Strafrechts Allgemeiner Teil, Duncker & Humblot GmbH, 5. Auflage, Berlin 1996

Joecks, Wolfgang

Strafprozessordnung – Studienkommentar - , C.H. Beck OHG, München 2006

Jutzi, Siegfried

Durchsuchung und Beschlagnahme bei Presseunternehmen / Der Fall „Cicero“, NJ 2007, S. 217

Kaiser, Günther

Medienkriminalität – Spiegel der Wirklichkeit oder Instrument der Kriminalpolitik?, ZRP 2002, S. 30

Kaiser, Ulrike

Risiken und Nebenwirkungen, Journalist 4 / 2007, S. 30

Karlsruher Kommentar

Herausgeber: Pfeiffer, Gerd, Kommentar zur Strafprozessordnung, C.H. Beck'sche Verlagsbuchhandlung, 4. Auflage, München 1999

Karlsruher Kommentar

Herausgeber: Pfeiffer, Gerd, Kommentar zur Strafprozessordnung, C.H. Beck'sche Verlagsbuchhandlung, 5. Auflage, München 2003

Kästner, Roland

Statement, in: BKA-Herbsttagung 2004, Netzwerke des Terrors – Netzwerke gegen den Terror, Wolters Kluwer Deutschland GmbH, München 2005, S. 131

Kellermann, Helmut

Zur Unverhältnismäßigkeit einer Durchsuchungsanordnung im Presse- und Rundfunkbereich, Beschluss des LG Bremen vom 7.10.1996, AfP 1997, S. 561

Kepplinger, Hans Mathias

Das Interesse der Allgemeinheit und die Eigeninteressen der Medien, ZRP 2000, S. 134

Kindhäuser, Urs

Strafprozessrecht, Nomos Verlagsgesellschaft, 1. Auflage, Baden-Baden 2006

Kindhäuser, Urs

Strafrecht Allgemeiner Teil, Nomos Verlagsgesellschaft, 2. Auflage, Baden-Baden 2006

Klug, Ulrich

Beweisverbote im Strafprozess, Referat zum 46. Deutschen Juristentag; Sitzungsbericht der Verhandlungen der Strafrechtlichen Abteilung am 28. und 29. September 1966, C.H. Beck'sche Verlagsbuchhandlung, München 1966, Teil F, F30

KMR Kommentar zur Strafprozessordnung Band I

Herausgeber: von Heintschel-Heinegg, Bernd / Stöckel, Heinz, Luchterhand Verlag GmbH, Neuwied, Stand Juni 2007

Kohlhaas, Max

Das Zeugnisverweigerungsrecht der Journalisten,
in: Studienkreis für Presserecht und Pressefreiheit, Festschrift für Martin Löffler zum 75. Geburtstag „Presserecht und Pressefreiheit“, C.H. Beck'sche Verlagsbuchhandlung, München 1980, S. 143

Koschnik, Wolfgang / Kaiser, Ulrike

Staatsaktionen, Journalist 5 / 1996, S. 32

Kramer, Bernhard

Das gespaltene Zeugnisverweigerungsrecht der Medienangehörigen in der StPO, Kriminalistik 2004, S. 756

Krekeler, Wilhelm

Beeinträchtigung der Rechte des Mandanten durch Strafverfolgungsmaßnahmen gegen den Rechtsanwalt, NJW 1977, S. 1417

Krekeler, Wilhelm

Beweisverwertungsverbote bei fehlerhaften Durchsuchungen, NStZ 1993, S. 263

Krekeler, Wilhelm

Zufallsfunde bei Berufsgeheimnisträgern und ihre Verwertbarkeit, NstZ 1987, S. 199

Kübler, Friedrich

Aktuelle Probleme des Zeugnisverweigerungsrechts von Presse und Rundfunk und des Verhältnisses von Presse und Polizei bei Demonstrationen, AfP 1982, S. 214

Kühl, Kristian

Die Beendigung des vollendeten Delikts,
in: Schünemann, Bernd / Achenbach, Hans / Bottke, Wilfried / Haffke, Bernhard / Rudolphi, Hans-Joachim, Festschrift für Claus Roxin zum 70. Geburtstag am 15. Mai 2001, Walter de Gruyter GmbH & Co.KG, Berlin 2001, S. 665

Kühl, Kristian

Grundfälle zu Vorbereitung, Versuch, Vollendung und Beendigung, JuS 1982, S. 189

Kühl, Kristian
Strafprozessrecht: Grenzen des Zeugnisverweigerungsrechts von Pressemitarbeitern, JA 1980, S. 682

Kühne, Hans Heiner
Zeugnisverweigerungsrecht im Strafprozess – neue Wege für die Anwendung von Grundrechten? - BVerfGE 33, 367, JuS 1973, S. 685

Kunert, Karl Heinz
Das Gesetz über das Zeugnisverweigerungsrecht der Mitarbeiter von Presse und Rundfunk, MDR 1975, S. 885

Kunert, Karl Heinz
Erweitertes Zeugnisverweigerungsrecht der Medienmitarbeiter, NstZ 2002, S. 169

Kunert, Karl Heinz
Recht, Presse und Politik – von einer unglücklichen Dreiecksbeziehung in Bremen, DRiZ 1997, S. 325

Lackner, Karl / Kühl, Kristian
Strafgesetzbuch,Verlag C.H. Beck, 26. Auflage, München 2007

Laqueur, Walter
Terrorismus, Athenäum Verlag GmbH, 1. Auflage, Kronberg 1977

Leipziger Kommentar
Herausgeber: Burkhard, Jähnke / Laufhütte, Heinrich Wilhelm / Odersky, Walter, Leipziger Kommentar zum Strafgesetzbuch Vierter Band, De Gruyter Rechtswissenschaften Verlags-GmbH, 11. Auflage, Berlin 2005

Leipziger Kommentar
Herausgeber: Burkhard, Jähnke / Laufhütte, Heinrich Wilhelm / Odersky, Walter, Leipziger Kommentar zum Strafgesetzbuch, Neunter Band, De Gruyter Rechtswissenschaften Verlags-GmbH, 11. Auflage, Berlin 2006

Leyendecker, Hans
Im Zweifel vertraulich, Süddeutsche Zeitung vom 04.08.2007, S. 5

Lisken, Hans
Anmerkung zum Beschluss des LG Bremen vom 04.11.1996, StV 1997, S. 396

Löffler, Martin

Das Chiffregeheimnis und die Unteilbarkeit der Pressefreiheit, AfP 1975, S. 730

Löffler, Martin

Das neue Zeugnisverweigerungs- und Beschlagnahmerecht im Presse- und Rundfunkbereich, AfP 1978, S. 84

Löffler, Martin

Lücken und Mängel im neuen Zeugnisverweigerungs- und Beschlagnahmerecht von Presse und Rundfunk, NJW 1978, S. 913

Löffler, Martin / Ricker, Reinhard

Handbuch des Presserechts, C.H. Beck, 5. Auflage, München 2005

Löffler, Martin / Sedelmeier, Klaus / Burkhardt, Emanuel

Presserecht, C.H. Beck, 5. Auflage, München 2006

Löffler, Martin / Wenzel, Egbert / Sedelmeier, Klaus

Presserecht, C.H. Beck'sche Verlagsbuchhandlung, 4. Auflage, München 1997

Löwe-Rosenberg

Herausgeber: Erb, Volker / Esser, Ulrich Franke / Graalmann-Scheerer, Kirsten / Hilger, Hans / Ignor, Alexander, Die Strafprozessordnung und das Gerichtsverfassungsgesetz Band I (§§ 1-47), De Gruyter Rechtswissenschaften Verlags-GmbH, 26. Auflage, Berlin 2006

Löwe-Rosenberg

Herausgeber: Rieß, Peter, Die Strafprozessordnung und das Gerichtsverfassungsgesetz Band I (§§ 1-71), De Gruyter Rechtswissenschaften Verlags-GmbH, 25. Auflage, Berlin 1999

Löwe-Rosenberg

Herausgeber: Rieß, Peter, Die Strafprozessordnung und das Gerichtsverfassungsgesetz Band II, De Gruyter Rechtswissenschaften Verlags-GmbH, 25. Auflage, Berlin 2004

Ludwig, Johannes

Investigativer Journalismus, UVK Verlagsgesellschaft, Konstanz 2002

Maiwald, Manfred
Zufallsfunde bei zulässiger strafprozessualer Telefonüberwachung – BGH, NJW 1976, 1462, JuS 1978, S. 379

Mallmann, Walter
Pressepflichten und öffentliche Aufgabe der Presse, JZ 1966, S. 625

Martin, Sigmund
Beihilfe zur Verletzung von Dienstgeheimnissen, JuS 2000, S. 301

Maurach, Reinhart / Gössel, Karl Heinz / Zipf, Heinz
Strafrecht Allgemeiner Teil, Teilband 2, C.F. Müller Verlag, 7. Auflage, Heidelberg 1989

Mensching, Michael
Das Zeugnisverweigerungsrecht der Medien, Dissertation, Bonn 2000

Meyer-Goßner, Lutz
Strafprozessordnung, C. H. Beck, 50. Auflage, München 2007

Mitsch, Wolfgang
Mitbeschuldigter und Zeugnisverweigerungsrecht, in: Eser, Albin / Schittenhelm, Ulrike / Schumann, Heribert, Festschrift für Theodor Lenckner zum 70. Geburtstag, C.H. Beck'sche Verlagsbuchhandlung, München 1998, S. 721

Möhl, Hans-Peter
Das Zeugnisverweigerungsrecht der Presse, Zeitungsverlag und Zeitschriften Verlag GmbH, Bad Godesberg 1963

Möhrenschlager, Manfred
Das Siebzehnte Strafrechtsänderungsgesetz, JZ 1980, S. 161

Müller, Reinhard
Praktisch aussichtslos, Frankfurter Allgemeine Zeitung vom 04.08.2007, S. 1, 2

Münchener Kommentar
Bandredakteur: Heintschel-Heinegg, Bernd von, Münchener Kommentar zum Strafgesetzbuch, Band 2 / 2, C.H. Beck, München 2005

Münchener Kommentar
Bandredakteure: Hefendehl, Roland / Hohmann, Olaf, Münchener Kommentar zum Strafgesetzbuch Band 4, C.H. Beck, München 2006

Musolff, Andreas

Terrorismus im öffentlichen Diskurs der BRD: Seine Deutung als Kriegsgeschehen und die Folgen, S. 302

Neuhaus, Ralf

Zur Fernwirkung von Beweisverwertungsverboten, NJW 1990, S. 1221

Neuling, Christian-Alexander

Inquisition durch Informationen, Dissertation, Duncker & Humboldt GmbH, Berlin 2005

Nomos Kommentar

Herausgeber: Kindhäuser, Urs / Neumann, Ulfried / Paeffgen, Hans-Ullrich, Kommentar zum Strafgesetzbuch, Band 1, Nomos-Verlagsgesellschaft, 2. Auflage, Baden-Baden 2005

Nomos Kommentar

Herausgeber: Kindhäuser, Urs / Neumann, Ulfried / Paeffgen, Hans-Ullrich, Kommentar zum Strafgesetzbuch, Band 2, Nomos-Verlagsgesellschaft, 2. Auflage, Baden-Baden 2005

Noske, Esther

Verbesserter Schutz für Journalisten?, ZRP 2006, 25

Ollendorff, Martin

Der Schutz der Recherche im strafprozessualen Zeugnisverweigerungsrecht der Medienschaffenden in der Bundesrepublik Deutschland, Dissertation, Verlag Peter Lang GmbH, Frankfurt am Main 1991

Otto, Harro

Grenzen und Tragweite der Beweisverbote im Strafverfahren, GA 1970, S. 289

Pauli, Andreas

Der Schutz von Presse und Rundfunk vor dem Zugriff staatlicher Verfolgungsorgane, Dissertation, C.H. Beck'sche Verlagsbuchhandlung, München 1988

Perron, Walter

Anmerkung zu BGH, Urt. v. 23.03.2001 – 2 StR 488 / 00 (LG Frankfurt a.M.), JZ 2002, S. 48

Peters, Karl

Die Strafprozessordnung und das Zeugnisverweigerungsrecht, das Beschlagnahme- und Durchsuchungsverbot, in: Erkel, Günter / Appel, Reinhard / Theisen, Otto / Peters, Karl, Strafrechtlicher Schutz der Informationsquellen in Presse und Rundfunk, C.H. Beck'sche Verlagsbuchhandlung, München 1975, S. 51

Pfeiffer, Gerd

Strafprozessordnung, Verlag C. H. Beck, München 2005

Pieroth, Bodo / Schlink, Bernhard

Grundrechte Staatsrecht II, C.F. Müller Verlag, 23. Auflage, Heidelberg 2007

Pöppelmann, Benno H.

„Kunstgriffe" der Justiz – Ein Plädoyer für die Änderung des Zeugnisverweigerungsrechts für Beschäftigte bei Presse und Rundfunk, AfP 1997, S. 485

Pöppelmann, Benno H.

Das Urteil muss Konsequenzen haben, Journalist 4 / 2007, S. 31

Ranft, Otfried

Strafprozessrecht, Richard Boorberg Verlag GmbH & Co.KG, 3. Auflage, Mörlenbach 2005

Rebmann, Kurt

Aktuelle Probleme des Zeugnisverweigerungsrechts von Presse und Rundfunk und des Verhältnisses von Presse und Polizei bei Demonstrationen, AfP 1982, S. 189

Rebmann, Kurt

Beschlagnahme von terroristischen „Bekennerschreiben" bei Presseunternehmen,

in: Freiherr von Gamm, Otto Friedrich / Raisch, Peter / Tiedemann, Klaus, Strafrecht, Unternehmensrecht, Anwaltsrecht, Festschrift für Gerd Pfeiffer, Carl Heymanns Verlag KG, Kassel 1988, S. 225

Rehbinder, Manfred

Rechtspolitisches zum Quellenschutz der Medien durch Zeugnisverweigerungsrecht im Strafprozess, in: Herzberg, Rolf-Dietrich, Festschrift für Dietrich Oehler zum 70. Geburtstag, Carl Heymann Verlag KG, Köln 1985, S. 411

Rehbock, Klaus

Medien- und Presserecht, Verlag C.H. Beck, München 2005

Reihe Alternativkommentare

Herausgeber: Wassermann, Rudolf, Kommentar zur Strafprozessordnung, Hermann Luchterhand Verlag, Neuwied 1988

Rengier, Rudolf

Die Reichweite des §53 I Nr. 5 StPO zum Schutz des Informanten, JZ 1979, S. 797

Rengier, Rudolf

Die Zeugnisverweigerungsrechte im geltenden und künftigen Strafverfahrensrecht, Dissertation, Ferdinand Schöningh, Paderborn 1980

Reupert, Christine

Die Filmfreiheit – Der verfassungsrechtliche Schutz des Films, NVwZ 1994, S. 1155

Rogall, Klaus

Artenschutz für Medienmitarbeiter?, in: Döllinger, Dieter (Herausgeber), Festschrift für Ernst-Joachim Lampe zum 70. Geburtstag: Jus humanum Grundlagen des Rechts und Strafrecht, Duncker & Humblot GmbH, Berlin 2003, S. 805

Rogall, Klaus

Der neue strafrechtliche Schutz der staatlichen Geheimnissphäre, NJW 1980, 751

Rogall, Klaus

Hypothetische Ermittlungsverläufe im Strafprozess, NStZ 1988, S. 385

Rogall, Klaus

Zur Verwertbarkeit der Aussage einer noch nicht beschuldigten Person, MDR 1977, S. 978

Rose, Gabriele

Grenzen der journalistischen Recherche im Strafrecht und Strafverfahrensrecht, Europäischer Verlag der Wissenschaften, Frankfurt am Main 2001

Rosenberger, Bernhard / Schmid, Sigrun

Zwischen Gleichförmigkeit und Differenzierung Wettbewerbsstrategien von Agenturen im sich wandelnden Nachrichtenmarkt, in: Wilke, Jürgen, Nachrichtenagenturen im Wettbewerb, UVK Medien Verlagsgesellschaft mbH, 1. Auflage, Konstanz 1997

Roßnagel, Alexander

Recht der Multimedia-Dienste, C.H. Beck'sche Verlagsbuchhandlung, München 2005

Rotsch, Friederike

Der Schutz der journalistischen Recherche im Strafprozessrecht, Dissertation, Peter Lang, Frankfurt am Main, 2001

Rötzer, Florian

Aufmerksamkeitsterrorismus und die Medien, in: Klußmann, Jörgen, Terrorismus und die Medien, evangelische Akademie im Rheinland, Bonn 2005, S. 21

Roxin, Claus

Strafrecht Allgemeiner Teil Band II, Verlag C.H. Beck, München 2003

Roxin, Claus

Strafverfahrensrecht, C.H. Beck'sche Verlagsbuchhandlung, 25. Auflage, München 1998

Rudolphi, Hans-Joachim

Die zeitlichen Grenzen der sukzessiven Beihilfe,
in: Vogler, Theo, Festschrift für Hans-Heinrich Jescheck zum 70. Geburtstag, Duncker & Humblot GmbH, Berlin 1985, S. 559

Rudolphi, Hans-Joachim

Grenzen der Überwachung des Fernmeldeverkehrs nach den §§ 100 a, b StPO,
in: Grünwald, Gerald / Miehe, Olaf / Rudolphi, Hans-Joachim / Schreiber, Hans-Ludwig, Festschrift für Friedrich Schaffstein, Verlag Otto Schwartz und Co, Göttingen 1975

Rupp, Hans Heinrich

Gutachten für den 46. Deutschen Juristentag, „Beweisverbote im Strafprozess in verfassungsrechtlicher Sicht“ Band I Teil 3 A, C.H. Beck'sche Verlagsbuchhandlung, München 1966

Rupp, Hans Heinrich

Themen der Zeit, ZRP 1972, S. 237

Sachs, Michael

Grundgesetz Kommentar, C.H. Beck'sche Verlagsbuchhandlung, 4. Auflage, München 2007

Schelberg, Thomas

Watchdog oder Schoßhund?, Journalist 8 / 2006, S. 32

Schily, Otto

Eröffnung und Festvortrag,
in: BKA-Herbsttagung 2004, Netzwerke des Terrors – Netzwerke gegen den Terror, Wolters Kluwer Deutschland GmbH, München 2005, S. 5.

Schirra, Bruno

Der gefährlichste Mann der Welt, Cicero April 2005

Schlüchter, Ellen

Strafprozessrecht, EuWi-Verlag, 3. Auflage, Thüngersheim / Frankfurt am Main 1999

Schmidt, Rolf

Die Ausnahmen vom Beschlagnahmeverbot gemäß §97 Absatz 2 Satz 3 1. HS StPO, Dissertation, Peter Lang GmbH Frankfurt am Main 1989

Schmidt, Rolf

Die Beschlagnahme von (Geschäfts-) Unterlagen beim Zeugnisverweigerungsberechtigten, wistra 1991, S. 245

Schmidt-Bleibtreu, Bruno / Klein, Franz

Kommentar zum Grundgesetz, Luchterhand Verlag, 10. Auflage, München 2004

Schmidt-De Caluwe, Reimund

Pressefreiheit und Beihilfe zum Geheimnisverrat i.S. des §353b StGB – Der Fall „Cicero“ und die Entscheidung des BVerfG, NVwZ 2007, S. 640

Schmitt, Petra

Die Berücksichtigung der Zeugnisverweigerungsrechte nach §§52, 53 StPO bei den auf Beweisgewinnung gerichteten Zwangsmaß-nahmen, Dissertation, Duncker & Humblot GmbH, Berlin 1993

Schnöckel, Stefan

Pressefreiheit ohne Informantenschutz? (zu Kugelman, ZRP 2005, 260), ZRP 2006, S. 100

Schönke, Adolf / Schröder, Horst / Cramer, Peter

Strafgesetzbuch, C.H. Beck'sche Verlagsbuchhandlung, 27. Auflage, München 2006

Schramm, W. / Bersmann, K.

Haftrichter ohne Akten – rechtswidrige Zustände im Eildienst (§115 StPO), StV 2006, S. 442

Schulz, Wolfgang / Korte, Benjamin

Die offene Flanke der Medienprivilegien, AfP 2000, S. 530

Schulz, Wolfgang / Korte, Benjamin

Medienprivilegien in der Informationsgesellschaft, KritV 2001, S. 113

Skibowski, Katharina

Der Staatsanwalt klingelt nur einmal, Journalist 11 / 2005, S. 30

Soehring, Jörg

Presserecht, Schaeffer-Poeschel Verlag, 3. Auflage, Stuttgart 2000

Starke, Thomas

Informantenschutz zwischen Pressefreiheit und staatlichem Strafverfolgungsinteresse, AfP 2007, S. 91

Steinseifer, Martin

Terrorismus als Medienereignis im Herbst 1977: Strategien, Dynamiken, Darstellungen, Deutungen,
in: Weinhauer, Klaus / Requate, Jörg / Haupt, Heinz Gerhard, Terrorismus in der Bundesrepublik, Campus Verlag GmbH, Frankfurt am Main 2006, S. 351

Stengel, Eckhard

Briefe als Tatmittel, Journalist 10 / 1995, S. 44

Stypmann, Rolf
Rechtliche und tatsächliche Probleme bei staatsanwaltlichen Durchsuchungs- und Beschlagnahmehandlungen, wistra 1982, S. 11

Systematischer Kommentar zur Strafprozessordnung
(SK StPO) Band I, Gesamtredaktion: Rudolphi, Hans-Joachim, Luchterhand, München, Stand Oktober 2006

Systematischer Kommentar zur Strafprozessordnung
(SK StPO) Band II, Gesamtredaktion: Rudolphi, Hans-Joachim, Luchterhand, München, Stand Oktober 2006

Teubel, Kirsten
Unterlassungsanspruch bei mehrdeutigen Äußerungen und zweifelhaftem Wahrheitsgehalt, AfP 2006, S. 20

Theisen, Otto
Der Schutz des Redaktionsgeheimnisses und das Interesse an der Sachaufklärung,
in: Erkel, Günter / Appel, Reinhard / Theisen, Otto / Peters, Karl, Strafrechtlicher Schutz der Informationsquellen in Presse und Rundfunk, C.H. Beck'sche Verlagsbuchhandlung, München 1975, S. 37

Thum, Kai
Pressefreiheit in der modernen Demokratie, AfP 2006, S. 17

Tillmanns, Lutz
„Das Redaktionsgeheimnis muss besser geschützt werden" - Investigative Journalisten stehen oft mit einem Fuß auf vermintem Gelände, ZRP 2007, S. 37

Tinnefeld, Marie-Theres
Medienfreiheit im Spannungsdreieck, Datenschutz, Zensur, Manipulation, MMR 5 / 2004, XXVII

Tsambikakis, Michael
Das neue Zeugnisverweigerungsrecht für Medienmitarbeiter, SraFo 2002, S. 145

von Knobloch, Hans Heinrich
Pressefreiheit und Gefahrenabwehr, AfP 2006, S. 301

von Mangoldt, Hermann / Klein, Friedrich / Starck, Christian
Kommentar zum Grundgesetz Band I, Verlag Franz Vahlen, 5. Auflage, München 2005

von Mangoldt, Hermann / Klein, Friedrich / Starck, Christian
Kommentar zum Grundgesetz Band II, Verlag Franz Vahlen, 5. Auflage, München 2005

von Münch, Ingo / Kunig, Philip
Grundgesetz-Kommentar, C.H. Beck'sche Verlagsbuchhandlung, 5. Auflage, München 2000

von Randow, Gero / Klingst, Martin u.a.
Der Keil des Terrors, Die Zeit 13/2004 vom 18.03.2004

Weigend, Thomas
Empfehlen sich gesetzliche Änderungen, um Zeugen und andere nicht beschuldigte Personen im Strafprozess besser vor Nachteilen zu bewahren?,
in: Verhandlungen des Zweiundsechzigsten Deutschen Juristentages in Bremen 1998 Band I Gutachten, C.H.Beck'sche Verlagsbuchhandlung, München 1998

Weinhauer, Klaus / Requate, Jörg
Die Herausforderung des „Linksterrorismus",
in: Weinhauer, Klaus / Requate, Jörg / Haupt, Heinz Gerhard, Terrorismus in der Bundesrepublik, Campus Verlag GmbH, Frankfurt am Main 2006, S. 9

Weischenberg, Siegfried
Journalismus unter neuen Geschäftsbedingungen,
in: Rolke, Lothar / Wolff, Volker, Wie die Medien die Wirklichkeit steuern und selber gesteuert werden, Westdeutscher Verlag GmbH, Wiesbaden 1999, S. 35

Weischenberg, Siegfried
Neues vom Tage, Rasch und Röhring Verlag, Hamburg 1997

Weischenberg, Siegfried / Malik, Maja
Nachgeforscht, Journalist 8 / 2006, S. 10

Welp, Jürgen

Entscheidungen: Strafprozess, Verfassungsrecht, JZ 1973, S. 288

Wenzel, Karl Egbert / Burkhardt, Emanuel H. / Gamer, Waldemar / Ritter von Strobl-Alberg, Joachim

Das Recht der Wort- und Bildberichterstattung, Dr. Otto Schmidt Verlag, 5. Auflage, Köln 2003

Wenzel, Karl-Egbert

Fahndung und Ermittlung mit Hilfe der Medien?, AfP 1989, S. 445

Wessels, Johannes / Beulke, Werner

Strafrecht Allgemeiner Teil, C.F. Müller Verlag, 37. Auflage, Heidelberg 2007

Wilmes, Frank

Über die Notwendigkeit von Public Relations in Strafprozessen, StraFo 2007, S. 11

Wohlers, Wolfgang

Alkoholbefund aus Operationsvorbereitung; Absehen von Strafe, NStZ 1990, S. 245

Zint, Martin

Friedensjournalismus – das Böse nicht schlimmer machen – Alternativen der Friedensberichterstattung, in: Klußmann, Jörgen, Terrorismus und die Medien, evangelische Akademie im Rheinland, Bonn 2005, S. 61

Zippelius, Reinhold / Würtenberger, Thomas

Deutsches Staatsrecht, C.H. Beck Verlag, 31. Auflage, München 2005

FRANKFURTER KRIMINALWISSENSCHAFTLICHE STUDIEN

Band 1 Peter Böning: Die Lehre vom Unrechtsbewußtsein in der Rechtsphilosophie Hegels 100 S., 1978.

Band 2 Wolfgang Schneider: Kriminelle Straßenverkehrsgefährdung (§ 315c Abs. 1 Ziff. 2, Abs. 3 StGB). Eine kriminologische und strafrechtliche Untersuchung zur Problematik dieser Verkehrsstraftaten unter Berücksichtigung ausländischer Rechte. 342 S., 1978.

Band 3 Lothar Kuhlen: Die Objektivität von Rechtsnormen. Zur Kritik des radikalen labeling approach in der Kriminalsoziologie. 178 S., 1978.

Band 4 Günther Grewe: Straßenverkehrsdelinquenz und Marginalität. Untersuchungen zur institutionellen Regelung von Verhalten. 148 S., 1978.

Band 5 Dieter Haberstroh: Strafverfahren und Resozialisierung. Eine Studie über Verstehen und Nicht-Verstehen, über Verstanden-Werden und Nicht-Verstanden-Werden und deren Bedingungen in der Hauptverhandlung. 202 S., 1979.

Band 6 Thomas Vogt: Die Forderungen der psychoanalytischen Schulrichtungen für die Interpretation der Merkmale der Schuldunfähigkeit und der verminderten Schuldfähigkeit (§§ 51 a.F., 20, 21 StGB). 182 S., 1979.

Band 7 Andreas Michael: Der Grundsatz in dubio pro reo im Strafverfahrensrecht. Zugleich ein Beitrag über das Verhältnis von materiellem Recht und Prozeßrecht. 214 S., 1981.

Band 8 Ilias G. Anagnostopoulos: Haftgründe der Tatschwere und der Wiederholungsgefahr (§§ 112 Abs. 3, 112 a StPO). Kriminalpolitische und rechtssystematische Aspekte der Ausweitung des Haftrechts. 1984.

Band 9 Helga Müller: Der Begriff der Generalprävention im 19. Jahrhundert. Von P.J.A. Feuerbach bis Franz v. Liszt. 1984.

Band 10 Frowin Jörg Kurth: Das Mitverschulden des Opfers beim Betrug. 1984.

Band 11 Martin J. Worms: Die Bekenntnisbeschimpfung im Sinne des § 166 Abs. 1 StGB und die Lehre vom Rechtsgut. 1984.

Band 12 Jong-Dae Bae: Der Grundsatz der Verhältnismäßigkeit im Maßregelrecht des StGB. 1985.

Band 13 Helmut Fünfsinn: Der Aufbau des fahrlässigen Verletzungsdelikts durch Unterlassen im Strafrecht. 1985.

Band 14 Christoph Krehl: Die Ermittlung der Tatsachengrundlage zur Bemessung der Tagessatzhöhe bei der Geldstrafe. 1985.

Band 15 Walter-Hermann Kiehl: Strafrechtliche Toleranz wechselseitiger Ehrverletzungen - Zur ratio legis der §§ 199, 233 Strafgesetzbuch -. 1986.

Band 16 Matthias Krahl: Die Rechtsprechung des Bundesverfassungsgerichts und des Bundesgerichtshof zum Bestimmtheitsgrundsatz im Strafrecht (Art. 103 Abs. 2 GG). 1986.

Band 17 Patrick Carroll Campbell: § 220a StGB. Der richtige Weg zur Verhütung und Bestrafung von Genozid? 1986.

Band 18 Winfried Hassemer (Hrsg.): Strafrechtspolitik. Bedingungen der Strafrechtsreform. 1987.

Band 19 Felix Herzog: Prävention des Unrechts oder Manifestation des Rechts. Bausteine zur Überwindung des heteronom-präventiven Denkens in der Strafrechtstheorie der Moderne. 1987.

Band 20 Astrid Michalke-Detmering: Die Mindestanforderungen an die rechtliche Begründung des erstinstanzlichen Strafurteils. Zur Auslegung des § 267 StPO. 1987.

Band 21 Lothar Kuhlen: Die Unterscheidung von vorsatzausschließendem und nichtvorsatzausschließendem Irrtum. 1987.

Band 22 Michael Buttel: Kritik der Figur des Aufklärungsgehilfen im Betäubungsmittelstrafrecht (§ 31 BtMG). 1988.

Band 23 Matthias Kögler: Die zeitliche Unbestimmtheit freiheitsentziehender Sanktionen des Strafrechts. Eine vergleichende Untersuchung zur Rechtslage und Strafvollstreckungspraxis in der Bundesrepublik Deutschland und den USA. 1988.

Band 24 Klaus Lüderssen/Cornelius Nestler-Tremel/Ewa Weigend(Hrsg.): Modernes Strafrecht und ultima-ratio-Prinzip. 1990.

Band 25 Jürgen Taschke: Die behördliche Zurückhaltung von Beweismitteln im Strafprozeß. 1989.

Band 26 Daniela Westphalen: Karl Binding (1841-1920). Materialien zur Biographie eines Strafrechtsgelehrten. 1989.

Band 27 Sigrid Jans: Die Aushöhlung des Klageerzwingungsverfahrens. 1990.

Band 28 Dimitris Spirakos: Folter als Problem des Strafrechts. Kriminologische, kriminalsoziologische und (straf-)rechtsdogmatische Aspekte unter besonderer Berücksichtigung der Folterschutzkonvention und der Pönalisierung der Folter in Griechenland. 1990.

Band 29 Stephan Moll: Strafrechtliche Aspekte der Behandlung Opiatabhängiger mit Methadon und Codein. 1990.

Band 30 Stefan Werner: Wirtschaftsordnung und Wirtschaftsstrafrecht im Nationalsozialismus. 1991.

Band 31 Xanthi Bassakou: Beiträge zur Analyse und Reform des Absehens von Strafe nach § 60 StGB. 1991.

Band 32 Rainer Runte: Die Veränderung von Rechtfertigungsgründen durch Rechtsprechung und Lehre. Moderne Strafrechtsdogmatik zwischen Rechtsstaatsprinzip und Kriminalpolitik. 1991.

Band 33 Olaf Hohmann: Das Rechtsgut der Umweltdelikte. Grenzen des strafrechtlichen Umweltschutzes. 1991.

Band 34 Klaus Jochen Müller: Das Strafbefehlsverfahren (§§ 407 ff. StPO). Eine dogmatisch-kriminalpolitische Studie zu dieser Form des schriftlichen Verfahrens unter besonderer Berücksichtigung der geschichtlichen Entwicklung – zugleich ein Beitrag zum StVÄG 1987. 1993.

Band 35 Sang-Don Yi: Wortlautgrenze, Intersubjektivität und Kontexteinbettung. Das strafrechtliche Analogieverbot. 1991.

Band 36 Birgit Malsack: Die Stellung der Verteidigung im reformierten Strafprozeß. Eine rechtshistorische Studie anhand der Schriften von C. J. A. Mittermaier. 1992.

Band 37 Rüdiger Schäfer: Die Privilegierung des "freiwillig-positiven" Verhaltens des Delinquenten nach formell vollendeter Straftat. Zugleich ein Beitrag zum Grundgedanken des Rücktritts vom Versuch und zu den Straftheorien. 1992.

Band 38 Cornelius Nestler-Tremel: AIDS und Strafzumessung. 1992.

Band 39 Christine Gutmann: Freiwilligkeit und (Sozio-)Therapie – notwendige Verknüpfung oder Widerspruch? 1993.

Band 40 Walter Kargl: Der strafrechtliche Vorsatz auf der Basis der kognitiven Handlungstheorie. 1993.

Band 41 Jürgen Rath: Zur strafrechtlichen Behandlung der aberratio ictus und des error in objecto des Täters. 1993.

Band 42 Martin Fischer: Wille und Wirksamkeit. Eine Untersuchung zum Problem des *dolus alternativus*. 1993.

Band 43 Regina Harzer: Der Naturzustand als Denkfigur moderner praktischer Vernunft. Zugleich ein Beitrag zur Staats- und Rechtsphilosophie von Hobbes und Kant. 1994.

Band 44 Helmut Pollähne: Lockerungen im Maßregelvollzug. Eine Untersuchung am Beispiel der Anwendung des nordrhein-westfälischen Maßregelvollzugsgesetzes im Westfälischen Zentrum für Forensische Psychiatrie (Lippstadt). 1994.

Band 45 Hans-Joachim Leonhardt: Rechtsmittelermessen der Staatsanwaltschaft. Eine Gegenüberstellung von § 296 StPO mit Nummern 147 und 148 Richtlinien für das Strafverfahren und das Bußgeldverfahren (RiStBV). 1994.

Band 46 Rolf Grünebaum: Zur Strafbarkeit des Therapeuten im Maßregelvollzug bei fehlgeschlagenen Lockerungen. 1996.

Band 47 Barbara Bialas: Promille-Grenzen, Vorsatz und Fahrlässigkeit. 1996.

Band 48 Christine Pott: Die Außerkraftsetzung der Legalität durch das Opportunitätsdenken in den Vorschriften der §§ 154, 154a StPO. Zugleich ein Beitrag zu einer kritischen Strafverfahrensrechtstheorie. 1996.

Band 49 Wolfgang Köberer: *Iudex non calculat*. Über die Unmöglichkeit, Strafzumessung sozialwissenschaftlich-mathematisch zu rationalisieren. 1996.

Band 50 Institut für Kriminalwissenschaften Frankfurt a.M. (Hrsg.): Vom unmöglichen Zustand des Strafrechts. 1995.

Band 51 Petra Kamberger: Treu und Glauben (§ 242 BGB) als Garantenstellung im Strafrecht? 1996.

Band 52 Anastassios Triantafyllou: Das Delikt der gefährlichen Körperverletzung (§ 223a StGB) als Gefährdungsdelikt. (Zugleich ein Beitrag zur Dogmatik der Gefährdungsdelikte). 1996.

Band 53 Norbert Kissel: Aufrufe zum Ungehorsam und § 111 StGB. Grundrechtlicher Einfluß bei der Feststellung strafbaren Unrechts. 1996.

Band 54 Susanne Ehret: Franz von Liszt und das Gesetzlichkeitsprinzip. Zugleich ein Beitrag wider die Gleichsetzung von Magna-charta-Formel und Nullum-crimen-Grundsatz. 1996.

Band 55 Stefan Braum: Geschichte der Revision im Strafverfahren von 1877 bis zur Gegenwart. Zugleich eine Kritik der Kontinuität politischer Macht im Recht. 1996.

Band 56 Katja Diel: Das Regreßverbot als allgemeine Tatbestandsgrenze im Strafrecht. 1997.

Band 57 Christoph Koller: Die Staatsanwaltschaft – Organ der Judikative oder Exekutivbehörde? Die Stellung der Anklagebehörde und die Gewaltenteilung des Grundgesetzes. 1997.

Band 58 Frank Schößler: Anerkennung und Beleidigung. Rechtsgut und Strafzweck des § 185 StGB. 1997.

Band 59 Regina Engelstädter: Der Begriff des Unfallbeteiligten in § 142 Abs. 4 StGB. Zugleich eine Kritik an aktuellen Zurechnungslehren. 1997.

Band 60 Jörg Reinhardt: Der Ausschluß und die Ablehnung des befangen erscheinenden Staatsanwaltes. 1997.

Band 61 Jens Christian Müller-Tuckfeld: Integrationsprävention. Studien zu einer Theorie der gesellschaftlichen Funktion des Strafrechts. 1998.

Band 62 Peter Maria Rohe: Verdeckte Informationsgewinnung mit technischen Hilfsmitteln zur Bekämpfung der Organisierten Kriminalität. Zugleich eine rechtsvergleichende Analyse der polizeilichen Abhörbefugnisse in den U.S.A. 1998.

Band 63 Dirk Fabricius: Was ein Lehrbuch lehrt ... Eine exemplarische Untersuchung von Jakobs *Strafrecht – Allgemeiner Teil*. 1998.

Band 64 Stefan Sinner: Der Vertragsgedanke im Strafprozeßrecht. 1999.

Band 65 Sebastian Schattenfroh: Die Staatsphilosophie Giovanni Gentiles und die Versuche ihrer Verwirklichung im faschistischen Italien. 1999.

Band 66 Athanassia Dionyssopoulou: Der Tatbestand der Geldwäsche. Eine Analyse der dogmatischen Grundlagen des § 261 StGB. 1999.

Band 67 Klaus von Lampe: *Organized Crime*. Begriff und Theorie organisierter Kriminalität in den USA. 1999.

Band 68 Christian Hanssen: "Trennung der Märkte". Rechtsdogmatische und rechtspolitische Probleme einer Liberalisierung des Drogenstrafrechts. 1999.

Band 69 Institut für Kriminalwissenschaften und Rechtsphilosophie Frankfurt a.M. (Hrsg.): Irrwege der Strafgesetzgebung. 1999.

Band 70 Konstantinos Chatzikostas: Die Disponibilität des Rechtsgutes Leben in ihrer Bedeutung für die Probleme von Suizid und Euthanasie. 2000.

Band 71 Bettina Wirmer-Donos: Die Strafrechtstheorie Karl Christian Friedrich Krauses als theoretische Grundlage des spanischen Korrektionalismus. 2001.

Band 72 Christine Löw: Die Erkundigungspflicht beim Verbotsirrtum nach § 17 StGB. 2001.

Band 73 Florian Ufer: Der Verwertungswiderspruch in Theorie und Praxis. Prozessuale Obliegenheiten des Verteidigers und ihre Bedeutung für die Rechtsposition des Beschuldigten. 2002.

Band 74 Katja Melzer: Psychisch kranke Straftäterinnen. Frauen im Maßregelvollzug. 2001.

Band 75 Gregor Kuntze-Kaufhold: Lebenswelt und Unparteilichkeit. Kriterien für eine Rechtsanwendungslehre am Beispiel der Analyse von fünf Hauptverhandlungen in Strafverfahren. 2002.

Band 76 Iris Kristina Passek: Die erstinstanzliche Zuständigkeit der Oberlandesgerichte in Staatsschutzstrafsachen. Historische Entwicklung und aktuelle Probleme. 2002.

Band 77 Michael Krebs: Die Weisungsgebundenheit des Staatsanwalts unter besonderer Berücksichtigung des rechtstatsächlichen Aspekts. 2002.

Band 78 Kerstin Degenhardt: Europol und Strafprozeß. Die Europäisierung des Ermittlungsverfahrens. 2003.

Band 79 Domenico Siciliano: Das Leben des fliehenden Diebes: Ein strafrechtliches Politikum. 2003.

Band 80 Marc Colussi: Produzentenkriminalität und strafrechtliche Verantwortung. 2003.

Band 81 Thilo Lars Hild: Grenzen einer strafrechtlichen Regulierung des Kapitalmarktes. Eine kriminalrechtliche Untersuchung von Börsengängen und Aktienhandel in Deutschland und den USA. 2004.

Band 82 Philipp Rau: Schweigen als Indiz der Schuld. Ein Vergleich des deutschen und englischen Rechts zur Würdigung des Schweigens des Beschuldigten. 2004.

Band 83 Alexandra Pfeiffer: Die Regelung der Lebendorganspende im Transplantationsgesetz. 2004.

Band 84 Elena Fischer: Recht auf Sterben?! Ein Beitrag zur Reformdiskussion der Sterbehilfe in Deutschland unter besonderer Berücksichtigung der Frage nach der Übertragbarkeit des Holländischen Modells der Sterbehilfe in das deutsche Recht. 2004.

Band 85 Jörg Ziethen: Grundlagen probabilistischer Zurechnung im Strafrecht. 2004.

Band 86 Stefanie Schork: Ausgesprochen schuldig. Dogmatische und metadogmatische Untersuchungen zum Schuldspruch. 2005.

Band 87 Claudia Schubert: Verbotene Worte? Versuch einer Neubestimmung im Umgang mit rassistischen Äußerungen jenseits des Strafrechts. 2005.

Band 88 Ulfrid Neumann / Cornelius Prittwitz (Hrsg.): Kritik und Rechtfertigung des Strafrechts. 2005.

Band 89 Denis Basak: Die Zuständigkeitsregeln internationaler Strafgerichte und Art. 101 GG. Zum Verhältnis der deutschen Strafgerichtsbarkeit zu den Internationalen Tribunalen für Jugoslawien und Ruanda sowie zum Ständigen Internationalen Strafgerichtshof. 2005.

Band 90 Hsiao-Wen Wang: Der universale Strafanspruch des nationalen Staates. Eine Untersuchung über das Weltrechtsprinzip im Internationalen Strafrecht. 2005.

Band 91 Leonie Frenz: Faktizität des Rechts in der forensischen Psychiatrie. Eine Untersuchung im LKH Moringen. 2005.

Band 92 Eva-Maria Unger: Schutzlos ausgeliefert? Der Europäische Haftbefehl. Ein Beispiel für die Missachtung europäischer Bürgerrechte. 2005.

Band 93 Marcus Bastelberger: Die Legitimität des Strafrechts und der *moralische Staat*. Utilitaristische und retributivistische Strafrechtsbegründung und die rechtliche Verfassung der Freiheit. 2006.

Band 94 Marc Reiß: Rechtliche Aspekte der Präimplantationsdiagnostik. Unter besonderer Berücksichtigung der Rechte der von einem Verbot betroffenen Paare. 2006.

Band 95 Alexander Kolz: Einwilligung und Richtervorbehalt. 2006.

Band 96 Vasco Reuss: Eine Kritik der juristischen Vernunft. Rezeptionsversuche der Negativen Dialektik Adornos für die Dogmatik des Strafrechts. 2007.

Band 97 Lutz Eidam: Die strafprozessuale Selbstbelastungsfreiheit am Beginn des 21. Jahrhunderts. 2007.

Band 98 Christiane Rüdiger: Schutzinteresse und Deliktsstruktur der „Bestechungsdelikte" (§§ 331 ff. StGB). 2007.

Band 99 Urte Eisenhardt: Das nemo tenetur-Prinzip: Grenze körperlicher Untersuchungen beim Beschuldigten. Am Beispiel des § 81a StPO. 2007.

Band 100 Institut für Kriminalwissenschaften und Rechtsphilosophie Frankfurt a. M. (Hrsg.): Jenseits des rechtsstaatlichen Strafrechts. 2007.

Band 101 Nils Möckelmann: Die rechtliche, psychiatrische und gesellschaftliche Beurteilung jugendlicher Straftäter in der jüngeren deutschen Geschichte. Eine Analyse anhand zweier Strafverfahren mit Gutachten des Psychiaters Ernst Rüdin aus den Jahren 1915/1917 unter Berücksichtigung der Entwicklungen bis zur Gegenwart. 2007.

Band 102 Alexa Albrecht: Zur Erosion der Menschenrechte im demokratischen Rechtsstaat. Reaktionen der Systeme und der Zivilgesellschaft. 2007.

Band 103 Dirk Lange: Die politisch motivierte Tötung. 2007.

Band 104 Ulfrid Neumann / Cornelius Prittwitz (Hrsg.): „Personale Rechtsgutslehre" und „Opferorientierung im Strafrecht". 2007.

Band 105 Lisa Kathrin Sander: Grenzen instrumenteller Vernunft im Strafrecht. Eine Kritik der Präventionsdoktrin aus strafrechtsgeschichtlicher und empirischer Perspektive. 2007.

Band 106 Stephan Werner: Zur Notwendigkeit der Verteidigeranwesenheit während der polizeilichen Beschuldigtenvernehmung. 2008.

Band 107 Inti Schubert: Europol und der virtuelle Verdacht. Die Suspendierung des Rechts auf informationelle Selbstbestimmung. 2008.

Band 108 Bong-Jin Ko: Menschenwürde und Biostrafrecht bei der embryonalen Stammzellenforschung. 2008.

Band 109 Wanja Andreas Welke: Die Repersonalisierung des Rechtskonflikts. Zum gegenwärtigen Verhältnis von Straf- und Zivilrecht. 2008.

Band 110 Jan Helmrich: Die Berufung gewerblicher Sicherheitskräfte auf Notwehr und Nothilfe. Zugleich ein Beitrag zu den Grundlagen des Notwehr- und Nothilferechts. 2008.

Band 111 Alexander Köstler-Loewe: Strafrecht US-Style: „Three Strikes and You're Out!" Baseball, Rückfall und Kriminalpolitik? 2008.

Band 112 Christina Bott: Die Medienprivilegien im Strafprozess. Zeugnisverweigerungsrecht und Beschlagnahmeverbot zum Schutz der Medien im Strafverfahren. 2009.

www.peterlang.de